Afrika - Leben, Lachen, Frei sein

2. Auflage, erschienen 8-2024

Verlag: BoD • Books on Demand GmbH, In de Tarpen 42, 22848 Norderstedt
Druck: Libri Plureos GmbH, Friedensallee 273, 22763 Hamburg

Umschlaggestaltung: Silas Jäkel

Text und Bilder: Silas Jäkel

Layout: Silas Jäkel

ISBN: 978-3-7597-2263-8

Bibliografische Information der Deutschen Nationalbibliothek:

Die Deutsche Nationalbibliothek verzeichnet diese Publikation in der Deutschen Nationalbibliografie; detaillierte bibliografische Daten sind im Internet über *http://dnb.dnb.de* abrufbar.

Silas Jäkel

Afrika
LEBEN, LACHEN,
FREI SEIN

Inhalt

„Erst macht dich eine Reise in Afrika sprachlos, doch mit der Zeit verwandelt sie einen in einen Geschichtenerzähler."

Vorwort

Ein Löwe sieht in seiner Komfortzone, am Horizont der Savanne, einen Sturm aufkommen. Da wo noch eben die Sonne am Himmel schien, ziehen auf einmal dunkle Gewitter- und Regenwolken auf. Der Wind frischt auf und es wird immer ungemütlicher. Die meisten Tiere, die soeben noch friedlich am Grasen waren, haben bereits die Flucht ergriffen. Zebras, Antilopen und Gnus sprinten mit angstverzerrtem Gesicht am Löwen vorbei, um dem Sturm zu entkommen. Es wird immer stürmischer und unruhiger und der Löwe bekommt es auch mit der Angst zu tun. Angst vor dem Sturm. Angst vor dem Ungewissen. Er spürt, dass er jetzt in den nächsten Sekunden auf seinem Felsen eine Entscheidung treffen muss. Entweder er rennt vor dem Sturm, seiner Angst, weg oder, er schaut ihr direkt ins Auge und rennt auf sie zu. Er zögert, schaut sich um und sieht die vielen Gnus an sich vorbeilaufen. Be a lion, not a gnu, schießt es ihm in den Kopf und er rennt los. Er rennt los und wird mit jedem Schritt schneller und schneller. Der Regen peitscht ihm beim Laufen ins Gesicht, Hagelkörner schießen von oben auf ihn herab, doch schlimmer sind seine aufkommenden Gedanken, die ihn beim Laufen wie Blitzschläge treffen: Du schaffst das nicht! Dreh um! Du bist nicht stark genug! Doch er will nicht umdrehen und beißt auf die Zähne. Nicht wie beim letzten Mal. Er mobilisiert all seine Kräfte, doch es scheint nicht zu helfen. Seine Schritte werden bei dem immer stärker werdenden Wind schwerer und schwerer. Verdammt! Er brüllt seine Zweifel raus und hört das Lachen der vielen Gnus, die ihm vereinzelt entgegenkommen und mit dem Kopf schütteln. Er will einfach nur umdrehen, sich einfach nur verkriechen, doch plötzlich, bevor er endgültig aufgibt und sich seiner Angst vollkommen hingibt, reißt der dunkle Himmel auf. Von jetzt auf gleich wird es heller und heller um ihn herum und er beginnt mit den ersten Sonnenstrahlen zu strahlen. Er hat es geschafft. Er hat es wirklich ganz alleine geschafft. Mit wilder Mähne und stolz-geschwollener Brust dreht er sich um und sieht den Sturm, der die anderen Tiere wie seine Beute vor sich herjagt. Er grinst. Er hat auf seine innere Stimme gehört und die Angst besiegt.

Hinter deiner Angst steckt dein größtes Wachstumspotential.

BE A LION, NOT A GNU!

Ängste und Zweifel

(Chapter One)

»Lieber Herr Jäkel,

vielen Dank für Ihre Anfrage. Wir würden uns freuen, Sie als Volontär/ Volontärin begrüßen zu können. Anbei sende ich Ihnen die entsprechenden Informationen zum Projekt sowie ein Anmeldeformular zu. Die Anmeldung ist in dem Fall verbindlich ...«
Ich legte mein Handy auf den Schreibtisch und starrte an die Wand. Verbindlich stand in der Mail. Verbindlich. Ich weiß nicht, wieso, aber irgendwie hatte dieses Wort schon so was Verbindliches an sich. Ich musste schlucken. Jetzt wurde es also Ernst mit meinem Vorhaben. Ich merkte, wie ich nervös meinen Kuli zwischen den Fingern hin- und herbewegte. Hin- und hergerissen kratzte ich mich an der Schläfe. *Soll ich es wirklich machen? Ich, Silas? Ich traue mich doch eh nicht...*
Irgendwie klangen meine Gedanken jetzt nicht mehr so optimistisch wie noch vor ein paar Tagen. Da hatte ich per E-Mail mein Interesse an dem Projekt zum Ausdruck gebracht und eine Anfrage an die Organisation abgetippt. Zum damaligen Zeitpunkt konnte ich es kaum erwarten, mich endlich verbindlich anzumelden. Und jetzt, ein paar Tage später? Als es verbindlich werden sollte, kamen natürlich wieder die Zweifel um die Ecke. Wie immer bei großen Entscheidungen. Auf ihr Kommen konnte ich mich stets verlassen. Sie fungierten wie der ungeliebte Nachbar, der bei einer lustigen Gartenparty auf einmal aus dem Nichts auftaucht und seinen Senf dazugibt. Dieser Nachbar stand gerade in meinem Zimmer und beobachtete mich dabei, wie in meinem Kopf ein negativer Gedanke den anderen ablöste.
Du schaffst das nicht! Du kannst das nicht! Ich tigerte in meinem Zimmer wild auf und ab und hätte am liebsten was durch den Raum getreten.
Du machst es eh nicht. Ich kenne dich doch ... Ich gab meinen Gedanken recht und ließ mich frustriert in den Stuhl sinken. Wahrscheinlich sollte es so ablaufen wie immer und ich würde mich meinen Zweifeln beugen und den Schwanz einziehen. Ich seufzte. Wahrscheinlich

würde ich ein Leben lang zu den Menschen gehören, die tolle Träume und Visionen haben, aber nichts davon jemals umsetzen werden. Vor allem wenn es verbindlich wird und es um Umsetzen geht. Irgendwann würde ich es dann bereuen, es nicht getan zu haben.

Vor gut zwei Monaten war es auch schon so gewesen, dass Zweifel meine Pläne zunichtegemacht hatten. Auch da hatten sich meine Zweifel durchgesetzt. Ich wollte nach Paris. Allein. Beziehungsweise mit Millionen anderen Menschen. Wie in jedem Jahr sollte auf den Champs Elysées die letzte Tour-de-France-Etappe vor einem Millionenpublikum zu Ende gehen und der Gesamtsieger feierlich gekürt werden. Einmal wollte ich in meinem Leben live dabei sein. Vor Ort mit allen anderen. Nur einmal. Zwischen allen jubelnden Zuschauern stehen und die Radprofis mit den dicken Schenkeln und durchtrainierten Waden zum Sieg brüllen. Doch es gab auch damals einen Haken: Es scheiterte an der Umsetzung. Ein Schritt hatte mir damals von der Idee bis zur Praxis gefehlt. Nur noch einen Schritt hätte ich machen müssen. Just one step. Sämtliche personenbezogene Daten und Kontonummern hatte ich auf der Buchungsseite der Fluggesellschaft schon eingegeben. Der Sitz 35F war reserviert und der Flugplan stand. Hinflug samstagmorgens, Rückflug Sonntagabend nach der Etappe, dazwischen eine Übernachtung im Hotel. Zweihundert Euro insgesamt. Doch zu einer Belastung der zweihundert Euro auf meinem Konto kam es nicht. Weil ich mich nicht traute, verbindlich zu buchen und mich dem Ungewissen in einem fremden Land hinzugeben. Wie gelähmt starrte ich damals auf den Bestell-Button. Ich konnte nicht auf Buchen drücken. Mein Respekt und die Angst vor dem Flug und der Reise waren zu groß. Immer wieder redete ich mir Flugangst ein, bis ich schließlich den Buchungsprozess abbrach und aufgab. Angst vorm Unbekannten. Angst, meine Komfortzone zu verlassen. Die Sicherheit und meine Zweifel siegten. Es blieb bei dem Traum und der Idee vom Champs Elysées.

»Nein! Diesmal nicht!« Wütend haute ich mit der Faust auf meinen Schreibtisch. *Reiß dich diesmal zusammen, Silas.* Es konnte nicht sein, dass ich schon wieder einen Traum aufgab. *Du bist 21, Junge. Werde Erwachsen! Wie lange willst du noch warten? Möchtest du immer davonlaufen, wenn es ernst wird? Come on.* Entschlossen schlug ich mir dreimal mit der Faust auf den Brustkorb. Dies tat ich immer dann, wenn ich mich zu irgendwas pushen wollte und positive Energie brauchte. In der Regel klappte das auch ganz gut. Vor Klausuren im Abitur zum Beispiel. Wütend über meine Unentschlossenheit, fiel mein Blick vom Anmeldeformular im Posteingang auf das Sideboard vor mir. Papa hatte es über meinem Schreibtisch angebracht. Früher hingen dort irgendwelche Vokabeln und Stundenpläne. Jetzt hing dort neben einem Bild von meiner Familie ein Zettel mit einem Spruch. Diesen hatte ich vor Kurzem in irgendeinem Podcast aufgeschnappt und in krakeliger Schrift aufgeschrieben. Ich hatte schon fast ganz vergessen, dass er da hing. Langsam wanderten meine Augen am Spruch entlang:

"The greatest risk: Dying before you have actually pushed yourself to live. You will either find a way or you will find an excuse."

Je öfter ich den Satz durchging, desto entschlossener wurde ich. Dieser Satz war so wahr. Er erinnerte mich wieder daran, warum ich an dem Projekt in Afrika teilnehmen wollte. Ich grinste. Ich dachte an meine Unzufriedenheit in den letzten Wochen, Monaten und Jahren. An die Momente, in denen ich mir nichts sehnlicher gewünscht hatte, als aufzubrechen. Einfach mal raus. Raus aus der Komfortzone, dem Alltag entfliehen und endlich anfangen zu leben. Leben. Lebendig sein. Dinge machen, die sich hinter meiner Angst verstecken. Ich wollte mir wenigstens einmal im Leben beweisen, dass ich es mir selbst wert bin, den letzten Schritt zu gehen. Nur einmal...

Silas, du bist es wert, Mann. Hörst du? Du bist es wert! Dein Leben ist es wert! Entschlossen ballte ich die Fäuste und klopfte mir auf die Brust. Sie bebte vor Energie und Entschlossenheit. Du wirst es bereuen, wenn du diesen Schritt nicht gehst. Verdammt - Ich wollte nichts mehr bereuen in meinem Leben. Wieder wanderten meine Augen über den Spruch an der Wand.

"Dying before you have actually pushed yourself to live." Oh Mann. Mir graute es vor dem Gedanken, irgendwann am eigenen Sterbebett zu sitzen, aufs eigene Leben wie auf einen Film zurückzublicken und dann etwas zu bereuen. Keine Bilder in dem Film zu sehen. Vor einer leeren Wand zu stehen und zu denken: Hätte ich doch besser das gemacht … Hätte ich da doch besser nicht gezweifelt, dann hätte ich … Verdammt - ich wollte dieses Szenario nicht erleben. Nicht ich. Nein, nicht ich! Wieder schlug ich mit meinen Fäusten auf die Brust. Diesmal noch entschlossener und kräftiger als davor. Sie bebte und das Blut zirkulierte munter durch meine Adern. Energie war jetzt definitiv vorhanden. Ich lächelte, weil ich merkte, wie ich innerlich immer entschlossener wurde. Wie meine Entscheidung verbindlicher wurde. Wie ich immer mehr dahinter stand. Mit meinem Herzen, mit meiner Seele. Ich schloss meine Augen und nahm ein paar tiefe Atemzüge. Der Gedanke an das bevorstehende Abenteuer packte und euphorisierte mich regelrecht. Ich öffnete meine Augen und sprang wie ein Flummi vom Schreibtischstuhl auf und ließ einen lauten Freudenschrei los.

»Silas, alles okay da oben bei dir?«

»Ja, Mama, alles gut!« Ich kicherte. Das Glück überrannte mich und ich wusste gar nicht mehr, wohin mit meiner ganzen Energie. Ich jubelte wild gestikulierend mit Armen und Beinen, sprang im hohen Bogen aufs Bett, das gefährlich knackte und wälzte mich wie ein glückliches Schwein im Matsch herum. Ich griff nach meinem Handy, druckte das Anmeldeformular aus und ehe ich mich versah, hatte ich das unterschriebene Dokument wieder eingescannt und abgeschickt. Ich konnte meinen Schritt kaum fassen. Ich hatte mich jetzt gerade wirklich angemeldet. Verbindlich angemeldet. Ich, Silas. Jetzt gab es kein Zurück mehr. Ich bin mit dabei. Bei einem Wildtierprojekt in Afrika. Ich, Silas!

»Nur noch fünf Monate.«, murmelte ich und schüttelte dabei ungläubig mit dem Kopf. In fünf Monaten sitze ich im Flieger und begebe mich auf die Reise meines Lebens. Nicht nach Paris. Nicht zur Tour de France. Nach Namibia. Zu Löwen, Affen und Geparden.

Nervöse Blase

(Chapter Two)

Mit angestrengtem Blick saß ich vorne neben meinem Vater im Auto. Er unterhielt sich gerade mit meiner Mutter und meinem Bruder, die beide auf der Rückbank saßen. Ich hörte nur mit halbem Ohr zu, sodass ich gar nicht wusste, worum es gerade eigentlich ging. Ich wusste nur eines: Noch nie hatte ich eine Entscheidung in meinem Leben mehr bereut … In gut zweieinhalb Stunden sollte mein Flieger gehen. Wir waren gut in der Zeit, doch es ging mir dreckig. Ich hatte den Druck meines Lebens auf meiner Blase. Ingwertee - ein Liter. Schlechte Entscheidung. Diesen Liter hatte ich vor gut einer Stunde beim Mittagessen noch in mich reingekippt. Angeblich sollte Ingwer ja eine beruhigende Wirkung haben. Unruhig rutschte ich auf meinem Sitz hin und her. Anders als ich wollte der Liter nicht auf große Reise gehen. Panisch schaute ich aus dem Fenster und suchte nach dem nächsten WC-Schild. Es wollte natürlich auf dem Streckenabschnitt nicht auftauchen. Tatsächlich passierten wir mehrere blaue Schilder abseits der Autobahn, doch keines deutete auf einen Parkplatz mit Pinkelmöglichkeit hin. Auf einem der Schilder stand bereits Flughafen Düsseldorf.

»Dirk, du musst abfahren.«, navigierte meine Mutter von hinten meinen Vater. „Rechts, Dirk, rechts …«

»Jaaa …!« Papa setzte den Blinker und bog auf die Spur, die am Autobahnkreuz Haan von der A46 auf die A3 nach Oberhausen führt.

»Ich habe die Ausfahrt doch gesehen …!«

»Papa?« Ich schaute ihn mit schmerzvollem Gesicht an.

»Alles gut?«, fragte er mich und klatschte mir dabei auf den linken Oberschenkel. »Freust du dich, dass es endlich losgeht?«

»Nein, ich meine, ja. Ich meine, nein, ich muss dringend pinkeln. Kannst du bei der nächsten Möglichkeit bitte rausfahren? Und mir vielleicht nicht auf den Oberschenkel hauen. Das wäre echt geil. Ich möchte im Flugzeug nicht wie der Wuppertaler Hauptbahnhof riechen.« Papa nickte lachend und konzentrierte sich wieder auf die Straße.

»Wie lange fahren wir noch?« Ich spürte, dass das Zusammenkneifen im Beinbereich nicht mehr lange gutgehen konnte.

»Zwanzig Minuten laut Navi.«

»Noch zwanzig Minuten?«, wiederholte ich mit aufgerissenen Augen. *Das schaff ich nie!* Krampfhaft versuchte ich, mich an die Fahrt vor gut vier Wochen zu erinnern. Auch damals ging es zum Düsseldorfer Flughafen. Ich überlegte, ob es davor noch eine Ausfahrt oder einen Rastplatz gegeben hatte. Mit damals meinte ich Silvester. Damals war ich zum ersten Mal in meinem Leben geflogen. Nach Hamburg. Meine Familie und ich wollten dort Silvester feiern und das Musical König der Löwen besuchen. Wir hatten auf den letzten Drücker Tickets bekommen und da kam mir die Idee, dass ich doch einen Testflug machen könnte. Ein Testflug für meine Reise nach Afrika einen Monat später, um wenigstens einmal im Leben davor geflogen zu sein. Um ein Gefühl fürs Fliegen zu bekommen. Zu meiner Erleichterung klappte damals alles super, sodass ich mich nach der Landung in Hamburg fragte, warum ich mit meinem ersten Flug bis Anfang 20 gewartet hatte. Es war gar nicht so schlimm gewesen, wie ich es mir in Gedanken immer eingeredet hatte. Was hatte ich nicht vielleicht schon alles verpasst durch meine Angst...

»Och nein Papa, da war doch eine Ausfahrt…«, sagte ich enttäuscht, als wir an einer Ausfahrt vorbeifuhren. Das Parkplatzschild wurde im Seitenspiegel kleiner und kleiner, während die Gefahr eines Malheurs mit jedem Schlagloch auf NRWs Autobahn größer und größer wurde.

Na toll, dachte ich und versuchte, an etwas anderes zu denken. Noch immer konnte ich nicht richtig glauben, dass es heute losging. Es war Mittwoch und ich hatte seit Montag Urlaub. Unbezahlten Urlaub für fast acht Wochen. Acht Wochen. Der Gedanke daran ließ den Druck in meiner Blase fast verschwinden. Acht Wochen kein Büro. Acht Wochen keinen Anzug und keine Krawatte tragen. Keine nervigen, schlecht gelaunten Kunden, die in allem Probleme sehen und dich dafür verantwortlich machen, wenn etwas nicht funktioniert. Wieso gibt es auf dem Sparbuch keine Zinsen? Mein Online Banking funktioniert nicht. Wieso kann ich nicht über mein Geld verfügen? Pfändung? Was ist das? Euer Service wird auch immer schlechter, gel?! Der Geldautomat hat keine Fünfer-Scheine. Auf dieses ganze Rumgejammer und Beschweren hatte ich keine Lust mehr. Im September 2017, vor gut zweieinhalb Jahren, hatte ich meine Ausbildung als Bankkaufmann begonnen. Ein Bild von dem Tag, als ich mit fünfunddreißig anderen Azubis in glattgebügelten Bankklamotten vor dem Bankgebäude auf einer Treppe stand, hängt noch immer bei meiner Oma in der Küche an der Wand. Stolz hatte sie es aus der Zeitung ausgeschnitten. Ich musste beim Gedanken ans Bild schmunzeln. Zum Glück stand ich damals beim Fotoshooting in der letzten Reihe. Vor Aufregung hatte ich mich nämlich am ersten Ausbildungstag auf der Hinfahrt im Auto übergeben und den Bananen-Haferflocken-Himbeer-Smoothie auf dem gesamten Beifahrersitz verteilt. Und wenige Sprenkel halt auf meinem Hemd. Ich frage mich noch heute, warum ich nicht die Fahrertür aufgemacht hatte, um den Smoothie auf den Bürgersteig zu entledigen. Naja, seis drum. Nach dem Malheur ging es mir besser und dem Auto nach einer Sitzreinigung auch. Ich fuhr weiter zum Banktower und lauschte mit allen anderen Azubis der Willkommensrede des Vorstandsvorsitzenden bei geschmierten Mettbrötchen. Mit dem ein oder anderen pinken Sprenkler auf der Krawatte.

An jenem ersten Ausbildungstag war noch alles gut. Auch die Wochen und Monate danach. Ich machte meine ersten Erfahrungen am Schalter mit Kunden, zählte ihnen 50er- und 100er-Scheine vor, füllte Überweisungsbelege aus und eröffnete selbstständig Konten und Sparbücher. Es machte Spaß, jeden Morgen zur Arbeit zu fahren und acht Stunden im Büro zu verbringen. Ich war motiviert und tat alles, um Vorgesetzten und Paten zu gefallen, von ihnen ein gutes Feedback zu erhalten und meine Karriere in der Bank zu pushen. Ich hielt vertriebliche Vorträge vor meinem Lehrjahr zum Finanzkonzept und durfte als einer der Ersten einen Einsatz in einer internen Abteilung verbringen. Ein Zeichen dafür, dass man bisher während seiner Ausbildung gut performt hatte. Doch dann kam es zum Bruch:

Der zweite Tag im Electronic Banking sollte alles verändern. Meine ganze Sichtweise über mein Leben. Er bestand aus heftigen Bauchschmerzen, Magenkrämpfen und einer Notoperation am Abend im Krankenhaus. Schwere Blinddarm- und Bauchfellentzündung lautete die Diagnose der Ärzte. Gefolgt von bangen Minuten im weißen Nachthemd auf dem kalten Operationstisch und Gedanken darüber, was ich in meinem Leben bisher überhaupt erreicht und erlebt hatte.

Was ich an Erfahrungen und Momenten vorweisen konnte. Sie änderten mein Denken über Erfolg, Karriere und Geld. Über das Leben an sich, über meine Pläne und Ziele. Die Minuten im Krankenhaus vor der Operation machten mich traurig. Ich merkte, dass ich mein Glück in den letzten Jahren über Dinge, Ziele und Erfolge definiert hatte, die in diesem Moment nichts wert waren. Das Abi, die Eins in der Matheklausur, das gute Feedback nach dem ersten Beratungsgespräch in der Bank, das alles war plötzlich nichts mehr wert in diesem Moment. Gar nichts. Sie waren gar nichts wert. Ich bereute irgendwie, bisher nicht wirklich gelebt zu haben. Ein Gefühl, das ich nie wieder erleben wollte. Ich schwor mir, dass dieser Tag der Wendepunkt in meinem Leben sein sollte. Ich wollte mich lebendig fühlen, aktiv mein Leben gestalten und nicht meine Zeit auf Erden einfach nur absitzen. Ich wollte leben…

Mein zehnjähriger Bruder schien es nicht zu bereuen, dass er mitgekommen war. Er war zum ersten Mal in seinem Leben an einem Flughafen und staunte nicht schlecht, wie alle paar Sekunden ein Flugzeug über unser Auto flog und im wolkenbedeckten Düsseldorfer Nachthimmel verschwand. Es dämmerte bereits. Papa fuhr vorbei an mehreren Schranken und Schildern und parkte auf dem Drei-Minuten-Parkplatz vor der Abflughalle. Ich konnte es kaum erwarten, bis das Auto zum Stehen kam. Hektisch öffnete ich die Beifahrertür. Jetzt war Eile geboten.

»Bin gleich wieder da!«

»Aber wir können hier doch nicht so lange parken und stehenbleiben, Silas.«, sagte meine Mutter, doch es war zu spät. Die Tür war noch gar nicht richtig ins Schloss gefallen, da war ich auch schon hinter der Drehtür verschwunden. Ihre Rufe und ihr Fensterklopfen kamen zu spät.

Die Abflughalle war größer, als ich sie in Erinnerung hatte. Passagiere liefen kreuz und quer mit ihren Koffern durcheinander, schauten auf ihre Handys und starrten auf den großen Monitor an der Wand, der sämtliche Flugzeiten und Gates anzeigte. Immer wieder musste ich stehende Menschen umkurven, ehe ich neben einem Check-in-Schalter endlich eine Tür mit einem Toilettensymbol entdeckte.

Endlich, dachte ich und stolperte Richtung Tür. Gefühlt drei Kilo leichter öffnete ich sie nach ein paar Minuten wieder und trat mit erleichtertem Blick hervor. Jetzt waren Blase und ich bereit. Die Reise nach Afrika konnte losgehen.

»Da bist du ja endlich!«, sagte meine Mutter, als ich zurück beim Auto war. »Wir dachten schon, du kommst nicht mehr wieder.«

»Hat ein bisschen gedauert.«, grinste ich.

»Ist denn alles in Ordnung bei dir?«, fragte sie besorgt. »Oder ist was mit deinem Magen?« Prüfend schaute sie mich mit diesem einen Blick an, den jede Mutter draufhat. Dieser prüfende Mama-kann-man-nichts-vormachen-Blick. Aber diesmal gab es nichts zu verheimlichen.

»Alles gut, Mama. Wirklich! Mir geht es super!« Ich ging zum Kofferraum und hievte meinen blauen Koffer auf den Boden. Er hatte schon so manche Reise miterlebt. Zerbeult und zerkratzt stand er auf dem Bürgersteig und wartete, wie es jetzt weitergehen sollte. Mein Vater reichte mir meinen beigen Rucksack, den meine Oma mir gestern für die Reise geschenkt hatte.

»Danke, Papa.« Ich stülpte ihn auf meinen Rücken und legte das Nackenkissen um den Hals.

»Hast du alles?«, fragte mich mein Vater. Ich nickte und musste schlucken. Jetzt kam der Part, vor dem ich seit Tagen am meisten Respekt hatte. Goodbye zu sagen und von meiner Familie für die nächsten Wochen Abschied zu nehmen. Schon gestern hatte ich einen Kloß im Hals, als meine Oma mir mit Tränen in den Augen an der Tür zuwinkte. Ich musste schlucken, als ich meinen Vater anschaute. Ich nahm ihn in den Arm und versprach ihm wie schon damals vor der Blinddarm-OP, dass ich wiederkommen würde. Er klopfte mir auf die Schulter.

»Hab viel Spaß. Wir sind stolz auf dich!« Ich ging weiter zu Mama, die neben ihm stand.

»Pass bitte auf dich auf …«

»Ich verspreche es dir, Mama.« Ich drückte sie ganz fest an mich. So fest hatte ich meine Mama schon lange nicht mehr in den Arm genommen. Es fühlte sich gut an. Ich streichelte ihr mit meiner Hand über den Kopf.

»Melde dich und ruf mal an …« Ich schaute von meiner Mutter zu Noah. Er streckte die Arme zu mir aus. Ich bückte mich zu ihm und hob ihn hoch.

»Mach es gut, Pupsi. Und pass auf unsere Schwester Paula auf.« Wie ein Affe klammerte er sich um meinen Hals. Ich küsste ihn auf die Stirn.

»Bring mir was mit.«, sagte er, nachdem ich ihn auf dem Bürgersteig abgesetzt hatte. »Vielleicht einen Löwen. So einen kleinen, flauschigen, ja?«

»Ich schaue mal. Auf der Farm gibt es ja ein paar Exemplare.« Ich wuschelte ihm durch die Haare. »Bis in vier Wochen, Pupsi!« Ich ging zu meinem Koffer, klappte den Griff aus und rollte ihn hinter mir her zur Abflughalle. Beim Eingang drehte ich mich noch mal zu meinen Eltern und meinem Bruder um. Sie waren wieder ins Auto gestiegen und winkten, als sie an mir vorbeifuhren. Ich schaute ihnen noch eine Weile nach, bis sie hinter einem Parkhaus nicht mehr zu sehen waren. Ich schnaufte einmal durch. Jetzt war ich auf mich allein gestellt. Jetzt gab es kein Zurück mehr. Der erste Schritt war gemacht. Ich war am Flughafen. Das Abenteuer Afrika konnte beginnen …

Truthahn, Chicken und der König der Löwen

(Chapter Three)

»Schöne guete Abig, mini Dame und Herre und es herzlichs Grüezi au no mal vo mir us de Pilotekabine. Min Name isch Franz Huber und zsamme mit minere Crew heiß ich Sie herzlich willkomme an Board. Viele Dank, dass Sie sich uf em Flug vo Düsseldorf nach Züri für Swiss entschiede händ. Mir versuechet, Ihne de Flug so agnähm wie mögli zgestalte. Dä Flug isch öppe mit ere Stund agrächnet. Mir wünschet Ihne en guete Flug und bittet Sie, Ihres Handgepäck unterem Sitz oder i dä dafür vorgsehene Ablageflächi zverstaue.«

Ja, Moin! Ich musste innerlich lachen. Ich hatte bis auf den Namen kein Wort verstanden. Wieder meldete sich die Stimme aus dem Lautsprecher im Flugzeug.

»Und jetzt noch einmal für die nicht Schweizerdeutsch sprechenden Passagiere ...«

Oh ja, bitte, Franz...

»Schönen guten Abend, meine Damen und Herren, und ein herzliches Grüezi auch noch mal von mir aus der Pilotenkabine. Mein Name ist Franz Huber und zusammen mit meiner Crew heiße ich Sie herzlich willkommen am Bord. Vielen Dank, dass Sie sich für den Flug von Düsseldorf nach Zürich für Swiss entschieden haben. Wir versuchen, Ihnen den Flug so angenehm wie möglich zu gestalten. Der Flug ist mit einer guten Stunde berechnet. Wir wünschen Ihnen einen guten Flug und bitten Sie, ihr Handgepäck unterm Sitz oder in den dafür vorgesehenen Ablagefächern zu verstauen.«

Ich schaute auf meine Uhr. 19:55 Uhr leuchtete es auf in weißen Zahlen. Ich freute mich, dass bis jetzt alles nach Plan verlief. Pünktlich setzte sich der Flieger in Bewegung und machte sich hinter zwei anderen Fliegern auf den Weg zur Startbahn. Ja, bis jetzt lief wirklich alles nach Plan.

»Ready for take off!«, hörte ich über die Lautsprecher eine Stimme sagen. Die Triebwerke dröhnten laut auf. Binnen Sekunden beschleunigte Franz das Flugzeug auf mehrere Hundert Stundenkilometer. Die Beschleunigung drückte meinen Körper mit voller Wucht in den Sitz, doch anders als beim ersten Flug an Silvester jagte mir das keinen Schreck ein. Aufgeregt schaute ich aus dem Fenster. Wie ein Gepard eine Gazelle pushte Franz das Flugzeug nach vorne, ehe einige Sekunden später das lang gezogene Gebäude des Düsseldorfer Flughafens immer kleiner wurde, bis es am Boden schließlich nicht mehr zu sehen war. Wir flogen eine große Kurve über die Rheinpromenade und den Fernsehturm. Vor ein paar Monaten hatte ich dort unten noch neben meinem Fahrrad am Ufer des Rheins gesessen und mir vorgestellt, irgendwann vielleicht mal auf Weltreise zu gehen, während die Flugzeuge über meinen Kopf in die weite Welt flogen. Jetzt schaute ich auf den Rhein und es fühlte sich gut an, mein Fahrrad mit einem Flugzeug getauscht zu haben.

Der Flughafen in Zürich war menschenleer. Gespenstisch leer. Neben meinem Schatten auf dem Gang war nichts los. Es war echt seltsam. Keine Menschenseele war zu dieser Uhrzeit unterwegs. Keine Spur von den Passagieren und Fluggästen, die gerade noch Franz und seinem Co-Piloten nach ihrer sicheren Landung applaudiert hatten. Sie waren wie vom Erdboden verschlungen. Ich hatte das Gefühl, dass ich der Einzige war, der heute noch nach Johannesburg fliegen würde. Ich wunderte mich, dass um neun Uhr bereits alle Geschäfte geschlossen waren. Kein Restaurant, keine Boutique war mehr geöffnet. Kein Vergleich mit dem lebhaften Treiben in der Düsseldorfer Abflughalle, in der man quasi alle zehn Meter einen Bäcker, ein Restaurant oder einen Kiosk vorfand. Hätte ich doch besser da noch was zu essen gekauft, dachte ich mir, während ich durchs Schaufenster einer Pizzeria spähte, die längst geschlossen hatte. Mein Magen knurrte und machte sich mehr und mehr bemerkbar. Ich hatte zwar noch eine Banane und zwei Brötchen mit Rührei in meiner Tasche dabei, doch diese waren eigentlich fürs morgige Frühstück vorgesehen. Ich beschloss, erst mal das Gate zu suchen. Bis zum Boarding war noch gut eine Stunde Zeit. Ich schaute auf mein Handy.

»Gate 38.« Ich steckte das Handy zurück in die Hosentasche und schlenderte weiter den Gang entlang. Orientierungslos musste ich auf den Überwachungskameras ausgesehen haben, wie ich immer wieder im Gang stehen blieb und mich um die eigene Achse drehte. Es war das reinste Labyrinth. Die Zeiger wanderten auf der Uhr immer weiter. Langsam wurde ich nervös. Noch immer hatte ich das Gate nicht gefunden. Auch keine Person, die ich hätte um Hilfe bitten können. Mit jeder Minute wurde ich unruhiger, bis mir schließlich ganz schlecht war. Ich brauchte jetzt etwas zu essen. Ich wollte gerade aus der Not heraus meinen Rucksack absetzen und die Banane auspacken, als ich endlich einen Lebensmittelladen entdeckte, der zu meiner großen Freude um die Uhrzeit noch geöffnet hatte. Meine Freude wurde leicht getrübt, als ich die Lebensmittelpreise sah. *Die spinnen doch...* Bei fast jedem Produkt standen zwei Zahlen vor dem Komma. Es war wirklich Wahnsinn, wie viele Schweizer Franken hier für eine Kleinigkeit zu essen verlangt wurden. Ich lief zwischen Obst- und Brotständen her, bis ich schließlich fündig wurde. Mit knurrendem Magen ging ich zur Kasse.

»Hoi!«, sagte ich zu einem älteren Mann hinter der Kasse, der mich freundlich anlächelte. »Ein Truthahn-Tomaten-Rucola-Sandwich für mich, bitte.« Ich reichte ihm gleichzeitig mit dem Sandwich meine Kreditkarte über den Tresen.

»Hoi! Wenn Sie möchtet, chönnt Sie gern no es zweits Sandwich näh …« What? Oh Gott, noch so einer. Sein Schweizerdeutsch war noch schwieriger zu verstehen als das von Franz Huber im Flugzeug. Ich schaute ein wenig hilflos in sein freundliches Gesicht.

»Mir schließet sowieso in zeh Minute und sind am wegrumme und uffrumme.« Zeh Minute? Uffruume? Ich verstand nur Bahnhof. Wahrscheinlich schwebten über meinem Kopf gerade lauter Fragezeichen in der Luft. Der Verkäufer griff nach einem zweiten eingepackten Truthahn-Sandwich.

»No, no. Nein, Nein.« Ich wedelte mit meinem Zeigefinger durch die Luft. »Just one, äh, nur eins bitte.« Er schien mich missverstanden zu haben. Ein Sandwich für vierzehn Franken reichte mir. Trotz meines Einwandes packte er beide in eine Tüte.

»Das würde dänn insgesamt vierzeh Franke machen, da Herr.«

»Ahh. Zwei für eins.« Ich grinste. Erst jetzt hatte ich sein Angebot verstanden.

»Mit dä Charte? Gern.« Er nahm meine goldene Karte entgegen und steckte sie in das Kartenzahlungsgerät. Nach einigen Sekunden machte es piep und er gab sie mir wieder zurück. Ich steckte sie in meine Handytasche und griff nach der Tüte mit den beiden Sandwichbaguettes.

»En guete!«, wünschte mir der Verkäufer zum Abschied.

»Danke, Ihnen auch!« Erst beim Ausgang fiel mir ein, dass er mir wahrscheinlich Guten Appetit gewünscht hatte. Oh Mann! Kopfschüttelnd biss ich beim Gedanken daran in den ersten Truthahn. Das kann ja mit deinen Sprachkenntnissen was werden in Afrika. Gell, Richie?

»Wie bitte?« Richie schaute mich fragend an. Er kam aus Südafrika, wohnte in Stockholm und sollte für die nächsten zehn Stunden mein Sitznachbar auf dem Flug nach Johannesburg sein. Zufälligerweise arbeitete er auch in einer Bank, sodass wir gleich ein Small-Talk-Thema hatten. Wir verstanden uns auf Anhieb …

»Entschuldige Bro, aber ich verstehe dich nicht …« Mein Englisch hörte sich wahrscheinlich ein bisschen schweizerdeutsch für ihn an. Ist halt auch nicht das Gelbe vom Ei, mein Englisch… Aber darum ging es ja auch bei meiner Reise. Den sicheren deutschsprachigen Hafen verlassen und internationale Gewässer anfahren. Oder halt anfliegen. Mit defekten Bordcomputer…

»Mein Bildschirm funktioniert irgendwie nicht. Magst du mal bei mir gucken? Ich habe so ein Teil im Flugzeug noch nie bedient.« Während Richie schon die Mediathek von Swiss nach geeigneten Filmen durchstöberte, war mein Bildschirm an der Kopflehne meines Vordermannes immer noch schwarz. Er schien keine Lust zu haben, mich in den nächsten Stunden unterhalten zu wollen. Das kann doch nicht wahr sein, dachte ich mir. Verzweifelt suchte ich mit meinen Händen den Rand nach dem Power-Button ab.

»Bro, einfach nur antippen. Dann geht er an.«

Ich berührte den Bildschirm und das Swiss-Symbol leuchtete auf. Erleichtert lehnte ich mich nach hinten. Geht doch. Staunend betrachtete ich die Weltkugel auf dem Screen. Afrika war echt riesig. Europa dagegen ein kleiner Furz.

»Verrückt oder?« Richie hatte mein Staunen über die Erdkugel bemerkt. „Afrika ist wirklich ein riesiger Kontinent. Kein Vergleich zu Europa.« Ich nickte ihm beeindruckt zu.

»Was verschlägt dich nach Afrika?«

»Warum ich nach Afrika fliege?« Wir nutzten die Zeit bis zum Start und ich erzählte ihm von dem Projekt, das ich als Volontär in Namibia besuchen sollte. Von den Affen, Löwen und Leoparden, die mich dort auf der Farm erwarten würden. Über Umwege kamen wir über Lieblingstiere auf König der Löwen zu sprechen. Richie hatte das Musical in Hamburg ebenfalls schon mal besucht und war begeistert gewesen.

»Den neuen Animationsfilm gibt es in der Mediathek. Wenn du willst, dann kannst du dir ihn anschauen, wenn du ihn noch nicht gesehen hast. Er ist sehr gut. Täuschend echt. Bis auf die Genitalien. Die sind wie beim Disneyfilm nicht zu sehen, haha.« Ich scrollte durch die Mediathek und klickte auf das Filmcover. Mit einer Freundin wollte ich seit Wochen in diesen Film gehen, jedoch hatte sich wegen des ganzen Prüfungs- und Lernstress' keine Gelegenheit für einen König-der-Löwen-Kinobesuch ergeben. Ich schickte ihr schnell ein Foto, ehe ich mein Handy in den Flugmodus verabschiedete und mich mit Kopfhörern auf den Ohren entspannt zurücklehnte. Die Musik von Circle of Life ertönte zeitgleich mit den startenden Turbinen des Flugzeugs. Elefanten, Zebras und Giraffen tanzten und liefen wild durcheinander, während das Flugzeug schneller und schneller wurde. Die Musik im Film wurde lauter und lauter. Durch die Beschleunigung wurde ich wie die anderen Fluggäste in meinen Sitz gepresst, während Mufasa und Sarabi, gerade Eltern geworden, langsam den Hügel bestiegen. Sie blieben hinter Rafiki stehen, der zur Begeisterung der jubelnden Tiermassen Simba zur lauten Musik in die Höhe streckte. Die Musik droppte und das Flugzeug hob ab. Jetzt waren Simba und ich beide in der Luft. Next Stop: Johannesburg. Zumindest für mich.

Einige Stunden später, Simba hatte längst als Nachfolger seines Vaters den Thron im Regen bestiegen, wachte ich erschrocken auf. Alles ruckelte und schaukelte. Wo war ich? Ich brauchte einen Moment, um mich zu orientieren. Ich schaute auf die Erdkugel. Im Flugzeug, stimmt. Ich richtete das Nackenkissen und trank einen großen Schluck aus meiner blauen Wasserflasche. Diese war noch zu drei Vierteln befüllt. Sollte bis zum Morgen locker ausreichen. Ich schaute wieder auf das Display und auf die kleine Plastikflasche vor mir, die auf dem ausklappbaren Tisch von der einen zur anderen Seite rollte. Irgendein Bio-Wein-Etikett klebte darauf. Sie erinnerte mich an das Abendessen um Mitternacht. Es gab Hähnchengeflügel mit Reis, das zusammen mit einer orangefarbenen Currysauce serviert wurde. Zum Nachtisch gab es dann noch ein kleines Stück Kuchen, das ich Richie zu seiner Freude überließ, da ich vom Truthahn noch ziemlich satt war. Richie … Ich schaute zu ihm, ob auch er durch das ganze Flugzeuggewackel geweckt worden war. Er schlief tief und fest, zumindest deuteten die Schnarchgeräusche darauf hin, die leise unter der Decke zu hören waren. Er hatte sich die Decke bis über den Kopf gezogen, sodass nur noch seine Beine und Hände zu sehen waren. Was ein Typ, dachte ich mir. Der kriegt doch so keine Luft. Ich tippte auf den Bordcomputer vor mir. Der hatte sich zusammen mit der Kopflehne ein ganzes Stück in meine Richtung orientiert. Wahrscheinlich war der Herr vor mir jetzt auch fertig mit seinem Film.

Das Flugzeug flog gerade über Tunesien hinweg. Ich seufzte. Noch immer lagen mehrere Flugstunden nach Johannesburg vor uns. Wenn wir überhaupt ankommen sollten. Das Flugzeug machte einen Hüpfer nach links. Die Wände knackten und knarrten. Ich versuchte, mich auf meine Atmung zu konzentrieren und nicht panisch zu werden. Eine Frau zwei Reihen vor mir wurde es nämlich gerade. Wieder ruckelte es wild. Eine Windböe hatte das Flugzeug voll erwischt, sodass es kurz absackte, ehe es wieder aufwärts ging. Auf Achterbahn hatte ich jetzt irgendwie gar keine Lust. Auf Loopings schon gar nicht. Ich schob vorsichtig das Abdeckteil vom Fenster ein wenig beiseite und schaute nach draußen. Bis auf Dunkelheit war nichts zu erkennen. Enttäuscht lehnte ich mich wieder zurück. Auf Flugturbulenzen hatte ich mich nicht vorbereitet. Ich war hundemüde und bereute den Wein vom Vorabend. Was hatte mich da eigentlich geritten. Ich trank eigentlich so gut wie nie Alkohol und ausgerechnet auf einem Zehn-Stunden-Flug musste ich damit anfangen. Ich schaute über den Sitz meines schlafenden Vordermannes zur Toilette. Diese war ungefähr fünfzehn Meter von meinem Platz entfernt. Ein kurzer Hüpfer über Richie, ein schneller Sprint durch den Gang und ein Aufreißen der Toilettentür war bei dem Gewackel und der Truthahn-Chicken-Kombi im Magen ein durchaus realistisches Szenario für die nächsten Minuten. Sofern das Geschaukel nicht aufhören sollte. Ich griff noch mal nach meiner Wasserflasche und nahm einen großen Schluck. Dann wickelte ich mich erneut in meine Decke ein. Einige Minuten später und nach einer Durchsage des Piloten, dass wir gerade durch ein tunesisches Wettertief fliegen und es gleich wieder ruhiger in der Luft werden würde, verstummten meine Sorgen, Gedanken und Worst-Case-Szenarien. Sie wurden von einem leisen Schnarchen abgelöst, das sich dem von Richie anpasste.

Fünf rote
Löwinnen

(Chapter Four)

Mit müden Augen schaute ich verschlafen in den Spiegel der Bord-
toilette und beobachtete, wie einzelne Wassertropfen langsam über
mein Gesicht kullerten. Ich hatte vielleicht zwei Stunden in der Nacht
geschlafen und man sah es mir auch an. Darüber täuschte auch das
erfrischende kalte Wasser nicht hinweg, das ich mit mehreren Schüben
in mein Gesicht geklatscht hatte. Gefühlt alle paar Minuten war ich aufgewacht, um dann festzustellen, dass wir immer noch nicht am anderen Ende des afrikanischen Kontinents angekommen waren. Jetzt lag
der Flughafen von Johannesburg noch gute dreißig Minuten von uns
entfernt. Zeit genug, um sich wie die anderen Passagiere im ein Quadratmeter großen WC frisch zu machen und die letzten Erinnerungen
an die Nacht im Gesicht verschwinden zu lassen. Müde schlurfte ich
zurück zu meinem Platz

»Strahlender Sonnenschein ist für heute angesagt.« Richie streckte
mir den Daumen entgegen. Er hatte sich auf der Toilette bereits eine
kurze Hose angezogen und seine Füße mit Flip-Flops dekoriert. Ich
trug derweil immer noch meine lange Jeans.

»Wie warm soll es werden?«

»Siebenundzwanzig Grad in etwa.«, antwortete Richie euphorisch.
Shit! Jetzt bereute ich, dass ich keine kurze Hose im Handgepäck hatte. Schon beim Gedanken an siebenundzwanzig Grad sammelte sich
Wasser in meiner Kniekehle. Ich schaute wieder aus dem Fenster und
dann sah ich sie: die Sonne. Ihre Strahlen trafen auf mein Gesicht und
brachten es zum Lächeln. Es tat gut, von ihr begrüßt zu werden. Während die Sonne am Himmel immer höher kletterte, verringerte sich
unsere Flughöhe mehr und mehr. Autos, Häuser und Straßen tauchten
am Boden auf. Wie auf einer Rolltreppe näherten wir uns immer mehr
dem Boden, ehe wir auf der Landebahn aufsetzten und landeten. Ich
schüttelte beim Gedanken ungläubig den Kopf. Ich war in Afrika gelandet und hatte den langen Flug überstanden. Es war kein Traum, in

dem ich mich befand. Kein Traum, der durch das nervige Geräusch des Weckers hätte beendet werden können. Stolz, den Schritt gemacht zu haben, wartete ich darauf, dass wir unseren Stellplatz erreichten und ich meinen Platz verlassen durfte. Ich konnte kaum erwarten, afrikanischen Boden zu betreten. Die lange Hose war mir dabei jetzt erst mal egal.

»Hat mich gefreut, dich kennenzulernen. Genieß deinen Aufenthalt in Afrika.« Richie reichte mir die Hand, nachdem er sich seinen Rucksack auf den Rücken geschmissen hatte. »Und werde auf der Farm nicht gefressen, haha.«

»Hab ich meiner Oma schon versprochen, haha. Hat mich auch gefreut, Richie. All the best!«

»Bye Siles.« Siles? Ich runzelte die Stirn. Hatte er gerade Siles gesagt? Ich musste lachen. Klang irgendwie witzig und lässig - Siles. Entspannt und gut gelaunt schlenderte ich mit meiner Herbstjacke und meiner langen Hose hinter den anderen Fluggästen her über den fliesenbedeckten Flughafengang. Neugierig schaute ich mich um. An den Wänden hingen überall große Bilder und Werbeplakate. Banken, SIM-Kartenanbieter und Safariunternehmen warben mit Tierporträts von den Big Five oder lachenden Kindern für ihre Produkte.

Get Connected. Explore South Africa. Ja, eine Safari würde ich auch gerne mal machen, dachte ich mir, als ich vor einem Nashorn stehenblieb, das mich von der Wand anschaute. Irgendwann mal, wenn sich die Möglichkeit dazu ergibt ...

Vor der Passkontrolle bildete sich bereits eine lange Schlange. Nur langsam ging es voran. Die Kontrolleure schienen es nicht eilig zu haben und scannten jeden Ausweis mehr als gründlich. Es dauerte bestimmt fünfundvierzig Minuten, bis ich endlich den ersten afrikanischen Stempel in meinem Reisepass begrüßen durfte. Es war zwölf Uhr Ortszeit und ich beschloss, erst mal weiter durch den Flughafen zu laufen. Ich hatte ja keinen Zeitdruck. Der Flug nach Windhoek sollte erst in zweieinhalb Stunden gehen. Vielleicht gab es hier ja ein paar Souvenirläden und Restaurants zu entdecken. War ja auch schon Mittag und mein Magen knurrte pünktlich wie der von Robert Geiss. Ohne wirkliches Ziel lief ich erst mal den anderen Fluggästen nach und ließ mich in ihrem Sog mit durch die Gänge ziehen. Immer wieder starrte ich beim Laufen auf mein Handy und versuchte, mich mit dem Flughafen-WLAN zu verbinden. Schließlich hatte ich meinen Eltern ja versprochen, mich zu melden, sobald ich in Afrika gelandet war. Doch leider scheiterte es jedes Mal bei der Anmeldung. Nachdem fünften Log-in-Versuch stopfte ich es leicht genervt zurück in die Hosentasche und schaute mich um. Von den anderen Passagieren, die gerade noch eilig vor mir hergelaufen waren, fehlte jede Spur. Ich musste in den letzten Minuten wie eine afrikanische Schnecke unterwegs gewesen sein. Irgendwo würde ich schon gleich rauskommen. Mein Blick fiel auf einen kleinen Mann, der sich an eine Säule lehnte. Er trug eine orangefarbene Weste. Er grinste mich freundlich an. Ach, sind die Menschen hier nett. Ich grinste zurück und machte mit meiner Hand eine grüßende Bewegung. Wahrscheinlich gehörte er zum Flughafenpersonal und half als Servicekraft umherirrenden Fluggästen, die unter Zeitdruck nach dem nächsten Gate suchten und vor lauter Stress komplett den Überblick verloren hatten. Zum Glück gehörte ich denen in beiderlei Hinsicht nicht an. Der Mann hatte mein Winken gesehen und steuerte mit schnellen Schritten auf mich zu. Bestimmt dachte er, dass ich Hilfe brauchte und ihm deswegen zugewunken hatte.

»Hey, willkommen in Johannesburg, Sir.«, begrüßte er mich und reichte mir seine Hand. Ich schlug dankend ein. »Kann ich dir helfen, my friend?« Er dachte wirklich, dass ich ihm deswegen zugewunken hatte.

»Nein, danke!« Das mit dem Flughafen-WLAN würde ich schon irgendwie allein hinkriegen. Und Schilder konnte ich auch lesen. Ich setzte mich mit meinen Sachen wieder in Bewegung. Zu meiner Überraschung lief er neben mir her.

»Hey, warte! Woher kommst du, my friend?«

»Deutschland.«

»Ahh Deutzland. Hallo, wie gehts?« Er grinste. »Ich sprech ein bische Deutsch, haha. Mehr kann ich nicht sagen.«

»Dein Deutsch ist gut. Warum sprichst du ein bisschen deutsch?« Ich wusste, dass einige Einheimische in Namibia deutsch sprachen, doch Südafrika war mir neu. Ich erfuhr von ihm, dass er sich gerne mit deutschen Touristen am Flughafen unterhielt und mit jeder Begegnung neue Wörter lernte. Ich musste mit meinen Augenringen anscheinend ziemlich deutsch ausgesehen haben. Ich erzählte ihm, dass meine Familie ursprünglich aus Österreich und den Niederlanden kam in der Hoffnung, dass er vielleicht ein paar Brocken Österreichisch auspackte. Doch statt a Winerl Dialekt bot er mir an, mich zur Abflughalle zu begleiten. Hatte wahrscheinlich gerade nichts Besseres zu tun.

»Was ist dein Gate?« Ich kramte nach meinem Reisepass, in dem ich die Tickets ja deponiert hatte.

»Boarding time 2 pm von Gate A18.«

»Gate A18, perfekt!« Wie aus dem Nichts nahm er mir das Ticket aus den Händen.

»Hey, was soll das?«

»Ich zeig dir den Weg. Folg mir einfach.« Er beschleunigte seinen Gang. Ich hatte Mühe, ihm zu folgen und wunderte mich, warum er jetzt so aufs Tempo drückte. Ich hatte doch alle Zeit der Welt und wollte noch gar nicht zum Gate. Doch ich wollte auch nicht unhöflich sein und sein Angebot ablehnen. Also zuckte ich mit den Schultern und lief gut gelaunt hinter ihm her.

»Was ist dein genauer Job hier am Flughafen?«, fragte ich neugierig.

»Fluggästen helfen.«, antwortete er kurz und knapp. Ach echt? Wir steuerten in der Flughalle einen Check-in-Automaten an. Während er sich am Automaten zu schaffen machte, schaute ich mich in der Gegend um. Überall liefen Menschen durch die Gegend, stöberten in Souvenirläden oder blickten gespannt auf die Abflugzeiten auf der Anzeige. Das ganz normale Chaos am Flughafen halt, so wie ich es schon in Düsseldorf erlebt hatte. Insgesamt zählte ich fünf Mitarbeiter mit orangefarbenen Westen, die die Koffer von Passagieren auf Gepäckwagen durch die Gegend rollten. Mein persönlicher Flughafenmitarbeiter tippte derweil noch immer die Flugdaten am Display ein. Warum auch immer.

»Wie viele Kollegen hast du insgesamt?« Ich konnte mich echt glücklich schätzen, einen abbekommen zu haben.

»Keine Ahnung. Ich bin selbstständig und arbeite hier für mich. Ah yes.« Er hielt ein frischgedrucktes Ticket in den Händen und zerriss das alte.

»Hey, mein Ticket. Warum machst du das?« Ich schaute ihn erschrocken an. »Das brauche ich doch noch.«

»Ich hab dich soeben eingecheckt. Bitte gerne.« Er grinste freundlich und reichte mir das neue Flugticket. Ich nahm es entgegen und steckte es schnell in meine Hosentasche. Sicher ist sicher. »Ähm, danke, aber das war nicht notwendig, weil ich bereits in Düsseldorf für den Anschlussflug eingecheckt habe.«

»Das muss man hier nochmal machen. Vertrau mir, hehe.«

»Aber …«

»Nichts zu danken, Sir! Folge mir, ich bringe dich zum Gate.«

»Aber...«, erwiderte ich. Keine Chance. Er griff nach meinem Ärmel und zog mich ungeduldig an den Automaten vorbei. Überrumpelt folgte ich ihm. Ich hatte doch noch alle Zeit der Welt… Wir gingen ein paar Meter und erreichten ein Schild, auf dem mehrere Gates draufstanden.

»Hier sind wir.« Er deutete auf das Schild mit Gate A18.

»Ähm okay.« Ich schaute ihn überfordert an. Das war jetzt wirklich keine Meisterleistung mit dem Finden des Schildes. Wir standen noch immer in der Abflughalle. Das Schild hätte ich locker auch allein gefunden. Ich nickte und setzte ein gezwungenes Lächeln auf. »Danke für deine Hilfe. Ich wünsche dir noch einen schönen…«

»Was ist mit einem Tip, Sir?«, unterbrach er mich. Er drehte sich hektisch zu allen Seiten um, als sei er gerade auf der Flucht.

»Tipp?« Warum wollte er den jetzt einen Tipp von mir haben? Und vor allem für was? Bundesliga? 2. Liga? Ich schaute ihn fragend an. Erst als er seinen Daumen und Zeigefinger aneinanderrieb verstand ich, worauf er hinauswollte: Trinkgeld.

»Ach, du möchtest Trinkgeld? Das englische Tip. Sag das doch!«

»Für den Weg zum Gate und das Ausdrucken des Tickets, äh, für das Einchecken deines Anschlussflugs nach Windhoek.« Wieder schaute er sich ungeduldig nach allen Seiten um.

»Money? Sag das doch gleich!« Ich setzte meinen Rucksack ab und holte den weißen Umschlag heraus, in dem ich meine namibischen Dollar aufbewahrte. Ich holte die Noten hervor. Die Scheine schimmerten in allen möglichen Farben. Gelb, grün, lila, blau, rot. Auf den meisten Scheinen waren Antilopen zu sehen, auf manchen waren sogar die Körper von Büffeln und Löwen abgedruckt. Das Geld hier hatte echt seinen Charme. Kein Vergleich zu Euro-Noten, auf denen langweilige alte Brücken oder Frauen mit Hochsteckfrisuren zu sehen sind.

Mist! Wie viel Büffel gebe ich ihm denn jetzt am besten? Ich blätterte durch die Löwen und Büffelköpfe. Ich hatte keine Ahnung, wie der Umrechnungskurs von Rand zu Euro gerade war. Überfordert schaute ich zu dem grinsenden Kerl neben mir.

»Wie viel?« (Fehler Nummer 2 an diesem Tag neben der langen Jeanshose).

»Fünfhundert!« Klingt fair! Ohne zu überlegen reichte ich ihm fünf rote Löwinnen. Ein wenig überrascht nahm er die hundert Dollarscheine schnell entgegen und steckte sie in seine Westentasche. »Ähh…« Ich glaube, er hatte sich mental aufs Handeln und Feilschen eingestellt. »Danke?«

»Kein Ding!« Ich lächelte und steckte den Briefumschlag mit den restlichen Tieren zurück in die Tasche. Ich hoffte, dass ich ihn und seine aufdringliche Freundlichkeit nun endlich los war. Doch er ging nicht. Hatte er doch wie ein Löwe Beute gerochen.

»Ich kann dich noch zum Sicherheitscheck bringen.«

»Nein, danke. Ich wollte hier noch ein bisschen chillen…«

»Folg mir!« Er ließ ein Nein meinerseits nicht gelten und griff mich wieder hektisch am Ärmel. Zwanzig Meter hinter dem Gate-Schild blieb er stehen. Wir standen jetzt direkt vor der Sicherheitsschleuse.

»Da sind wir.« Ich wollte am liebsten klatschen, aber das wäre der Leistung nicht gerecht gewesen.

»Ja, da sind wir. Zwanzig Meter weiter. Danke für deine Begleitung. Hab einen schönen Tag. Bye.«

»Hey, hey, hey. My friend.« Er grinste. »Was ist mit einem zweiten Tip? Für den Weg zum Sicherheitscheck.« Alter, ernsthaft, schoss es mir durch den Kopf. Geh mir doch nicht auf den Keks…

»Wie viel diesmal?«, fragte ich leicht genervt. (Fehler 3 an diesem Tag.)

»Dreihundert!« Er streckte seine Hand grinsend aus. Wieder holte ich den Umschlag aus meinem Rucksack hervor. Ich gab ihm zwei grüne Antilopen und einen lila Büffel.

»Hier, aber jetzt reicht es mit Tips.« Er nickte, verabschiedete sich und lief grinsend davon. Was ein Typ, dachte ich und setzte meinen spürbar leichter gewordenen Rucksack wieder auf. Wie kann man bitte so aufdringlich sein? Und so naiv…

Fassungslos begutachtete ich wenig später meinen Pass. Ich saß auf einer Bank und hatte eigentlich perfekte Sicht auf die Landebahn, doch das interessierte mich jetzt nicht. Dieser eine Stempel auf der zweiten Seite im Reisepass ließ mich nicht los. Gute fünfzig Euro hatte er mich gekostet. Fünfzig Euro oder anders ausgedrückt: Fünf rote Löwen, zwei grüne Antilopen und ein lila Büffel. Achthundert Rand - gut ein Drittel meines Geldes war weg. Dreitausend hatte ich insgesamt mitgenommen. Jetzt waren es nur noch zweitausendzweihundert und das nach einer Stunde Afrikaaufenthalt. Wie sollte das nur weitergehen? Mit angesäuertem Blick wuschelte ich mit der Hand durch meine Haare, in der Hoffnung, eine Erklärung zu finden. Ich war richtig sauer und angepisst. Sauer auf mich selbst, weil ich so naiv war. Wie konnte ich bitte nur so dumm und naiv gewesen sein? Wie konnte ich mich nur so abziehen lassen? Wie? Wie ich es auch drehte und wendete, es ließ sich jetzt nicht mehr rückgängig machen. Kopfschüttelnd verstaute ich den Pass mit dem teuren Stempel-Souvenir wieder in meinem Rucksack und widmete mich meinem Handy. Ich konnte den Pass nicht mehr sehen. Zumindest funktionierte jetzt das Flughafen-WLAN. Wenigstens eine Sache im Vergleich zu meinem gesunden Menschenverstand. Ich ging auf WhatsApp in die Familiengruppe und las die Nachrichten, die ich seit Zürich zugeschickt bekommen hatte.

»Schlaf schön und melde dich morgen, wenn du gelandet bist. Gute Nacht. :*« (Mama, um 22:30 Uhr).

»Guten Morgen. Hast du schlafen können? Wie war der Flug? Deine neugierige Mutter, hihi. ;D« (Mama, um 11 Uhr).

»Hey Silas, bist du schon gelandet? Papa. P.S. Antworte mal der Mama!« Ich starrte auf den Chatverlauf und überlegte, was ich ihnen schreiben sollte. Sie sollten sich bloß keine Sorgen machen und nicht wissen, dass ich gerade abgezockt worden war. Ich beschloss, ihnen die Geschichte mit dem selbstständigen Flughafentypen erst zu erzählen, wenn ich zurück in Deutschland war. Wenn es dazu überhaupt kommen sollte. Wenn mich schon ein einfacher Mitarbeiter am Flughafen übers Ohr haut, was macht dann erst ein echter Löwe oder Gepard mit mir? Ich wollte es mir nicht ausmalen. Während ich leicht verunsichert mein Selbstbewusstsein im Keller suchte, deutete meine Nachricht auf das komplette Gegenteil hin:

»Bin gerade gelandet. Mir geht es super. Alles läuft bisher nach Plan. Außer kurzen Turbulenzen über Tunesien keine Vorfälle. Gehe jetzt was essen und melde mich, wenn ich in Windhoek gelandet bin.« Ein grinsender, fröhlicher Smiley fehlte in der Nachricht. In meinem Gesicht ebenfalls.

Die Klimaanlage in Georgs Auto fühlte sich wie ein heißer Föhn an. Ich glaube, dass es ihm Spaß machte, mir die ganze Zeit heiße Luft ins Gesicht zu pusten. Die letzte Inspektion des Wagens musste schon Jahre zurückgelegen haben. Das Wasser schoss mir wie ein reißender Bach die Schläfe hinunter und tropfte mir munter auf meine Jeans. Die Jeans... Ich konnte den Moment kaum erwarten, sie mir von den Beinen zu reißen, gegen irgendeine Wand zu feuern und dann wild auf ihr herumzutrampeln. Sie klebte wie ein Taucheranzug an meinem Körper und sorgte so dafür, dass mir jede Hitzewelle mental und körperlich zusetzte. Die Jeans fühlte sich so eklig und falsch an meinem Körper an. Ich schwor mir, sie in den nächsten vier Wochen regelrecht zu ignorieren und sie keines Blickes zu würdigen. Was ich nicht ignorieren konnte, war die Temperaturanzeige im Auto. Sie zeigte achtundzwanzig Grad an, doch das kaufte ich ihr nicht ab. Es waren bestimmt vierzig. Die Nachmittagssonne brannte ohne Pausen auf das Autodach herab und sie machte nicht den Anschein, in den nächsten Minuten damit aufhören zu wollen. Die Hitze war unerträglich. Am Himmel war auch wirklich keine einzige Wolke zu sehen, die für einen kurzen Moment hätte Schatten spenden können. Seit gut zwanzig Minuten fuhren wir vorbei an ausgetrockneten und verbrannten Wiesen, auf denen ab und zu abgemagerte Rinder in der prallen Sonne standen und uns hinterherschauten. Georg war Mitarbeiter der Unterkunft, die für die nächste Nacht mein Schlafplatz und Zuhause sein sollte. Mitten in Windhoek, der Hauptstadt Namibias. Er hatte mich am Hosea Kutako International Airport abgeholt. Dieser lag mitten in der Pampa. Mit einem Schild hatte er im Terminal auf sich aufmerksam gemacht und mir zugewunken. Sein Nuscheln und Englisch war kaum zu verstehen. Manchmal wusste ich gar nicht, wovon er gerade sprach und was er meinte. So lachte ich dann, wenn er auch lachte, oder nickte einfach nur, wenn ich es für richtig und angebracht hielt. Die Strategie hatte ich im Englischunterricht perfektioniert. Wenn der Lehrer guckt, dann immer schön nicken und lächeln. Symbolisiert Interesse und Wissen. Fake it until you make it … Manchmal redeten George und ich für ein paar Minuten auch gar nicht und starrten stattdessen nach vorne auf die asphaltierte Straße, die uns über kleine Hügel und ausgetrocknete Flüsse führte. Oft erschrak ich, wenn ein Auto am Horizont aus der verschwommenen Bodenhitze auftauchte und auf uns zufuhr. Erst als wir dann links am entgegenkommenden Auto vorbeifuhren, erinnerte ich mich daran, dass in Namibia ja Linksverkehr herrschte. Der gute, alte Linksverkehr. Neben der unausstehlichen Hitze war der Linksverkehr wirklich die größte Umstellung für mich bisher. Auf dem Parkplatz wollte ich schon rechts ins Auto einsteigen und wunderte mich, als ich plötzlich ein Lenkrad am Beifahrersitz entdeckte. Georg staunte nicht schlecht, als er nach dem Verstauen meines Gepäcks im Kofferraum plötzlich jemanden auf seinem Fahrerplatz sitzen sah.

»Es ist momentan so trocken hier in der Gegend. Unglaublich!« Georg betätigte den Scheibenwischer, um die vielen aufgewirbelten Sandkörner von der Frontscheibe zu entfernen. »Wir haben zum letzten Mal vor fünf Wochen Regen gehabt.« Er schüttelte lachend mit dem Kopf. Die Scheibenwischer funktionierten nicht. Nach der defekten Klimaanlage wunderte mich das nicht.

»Vor fünf Wochen?«, entgegnete ich ihm ungläubig. Der Lkw und die Staubwolke wurden im Rückspiegel immer kleiner. »Warum sollte ich dann bitte eine Regenjacke mit auf die Farm nehmen?« Ich dachte an meine Sieben-Euro-Regenjacke, die ich auf den letzten Drücker noch gekauft hatte. Ich fragte mich echt, warum sie mit auf der Packliste stand. Bei dem Wetter hier.

»In dieser Gegend regnet es tatsächlich nicht häufig, aber so wenig wie in diesem Jahr ist schon seltsam.«, erklärte mir Georg, während er einen langsameren Transporter auf der Spur überholte. »Momentan ist Regenzeit in Namibia. Hört sich komisch an, aber es ist so. Ich denke, du wirst auf der Farm mehr Regen erleben, als in Windhoek. Oder, wenn du nach Etosha fährst. Weiß ja nicht, was du alles hier vorhast.« Ich nickte. Ich hatte keine Ahnung, was er mit Etosha meinte, konnte mir aber nur schwer vorstellen, dass es in den nächsten Wochen irgendwo mal ein Regentröpfchen geben sollte.

»In Deutschland haben wir viel Regen. Vor allem in Wuppertal.«

»Wuppertal. Was ist Wuppertal?« Ich erzählte ihm von der Schwebebahn und meiner Heimat. Zu meiner Überraschung gab es zwischen Windhoek und meiner Heimatstadt viele Gemeinsamkeiten. Windhoek war vom Profil ähnlich hügelig. Es ging rauf und runter. Viele Häuser waren in den Berg gebaut, ähnlich wie zu Hause im Bergischen Land. Neugierig schaute ich aus dem Fenster und beobachtete das bunte Treiben auf den Straßen. Es war viel los in Windhoek. Die meisten Menschen hatten jetzt wahrscheinlich Feierabend und machten sich auf zu ihren Wohnungen und Familien. Ich erinnerte mich an die Worte meines Nachbarn, der mir von den vielen deutschsprachigen Straßennamen erzählt hatte. Es war unglaublich: Auf jedem zweiten Straßenschild war ein deutscher Name zu lesen: Bismarckstraße, Gartenstraße oder Schusterstraße. Auch die vielen deutsch benannten Schulen und Universitäten erinnerten an die deutsche Kolonialzeit vor hunderten Jahren. Sie war für mich präsenter denn je. Alles wirkte hier sehr deutsch, bis auf die brüllende Hitze vielleicht. Erleichtert stieg ich vor einem quietschgelben Haus aus Georgs aufgewärmtem Auto. Per Knopfdruck öffnete er das grüne Einfahrtstor und begrüßte im Vorbeigehen einen neugierigen Papagei, der uns in seinem grünen Federkleid und mit lautem Gekreische hallo sagte. An der Rezeption stellte mir Georg seinen Sohn vor. Dieser war wie sein Vater braungebrannt, sprach zum Glück aber besser Englisch als er. Ich füllte einen Zettel mit meinen Daten aus und bezahlte meine Übernachtung.

Mein Zimmer lag in der ersten Etage. Georgs Sohn half mir beim Tragen des Koffers und wünschte mir einen schönen Aufenthalt und viel Spaß auf der Farm, ehe er sich zum Rugby-Training verabschiedete. Jetzt wusste ich auch, warum er meinen schweren Koffer mühelos mit einer Hand die schmale Treppe hochtragen konnte. Er hatte Pranken wie ein Bär, Waden wie die eines ausgewachsenen Stieres und besaß Muskeln an Stellen, an denen ich noch nicht mal Stellen hatte. Ich wollte gar nicht wissen, welche Gewichte er beim Bankdrücken bewegte. Auch wenn meine Oberschenkel von der Größe her zusammen einen seiner Oberschenkel ausmachten, tat ich mich schwer, sie im Zimmer aus der nassgeschwitzten Jeans zu bekommen. Diese Jeans... Ich hüpfte fast eine halbe Minute auf meinem rechten Bein wie ein Känguru durchs Zimmer, ehe ich mein linkes Bein auch endlich befreien konnte.

»Geschafft!«, stöhnte ich und ließ mich nassgeschwitzt aufs Bett fallen. Einundzwanzig Stunden, nachdem ich zum ersten Mal die Stimme von Franz Huber gehört hatte, war ich endlich da. Ich war in Namibia. Ich, Siles… Ich setzte mich in den Schneidersitz und tippte eine Nachricht für zu Hause ab: Bin jetzt in der Unterkunft und gehe gleich noch Pizza essen. Melde mich morgen.

Ich legte das Handy auf den Nachttisch und schnappte mir meine Wasserflasche. Mit Sonnenmilch und Brille bewaffnet ging ich nach draußen auf die Dachterrasse. Dort beobachtete ich in aller Ruhe, wie die Sonne mit ihren warmen Strahlen hinter den Hügeln Windhoeks verschwand und meinen ersten Abend in Afrika einläutete.

Expect the
Unexpected

(Chapter Five)

»Ich meine schon.«, antwortete mir Marlene auf meine Frage, ob der Shuttlebus zur Farm nicht schon um 9 Uhr kommen sollte. »Bissl spät, der Gute.« Sie lachte und richtete ihre Brille. Ihr Wiener Dialekt war unüberhörbar. Georg hatte mir am Vortag auf der Autofahrt vom Flughafen schon von ihr erzählt. Marlene sollte wie ich die nächsten vier Wochen am „Go Wildlife"-Projekt teilnehmen und mit mir mitten im Busch auf einer Farm leben. Sie war tags zuvor einige Stunden vor mir in Windhoek gelandet und in der Unterkunft eingecheckt. Unsere erste Begegnung war am Vorabend ein wenig, wie soll ich sagen, holprig verlaufen. Nach dem Sonnenuntergang war ich an ihrem Zimmer vorbeigegangen und hatte an ihre Tür geklopft. Mit verschlafenen Augen öffnete sie mir und wusste erst gar nicht, was los war. Erst als ich meinen "Hello Roomservice"-Spruch beim Klopfen als Joke enttarnte, verstand sie, dass ich kein Mitarbeiter der Unterkunft war. Ich beschloss den Joke nie weder zu machen. Gemeinsam mit ihr und unseren Koffern saß ich jetzt auf der Veranda auf einer Bank und beobachtete den Papagei, wie er immer wieder einen Fuß durch den Käfig streckte und „Hallo" sagte. Langsam bekam ich ernste Zweifel, dass wir heute noch abgeholt werden sollten. Es war mittlerweile elf Uhr, und immer noch war vor dem grünen elektronischen Tor weit und breit kein Bus in Sicht.

»Ihr seid ja immer noch hier. Wo ist der Bus?« Georg streckte seinen Kopf aus der Tür und wunderte sich, dass wir immer noch dasaßen. Wir hatten uns eigentlich schon vor zwei Stunden von ihm verabschiedet. Marlene und ich zuckten gleichzeitig mit den Schultern.

»Das wüssten wir auch gerne...«, sagte Marlene in seine Richtung. Georg erzählte, dass zwei Stunden Warten auf den Shuttle keine Seltenheit sei. Oft musste der Fahrer mehrere Unterkünfte abklappern, um alle Volontäre einsammeln zu können. Da muss er ja dieses Mal viele einsammeln, dachte ich mir.

»Ich bin schon richtig gespannt auf die anderen Volontäre.«, sagte

Marlene. »Woher die wohl alle so kommen.«

»Ich bin auch gespannt, mit wem man so aufs Zimmer kommt.« In der Vorbereitungsmail hatte ich bereits gelesen, dass maximal vier Personen in einer Unterkunft zusammenleben werden. Getrennt nach Jungen und Mädchen natürlich. »Und auf das Essen bin ich vielleicht gespannt. Ich hoffe, dass wir rechtzeitig zum Mittagessen auf der Farm ankommen. Ich könnte schon wieder was essen.«

»Ernsthaft?« Marlene schaute ungläubig durch ihre großen Brillengläser. »Wir haben doch vorhin erst gefrühstückt. Hattest du nicht vier Toasts mit Spiegelei und Schinken gegessen?« Sie lachte.

»Erstens waren es sechs und zweitens: Was verstehst du bitte unter vorhin? Vorhin ist drei Stunden her, haha.« Ich durchwühlte meine Tasche und holte einen Schokoriegel hervor. Mit diesem und mehreren Wasserflaschen hatte ich mich gestern Abend noch eingedeckt, als ich mit Georg zu einem Supermarkt gefahren war. Er hatte mir angeboten, mich zu einer Pizzeria zu bringen, da es in der Unterkunft nur Frühstück gab. Zum Dank spendierte ich ihm zwei Dosen Bier, über die er sich sehr freute. Während sich die abendliche Fahrt für ihn mehr als gelohnt hatte - eine Dose trank er noch auf der Rückfahrt vom Supermarkt zur Unterkunft leer -, war meine Freude über die Pizza eher relativ. Ich hatte noch nie so viele Oliven auf einer Pizza gesehen. Ich hasste Oliven und war dementsprechend zurück auf meinem Zimmer mehr mit Olivenrauspicken als mit Essen beschäftigt.

Ein Hupen ertönte, gefolgt von einem weißen Bus, der vor dem Einfahrtstor hielt. Mehr enttäuscht als glücklich steckte ich den Riegel wieder in meine Tasche. Marlene und ich verabschiedeten uns von Georg und liefen mit unserem Gepäck dem Bus entgegen. Hinter dem Bus war ein kleiner Anhänger eingespannt, auf dem der Fahrer schon wartete. Er begrüßte uns und nahm uns die Koffer ab.

»Wo sollen wir das Handgepäck hintun?«, fragte ich ihn und zeigte auf meinen Rucksack am Rücken. Ich war mir nicht sicher, ob im Bus für ihn Platz war. »Handgepäck auf Schoß!«, sagte der Fahrer recht emotionslos. Zufrieden mit der Antwort folgte ich Marlene mit dem Rucksack in der Hand und kletterte die schmale Treppe ins Businnere hoch. Zu unserer Überraschung war der Bus komplett leer. Keine zwanzig Volontäre, die zwei Stunden Verspätung hätte begründen können. Er war wirklich komplett leer.

»Vielleicht holen wir die anderen noch ab.«, sagte Marlene. »Komm, wir gehen nach hinten. Da ist noch alles frei.« Wir zwängten uns mit unserem Handgepäck durch den schmalen Gang in den hinteren Teil des Busses.

»Whaaats up, guys?« Erschrocken blieb ich im Gang stehen und schaute in die letzte Reihe. Ganz hinten links saß ein Junge, der neugierig seinen Kopf über die Kopflehne des vorderen Sitzplatzes streckte.

»Harry?«, flüsterte ich leise und rieb mir die Augen. Das glaub ich nicht. Das kann nicht wahr sein. Sofort schoss mir ein Name durch den Kopf: Harry Potter. Bis auf die fehlende Narbe auf der Stirn sah der Junge wie Harry Potter höchstpersönlich aus. Kurzes schwarzes Haar, Nerdbrille und englischsprachig. Er grinste uns schief an. Marlene und ich reichten ihm die Hand zur Begrüßung.

»Hi, ich heiße Silas. Wie heißt du?« Gespannt schaute ich ihn an. Wenn sein Name jetzt mit „H" beginnen sollte …

»Ich heiße McKäääänzie.«, sagte er langsam. Ich verstand nur Mäh. Er hörte sich stark nach einem Amerikaner an. Zumindest deutete sein Englisch darauf hin. Jedes „a" hörte sich wie ein lang gezogenes „ä" an.

»Freut mich McHänsi. Hab ich deinen Namen richtig verstanden?«

»Nein, McKääääänzie!« Ich schaute fragend zu Marlene. Ich hatte ihn immer noch nicht verstanden.

»Hast du seinen Namen verstanden?« Sie schüttelte den Kopf. »Mmh. Woher kommst du McK, ähh…«

»McKäääänzie. Ich heiße McKääääänzie.«

»Äh yes.« Ich grinste verlegen und tat so, als ob ich seinen Namen jetzt verstanden hatte. »Woher kommst du?«

»Ich bin McKääääänzie aus den Vereinigten Staaten von Ääääämerica. Ich lebe in in Määäässäääächusetts.«

»Ah nice!« Ich streckte ihm den Daumen entgegen. Während Marlene in der letzten Reihe zwei Plätze neben McKenzie Platz nahm, setzte ich mich eine Reihe davor auf einen Einzelplatz. McKenzie war jetzt richtig in Redelaune. Er erzählte uns, dass er bereits zum fünften Mal in Namibia war. Er hatte sich in die Farm und die Tiere verliebt und genoss jeden seiner Aufenthalte. Diesmal wollte er insgesamt für zweieinhalb Monate bleiben. Der Bus setzte sich bei seinen Ausführungen in Bewegung. Neugierig schaute ich mich im leeren Bus um. Die Sitze waren völlig verstaubt. Man musste nur seine Hand sanft auf den Stoff legen, um den feinen Staub zum Tanzen zu bringen. Schnell öffnete ich das Fenster, um ein wenig Fahrtwind ins Innere zu lassen. Ich vermutete, dass der Bus über keine intakte Klimaanlage verfügte. Egal. Zumindest hatte meine Hose heute die richtige Länge. Wir entfernten uns von dem gelben Gebäude und fuhren durch kleinere Nebenstraßen. Zur Hauptstraße hin wurde es immer lauter. Autos und Taxis hupten regelrecht um die Wette, während Kinder auf den Schulhöfen miteinander spielten und wild durcheinanderschrien. Sie trugen beige Uniformen und winkten uns beim Vorbeifahren neugierig zu. Unser Fahrer erzählte uns, dass wir gleich noch eine weitere Teilnehmerin am Flughafen abholen würden. Davor müsse er aber am Bahnhof noch zwei Mitarbeiter der Farm einsammeln. Eine Sache von wenigen Minuten - nicht zeitaufwendig. Sechzig wenige Minuten später fuhren wir vom Bahnhofsgelände wieder ab. Meine Uhr zeigte 12:25 an und ich freundete mich langsam mit dem Gedanken ab, dass wir es nicht mehr rechtzeitig bis zum Mittagessen schaffen würden. Vom Flughafen brauchte man in der Regel drei Stunden bis zur Farm, und der war noch lange nicht in Sicht. Es musste ein Uhr gewesen sein, als unser Fahrer mit purer Gelassenheit aus seiner Fahrerkabine stieg und sich mit Pappschild Richtung Ankunftshalle aufmachte. Sein Schlendern verriet, dass er es nicht sonderlich eilig hatte. Zehn Minuten später tauchte er mit einem schwarz gekleideten Mädchen wieder auf. Gespannt beobachteten wir vom Bus aus, wie sich die beiden uns näherten.

»Richtiger Gentleman!«, stellte Marlene fest und rückte ihre Brille zurecht.

»Wie meinst du?«

»Ja, schau doch moal. Er trägt nur das Pappschild und läuft vor dem Madl einige Meter her, während die sich dahinter mit ihrem großen Koffer abkämpft. Die Arme muss ihren schweren Koffer selber ziehen und er hat die Hand in der Hosentasche.« Wirklich ein wahrer Gentleman …

»Hallo Leute. Puuh, war das jetzt aber eine Tragerei.« Erschöpft und abgekämpft setzte sich das Mädchen auf einen freien Sitz. Ihre grüßende Handbewegung war alles andere als von Elan geprägt. Sie hatte dunkle

Ränder unter den Augen, die durch ihren schwarzen Eyeliner noch mal verstärkt wurden. Ihr rotes Haar hatte sie sporadisch zu einem Dutt gebunden. Einzelne Haare standen wild zu Berge. Ich vermutete, dass sie auf dem Hinflug wie ich nicht so viel schlafen konnte. Sie wirkte gereizt und desinteressiert und schien nicht wirklich in Plauderlaune zu sein. So traf es sich gut, dass Menschenkenner und Emphatiewesen McKenzie gleich den Dialog mit ihr suchte.

»Whäääts up.« Er beugte sich neugierig nach vorne in den Gang. »Ich bin McKäääänzie aus den Vereinigten Staaten vonf Ääämäääricää. Ich lebe in Määässääächusetts. Wie heißt du, Girl?«

»Ich äh, me?« Überrascht von McKenzies plötzlich vorgetragenem Lebenslauf schaute sie ihn an. »Ich heiße Jessica or Jessi. Komme aus Zürich, Switzerland.«

»Nice, Girl!« Zufrieden lehnte sich McKenzie zurück. Job done…

»Ah, aus der Schweiz. Das Alpentrio ist jetzt vollständig.« Jessis schaute mich mit kleinen Fragezeichen in den Augen an. »Marlene kommt aus Österreich und ich aus Deutschland. Servus Jessica. Ich bin Silas.« Ich grinste sie an. »Wir haben gewettet, dass du aus der Schweiz kommst.«

»Ahh, versteh. Und wie heißt er? Ich konnte seinen Namen nicht verstehen.« Sie deutete mit ihren Augen in McKenzies Richtung, der mittlerweile wieder verträumt aus dem Fenster schaute und völlig abwesend wirkte.

»Das wissen wir noch nicht hundertprozentig, um ehrlich zu sein.«, gab ich grinsend zu. »Vielleicht gibt es nachher eine Teilnehmerliste, auf der wir seinen Namen rausfinden können. Dann wissen wir es.«

Jessi nickte. »Ich hoffe es. Hoffentlich kommen wir schnell an. Bei den Temperaturen gehe ich in meiner Hose noch ein.« Sie zupfte an ihrem schwarzen T-Shirt, sodass die vielen silbernen Armreife an ihrem Handgelenk klimperten. Erst jetzt fielen mir ihre ganzen Tattoos auf, die unter dem Schmuck ihre Arme zierten.

»Wieso hast du dich nicht umgezogen?«, fragte Marlene sie. Ich schaute auf Jessis lange schwarze Hose, die an einigen Stellen Löcher hatte. Darunter trug sie eine schwarze Netzstrumpfhose. Auch wenn ich noch nie in meinem Leben eine schwarze Netzstrumpfhose getragen hatte, und mit großer Wahrscheinlichkeit auch niemals tragen werde, konnte ich bei ihrem langbeinigen Outfit gut nachempfinden, wie sie sich bei der Hitze fühlen musste.

»Mein Flug war aus Dubai schon verspätet losgegangen und mir wurde gesagt, dass ich nach der Landung direkt abgeholt würde. Hätte ich gewusst, dass der Heini da vorne mir erst zwei Stunden später entgegenkommt, dann hätte ich mich umgezogen, anstatt die ganze Zeit zu warten. Ich wollte ihn nicht verpassen. Zumal ich ja selber schon zu spät gelandet war.«

»»Ja, wir mussten auch schon zwei Stunden auf ihn warten.«, berichtete Marlene von unserem Warten in der Unterkunft.

»Plus eine Stunde warten am Bahnhof…«, ergänzte ich sie. »Also bei drei Stunden Wartezeit sind wir auch schon.« Drei Stunden - Wahnsinn. Ans Mittagessen auf der Farm dachte ich schon lange nicht mehr. Ich beschloss, heute nichts mehr zu planen und einfach alles auf mich zukommen zu lassen. Auf dem Bus stand nicht umsonst der Slogan der Farm geschrieben:

Expect the unexpected.

»Stimmt, du hast recht. Also Jessi, du bist nicht die Erste, die heute auf den Bus warten musste. Vielleicht beruhigt dich das ein wenig.« Marlene lächelte.

»Na ja, solange wir schnell ankommen und ich meine Hose wechseln kann, ist alles gut.« Der Fahrer startete den Motor. Er schien Jessis Appell mitbekommen zu haben. Langsam fuhren wir mit dem Bus vom Flughafengelände. Während sich ein Flugzeug im Landeanflug über unseren Köpfen seinem Ziel näherte, sollte unser nächster Halt auf dem Weg zur Farm erst in anderthalb Stunden in Gobabis stattfinden.

Endlich angekommen im Zentrum von Gobabis hielt der Bus mit quietschenden Bremsen neben der asphaltierten Straße. Von Windhoek nach Gobabis hatte es ungefähr drei Kurven und zwei Kreuzungen gegeben. Die ganze Zeit ging es mitten durch die Steppe geradeaus. Alle paar Kilometer sah man zwar mal ein paar Rinder, die Schatten unter Bäumen suchten und in der Nähe von Farmen lebten, jedoch bekamen wir auf der Fahrt nicht einen Menschen zu Gesicht. Hier in Gobabis änderte sich das Bild. Rinder gab es hier zwar auch und nicht gerade wenig. Sie standen eingezäunt hinter Gattern oder ließen sich in der Hitze den Wind vom Anhänger aus um die Nase wehen, während sie von ihren Besitzern durch die Gegend gefahren wurden. Doch anders als in der Prärie lebten hier auch Menschen. Viele Menschen. Kinder spielten neben der Straße mit Flaschen und Konservendosen, Frauen trugen Wasserkanister auf ihren Köpfen durch die Gegend oder kochten am Straßenrand auf offenem Feuer. Es gab ganze Siedlungen von Blechhütten, die notdürftig zusammengeschustert waren. Anstelle von Türen und Fenstern hingen Tücher und Decken vor den Eingängen, oftmals mit mehreren Löchern. Mit skeptischen Blicken beäugten uns die Einheimischen, als wir an ihnen vorbeifuhren. Wir mussten im ärmeren Teil von Gobabis gelandet sein. Häuser gab es hier auch, jedoch waren die für Geschäfte, Imbisse und Supermärkte reserviert. Wir standen jetzt direkt vor einer großen Kreuzung. Ampeln gab es keine. Direkt gegenüber von uns lag eine große Tankstelle, vor der große Geländewagen parkten. Das bunte Treiben hinter der Kreuzung deutete auf eine Einkaufsmeile hin. Ich entdeckte einen kleinen Spar zwischen zwei Boutiquen. Es war mittlerweile weit nach Mittag und gute sechs Stunden her, dass ich etwas gegessen hatte. Auch Marlenes Augen leuchteten, als sie das Spar-Zeichen auf der gegenüberliegenden Seite entdeckte. Wir weckten McKenzie, der die ganze Zeit mit der Stirn gegen den Haltegriff des Vorderplatzes gelehnt haben musste und jetzt einen roten Abdruck über seiner Brille trug. Gemeinsam stiegen wir aus dem Bus. Die beiden Mitarbeiter taten es uns gleich und stiegen mit aus. Nur der Fahrer blieb sitzen und kurbelte seine Fensterscheibe runter, als wir an seiner Tür vorbeigingen.

»Ich bin in dreißig Minuten zurück. Ihr habt also genug Zeit, um euch beim Supermarkt einzudecken.« Er zeigte mit dem Finger auf den Spar, den wir ja schon entdeckt hatten. »Ich muss ein paar Dinge für die Farm besorgen. Also: dreißig Minuten. See you!« Ohne Rückfragen zu erlauben, kurbelte er die Scheibe wieder hoch, setzte standesgemäß keinen Blinker und fuhr davon. Die Staubwolke hatte sich noch nicht richtig gelegt, da war er schon hinter der Kreuzung verschwunden und nicht mehr zu sehen. Wir wechselten die Straßenseite und liefen, verfolgt von mehreren Blicken, zum Spar. Er war zum Glück klimatisiert. Hallelujah! Die Freude stand uns bei der trockenen Hitze förmlich ins Gesicht geschrieben. Die erste funktionierende Klimaanlage in Afrika, dachte ich mir gut gelaunt und schnappte mir am belüfteten Eingang einen Einkaufskorb. Mit knurrenden Mägen liefen wir durch die Gänge. Jessi suchte direkt die Getränkeabteilung auf, während Marlene und ich umgehend zum Bäcker liefen.

»Wo ist McKenzie?«, fragte Marlene, als wir gemeinsam auf die Frau hinter der Theke warteten, die gerade noch einen anderen Kunden bediente. Ich zuckte mit den Schultern.

»Keine Ahnung. Der hat am Eingang irgendwas von peanut butter genuschelt und ist dann mit seinem Korb abgebogen.« Die Kundin neben uns bestellte noch ein paar Steaks, die direkt neben der Brottheke angeboten wurden. Mein Blick fiel auf die Käsebrötchen. Goldbraun überbacken grinsten sie mich in der Vitrine an.

»Ich glaube, ich nehme zwei Käsebrötchen. Weißt du, ob Jessi auch was wollte?«

»Sie wollte eigentlich nur Zigaretten und Energydrinks kaufen. Wir können ihr ja ein Käsebrötchen mitbringen. Ich nehme auch zwei. Frage ist, ob wir für McKenzie was mitbestellen sollen.« Ich drehte mich um und sah McKenzie, der gerade in die Keksabteilung abbog. Von Weitem sah er mit seinem roten Balken auf der Stirn jetzt wirklich aus wie Harry Potter. In seinem Korb lagen zwei XXL-Peanut-Butter-Gläser. Ich grinste. Typisch...

»Ich glaube, dass er schon selber satt wird.« Der, der mit ihm auf ein Zimmer kommen sollte, tat mir jetzt schon leid. Bei den zwei großen Erdnussbuttergläsern …

»Okay, also fünf Käsebrötchen.«, fasste Marlene zusammen. Mit fünf Käsebrötchen in der Tüte liefen wir Richtung Kasse weiter durch die Gänge. Auch Jessi war in der Getränkeabteilung fündig geworden. Mit zwei Red Bull in der Hand, stand sie hinter der Kasse und deutete auf ihre Uhr. Sie wollte endlich eine rauchen. Eine Zigarette klemmte bereits hinter ihrem Ohr. Wir zahlten zügig unsere Einkäufe und warteten auf McKenzie und seine Erdnussbuttergläser.

In der Nachmittagssonne wieder angekommen, stellten wir fest, dass unser Fahrer noch nicht zurück war. Wir beschlossen, auf dem Rastplatz der Tankstelle zu warten, auf dem bereits die beiden Farmarbeiter mit ihrem vollgeladenen Einkaufswagen standen. Wir gingen zu ihnen, setzten uns auf die Bordsteinkante und verteilten die Käsebrötchen. Sie schmeckten, wie sie aussahen: goldig gut. Kauend beobachteten wir die

Menschen, die an uns vorbeiliefen. Hier war wirklich einiges los. Die meisten Menschen trugen kaputte Kleidung, die von Dreck, Schmutz und Staub überzogen war. Oft hing sie wie Lappen über der Haut oder schleifte über den Boden. Passende Kleidung konnten sich wahrscheinlich nur die Wenigsten leisten. Es herrschte in dieser Gegend wirklich viel Armut. Armut und vielleicht auch ein bisschen Neid...

Die vielen Blicke der Menschen beim Vorbeigehen auf unsere Einkaufstüten und Klamotten sorgten dafür, dass wir uns mit jeder Minute mehr schämten und fehl am Platz fühlten. Mit jeder Minute, die verging, sehnten wir uns mehr nach unserem Fahrer, von dem weit und breit noch immer nichts zu sehen war. Die halbe Stunde war schon längst vorbei. Wir waren mittlerweile bei einer Stunde Wartezeit angekommen.

»Alda, wo bleibt der Typ?«, sagte Jessi und tigerte genervt in ihrer schwarzen Hose auf und ab. »Halbe Stunde hat er gesagt. Halbe Stunde.« Sie schüttelte den Kopf. In der letzten Stunde hatte sie bestimmt fünf bis sechs Zigaretten bis auf den Stängel niedergequalmt und aufgeraucht. Auch die zweite Red-Bull-Dose hatte sie längst geöffnet. Ein wenig erinnerte sie mich mit ihrer Nikotin-Koffein-Ernährung an meinen Kumpel Luis in Deutschland, mit dem ich zusammen die Bankausbildung gemacht hatte. Sein täglicher Brunch bestand nach dem Aufstehen aus Kippe und Kaffee, und Kippe und Red Bull auf dem Weg zur Bankfiliale.

»So eine Kacke!« Doch anders als er hatte Jessi gerade keine gute Laune und kein breites Lachen drauf. Erschöpft und angepisst von der Gesamtsituation kniete sie sich neben den Einkaufswagen in die Hocke.

»Der kommt schon gleich.«, versuchte Marlene sie zu besänftigen. Doch so sicher war sie sich auch nicht mehr. Diese ganze Warterei hinterließ bei jedem so ihre Spuren. Während mir eigentlich nur warm war, konnte Jessi einem nur leidtun. Schlafmangel, lange Klamotten, die Hitze ... Wie ein Häufchen Elend starrte sie auf den staubigen Boden. Bei ihr kamen jetzt alle Umstände zusammen. Ihren Aufenthalt in Afrika hatte sie sich bis jetzt bestimmt auch anders vorgestellt. Gereizt kramte sie nach ihrem Feuerzeug in der Tasche und zündete sich die nächste Zigarette an.

»Hey Jacqueline, ich meine, Jessica ...« Ich biss mir auf die Lippen.

Dummer Zeitpunkt, Siles… Langsam hob sie ihren Blick vom Boden. Sie schaute aus wie ein angeschlagener Boxer, der gerade auf die Bretter gegangen war und noch mal die zweite Luft bekam.

»Ey, Alda.« In ihrem Blick loderte das Feuer. Noch immer biss ich mir auf die Lippe. Ich ahnte Böses. »Alda, du hast mich nicht ernsthaft Jacqueline genannt, oder?« Entsetzt schaute sie mich an. Entschuldigend formte ich meine Hände so, als ob ich beten wollte. Ich überlegte, ob ich nicht doch besser wegrennen sollte.

»Sorry, ich meine natürlich Jessica. Bin leider nicht so mit Namen.«

»Pass gut auf, Zilas!«, sagte sie und hob lachend den mahnenden Finger in die Luft. »Dünnes Eis heute, haha.« Erleichtert pustete ich durch. Auch wenn das Eis gefährlich knackte und ich wahrscheinlich gerade mein Leben riskiert hatte, lachte Jessi wieder und das war das Wichtigste.

»Wie alt seid ihr eigentlich?«, fragte Jessi und atmete eine graue Wolke in den Himmel.

»Ich bin 20, Marlene ist, glaube ich, 18 Jahre …«

»Was ist mit mir?«

»Du bist 18, oder?« Sie nickte und schaute wieder auf ihr Handy. »Genau, Marlene ist 18 und er ist …?« Fragend schaute ich zu McKenzie, der gerade seine Brille putzte und polierte.

»Hey McHänsi …«

»McKäääänzie. Mein Name ist McKäääänzie.«

»Oh ja, stimmt. Sorry, McHääänsi. Wie alt bist du nochmal?«

»Vierundzwanzig.« Er war nicht so der große Redner und saß wie im Bus die meiste Zeit eher still da. Er wunderte sich nicht, dass der Fahrer noch nicht zurück war. Im letzten Jahr war es genauso abgelaufen. Pause in Gobabis, Fahrer fährt weg, um Erledigungen zu machen, und taucht Stunden später wieder auf.

»Dreiunddreißig? Drei und drei?« Schockiert schaute ich Jessi an. »Du bist niemals 33 Jahre alt.«

»Doch, doch, glaubt mir.« Sie grinste.

»Ich hätte dich auf 26 geschätzt.«

»Ja, ich auch.«, sagte Marlene. »Du siehst nicht aus wie 33.«

»Danke fürs Kompliment, aber ich glaube nach diesem Urlaub schon. Ich bin, glaube ich, in den letzten Stunden schon um drei Jahre gealtert.

Weiß gar nicht, wie ich die nächsten sechs Wochen schaffen soll. Ich bin jetzt schon fix und fertig.« Sie nahm einen tiefen Zigarettenzug. Ich schaute wieder Richtung Kreuzung. Immer wieder kamen weiße Busse vorbei, die unserem Bus vom Aussehen ziemlich ähnlich sahen. Leider hatte jedoch keiner von ihnen einen Anhänger geladen. Die Chancen standen also nicht schlecht, dass wir die nächsten sechs Wochen hier verbringen mussten. Ohne Koffer und Wechselsachen, dafür aber mit reichlich Peanut-Butter und neugierigen Menschen. Letztere näherten sich immer mehr unseren Sachen. Wir waren mit unseren vollen Einkaufstaschen das Thema in der Gegend. Auch jetzt kamen wieder drei Menschen auf uns zu und deuteten auf unsere Einkäufe.

»Go away!«, schrie der eine Farmarbeiter in ihre Richtung, um sie zu verscheuchen. Doch sie wollten nicht gehen. Erst als er vom Bürgersteig aufstand und mit Plastikflasche auf sie zuging, drehten sie sich von uns weg und suchten schnell das Weite. Kopfschüttelnd setzte sich der Farmarbeiter zurück auf den Bürgersteig und hob seine Zigarette vom Boden auf, die ihm durch das ruckartige plötzliche Aufspringen aus der Hand gefallen war. Er murmelte irgendwas vor sich hin und zündete sich die Zigarette wieder an.

»Also, ich hätte nichts dagegen, wenn der Fahrer jetzt langsam mal käme.«, sagte Marlene. »Ich fühle mich richtig unwohl mit den ganzen Tüten hier. Wie auf dem Präsentierteller.« Sie sprach aus, was jeder von uns dachte. Es reichte langsam. Auch wenn der Farmarbeiter sehr unfreundlich und unhöflich reagiert hatte, waren wir froh, dass wir nicht allein hier herumsaßen. Ich wollte nicht rausfinden, ob die drei Männer auch abgehauen wären, wenn McKenzie und ich mit einem Kampfgewicht von vielleicht hundertvierzig Kilogramm sie angeschrien hätten. Da hätte wohl Jessi allein mit ihren Augenringen schon mehr Erfolg gehabt.

»Go, go. Come on. Go away!« Nicht schon wieder... Erneut hörte ich den Farmarbeiter rufen. Ich schaute zu ihm, um zu sehen, wen er diesmal verscheuchen wollte. Doch diesmal meinte er nicht die drei Männer. Diese waren über alle Berge verschwunden. Ich entdeckte einen kleinen Jungen, der sich uns vorsichtig von der Seite näherte. Schüchtern zeigte er auf unsere Einkaufstaschen. Seine Hose war an einem Bein komplett zerrissen, sein T-Shirt mindestens zwei Nummern zu groß und seine Füße waren vom hellen Staub ganz weiß gefärbt. Verzweifelt schaute er jedem von uns in die Augen und formte seine Lippen zu Wörtern.

»Go, go!«, schrie der Farmarbeiter und warf einen kleinen Stein in seine Richtung. Der Junge wich reaktionsschnell aus. Ich merkte, wie er auf meine Cola-Dose schaute. Diese hatte ich in meiner Hand fast ganz vergessen. Sie war noch halb voll.

»Leute, ich glaube, der Junge hat Durst und möchte was trinken. Was soll ich machen?« Hin- und hergerissen schaute ich in die Gesichter der anderen. Das Betteln des Jungen konnte ich nicht einfach ignorieren. Er musste ungefähr so alt sein wie mein Bruder. »Ich möchte ihm gerne was geben!«

»Musst du wissen.«, sagte Jessica. »Wenn du möchtest, dann gib ihm was. Pass aber auf, dass das kein anderer mitbekommt. Dann wollen alle was haben. Das ist immer so. Du kannst es nicht allen recht machen.« Ich schaute zum Jungen. Er zeigte auf meine Dose und machte eine trinkende Geste. Ich überlegte. Jessi hatte recht. Wenn die anderen Menschen mitbekommen würden, wie ich dem Jungen etwas abgab, dann sollte uns der Bus besser jetzt als gleich einsammeln. Mein Blick fiel auf einen Busch, der links von mir gute drei Meter entfernt war und mit ein paar Ästen zusammen wahrscheinlich so etwas wie ein Beet darstellen sollte. Ohne weiter unnötig nachzudenken, ging ich langsam Richtung Beet und machte beim Gehen mit der Cola ein paar Trink- bewegungen. Jeder, der mich jetzt beobachtete, sollte denken, dass ich gerade meine Flasche leer trank und wegschmeißen wollte. Langsam und vorsichtig, um nichts umzustoßen, stellte ich die halb volle Cola auf den Boden ab und ging wieder zurück zu den anderen. Sie hatten mir die ganze Zeit nachgeschaut. Ich setzte mich zu ihnen auf den Bo- den und machte eine leichte Kopfbewegung nach links zum Jungen. Er schaute mich abwartend an. Ich deutete auf die Flasche und nickte. Er verstand und lächelte. Mit schnellen Schritten lief er zum Beet und hob die Cola vom Boden auf. Gierig trank er ein paar Schlucke und schaute sich dabei um. Keiner hatte ihn beim Trinken bemerkt. Er nickte mir zu und lief eilig davon. So schnell, wie er gekommen war, so schnell war er auch wieder verschwunden. Ich schaute ihm noch eine Weile nachdenklich nach.

Brutus, Gumbi
und Jacobi

(Chapter Six)

Der Staub rieselte von der Decke und wirbelte durch den ganzen Bus. Steine schlugen mit lautem Knall von draußen gegen die Fenster und hinterließen große Macken in der Scheibe. Der Sitz vor mir bebte und zitterte. Nur die Bodenhalterung mit den drei Schrauben verhinderte, dass er mit uns durch die Luft flog. Vor gut zehn Minuten hatten wir die ruhige asphaltierte Straße verlassen und waren auf einen Schotterweg eingebogen. Über Schlaglöcher und faustgroße Steine bretterten wir jetzt mit guten siebzig Sachen hinweg. Immer wieder wechselte unser Fahrer die Spur und fuhr zeitweise nach europäischer Straßenverkehrsordnung auf der rechten Fahrbahn. Gegenverkehr gab es nicht und wenn doch, dann konnte man ihn in der Ferne schon Minuten vorher erkennen. Beziehungsweise eine näherkommende graue Staubwolke, der man dann rechtzeitig ausweichen konnte. Ich drehte mich um in die letzte Reihe. Unser Anhänger war noch da. Ich hatte schon das Schlimmste befürchtet. Mit seiner nicht vorhandenen Federung hüpfte er die ganze Zeit auf der steinigen Offroad-Straße hinter dem Bus her. Sonderlich glücklich hörte sich seine Radachse dabei nicht an.

»Rums!« Ein Eierkarton war vorne gegen die Fahrerkabine gerauscht. Ein weiterer machte sich gerade von Jessis Sitzreihe auf den Weg, es ihm gleichzutun. Wegen 1080 Eiern hatten wir über zwei Stunden an der Raststätte gewartet. Ja, wegen Eiern. 1080 Eiern… Jene Eierkartons standen jetzt im Gang und warteten wie wir darauf, dass wir endlich auf der Farm ankamen. Ich klammerte mich an den Haltegriff vor mir und hielt mit den Beinen meine Tasche fest. Wo war eigentlich meine Jacke? Ich suchte den ganzen Boden ab, bis ich sie schließlich fand. Sie war auf dem Weg nach vorne einem Eierkarton in die Quere gekommen und bildete dort so etwas wie einen Staudamm.

»Leute, ich glaube, wir sind da.«, sagte Marlene plötzlich. »Guckt mal: Da steht so ein grünes Haus. Da zwischen den Bäumen.«

»Wo?« Gespannt schaute ich aus dem Fenster. Leider verdeckte gerade ein Dornenbusch die Sicht. »Ich sehe nichts.«

»Ich auch nicht.« Jessi streckte sich nach vorne.

»Ja, wartet. Gleich müsstet ihr es sehen.« Jetzt sah ich es auch. Umringt von Büschen stand es direkt unter einem großen Baum, dessen Äste fast bis zum Boden gingen. Wir parkten wenige Meter vom Gebäude entfernt. Erst von Nahem fiel mir auf, dass das Gebäude keine Türen und Fenster hatte.

»Hey Rico!« McKenzie schien es nicht großartig zu interessieren, dass das Haus fensterlos war. Wie aus dem Nichts sprang er plötzlich von seinem Platz auf und hämmerte seine Faust gegen die Fensterscheibe. Es fehlten nur Millimeter und er wäre volle Kanne gegen die niedrige Decke des Busses gedonnert.

»Hey Rico! Rico! What´s up, määäään? Hey Rico, haha.« Euphorisch griff er im Stehen nach seinem Rucksack und sprang wie ein energiegeladener Flummi über die 1080 Eier. »Yeah. Rico, haha.« Rico? Welches Insekt hatte bitte Mckenzie gerade gestochen? Er hörte gar nicht mehr auf mit seinen Rico-Rufen. Klares Indiz für einen Sonnenstich, lautete meine Schnelldiagnose. Wir stiegen über die Eier-Kartons und folgten dem Amerikaner nach draußen.

»Silas, schau, der Strauß dahinten.« Jessi hatte zuerst herausgefunden, wen McKenzie so überschwänglich begrüßte. Sie zeigte auf einen Strauß, der gerade über die Wiese an zwei grasenden Gnus vorbeisprintete.

»Hey Rico. Wohin läufst du denn? Stop, bleib stehen, Animal!« Bei McKenzies schrägen Rufen hätte ich wahrscheinlich als Strauß auch die Flucht ergriffen. Neugierig schaute ich mich in der Gegend um. Bis auf den panisch flüchtenden Strauß namens Rico, oder anders ausgedrückt, dem größten, schwersten und schnellsten Vogel der Welt, hatte die Landschaft noch viel mehr zu bieten. Vom grünen Gebäude aus hatte man einen super Blick auf ein Wasserloch, die gut zweihundert Meter von uns entfernt in der grünen Graslandschaft lag. An ihr versammelten sich gerade mehrere Antilopen, die vom Lärm irritiert in unsere Richtung starrten. Mein Blick fiel auf einen Pool neben dem grünen Gebäude, der mir beim Aussteigen noch gar nicht aufgefallen war. Auf seiner Wasseroberfläche schwammen mehrere tote Motten, wenn sie nicht im Kies neben dem Pool lagen. Um den Pool standen mehrere Holzliegen bereit, wobei eine ziemlich kaputt und ramponiert aussah.

»Ich weiß schon, wo ich meine Freizeit in den nächsten vier Wochen verbringen werde.«

»Ich weiß es auch.«, grinste Marlene.

„Wir brauchen nur sowas wie einen Kescher. Ich sehe das Wasser vor lauter Motten nicht.« Glücklicherweise lag direkt neben den Treppenstufen einer.

»Hey, guckt mal, Leute, da kommen zwei auf uns zu.« Jessi hatte ein Mädchen und einen Jungen entdeckt, die hinter einem Dornenbusch aufgetaucht waren. Auf einem schmalen Weg, der mitten aus dem Busch zum Gebäude führte, liefen sie in unsere Richtung und lächelten uns zu.

»Hey, guys! Schön, dass ihr da seid! Wie geht es euch? Mein Name ist Anna und das ist Joschka.«

»Hi, Leute!« Beide reichten uns die Hand zur Begrüßung.

»Braucht ihr Hilfe beim Tragen?« Anna grinste uns freudestrahlend an. Sie hatte blonde lange Haare und erinnerte mich vom Aussehen ein wenig an meine Schwester. Sie hatte einen richtigen Lockenkopf. Joschkas Haare waren dagegen ein wenig kürzer als ihre. Ich überlegte, ob mir sein Maschinenkurzhaarschnitt auch stehen würde, ließ den Gedanken jedoch schnell fallen. Auch wenn kurz geschorene Haare bei den Temperaturen in Namibia sicherlich keine allzu schlechte Idee waren. Beide kamen wie ich aus Deutschland.

»Da sagen wir nicht Nein…« Dankend nahmen wir ihre Hilfe an. Bei unseren ganzen Koffern, Taschen und Jacken konnten wir gut Hilfe beim Tragen gebrauchen. Vor allem McKenzie brauchte bei seinem XXL-Koffer Hilfe. Er bekam ihn kaum durch den Sand geschoben. Voll bepackt folgten wir Anna und Joschka ins Gebäude. Im Inneren standen überall Holzbänke und Tische, die zum Verweilen einluden.

»Hier essen wir immer zu Mittag und verbringen unsere Pausen. Wir haben hier sogar einen Kiosk, wo ihr Kaltgetränke und Chips kaufen könnt.«, sagte Anna und deutete auf einen Tresen, hinter dem ein Kühlschrank mit Cola- und Fanta-Dosen stand.

»Ist Hermän noch der Barkeeper?«, fragte McKenzie neugierig.

»Yes!«, lachte Joschka. »Woher kennst du ihn?«

»Well, es ist mein fünfter Besuch auf der Farm. Letztes Jahr habe ich immer O-Saft bei ihm geordert. Was ist mit crazy Ääädlin? Ist er auch noch da?«

»Alter, fünfmal warst du schon hier?« Joschka schaute ihn mit großen Augen an. »Krank! Ja, Edlin arbeitet noch hier als Koordinator.«

»Nice!« McKenzie grinste zufrieden. Wir setzten uns auf eine Bank, die direkt am Eingang stand. Von da aus ließ ich meinen Blick im Raum umherschweifen. Der Boden war mit Kieselsteinen bedeckt, während an den Wänden Bilder von ehemaligen Volontären hingen, die gemeinsam mit Affen auf den Schultern in die Kamera lachten. Oben an der Decke sah man mehrere Handabdrücke, die in den unterschiedlichsten Farben und Größen zu uns runterwinkten.

»Wie viele Volontäre sind momentan hier auf der Farm?«, fragte Jessi beim Anblick der Bilder. Anna schaute Joschka fragend an, der bereits am Zählen war.

»Was meinst du? Wie viele sind wir momentan? Zwanzig, oder?«

»Kommt ungefähr hin. Neunzehn, zwanzig müssten wir etwa sein.«

»Und wo sind die alle?«, fragte Marlene. Bis auf Rico waren Anna und Joschka die einzigen Zweibeiner, die wir bisher gesehen hatten.

»Die sind auf der Farm und warten schon gespannt auf euch.«, sagte Anna. »Ihr werdet sie beim Abendessen gleich alle kennenlernen.« Abendessen klingt gut, dachte ich mir und zwinkerte Marlene zu. »Wir warten jetzt hier noch auf Dossie. Dossie ist Headcoordinator auf der Farm und verantwortlich für alle Volontäre.« McKenzies Augen fingen an zu leuchten.

»Du kennst Dossie, oder?« McKenzie nickte.

»Ihr werdet sie auch mögen.«, versprach uns Anna. »Genau, was ich euch noch sagen wollte. Dossie wird es euch wahrscheinlich gleich auch noch ans Herz legen. Die meisten Volontäre sprechen deutsch, jedoch gibt es auch ein paar, die kein Deutsch verstehen. Deswegen unterhaltet euch am besten auf Englisch, damit die anderen nicht ausgeschlossen werden.« Sie schaute zu McKenzie und wechselte ins Englische. »Ich habe gesagt, dass es auf der Farm die Regel gibt, englisch zu sprechen.«

»Oh, ich kenne die Regel, wobei sie auch in den letzten Jahren nicht immer erfolgreich umgesetzt wurde. Die meisten reden trotzdem deutsch. Mir egal. Ich rede eh nicht viel.« McKenzie zuckte lachend mit den Schultern. Wie sich in den nächsten Wochen herausstellte, mussten Anna und Dossie mehrmals die Englisch-Regel vor allen wiederholen und uns ins Gewissen reden.

»Oh, Dossie kommt auch gerade.« Wir schauten nach draußen zum Pool, an dem eine große Frau gerade vorbeiging. Mit einem großen Lächeln begrüßte sie uns wenig später herzlich in der Tür.

»Hey guys, herzlich Willkommen in Nambia!« Sie reichte jedem von uns die Hand. »Ich heiße Dossie und bin verantwortlich für alle Volontäre auf der Farm. Schön, dass ihr da seid! Seid ihr gut angekommen?« Sie setzte sich neben Anna und Joschka auf die Bank und legte eine Mappe auf den Tisch. Dossie hatte eine etwas stämmigere Figur. Sie trug eine Kappe, unter der ein Pferdeschwanz zum Vorschein kam. Wie Anna hatte sie naturblondes Haar. An ihrem Hals trug sie ein kleines Tattoo, das wie ein Herzschlag aussah. Auch Anna war am Körper tätowiert. An ihrem Unterarm stand „Hakuna Matata" geschrieben. Hakuna Matata- passte irgendwie zu ihrer Person und ihrer lockeren Art. Anna ein Tattoo, Dossie ein Tattoo, Jessi mehrere Tattoos, Mckenzie und sein roter Balken auf der Stirn, irgendwie bekam ich jetzt auch Lust auf ein Tattoo. Eines, das mich vielleicht an die Reise erinnern würde. Die Zahlen 800 und 1080 kamen mir in den Sinn. Naja, die bisherigen Tattoo-Optionen waren momentan noch mit eher negativen Erfahrungen verknüpft. Vielleicht würden sich ja in den nächsten Wochen noch bessere Motive ergeben.

»Danke, Dossie!«, sagte Marlene. »Hat ein bisschen gedauert mit der Anreise, aber jetzt sind wir endlich da und freuen uns.«

»Schön zu hören!« Dossie lächelte. »McKenzie, du bist auch wieder da. Wie geht es dir, mein Lieber?«

»Hi Dossie. Ganz gut, danke!«

»Wirklich schön, euch jetzt hier zu haben, guys. Es wartet eine Menge Arbeit auf der Farm mit den ganzen Tieren. Da können wir jede helfende Hand gut gebrauchen.« Anna und Joschka nickten. Ihren dreckigen Beinen und Armen zufolge hatten sie heute schon ordentlich angepackt.

»Haben euch Anna und Joschka schon zu der Am-Tour und den Regen auf der Farn gebrieft?«

»Nur zur english rule.«, antwortete ich ihr.

»Perfekt!«

»Aber noch nicht zur AM-Tour.«

»Okay. Vielleicht noch ein paar Sätze zur english rule. Ihr müsst wissen, dass wir Volontäre aus aller Welt auf der Farm begrüßen. Momentan haben wir Volontäre aus Frankreich, Neuseeland, Norwegen, Deutschland, Schweiz und Namibia hier. Die Amtssprache ist englisch, damit alle miteinander kommunizieren können. Englisch versteht ja in der Regel jeder.« Wir nickten brav, wobei vor allem meine Wenigkeit mit eher mangelnden Sprachkenntnissen zu kämpfen hatte. Ich musste mich auch jetzt beim Zuhören richtig konzentrieren.

»Das so zur english rule. Morgen werdet ihr zum ersten Mal bei der beliebten AM-Tour dabei sein. Anna, magst du etwas zu den Zeiten sagen?«

»Kann ich gerne machen, Dossie! McKenzie, ich vermute, dass du die Zeiten noch aus dem letzten Jahr kennst, oder? McKenzie?«

»Hä?« McKenzie war mit seiner Aufmerksamkeit schon wieder woanders. Er hatte wieder Rico gesichtet, der gerade neugierig um unseren Bus schlich und nach Nahrung suchte. Wahrscheinlich hatte er den Geruch von Eiweiß aufgenommen. Ich schaute auf seine aufgepumpten, muskulösen Beine. Ein Tritt von ihm und ich hätte mein afrikanisches Tattoo.

»Die Frühstückszeiten- Ja, ich erinnere mich.«

»Perfekt. Frühstück ist immer von sieben bis viertel vor acht. Nach dem Frühstück treffen sich dann alle Volontäre mit allen Koordinatoren, um die anstehende Arbeit zu besprechen und die Aufgaben aufzuteilen.« Sie überlegte, ob sie irgendwas vergessen hatte.

»… die AM-Tour morgen.«

»Danke, Dossie. Wie Dossie vorhin schon gesagt hat, seid ihr morgen bei der AM-Tour dabei. Wenn ihr gegen viertel nach sechs am Autoparkplatz seid, dann passt das in der Regel. Kleiner Tipp von meiner Seite. Stellt den Wecker auf fünf Uhr und dann habt ihr genug Zeit, vom Volontär-Dorf zur Farm rüber zu laufen. Wir zeigen euch gleich noch den Weg.« Anna lächelte, während ich nur ein aufgesetztes Lächeln zustande brachte. Fünf Uhr? Ich schaute zu Jessi, die wie ich morgen eher mit schön Ausschlafen gerechnet hatte. Zumindest sehnten wir uns jetzt schon danach, auch wenn wir noch keinen Tag gearbeitet hatten. Das Volontär- und Farmleben schien also wie für uns gemacht.

»Was ihr auf der AM-Tour alles sehen werdet und machen dürft, das verrate ich euch nicht. Da dürft ihr euch morgen schön überraschen lassen, haha.«

Ich war beeindruckt von ihrem einwandfreien, flüssigen Englisch. Beim Koffertragen zu unseren Schlafplätzen erzählte uns Anna später, dass sie schon seit Weihnachten auf der Farm lebte. Davor war sie für mehrere Wochen in Kapstadt gewesen und hatte dort ein Kinderprojekt betreut. Kein Wunder also, dass sie so gut Englisch sprach.

Dossie reichte uns Neuankömmlingen jeweils einen Umschlag mit der Bitte, das Schreiben darin unterschrieben samt Umschlag bis spätestens Montag im Farmoffice abzugeben. Irgendein Schreiben mit einer Einverständniserklärung. Das Schreiben umfasste mehrere Seiten. Neben dem Schriftstück lag in dem Umschlag eine Karte, die unser Zahlungsmittel für all unsere Käufe auf der Farm sein sollte.

»Wenn ihr die Karte verliert, dann dürft ihr fünfhundert Rand zahlen.«, ergänzte Dossie und schaute in meine Richtung. Sie schien zu ahnen, wer von uns Neuen wahrscheinlich am ehesten seine Karte verlieren würde. Damit lag sie auch gar nicht mal so falsch. Neben Schlüsseln, die ich auch gerne mal im Haustürschloss von draußen stecken ließ, ging mir meistens irgendwas verloren. Vorsichtig steckte ich die Karte erst mal zurück in den Umschlag.

»Anna und Joschka zeigen euch gleich erst mal eure Holzhütten, in denen ihr in den nächsten Wochen schlafen dürft. Sie sind einfach eingerichtet, also erwartet nicht zu viel. Danach werdet ihr dann beim Abendessen auf der Farm die anderen Volontäre kennenlernen. Sie sind schon richtig neugierig und freuen sich auf euch.« Dossie nickte uns zu und kontrollierte danach ihre Liste. »Vielleicht noch ein paar Informationen zur Zimmeraufteilung. Marlene, du bist mit Jessi, Adelle und Flo auf einem Zimmer. Und du, Silas. Du bist ...« Gespannt schaute ich zu ihr. »Du teilst dir die nächsten vier Wochen mit Mckenzie eine Hütte.« Wirklich? Ich musste schlucken... Mir schossen sofort die beiden Erdnussbuttergläser in den Kopf. Ich konnte nur drauf hoffen, dass McKenzie keine Erdnussbutterunverträglichkeit hatte. Es soll ja Menschen geben, die das nicht so vertragen sollen. Aber er war Amerikaner. Er konnte Erdnussbutter bestimmt gut ab. McKenzie grinste mich glücklich an. Das nahm ich mal als Bestätigung.

»Klingt gut!«, sagte ich diplomatisch. Hoffentlich ging das mit ihm auf einem Zimmer gut…

»Joschka, gehst du mit Silas und McKenzie? Ich zeig dann Marlene und Jessi, wo ihre Hütte ist.«

»Machen wir so.« Dossie hatte sich mittlerweile von uns verabschiedet. Mit einem weißen Geländewagen fuhr sie schon mal Richtung Farm vor. Wir sollten sie nachher wiedertreffen.

Der Weg, den Joschka einschlug, führte vorbei an mehreren Büschen und Bäumen, die ich noch nie in meinem Leben gesehen hatte. Vor allem eine Buschart dominierte hier die Gegend: Sickle Bush. Ein Busch, der in Afrika vor allem in overgrazed and disturbed areas vorkommt. Sein Holz eignet sich super zum Feuermachen und auch sonst hat dieser Busch viele Vorteile für den Menschen. Gerade auf medizinischer Ebene. Sei es in der Behandlung von Schlangen- und Skorpionbissen oder alltäglichen Wehwehchen, wie Magen- und Kopfschmerzen. Der Sickle Bush ist die beste Apotheke im Busch. Vor allem für junge Menschen…

»Super gegen Hangover!«, wie Joschka auf dem Weg zu Mckenzies und meinem neuen Zuhause erzählte.

Die Holzhütten, die wir neben den ganzen Büschen passierten, sahen alle gleich aus. Zu jeder Holztür führte eine dreistufige Treppe mit einer Holzreling. Neben den Hütten waren Wäscheleinen gespannt, auf denen Unterwäsche im Wind hin und her baumelte. Wenn sie nicht schon am Boden im Sand lag. Jede Hütte hatte ihren eigenen afrikanischen Namen. Manche kamen einem Zungenbrecher gleich. Unsere Hütte hatte einen vergleichsweise einfachen Namen.

»Ovambo ist eure Hütte.« Ovambo war gemütlich und einfach eingerichtet. Es gab mehrere Holzbetten und Schränke, sogar der Boden war aus Holz. Er knackte und knarrte bei jedem Schritt. Ich hievte meinen Koffer auf das hintere Bett und hängte meine verstaubte Jacke auf einen Bügel in den Schrank. Von der Decke hing über jedem der vier Betten ein großes Netz. Ein Blick auf die Glühbirne genügte, um zu wissen, warum sie über den Betten aufgehängt waren. Mehrere Moskitos schwirrten dort wild durcheinander. Die reinste Orgie aus summenden Mücken. Beim Blick auf die schief im Rahmen hängende Eingangstür ahnte ich, dass es wahrscheinlich noch mehr Mücken werden sollten, wenn wir abends vorm Schlafengehen das Licht anhatten.

»Verdammte Mosquitos!«, sagte Joschka. »Auch wenn ein paar Löcher im Netz sind, möchte man die Netze beim Schlafen nicht missen. Ich zumindest nicht, haha.«

»Damn mosquito bites!«, nuschelte McKenzie, während er seinen Koffer ausräumte. Jetzt wusste ich auch, warum dieser so schwer war. Er hatte eine komplette C&A-Filiale in seinem Koffer. Anziehsachen en masse. Hemden, Hosen, T-Shirts, Pullis, elektronische Geräte. Und Erdnussbutter natürlich. Auch im Koffer grinste mich eine Erdnuss mit Sonnenbrille an.

»Wow, McKenzie!« Joschka rieb sich beim Anblick der vielen bunten Klamotten verwundert die Augen. »Wolltest du zwei Monate oder zwei Jahre bleiben?«

»Zwei Monate. Wieso fragst du?«

»Ach, nur so.«

Ich hatte ebenfalls mit dem Auspacken begonnen. Neben dem großen Koffer und den ganzen Einkäufen lagen schon mehrere Anziehsachen verteilt über meinem Bett. Eine Sache hatte es Joschka besonders angetan.

»Sag bitte nicht, dass da ein Brötchen drin ist?« Er zeigt auf die Tüte vom Spar.

»Da ist noch ein Käsebrötchen drin, das Jessi nicht gegessen hat. Magst's haben?«

»Boah geil, gib her. Ich habe seit einem Monat nur Toast gegessen. Ich würde alles für ein Weizenbrötchen mit überbackenem Käse geben.« Ich schmiss Brötchen samt Tüte in seine Richtung.

»Kannst du haben, wenn du möchtest.«

»Danke, Mann!« Gierig verschlang er es mit mehreren großen Happen.

Von unserer Hütte aus waren es etwa dreißig Meter bis zu den Duschen und Toiletten. Dort standen auch schon Anna, Jessi und Marlene. Die Toiletten und Duschen erinnerten von der Qualität an einen Halben-Stern-Campingplatz. Zu einem Stern reichte es bei den vielen

Insekten, Spinnen, Ameisen und Käfern leider nicht. Neugierig krabbelten sie über die Klobrille.

»Ihh!« Jessi war begeistert von dem ganzen Gewusel. Wie ich später noch herausfand, gehörte sie zu den Menschen, die schon zusammenzucken, wenn sie in ihrer Nähe nur ein Insekt mit den Flügeln schlagen hören. Wir ließen die Toilette für die Insekten hinter uns und liefen weiter durch den Busch. Es dauerte bestimmt zehn Minuten, bis wir vom Volontär-Dorf das Farmgelände erreichten. Nicht selten scheuchten wir auf dem Weg durch den Busch zur Farm Gnus auf, die uns erst irritiert anschauten und dann wild und mit panischem Gesichtsausdruck davonstürmten. Während die Gnus mit ihren langen Gesichtern ziemlich bescheuert dreinschauten, sahen die vielen Mangusten mit ihren Knopfaugen und feuchten Näschen richtig süß aus. Neugierig schauten sie unter einem Busch hervor. Vor allem die Jungtiere und Babys brachten einen fast zum Dahinschmelzen.

»Brrrrr.« Anna machte uns den Mangusten-Lockruf vor. Der wurde zur Fütterung verwendet. Einmal „Brrrrr" gesagt und schon sprinteten dreißig hungrige Mangusten auf einen zu, um die besten Leckereien abzubekommen.

Das Farmgelände konnte man von Weitem schon gut sehen. Entlang eines Bolzplatzes liefen wir direkt auf ein rotes Gittertor zu, hinter dem bereits mehrere Hunde ihre Nasen durch die Gitterstäbe streckten. Ihr Bellen hörte man schon aus weiter Entfernung. Rechts vom Tor standen unter einem Vordach mehrere Geländewagen, Safarijeeps und Autos, auf deren Ladeflächen Käfige gebaut waren. Sogenannte Cage-Cars.

»In dem linken Backsteinhaus wohnt Dossie mit ihrer Family. Und in dem rechten Teil des Gebäudes…«

»Meinst du das Gebäude mit dem bunten Spielzeuggerüst im Vorgarten?«, unterbrach ich Anna.

»Ja genau, da wo die Schaukeln und Rutschen sind. Da ist die Schule der Kinder der Farmmitarbeiter. Deren Eltern arbeiten hier auf der Farm und bekommen neben einem kleinen Lohn Brot und eine Unterkunft gestellt. Und ihre Kinder gehen hier halt in die Schule. Manchmal dürfen wir Volontäre sogar den Unterricht übernehmen, wenn wir für School-Interaction eingeteilt sind.«

»Kinder mögen mich nicht!«, erwiderte McKenzie und fing an zu lachen. »Sie verstehen mich irgendwie nicht.« Ach, echt? Ich konnte mir ein Lächeln nur schwer verkneifen. Selbst Anna musste bei seinem Massachusetts-Englisch oft nachfragen, was er von einem wollte.

Wir schritten durch die kleine Eingangstür im roten Gittertor. Eigentlich rechnete ich fest damit, beim Durchtreten von gleich mehreren Wachhunden angesprungen zu werden. Doch weit gefehlt. Nachdem sie uns vor wenigen Minuten aus der Ferne noch wild angebellt hatten, und ich vielleicht kurz um mein Leben gefürchtet hatte, lagen sie jetzt faul auf dem Boden rum und streckten alle vier Beine von sich.

»Denkt bloß dran, die Tore immer zu schließen!«, sagte Joschka mahnend. »Sonst kommt Ham von draußen rein.«

»Wer ist Ham?«

»Ein Warzenschwein. Es versucht immer, die Farm zu stürmen und hier was Essbares zu finden. Wenn es sich einmal irgendwo einnistet, dann dauert es Stunden, bis man ihn von der Stelle bekommt. Letztens lag Ham einen ganzen Tag im Toilettenhaus auf der Farm und versperrte den Durchgang mit seiner Plauze.« Der Gedanke daran war irgendwie witzig. Erst Wochen später begriff ich, dass ein aufgedrehter Ham in einer Toilette mit seinen Hauern gar nicht mal so ungefährlich war. Zumal Warzenschweine in der freien Wildbahn zur eigenen Verteidigung auch Jäger wie Löwen mit ihren Zähnen verletzten könnten. Vor aufgebrachten Schweinen war also für Löwe und Mensch reinste Vorsicht geboten, um nicht wie die Hyänen in König der Löwen von Pumba durch die Luft geworfen zu werden.

»Vor allem die Tore zur FoodPrep!«, wie Joschka eindringlich betonte. »In der FoodPrep bereiten wir, wie der Name schon sagt, das ganze Essen für die Tiere vor. Die Tore müssen dort immer, immer, immer geschlossen sein!«

»Was kann denn passieren, wenn wir aus Versehen mal das Tor zur FoodPrep nicht schließen?« Ich fragte für einen Freund… Nein, im Ernst: Die Frage war rein aus Eigeninteresse gestellt. Ich war schließlich ein potenzieller Kandidat dafür, die Tore aufzulassen. Besser, sich der möglichen Konsequenzen bereits im Vorfeld bewusst zu werden. So schlimm konnte so ein Nicht-Abschließen schon nicht sein.

»Dann bringt Brutus alle Wachhunde hier draußen um!« Uff! Mit dieser Konsequenz hatte ich jetzt nicht wirklich gerechnet.

»Moment: Wer bringt hier dann wen um?«

»Brutus!«, wiederholte Joschka. »Ihr werdet ihn noch früh genug persönlich kennenlernen. Macht euch auf ihn gefasst.« So richtig wusste ich nicht, wie ich das interpretieren sollte. Irgendwie löste dieser Name leichte Unruhe und Nervosität in mir aus. Brutus – Der Name klang schon gefährlich und brutal. Ein grauer Hund schien den Namen Brutus mitbekommen zu haben und streckte erschrocken den Kopf in die Luft. Ich schluckte. Auch wenn die Wachhunde sich gerade in einem faulen, trägen Zustand befanden, waren sie von ihrer Statur durchaus muskulös und kräftig gebaut. Ihre Zähne blinkten in der Sonne. Wer zur Hölle musste bitte Brutus sein, der es gleich mit mehreren muskelbepackten Wachhunden aufnehmen konnte?

»Ihr werdet Brutus spätestens morgen vor der AM-Tour kennenlernen. Am besten, ihr kommt gut mit ihm aus.«, empfahl uns Joschka grinsend.

Er behielt recht. Am nächsten Morgen lernten wir Brutus kennen und lieben. Mit seiner Freundin Beati, ebenfalls eine große Dogge, war er als persönlicher Bodyguard für die Volontäre in der FoodPrep tätig. Auf der Farm lebten nämlich auch Paviane, die gerne aus ihren Gehegen ausbrachen und die Farm und ihre Arbeiter auf Trab hielten.

Und damit die Volontäre nicht schutzlos einem ausgewachsenen Pavian gegenüberstehen mussten, gab es in der FoodPrep den Brutus-Beati-Doggen-Security-Service. Neben seinem Beruf als Bodyguard war Brutus aber vor allem eine liebe Dogge. Er liebte es, am Bauch und hinter den Ohren gestreichelt zu werden, Volontäre beim Fleischschneiden zu beobachten und ihnen das ein oder andere Stück Eselfleisch wegzufuttern.

In Gedanken an den blutrünstigen, gefährlichen Brutus beschloss ich, Joschkas Empfehlung nachzukommen und immer die Tore zu schließen. Sicher ist sicher...

Wir stiegen über ein, zwei schlafende Wachhunde und gingen an einem rostfarbenen Käfig vorbei. Die Sonne stand mittlerweile tief am Horizont und warf ein schlechtes Licht auf das Innere des Geheges. Im Dunkeln konnte man das dort wohnende Tier nur vermuten. Vor den dicken Stahlstangen stand ein elektrischer Zaun, auf dem zwei Schilder angebracht waren: Jacobi und Keep Distance stand dort jeweils geschrieben. Jacobi - klang irgendwie niedlich.

»Bämmm!« Ein dumpfer, lauter Ton unterbrach meinen Gedankengang und schreckte uns alle auf. Er kam direkt aus dem dunklen Gehege. Der Ton klang gar nicht mal so niedlich. Es war ein Ton, der nur dann entsteht, wenn etwas mit voller Wucht auf Stahl trifft. Ich zuckte zusammen, als ich zwei Augen im Dunkeln entdeckte, die von einem behaarten Körper umgeben waren. Schnell folgte ich den anderen und ließ das Gehege hinter mir. Was leben hier bitte nur für Monstertiere auf der Farm? Jacobi, Brutus ...

»Gumbi!«, ergänzte McKenzie meine Aufzählung.

»Gumbi?« Ich runzelte fragend die Stirn. Wer war denn jetzt schon wieder Gumbi?

»Gumbi ist unsere Hyäne.«, erklärte Anna und zeigte auf ein Gehege, das unmittelbar an Jacobis Gehege grenzte.

Hyäne - ach du meine Güte. Auch das noch ... Wie viele Jacobis, Brutusse und Gumbis sollte es hier denn noch geben? Ich sah meinen Körper bereits nach der ersten Woche von Tattoos übersät.

»Hey Gumbi. Du lebst noch. Schön dich zu sehen, Kumpel. Hey Gumbi, haha.« McKenzie schaute freudig ins Gehege von Gumbi. Ich tat es ihm gleich. Man musste schon genauer hinschauen, um ein Tier im Gehege zu erkennen. Anstelle einer Hyäne sah ich nur ein graues Fellknäuel, das mitten im Gehege in der Sonne lag und sich nicht rührte. War das die Hyäne? Bis auf ein zuckendes Ohr und leichtes Bauchheben beim Atmen konnte ich kein Lebenszeichen erkennen. Anna erzählte, dass Gumbi einer der Stars auf der Farm war und mit seinem Alter von zwanzig Jahren eine der ältesten Hyänen weltweit sein musste. Man konnte ohne Probleme in sein Gehege gehen und ihn am Bauch streicheln. Gedanklich strich ich das hyänenartige Wollknäul aus meiner Brutus-Jacobi-Liste. Von ihm ging wirklich keine Gefahr aus.

»Wenn ihr ihn füttert, dann müsst ihr ihm zum klein geschnittenen Fleisch - seine Zähne sind nicht mehr so gut - drei Eier und zwei Vitamintabletten in den Napf legen.«, erklärte Joschka. »Aber das lernt ihr alles noch in den nächsten Tagen. Auch was Jacobi und die anderen Paviane zu essen bekommen.«

Angekommen an einem weiteren Tor, stiegen wir erst über zwei schlafende Hunde und erreichten dann eine große Wiese. Bedächtig schloss ich das Gatter hinter mir. Auf der grünen Wiese bot sich uns ein interessantes Schauspiel. Mehrere Tiere liefen wild durcheinander, meckerten sich an oder beschnupperten sich gegenseitig am Hintern. Ein kleiner Steinbock namens Max duellierte sich gerade mit den Hörnern eines Lämmchens, während Melanie, eine gefühlt acht Meter große Kududame, neugierig den Panzer einer leopard tortoise beobachtete, die langsam über das grüne Gras krabbelte. An einem kleinen Wasserloch versuchten zwei Gänsemännchen laut schnatternd herauszufinden, wer mehr Testosteron in den Flügeln hatte. Die Damenwelt schaute ihnen interessiert aus dem Wasser zu und gab erste Wetten über den Sieger ab. Von den weißen Gänsen fiel mein Blick auf einen seltsamen Vogel. Noch nie hatte ich einen so hässlichen Vogel in meinem Leben gesehen. Sein Kopf war rosa gefärbt und ganz schrumpelig. Pickel übersäten sein ganzes Gesicht und er schrie wild durch die Gegend. Seine Augen waren vom Schreien ganz rot unterlaufen. Bei ihm hatte Gott wirklich keinen guten Tag erwischt, schoss es mir durch den Kopf. Was ist das?

»Anna, was ist das für ein Vogel dahinten?«

»Meinst du den Vogel da?«

Ich nickte. »Den mit dem rosa Kopf.«

»Ach den. Das ist ein Truthahn. Sag bloß, du hast noch nie einen

Truthahn gesehen.«

»Ähm, schon, aber nicht in der Form…« Ich dachte an das Trut-hahn-Baguette, das ich in Zürich gegessen hatte. Bei dem schrumpeli-gen langen Lappen, der ihm über dem Schnabel hing, hatte ich plötzlich einen ganz komischen Nachgeschmack im Mund. Ich hoffte inständig, dass das auf dem Baguette nicht das gewesen war, was dem Truthahn da im Gesicht baumelte.

»McKäääääänzie!« Der Nachgeschmack und die Gedanken an das Truthahn-Baguette verschwanden, als wir den Restaurantbereich er-reichten und Geschrei wahrnehmen konnten.

»Hey, McKäääääänzie! Huhu.« Zwei Frauen in weißer Küchenklei-dung standen hinter der Restaurantbar und hatten McKenzie entdeckt. Aufgeregt winkten sie lachend in seine Richtung. Sie wirkten wie zwei Teenager, die gerade Harry Potter persönlich gesehen hatten, wie dieser lässig zur Filmpremiere über den roten Teppich schritt.

»Da bist du ja schon wieder? Wie geht es dir, Mckenzie?«

»Ganz gut.«, antwortete er lässig. »Girls, wie geht es euch?« Beide Frauen kicherten aufgeregt. Langsam bekam ich den Eindruck, dass Mckenzie auf der Farm der zweite Star neben Gumbi sein musste. Jeder kannte ihn und grüßte ihn lachend. Alle waren seiner Präsenz wegen ganz aus dem Häuschen. Es fehlte jetzt nur noch, dass eine Frau hinter der Bar auch noch ohnmächtig wurde.

»Essen die Volontäre auch immer im Restaurant?«, fragte Marlene erwartungsfroh. Der Restaurantbereich mit den schön dekorierten und gedeckten Tischen hatte etwas und lud zum Verweilen ein. Über den Tischen hingen in den Baumkronen überall Lichterketten, die mit ih-rem warmen Lichtschein das schöne Ambiente mit Blick auf die Tiere abrundete. Leider musste Anna sie enttäuschen:

»Leider nein. Hier essen meistens nur die Farmgäste, die draußen bei den Paviangehegen entweder campen oder dort einen Bungalow bezie-hen. Einmal in der Woche dürfen aber die Leaver hier essen.«

»Leaver?«

»Die in der Woche dann abreisen. Die dürfen sich eine Gästeliste zu-sammenstellen und dann hier den Abend ausklingen lassen. Ist immer was Besonderes, so ein Leaver-Dinner.« Anna lächelte.

»Oft ist das Restaurant aber auch leer, weswegen wir nicht verstehen können, dass wir dann nicht hier essen dürfen.«, ergänzte Joschka.

»Warum nicht?«, fragte ihn Jessi. »Wenn ihr da essen geht, dann sind das doch auch Einnahmen für das Restaurant. Weswegen haben wir sonst eine Kreditkarte bekommen?«

»Ist halt nicht gewollt. Vielleicht sehen wir zu dreckig aus, haha. Aber gut - was soll man machen?« Joschka zuckte mit den Schultern. »Ist deren Problem.«

»Man muss nicht alles verstehen, was hier auf der Farm abläuft. Wir Volontäre essen immer dort hinten. Kommt mit. Die anderen warten schon auf euch.« Wir folgten Anna an den Restauranttischen vorbei und näherten uns immer mehr den Stimmen, die rechts vom Restaurant zu hören waren.

Sie verstummten, als sie uns kommen sahen.

20 Volontäre und ein Dieb

(Chapter Seven

Ich fühlte mich wie ein Artist in einer Zirkusmanege. Nicht etwa, weil der Ort mit der Feuerstelle in der Mitte und den vielen Bänken und Tischen drumherum stark an ein Zirkuszelt erinnerte. Vielmehr, weil uns gerade dreißig Augenpaare neugierig anschauten und unsere Körper von Kopf bis Fuß scannten. Es fehlten nur noch die Scheinwerfer und der Zirkusdirektor, der uns ankündigte. „Keine unüberlegten Aktionen, Männer! Nur lächeln und winken", schoss mir die Taktik der Pinguine aus Madagaskar durch den Kopf. Keine unüberlegten Aktionen, McKenzie! Doch McKenzie war mit guten Absichten gekommen. Ich tat es ihm gleich und setzte mein schönstes Lächeln auf.

»Hey, Guys!«

»Hey, Anna!«, schallte es zurück. Alle Augen waren auf sie gerichtet.

»Sagt hallo zu den Newbies.«

»Hallo Newbies!« Wow! Ich schmunzelte, schien ich mich doch sehr an ein Fußballspiel erinnert, in dem die Heimmannschaft gerade ein Tor erzielt hatte und der Stadionsprecher die fünfzigtausend Kehlen zum Ausrasten brachte.

»Torschütze mit der Nummer 10: Luuukas …«

»… Podolski.«

»Luuukas …«

»… Podolski.«

»Luuukas …«

»Podolski - Fußballgott!!!«

»Neuer Spielstand: Deutschland?«

»1.«

»Frankreich?«

»0.«

»Danke schön!«

»Bitte!«

Zufrieden drehte sich Moderator Anna zu uns. »So, Leute: Das sind die Oldies, also die anderen Volontäre. Nächste Woche gehört ihr dann auch zu den Oldies, wenn wieder Neue kommen. Setzt euch einfach an irgendeinen Tisch dazu und denkt dran: English, please.«

Ich schaute in die Runde und in die vielen neugierigen Gesichter. Jungen und Mädchen, die Mädchen waren deutlich in der Überzahl, saßen bunt gemischt zusammen unter einem Holzdach, das sich im großen Bogen um die Feuerstelle erstreckte und die einzelnen Tische und Bänke bedeckte. Ich schaute zu Jessi und Marlene, um die Lage zu besprechen.

»Wollen wir uns erst mal bei jedem vorstellen? Vielleicht besser, als sich direkt irgendwo stumm hinzusetzen.«

»Wenn du vorgehst …«

»Gern!«, sagte ich und steuerte den von uns aus nächstgelegenen Tisch an. An ihm saßen zwei Erwachsene. Die Frau hatte schulterlange Haare, der Mann die gleiche Frisur wie Joschka. Die Frisur schien hier in Namibia echt der Renner zu sein. Beide waren wie Anna und Joschka unverschämt braun. Oder dreckig… Naja, beides…

»Hi, ich bin Silas. Freut mich!« Ich reichte dem Mann meine Hand und bekam einen festen Händedruck zurück. Autsch! Vor Schmerz biss ich mir auf die Lippe. Da war Power hinter. Sie stammte von…

»Alex. Freut mich auch, Silas. Herzlich Willkommen!« Ich nickte ihm dankend zu. Von Alex ging ich um den Tisch herum zu der Frau und streckte ihr meine leicht zerquetschte Hand entgegen.

»Hi Silas, ich bin Michie. Ich bin die Frau von Alex.« Ich nickte. Michi und Alex machten beide einen netten und freundlichen Eindruck. Ich vermutete, dass sie wie Dossie als Koordinatoren hier arbeiteten. Sie waren deutlich älter als alle anderen Volontäre. Ich lächelte sie an und ging weiter zum nächsten Tisch. Dreißig Händedrücke und „Hi I am Silas. Nice to meet you"-Sätze später setzte ich mich an den Tisch, wo auch schon Anna und Joschka Platz genommen hatten. Von da aus versuchte ich noch einmal alle Namen am Tisch durchzugehen. Neben mir saß links McHänsi, äh McKenzie, rechts Jessi und daneben Marlene. Ganz rechts auf der anderen Seite Anna und daneben Joelle. Neben Joelle saß dann Lara, nein Lena. Oder hieß sie doch Lara? Ich war mir nicht mehr ganz sicher. Neben Lara-Lena saß Nathalie, die sich gerade mit Joschka am Tisch unterhielt und mit ihm tiefe Blicke wechselte. Und dann noch der Junge mit dem Rasiererhaarschnitt, ganz links gegenüber von McKenzie. Er fing, meine ich, auch mit J an. John oder Johnny. Er machte einen ganz gelassenen Eindruck. Der erste Eindruck täuschte nicht. Er sprach auch so. Wie ich einige Tage später herausfand, war er sechsundzwanzig Jahre alt und bildete mit Anna zusammen eins der beiden „Couples" auf der Farm. Neben Anna und Johnny waren noch Nathalie und Joschka ein Pärchen. Sie alle hatten sich zum ersten Mal auf der Farm gesehen und kennengelernt. Und anscheinend auch gleich gut verstanden. Schon romantisch, so eine Afrika-Lovestory …

Mein Blick fiel auf Lea, die zwischen Nathalie und Lara-Lena saß und mich im gleichen Moment auch anguckte. Wir lächelten uns beide an. Wow! Lea hatte naturbraune Haare, die sie, ähnlich wie Michi, bis zu den Schultern trug. Auf ihrem weißen Shirt war ein Regenbogen abgebildet, der sich vom einen zum anderen Ärmel zog. Sie hatte braune Augen und ein paar Sommersprossen im Gesicht. Sie ist echt mega hübsch, dachte ich mir und schaute schnell nach vorne zu Anna, damit mein Blick zu Lea nicht zu auffällig wurde. Anna hatte sich hinter der Feuerstelle an einem Tresen positioniert, auf dem bereits mehrere dampfende Töpfe standen.

»Okay, guys. Heute gibt es zur Abwechslung mal Spaghetti mit Tomatensoße.« Sie machte eine kurze Pause. Ein Raunen ging durch die Manege.

»Jeder von euch darf sich in der ersten Runde eine Kelle Nudeln nehmen und einen Löffel Soße dazu. Die Soße ist mit Fleisch, die andere hier ist vegetarisch.«

»Snoboobs zuerst!«, rief Joschka rein.

»Nice try Joschka!«, lachte Anna. »Newbies zuerst, deine Gruppe, Joschka, ist als Letztes dran.«

»Danke für nichts, Joschka.", sagte Johnny in Joschkas Richtung. Dieser verschränkte nur enttäuscht seine Arme. Auf dem Hinweg zur Farm hatten wir Newbies von den beiden schon erfahren, dass es unterschiedliche Gruppen gab. Jede Gruppe hatte ihren eigenen Namen und war für verschiedene Tiere auf der Farm zuständig. Gruppenweise ging es dann auch zum Essenholen. An manchen Tagen kam es so durchaus vor, dass man trotz knurrendem Magen erst als Letzter sein Essen abholen durfte.

Nachdem neben uns Newbies auch alle Crocs, Owls und Foreveralones ihre Teller mit Nudeln und Tomatensauce befüllt hatten, durfte dann endlich auch Joschka mit seiner Gruppe die Kelle schwingen. Zumindest war er in seiner Gruppe der Erste in der Schlange.

»Lass es dir schmecken!«, sagte ich zu ihm am Tisch und schob mir die x-te Gabel in den Mund. Mein Teller war schon fast leer, so einen Hunger hatte ich gehabt. Ich wollte gerade am Tisch fragen, ob man sich ein zweites Mal nachnehmen durfte, da wurde ich auf einmal von einem panischen Schrei unterbrochen. Erschrocken und fast an einer Nudel erstickt schaute ich auf, von wem der Schrei kam. Es war Jessi, die sich die Arme schützend vors Gesicht hielt.

»Ah, ein Affe. Hilfe!« Affe? Hier? Ich dachte sofort an Jacobi, der vielleicht aus seinem Käfig ausgebrochen war. Joschka hatte von ihm erzählt, als wir zur Farmwiese gingen. Er lebte allein in seinem dunklen Käfig, weil er ein Problemaffe war. Bei Versuchen in der Vergangenheit, ihn in eine Paviangruppe zu integrieren, hatte es stets Verletzte gegeben. Mit ihm war wirklich nicht zu spaßen, vor allem, wenn es ums Essen ging. Die Schilder vorm Gehege hatten also ihren Grund. Aufgeregt schaute ich mich wie die anderen am Tisch um. Jacobi konnte überall sein. Vorsichtshalber ließ ich mein Essbesteck nicht aus der Hand. Plötzlich sah ich ihn. Jacobi, einen muskulösen, brüllenden Pavian mit großen Zähnen und Pranken? Nein, schlimmer. Viel schlimmer. Es war Enrico. Erleichtert fing ich wie die anderen am Tisch an zu lachen. Ich konnte nicht glauben, was ich da sah. Ein kleines Babyäffchen, vielleicht 30 cm groß, hüpfte vor mir über den Tisch. Mit seinem Schwanz stieß es fast eine Cola-Dose um. In seinen kleinen Händen hielt es Jessis Feuerzeug, welches er ihr zuvor mit einem Überraschungsangriff stibitzt hatte. Daher also Jessis Schrei. Sie wurde von einem Baby attackiert. Siegessicher sprang Enrico von Schulter zu Schulter, ehe er vor Joelle sitzen blieb und sich seine Errungenschaft in den Mund steckte. Ein Fehler…

»Pfui, Enrico!« Er hätte seine Flucht besser fortgesetzt. Ohne zu überlegen, packte Joelle ihn mit einer Hand am Rücken und versuchte, ihm seine Diebesbeute wegzunehmen. Doch er dachte nicht mal daran loszulassen.

»Enrico, lass sofort los! Lass es sein!« Doch Enrico hörte nicht und griff stattdessen Joelle an die Nase. Nach ein paar Sekunden überließ er ihr das Feuerzeug. Er hatte etwas anderes entdeckt. Etwas Besseres, etwas Funkelndes - Jessis Nasenpiercing. Neugierig sprang er in Jessis Richtung, die schützend ihre Hände vors Gesicht riss. So schnell ihn seine kleinen Füßchen auch trugen, er kam nicht weit. Joelle packte ihn ein zweites Mal und zog ihn von Jessi weg.

»Enrico, lass es jetzt sein! Enrico, lass Jessica in Ruhe. Aber pronto!« Doch Enrico dachte gar nicht daran aufzuhören. Er wollte das Nasenpiercing um jeden Preis haben. Wild zappelnd versuchte er sich aus Joelles Händen zu lösen. Das glitzernde Nasenpiercing ließ er dabei keine Sekunde aus den Augen.

»Enrico! Was ist denn mit dir?« Kopfschüttelnd machte Joelle mit dem dreißig Zentimeter großen, energiegeladenen Babyaffen kurzen Prozess. Sie stopfte ihn unter ihren Pulli, womit Enrico so überhaupt nicht einverstanden war. Laut quiekend beschwerte er sich in seinem Gefängnis und begann damit, protestierend mit den Beinen zu schlagen. Nach kurzer Zeit ging ihm jedoch die Kraft aus. Die Beinschläge wurden immer schwächer und langsamer, bis er schließlich ganz aufgab und sich seinem Schicksal ergab. Jetzt sah man nur noch eine atmende Beule unter Joelles Pulli.

»Na geht doch, warum nicht gleich? Hier ist dein Feuerzeug, Jessi.«

»Danke, ich habe ihn echt nicht kommen gesehen.«

»Steck es beim nächsten Mal am besten direkt in deine Hosentasche. Da ist es sicher vor dem kleinen Scheißer hier.« Joelle schaute unter ihren Pulli. Sofort griff ihr eine kleine Affenhand an den Mund. Liebevoll taste Enrico ihre Lippen ab.

»Du bist ein Scheißer, hörst du. Ein kleiner Scheißer. Aber ein süßer. Dir kann man einfach nicht lange böse sein.«

»Das Gleiche gilt übrigens auch für Kopfhörer. Die sind vor ihm auch nicht sicher.«, sagte Lara-Lena zu uns Neuen. »Meine sind schon ganz durchgekaut.« Enrico steckte beim Wort Kopfhörer neugierig seinen Kopf aus Joelles Kragen. Joelle ließ ihn gewähren.

»Nein, Enrico, da sind keine Kopfhörer. Beruhige dich!« Sie setzte ihn zurück auf den Tisch und wickelte ihn in eine kleine Decke. »Hier, nimm deine Trinkflasche. Du bist nicht du, wenn du hungrig bist.« Sie lachte. Doch Enrico wollte keine langweilige Milch trinken. Er hatte etwas viel Besseres entdeckt. Freudig erregt sprang er über Joelles Kopf zum Nachbartisch, an dem Michi und Alex saßen.

»Hey, Enrico! Wie geht's?« Alex kraulte Enrico am Bauch, während dieser seine Zunge in Alex Saftflasche steckte. Es dauerte nicht lange, bis sich sein Fell am Kinn in den Farben des Saftes färbte.

»Wo ist denn Enricos Mutter?«, fragte ich in die Runde und schaute zu dem kleinen Vervet-Affen. Dieser saß mittlerweile nicht mehr vor Alex, sondern bei Herman an der Bar und ließ sich von ihm am Rücken kraulen. So kann man sich auch Drinks erbetteln, dachte ich mir. Enricos Betteln war bis hierhin zu hören.

»Seine Mutter lebt irgendwo im Gehege bei den wilden Vervets.«, sagte Anna kauend. »Er ist drei Monate alt und lebt seit seiner Geburt bei uns. Seine Mutter hat ihn verstoßen, deswegen kümmern wir uns um ihn.«

»Er schläft in der Regel bei Daniel in der Hütte. Ihr müsst mal dabei sein, wenn Daniel Enrico für die Nacht wickelt. Er ist so ja schon so süß, aber in Windeln …«, schwärmte Nathalie. Ich konnte es mir gut vorstellen. Dieser kleine Babyaffe hatte mich schon nach wenigen Minuten in seinen Bann gezogen.

»Wer ist noch mal Daniel?«, fragte Marlene.

»Daniel sitzt dahinten bei Adelle, Flo und Sarah am Tisch. Er ist schon seit knapp fünf Monaten hier.« Nathalie deutete auf den Tisch hinter uns. Dort hatte Daniel einen gut gefüllten Teller vor sich stehen, dessen Inhalt er in sich hineinschaufelte. Er trug Bart und somit mehr Haare im Gesicht als auf dem Kopf. In seinem Tank-Top machte er einen sehr sportlichen Eindruck.

»Ich dachte, man kann maximal drei Monate hier auf der Farm bleiben…«, hakte Marlene nach. »Wie hat er das denn hinbekommen?«

»Indem man drei Monate am Jahresende und drei Monate am Jahresanfang bucht.«, sagte Joschka augenzwinkernd in ihre Richtung. »Dann hat man sein halbes Jahr zusammen.«

»Wie lange habt ihr heute Pause gemacht in Gobabis?«, fragte Nathalie neugierig nach. »Musste der Fahrer bei euch auch irgendwelche Erledigungen machen?«

»Zwei Stunden …« Jetzt war Jessi in ihrem Element. Da hatte Nathalie mit ihrer Frage aber den Nagel auf dem Kopf getroffen. »Zwei ganze Stunden haben wir auf den Fahrer gewartet. Und wisst ihr, warum?

Wegen tausend Eiern…«

»Tausendachtzig, Jessi…«, korrigierte ich sie lachend.

»Ach, das wundert mich noch nicht mal. Wir mussten auch lange auf den Fahrer warten.«, grinste Nathalie. »Bei uns waren es glaube ich auch um neunzig Minuten Wartezeit…" Ich musste schmunzeln. Wahrscheinlich hatten alle so ihre Erfahrungen auf der Hinfahrt zur Farm gemacht. Gott sei Dank waren wir ja jetzt da und der Hunger fast weg.

»Wer hat Lust auf eine zweite Runde Spaghetti?« Gott sei Dank, dachte ich mir. Es gab zwei Essensrunden. Man durfte nachnehmen. Glücklich schaute ich von meinem Teller zu Anna. Sie hatte sich wieder vor den Töpfen und Schüsseln positioniert und zählte von da die vielen Hände, die sich auf ihre Frage gemeldet hatten. Wie eine Rakete beim Start waren diese nach oben in die Luft geschossen ...

»Neun, zehn, elf - okay, Sollte noch genug für alle da sein. Lasst es euch schmecken.« Sie hatte ihren Satz noch nicht mal ausgesprochen, da rannten die Ersten von ihren Tischen schon los. Enrico eingeschlossen. Er war es dann auch, der als Erster mit einer langen Spagetti vom Buffet davonlief. Monkey first...

Tanzen in Namibia

(Chapter Eight)

Wieder standen wir Newbies im Mittelpunkt und genau da, wo soeben Anna noch die zweite Essensrunde eingeläutet hatte. Auch Dossie hatte sich mittlerweile zu uns gesellt und alle ihre Kollegen mitgebracht. Zu ihrem Team gehörten Izelle, Devi, Edlin und Eugene. Sie saßen zusammen am knisternden Feuer und schauten ebenfalls zu uns Newbies. Bei allen hatten wir uns gerade eben noch per Händedruck persönlich vorgestellt, wie wir es schon bei den Volontären getan hatten. Vor allem der Händedruck von Eugene und Devi blieb mir wie der von Alex fest in Erinnerung. Der zarte und weiche von Izelle und Edlin eher weniger. Vorne stehend fiel mir auf, dass Alex und Michi bei den Volontären sitzen geblieben waren. Wie ich anfangs erst vermutet hatte, gehörten sie nicht zu Dossies Team, sondern waren wie die anderen Volontäre und Projektteilnehmer. Die Oldies der Oldies quasi. Beide schauten auch gespannt in unsere Richtung.

»So, Newbies. Es ist Zeit für eine Vorstellungsrunde.«, sagte Anna und grinste uns an. »Es ist Tradition auf der Farm, dass sich die Neuen nach Ankunft am ersten Abend kurz vorstellen und etwas über ihre Wünsche und Erwartungen erzählen. Natürlich auch, ob ihr Single oder vergeben seid, Tattoos und Piercings habt.« Sie schaute zu Marlene, die ganz rechts neben Jessi und McKenzie stand.

»Marlene, magst du vielleicht anfangen?«

»Kann ich gerne machen?«

»Das Wort gehört dir.« Anna lächelte ihr zu.

»Hey guys. Ich bin Marlene, komme aus Österreich und…« Ihr Satz wurde plötzlich von lauter Musik unterbrochen, gefolgt von einem lauten Seufzer aus McKenzies Richtung. Er ahnte, was jetzt kommen sollte. In der Vergangenheit hatte ich schon häufig Videos gesehen, in denen auf öffentlichen Plätzen, Marktplätzen, Bahnhöfen oder Flughäfen plötzlich viele Menschen auftauchten und zu lauter Musik anfingen zu tanzen. Immer hatte ich mich gefragt, wie es wohl sein würde, als Ahnungsloser im tanzenden Mob zu stehen. Würde man mitmachen oder nur dumm aus der Wäsche gucken? Meine Schwimmbewegungen mit den Armen deuteten auf Mitmachen hin. Innerhalb von Sekunden waren alle Volontäre und Koordinatoren von ihren Plätzen aufgesprungen und hatten einen großen Kreis um die Feuerstelle gebildet. Dort standen wir nun mit in einer Armlänge Abstand nebeneinander, machten zur Musik Kraulbewegungen und wippten mit dem Körper hin und her. Anna gab den Takt und die Tanzmoves vor, während die anderen ihr nacheiferten. Ich gab mir Mühe, meine Bewegungen wie ihre aussehen zu lassen, auch wenn mir das sichtlich schwerfiel. Die Musik änderte sich, wurde schneller und es kamen neue Bewegungen, Schrittfolgen und Drehungen dazu, die meine koordinativen Fähigkeiten in sämtlichen Belangen überforderten. Es waren einfach zu viele Schritte, da kam ich nicht hinterher. Während alle mit ihrer Drehung schon fertig waren, drehte ich mich noch immer in die falsche Richtung und stieß fast mit Jessi zusammen.

»Andere Richtung, Zilas! Andere Richtung!« Zu einem Lied musste man in die Hocke gehen, worauf vor allem Bewegungsmuffel McKenzie keine Lust hatte. Im Gegensatz zu seinem steifen Hüftschwung waren meine orthodoxen Tanzbewegungen noch filigran und sehenswert. Er war heillos überfordert, was insbesondere Edlin zum Lachen brachte. Immer wieder kommentierte er McKenzies Bewegungen, worauf er postwendend einen Mittelfinger vom Amerikaner zurückgefeuert bekam.

»Sei leise, Ääädlin!«, sagte McKenzie in Edlins Richtung, nachdem dieser erneut „down McKenzie" gebrüllt hatte. Edlin hielt sich den Bauch vor Lachen und vergaß ganz das Tanzen.

Zu McKenzies Erleichterung war das Getanze nach gut zehn Minuten wieder vorbei. Alle setzten sich zurück auf ihre Plätze und griffen nach ihren Getränkeflaschen und Cola-Dosen. Wir Newbies blieben vorne stehen. Wir hatten ja noch eine Aufgabe vor uns. Anna ließ die Musikbox verstummen und wiederholte noch einmal, was alles in unserer Selbstpräsentation vorkommen sollte: Name, Alter, Nationalität, Länge Aufenthalt, Single oder vergeben, Tattoos und Piercings und Erwartungen.

Diesmal wurde Marlene nicht unterbrochen:

»Ich habe keine Tattoos, ein Piercing und ich bleibe vier Wochen.

Noch was?«

»Single: Ja/Nein? Hobbies?«, erinnerte sie Anna.

»Ah yes. Ich bin Single und liebe das Fotografieren, treffe mich gerne mit Freunden und trink dann was mit denen. Am liebsten Wein« Sie lachte. Schon im Bus hatte sie mir erzählt, dass alkoholischer Traubensaft ganz oben auf ihrer Liste stand.

»Danke, Marlene!«, sagte Dossie. »McKenzie. Du bist dran.«

»Hobbies dancing, haha.«

»Sei leise, Ääädlin. Mein Hobby ist definitiv nicht Tanzen. No way.« Edlin kippte beim Gedanken an seine Bewegungen fast vom Baumstamm vor Lachen. »Ich bin McKääännzie aus Amerika und lebe in Määässäächusetts. Ich verkaufe Immobilien und bleibe insgesamt zwei Monate.« Glücklich, es hinter sich gebracht zu haben, trat er einen Schritt zurück und lehnte sich an die Bar.

»Was ist dein Lieblingstier auf der Farm? Du kennst ja einige Tiere schon.« Anna schaute ihn neugierig an. Stimmt, von einem Lieblingstier hatte er uns auf der Fahrt noch nichts erzählt.

»Lieblingstier – gute Frage!« Er überlegt kurz. »Gumbi, Rico und...« Er grinste wie ein Schelm. »Und Ääädlin, haha.«

»F*** you!« Jetzt zeigte Edlin McKenzie einen Finger, der ziemlich mittig lag. Ich meine zumindest, dass es der in der Mitte gewesen war. Nun war Jessi an der Reihe. Sie erzählte, sie freue sich vor allem auf die großen Katzen- und Löwenfütterungen und sei generell gespannt auf die Zeit hier.

»Ich bin Single und habe keine Tattoos und Piercings...«, ergänzte sie, ohne eine Miene zu verziehen. Sie streckte ihre Arme so in die Luft, dass jeder ihre Tattoos sehen konnte. Alle lachten.

»Was ist das für ein Tattoo?« Dossie deutete auf einen ihrer Arme.

»Dieses hier? Das ist meine Mutter.« Stolz strich sie über das Gesicht einer Frau am rechten Arm.

»I like that.« Dossie zwinkerte ihr zu. »Sie sieht wunderschön aus.«

»Das ist sie.« Beim Anblick von Jessis Mutter fiel mir auf, dass ich nervös mein Gewicht von einem auf das andere Bein verlagerte. Jetzt war ich dran und ich merkte, wie sich mein Herzschlag vor Aufregung ein wenig beschleunigte. Das hatte ich vor jeder Präsentation. Egal, ob in der Schule oder in der Ausbildung. Doch auf Englisch hatte ich noch nie eine Selbstpräsentation gehalten. Dementsprechend fing ich sichtlich nervös an.

»Hallo in die Runde. Hallo Enrico.« Enrico saß immer noch an der Bar und hob neugierig sein Köpfchen. »Mein Name ist Silas, aber ihr könnt mich auch Siles nennen. Das ist die englische Version.« Ich hörte einige lachen. Der Joke kam an. Gott sei Dank. Danke für den Gag, Richie! Ich lächelte. »Ich hätte es, glaube ich, bereut, wenn ich die Reise nach Namibia nicht gemacht hätte. Ich bin neugierig was die nächsten Wochen angeht und freu mich auf alle Begegnungen mit den Tieren.«

»Single, Tattoos oder Piercings?«

„Ich bin Single und bis jetzt habe ich keine Piercings und Tattoos an meinem Körper gefunden. Ich gebe euch einfach Bescheid, wenn ich ein Tattoo gefunden habe.« Es sollte drei Wochen dauern... Erleichtert schaute ich in die Runde.

»Danke, Siles! Viel Glück bei der weiteren Suche.« Dossie musste lachen. »Danke an euch alle, Newbies. Ihr werdet in den nächsten Wochen eine großartige Zeit auf der Farm haben. Da bin ich mir sicher. Die Tiere freuen sich schon auf euch. Vor allem die Paviane.«

»Oh ja, vor allem die Teenager.«, pflichtete ihr Edlin bei.

»Ja, vor allem die. Oldies, ihr seid dran.« Wir setzten uns zurück auf unsere Plätze. Jetzt waren die älteren Volontäre mit ihrer Selbstpräsentation dran. In ihren Gruppen traten sie einzeln nach vorne. Jede Gruppe hatte ihren eigenen Song, den sie wie ein Gospelchor performten, ehe sich danach jeder einzeln vorstellte und ein paar Sätze von sich erzählte. Es war wirklich interessant, von jedem etwas zu erfahren und zu hören. Vor allem Daniel und Alex, die gemeinsam in einer Gruppe waren, sorgten mit ihrer Selbstpräsentation für einige Lacher. Alex erzählte, dass er mehrere Intimpiercings besaß, worauf Daniel in seiner Präsentation verriet, dass er Alex sein Intimpiercing geschenkt hatte. Auch Joschkas Selbstpräsentation stach heraus. Sein Satz „Ich bin vergeben!" wurde von vielen Mädchen mit einem „Aww" in Nathalies Richtung kommentiert, die daraufhin glücklich grinste. Nach allen Gruppen stellte sich dann noch Dossie mit ihren Kollegen vor.

»Eugene ist mein Lieblingstier hier.«, sagte sie, worauf ihr Mann am Feuer ein bisschen rot im Gesicht wurde. Dossie schickte ihm ein Fliegekuss zu. Ich musste lachen. Bei den ganzen Leuten konnte die Zeit

doch nur gut werden. Und bei diesem kleinen Affen auch. Ich streichelte Enrico am Kopf. Er saß vor mir auf seiner Decke und nuckelte an seiner Flasche. Mit jedem Streichelzug wurden seine Augen schwerer und
schwerer, bis er schließlich im Sitzen einschlief und sanft in meinen
Arm kippte. Gute dreißig Minuten und einen langen Fußmarsch mit
Taschenlampe durch den Busch später, tat ich es ihm unterm Moskito-
netz in meinem Bett gleich. Nur ohne Windel und im Liegen natürlich.

Leoparden, Löwen & Wildhunde

(Chapter Nine)

Mit einem Lächeln schaute ich von meinem Platz zum Horizont. So hatte ich mir das hier in Afrika vorgestellt. Ich saß im Safari-Mobil und fuhr dem Sonnenaufgang entgegen. Innerhalb von Minuten hatten die ersten Sonnenstrahlen den dunklen Nachthimmel erhellt und die Wolken in ein warmes Orange verwandelt. Alles deutete auf gutes Wetter und einen warmen Tag hin. In meiner Wetter-App hatte ich am Morgen schon die dreißig Grad abgelesen und mir vorsichtshalber direkt Sonnencreme ins Gesicht geschmiert. Diese klebte mir jetzt schön auf der Haut und gab einen schönen Duft von sich.

Das Safari-Auto, mit dem wir gerade zum ersten Gehege unterwegs waren, hatte keine Fenster und Türen, sodass man den Fahrtwind direkt ins Gesicht bekam. War auch nicht sonderlich schlimm, da man dadurch zumindest direkt wach wurde. Ich konnte meine erste AM-Tour kaum abwarten. Es war sechs Uhr und wir waren alle pünktlich bei der Farm gewesen. Eugene, Ehemann und Lieblingstier von Dossie, hatte dort schon auf uns gewartet. Mit Zigarette und Cowboyhut sah er uns von seinem Fahrerplatz schon von Weitem kommen, wie wir mit unseren gepackten Rucksäcken den Weg zur Farm langliefen. Eugene erinnerte vom Aussehen her sehr an einen Ranger. Hatte vielleicht auch damit zu tun, dass er ein Ranger auf der Farm war. Sein Outfit, bestehend aus grünem Hemd, beiger Hose und beigen Schuhen, wurde von einem Walkie-Talkie ergänzt, das an seinem schwarzen Gürtel hing. Neben dem im Busch perfekt getarnten Eugene am Steuer saß auf dem Beifahrersitz ein eher weniger getarnter McKenzie. Er hatte ein buntes Hemd mit verschiedenen Mustern angezogen und sah aus wie ein Kanarienvogel. In seinem perfekt getarnten Outfit quatschte er Eugene voll, der mit wilden Lenkradbewegungen Büschen und Schlaglöchern auswich. Alle paar Meter mussten wir Fahrzeuginsassen unsere Arme einziehen, um nicht von Dornen berührt und aufgespießt zu werden.

»Denkt immer dran, Leute: Busch in Sicht bedeutet Kopf einziehen.«

Eugene zeigte in Richtung der vielen Dornenbüsche, die rechts und links auf der Seite standen und manchmal sogar mit ihren Ästen über uns hingen. Die Dornen waren zum Teil fast so lang wie mein Mittelfinger.

»Es gibt nichts Schöneres, als von einem Dorn im Gesicht geküsst zu werden. Glaubt mir: Ich habe Erfahrungen mit Dornen.« Er lachte. Eine kleine Narbe in seinem Gesicht deutete darauf hin, dass er wusste, wie Dornen küssen. Wild und leidenschaftlich...

»Ich hasse Dornen!«, murmelte McKenzie. Natürlich hasste er sie. Ich konnte mir ein Lächeln nicht verkneifen. Bis auf Immobilien und bunte Klamotten hasste er vermutlich alles. Kinder, Tanzen, Dornen… Und Erdnussbutter mochte er noch. Jene Butter hatte er sich am gestrigen Abend in unserer Hütte noch löffelweise vorm Schlafengehen reinge-zogen. Staunend hatte ich am Abend beobachtet, wie Löffel für Löffel in seinen Mund wanderte und er fast das halbe Glas verputzte. Am Mor-gen musste ich dann schmunzeln, als er sich die plötzlich in der Nacht aufgetretenen Blähungen nicht erklären konnte. Im Schneidersitz saß er nach dem Aufwachen auf seinem Bett und trompete den ganzen Raum voll, sodass die Mücken unser Zimmer durch den Spalt in der Tür scharenweise verließen. Unglaublich! In den nächsten vier Wochen sollte ich meinen Handywecker nicht zu stellen brauchen. Es ging vier Wochen so. Jeden Morgen… Selbe Uhrzeit… Das gleiche Hupkonzert…

Eugene verlangsamte sein Tempo. Der Anhänger, den er hinterm Truck eingespannt hatte, polterte bei jedem Schlagloch laut auf. Ich ver-mutete, dass in dem Anhänger das ganze Fleisch für die Tiere drin war. Eugene stoppte den Wagen vor einem Zaun und drehte sich zu uns um. Neben uns Newbies waren von den Oldies noch Lara-Lena und Rahel dabei, die gemeinsam mit vier Farmgästen die AM-Tour komplettierten.

»So Leute. Wir haben das erste Gehege auf unserer Tour erreicht. Missy Joe lebt hier.«

»Oh, sie lebt noch?«, freute sich McKenzie. »Nice!«

»Ja und wir sind alle sehr dankbar darum.«, lächelte ihm Eugene zu. »Ihr müsst über Missy Joe wissen, dass sie eine sehr alte Leopardenda-me ist. In zwei Wochen feiern wir ihren 19. Geburtstag.«

»Ist das alt für einen Leopard?«, fragte Marlene.

»Es ist ein stolzes Alter für einen Leoparden. Verglichen mit ihren Artgenossen in der Wildnis. Dort werden Leoparden zwischen elf und fünfzehn Jahre alt. Maximum zwanzig…«

»Wieso?«

»Naja, in der Wildnis dürfen Leoparden tagtäglich um ihr eigenes Überleben kämpfen. Auch wenn sie mit ihrer Ambush-Technik sehr erfolgreiche Jäger sind, bedeutet das nicht, dass jede Jagd immer erfolgreich ist. Selbst wenn die Jagd mal erfolgreich war, dann kann es gut sein, dass sie sich mit anderen Großkatzen duellieren müssen. Löwen zum Beispiel. Bei uns bekommen die Leoparden täglich Nahrung, wobei wir ab und zu auch Fastentage haben.« Marlene nickte zufrieden. »Habt ihr irgendwelche anderen Fragen zu Leoparden?« Gespannt schaute Eugene in die Runde. »Keine Fragen?« Ein Gast meldete sich nach kurzem Überlegen aus der letzten Sitzreihe.

»Yes, please.«

»Wieso füttert ihr die Tiere so früh in den Morgenstunden und was meinst du mit Ambush-Technik?«

»Gute Frage! Es liegt an der Hitze. Am Morgen ist es in der Regel kühl, weswegen die meisten Tiere aktiv sind. So ist es auch in der freien Wildbahn. Mittags liegen vor allem Großkatzen meistens auf der faulen Haut herum und hängen ab. Sie sind dann zu faul, um zu fressen. Löwen sind ein gutes Beispiel dafür. Leoparden sind opportunistische Jäger. Das bedeutet, dass sie zum Jagen die Nacht präferieren, aber auch am helllichten Tag zuschlagen, wenn sich eine spontane Gelegenheit ergibt. Ihre perfekte Tarnung ermöglicht es ihnen dann, sich bis auf wenige Meter an ein Beutetier, zum Beispiel einem Impala, heran zu schleichen und es aus der Deckung mit einem gezielten Angriff oder Sprung zu überraschen. Das ist dann die sogenannte Ambush-Technik. Angriff aus maximal fünfzehn bis zwanzig Meter Entfernung.« Der Gast nickte zufrieden.

»Weitere Fragen?« Eugene schaute uns gespannt an. »Nein? Dann lasst uns mit dem Füttern starten.« Er drehte sich wieder nach vorne und startete den Motor. »Normalerweise kommt Missy Joe direkt an den Zaun, wenn sie den Motor hört. Schauen wir mal, wie es heute ausschaut. Wir fahren einfach ein paar Meter am Zaun entlang und schauen, ob wir sie im Gestrüpp finden können. Haltet Augen und Ohren auf!«

Er beschleunigte den Wagen, sodass ihn jedes Tier in der unmittelbaren Umgebung hören konnte. Wie angekündigt fuhren wir eine Weile am endlos scheinenden Zaun entlang. Nichts passierte.

Kein Leopard war zu sehen. Mit jedem Meter verlangsamte Eugene das Tempo und spähte dabei durch den Zaun. Es fiel einem unheimlich schwer, in dem dichten Gebüsch irgendwas ausmachen zu können. Missy Joe wollte sich uns nicht zu erkennen geben. »Sie ist eine alte Frau. Geben wir ihr ein bisschen Zeit, würde ich sagen. Manchmal dauert es zehn bis zwanzig Minuten, bis sie kommt. Come Missy Joe! Come!« Eugene rief laut ihren Namen und pfiff mehrmals mit den Fingern durch die Lippen. »Come, come, come!« Es dauerte einige Minuten und Rufe, bis endlich ein Lebenszeichen im Gehege zu hören war. Das Knacken eines Stocks ertönte im tiefen Dickicht. Einen Moment später tauchte sie plötzlich vor uns auf. Wie aus dem Nichts hatte sie sich aus ihrem Versteck geschlichen. Langsam und in gebückter Haltung setzte die Leopardin eine Pfote vor die andere und näherte sich uns Meter für Meter. Ihr gepunktetes Fell schimmerte im Schein der Sonnenstrahlen. Sie knurrte und musterte uns mit ihren Augen. Oh, da hatte aber jemand Hunger mitgebracht. Mit ihrem Blick scannte sie jede unserer Bewegungen. Nicht einmal blinzelte sie. Ich begutachtete fasziniert ihren Körper. Trotz ihres Alters war sie ein ganz schönes Muskelpaket. Eugene erzählte, dass Weibchen in der Regel zwischen dreißig bis sechzig Kilo wogen, während Männchen bis zu neunzig Kilo auf die Waage bringen könnten. Wahnsinn! Elegant schlich Missy Joe auf uns zu und zeigte ihre scharfen Zähne. Regungslos verfolgte ich jede ihrer Bewegungen, so fasziniert war ich von der Schönheit dieses wilden Tieres.

»Siles?« Es wirkte, als spielte ich gerade selbst in einer Dokumentation über Leoparden mit.

»Siles?« Siles und die Leopardin - was für eine Story.

»Siles? Huhu.«

»Ähm, ja?« Ich wandte mich von Missy Joe zu Eugene. Ich hatte seine Frage gar nicht mitbekommen. So gedankenverloren blickte ich die ganze Zeit in die Augen der Leopardin.

»Du bist der Glückliche!«

»Was bin ich?«

»The lucky one.« Eugene grinste. »Es ist Fütterungszeit. Komm, steig aus.«

»Fütterungszeit? Aussteigen?« Leicht nervös schaute ich zu Missy Joe, die mit ihren scharfen Krallen gerade begann, ein Loch am Zaun zu buddeln. Beim Wort „Fütterungszeit" hatte sie leicht angefangen zu sabbern. Ich schluckte und drehte mich zu Jessi.

»Soll ich mich jetzt freiwillig verfüttern lassen oder was war die Frage?«

»Nein, er hat nur nach einem Freiwilligen gefragt.« Sie stippte mir mit dem Ellbogen in die Rippen. »Ich film dich auch dabei.«

»Filmen? Ich hoffe doch vor dem Gehege.«

»Siles, wo bleibst du?« Eugene stand schon beim Anhänger und wartete auf mich.

»Ich komme!«, antwortete ich alles andere als überzeugt. Ich sprang vom Wagen und lief zu ihm nach hinten. Er hatte dort schon etwas Leckeres vorbereitet und wartete gespannt auf meine Reaktion. Er hielt ein blutverschmiertes Stück Fleisch in der Hand. Beim Geruch musste ich fast würgen.

»Du hast doch sicherlich noch nicht gefrühstückt und Hunger mitgebracht, oder? Möchtest du mal probieren?« Eugene lachte und reichte mir das Fleischstück. Ehe ich ablehnen konnte, hielt ich es auch schon in meiner Hand. Blut lief mir übers Handgelenk, während meine Finger bei der Kälte fast erfroren. Das Stück Fleisch musste die ganze Nacht im Gefrierfach verbracht haben. Angewidert betrachtete ich mein Frühstück. Zu meiner Begeisterung konnte man am Fleisch noch Fellbüschel sehen. Das blutgetränkte Fell roch widerlich. Ich überlegte, von welchem Tier es stammen konnte. Es konnte alles sein...

»Mmh, riecht lecker!«, antwortete ich ihm, nachdem ich den ersten Schock verdaut hatte. Eugene lachte, als ich das Fell in die Richtung meines Mundes führte und mich fast an einer grünen Fliege verschluckte. Um den ganzen Anhänger kreisten lauter solcher grünen Brummer. Eugene erklärte mir, was ich jetzt machen sollte. Glücklicherweise sollte ich vor dem Gehege stehen bleiben.

»Du stellst dich mit dem Stück Fleisch vor den Wagen, sodass jeder dich sehen kann. Ich zähle von drei runter und bei Go wirfst du das Fleisch im hohen Bogen über den Zaun zu Missy Joe. Aufgabe verstanden?« Ich nickte. Von mir aus hätte er auch nur bis zwei zählen brauchen. Ich konnte nicht erwarten, das Stück Fleisch wieder loszuwerden und meine Hand vom Blutgeruch zu befreien. Wie es Eugene wollte, positionierte ich mich vorm Wagen, sodass jeder mich sehen konnte.

Jessi zückte ihr Handy und sah, wie ich Missy Joe jetzt im Abstand von einem Meter gegenüberstand. Die Leopardendame knurrte und schaute abwechselnd vom Stück Fleisch zu mir und zurück. Ihre Muskeln zuckten vor Anspannung, während ein Sabberfaden an ihrem Kinn im Wind hin und her baumelte. Sie konnte wohl wie ich die Zahl Eins gar nicht mehr abwarten.

»Drei … Zwei … Eins… Go!« Beim Schwungholen fiel mir erst auf, wie schwer die Fleischkeule eigentlich war. Das Stück wog bestimmt fünf Kilo und ich brauchte beim Werfen beide Hände, um es über den Zaun zu bekommen. Wie ein Golfer seinen Golfball nach dem Abschlag, verfolgte ich das fliegende Fleisch in der Luft. Es war nicht mein bester Wurf…

»Fuck!«, stammelte ich, während ich die Flugkurve verfolgte. Das könnte knapp werden... Eugene hatte mir extra gezeigt, wo das Stück Fleisch ungefähr landen sollte: rechts von Missy Joe. Es landete ungefähr auch da. Aber halt auch nur ungefähr...

»Platsch!« Wie ein nasser Sack landete das Stück Fleisch mitten auf dem Rücken der Leopardendame, die durch die Sonne leicht geblendet wurde und das Wurfgeschoss so wahrscheinlich zu spät kommen sah. Verärgert über den Nackentreffer fauchte sie wild in meine Richtung und zeigte mir ihre scharfen Zähne.

»Ups… Sorry, Missy!« Entschuldigend schaute ich zu Eugene, der das Unheil hatte kommen sehen.

»Guter Wurf, Siles. Nur beim nächsten Mal vielleicht nicht direkt das Tier abwerfen, ja? Das mögen sie nicht so, wie du vielleicht hörst.« Er lachte und holte das nächste Fleischstück aus dem Anhänger. Auf der anderen Seite hatte ein anderer Leopard sich bereits in Stellung gebracht. Ich schaute zu Missy Joe, die sich von dem Schreck noch nicht erholt hatte und immer noch fauchte. So ein Malheur war ihr in den letzten neunzehn Jahren wahrscheinlich bei keiner AM-Tour widerfahren. Beleidigt wandte sie sich von uns ab und ließ das Stück Fleisch am Boden liegen.

»Sie wird es später essen, wenn sie sich beruhigt hat. Du kannst wieder platznehmen, Siles. Dank dir! Und mach dir gerne noch die Hände sauber. Sieht ja fürchterlich aus, haha.« Er nickte mir zu und rief Marlene zu sich.

Es war wirklich spannend, Eugene zuzuhören und Einzelheiten über die Lebensweise von Leoparden zu erfahren. Er erzählte uns auf der Tour, dass Leoparden in der freien Wildbahn als Einzelgänger leben und sie nur zu Paarungszwecken einen Partner aufsuchen würden. Sowohl Männchen als auch Weibchen seien sehr territorial, wobei es zu Überschneidungen zwischen dem Revier von einem Weibchen und Männchen, aber niemals zu Überschneidungen mit dem Revier eines gleichgeschlechtlichen Artgenossen kommen könnte. Des Weiteren lernte ich, dass Leoparden, ähnlich wie Hyänen, einen überdurchschnittlich ausgeprägten Nackenmuskel besaßen, der es ihnen mit ihrer Kieferstärke und Bisskraft erlaube, problemlos mit Beutetieren auf Bäume zu klettern, auch wenn diese das Doppelte ihres eigenen Körpergewichts wiegen sollten. Bei einem Gehege zeigte uns Eugene, wie gut Leoparden auf Bäume klettern konnten. Zielgenau warf er ein langes, dünnes Stück Fett in einen Marula-Baum, sodass dieses sich mehrmals um einen Ast wickelte und den neugierigen Leoparden einiges an Balance- und Akrobatikkünsten abverlangte. Auch bei den Wildhunden teilte er mit uns sein Wissen. Ich merkte mir, dass Wildhunde zu den am meisten gefährdeten Tieren auf dem afrikanischen Kontinent gehören und sie meist in großen Familiengruppen und Rudeln leben, die von einem Alpha-Paar geleitet würden. Das Alphaweibchen sei in der Regel mit ihrem Partner für den Fortbestand des Rudels verantwortlich und würde als einziges Weibchen Junge bekommen, während die anderen Weibchen beim Stillen und bei der Aufzucht der kleinen Jungtiere helfen würden. Interessanterweise wäre jenes Alphaweibchen im Vergleich zu ihren männlichen Kollegen viel kräftiger und größer, was auf einen höheren Testosteronwert zurückzuführen sei, erklärte Eugene.

»Ist es euer Plan, das Rudel wieder in die Wildnis zu entlassen?«, wollte ein Gast wissen. Wir fuhren gerade an einem Gehege mit vier Wildhunden vorbei, die hungrig mit Schaum vorm Mund versuchten, Eugenes Tempo mitzugehen und dem Wagen zu folgen. Ihre Laute waren richtig hektisch und von einer Aufregung geprägt, als ginge es um Leben und Tod.

»Das ist der Plan, ja. Dieses Rudel ist seit Wochen vom anderen Rudel getrennt und wird in den nächsten Monaten in unsere Lifeline entlassen.« Eugene zeigte auf ein weiteres Gehege, in dem bereits mehrere Hunde ihre Köpfe gegen den Zaun drückten und wild kläffend auf sich und ihren Hunger aufmerksam machten.

»Das Auswildern ist Teil unserer Philosophie.« Er stoppte den Wagen, öffnete seine Fahrertür und machte sich auf zum Anhänger. Mit vier großen Fleischstücken kam er zurück. Beim Anblick und Geruch drehten die vier Wildhunde im Gehege jetzt völlig durch. Ihr Gewinsel war kaum auszuhalten. Eugene wollte sie nicht länger warten lassen.

»Jessi, Marlene, McKenzie, Siles. Kommt schnell?« Wir nickten und machten uns dran, nacheinander vom Wagen zu hüpfen. Ohne Würgreflex nahmen wir mittlerweile die blutverschmierten Keulen entgegen. Man gewöhnte sich mit der Zeit echt an den Blutgeruch. Mir fiel bei der Fleischkeule auf, dass deutlich weniger Fleisch am Knochen war als bei den Fleischstücken, die die Leoparden zuvor bekommen hatten. Ich schnitt mir beim Halten fast in die Hand, so scharf und kantig waren die Knochen.

»Drei … Zwei … Eins …Go!« Die Gäste zückten ihre Handys und filmten, wie die vier Stücke Fleisch vom afrikanischen Himmel herabregneten und auf den sandigen Boden krachten. Die Wildhunde waren sofort zur Stelle. Im Nullkommanix stürzten sie sich auf die Knochen und verschlangen sie gierig binnen weniger Sekunden. Es knackte und knarrte, während die Hunde mit ihren scharfen Zähnen die Knochen nur so zermalmten und hinunterschluckten. Schon beim Anblick bekam ich Halsschmerzen und innere Blutungen.

»Eugene?«

»Siles!«

»Wieso schlingen sie ihr Essen so schnell runter? Sie kauen ja gar nicht richtig. Schau...« Ich deutete mit meinem blutverschmierten, dreckigen Finger auf den Hund, der von Futterneid gepackt damit begann, einem anderen hinterherzulaufen, der sein Stück noch nicht runtergeschluckt hatte. Erfolgreich schnappte er es ihm aus dem Mund.

»Wildhunde fressen extrem schnell und lassen sich kaum Zeit beim Verzehren ihrer Beute, weil es in ihrem Instinkt ist. In der freien Wildnis haben auch sie mit Fressfeinden zu tun, die ihnen ihre Beute streitig machen. Löwen, Leoparden oder Hyänen gehören zu ihren Mitbewerbern ums saftige Fleisch.«

»Verstehe!« Ich erinnerte mich wieder an eine Reportage im Fernsehen, die ich über Wildhunde gesehen hatte. In der Reportage filmten Dokumentarfilmer, wie ein Rudel Wildhunde mehrere Stunden erst jagte und seiner Beute so den Stecker zog, ehe es selbst von hungrigen Löwen vertrieben wurde. Dumm schauten die Hunde nach den Anstrengungen der Jagd mit leeren Magen aus der Wäsche, wie sich die Löwen über ihre erlegte Beute hermachten.

»Wildhunde schlingen beim Fressen auch die Knochen runter. Ihre Magenflüssigkeit zersetzt diese dann im Magen. Deswegen verbluten sie auch nicht an den spitzen Knochen. Weitere Fragen von eurer Seite?« Wir schüttelten erstmal alle mit dem Kopf. »Nein? Okay, dann fahren wir erstmal weiter zum nächsten Gehege.«

»Wuff, wuff, wuff!« Die zwanzig Wildhunde stellten sich dort schon neugierig und laut bellend auf die Hinterpfoten. Ich erkannte von Weitem nur versabberte Hundeschnuten. Eugene fuhr weiter, hielt aber vor einem anderen Gehege, das zwischen dem Gehege des großen Rudels und dem der Vierergruppe lag. Das Gehege war hundeleer und von wild wachsenden Büschen und Bäumen geprägt. Eugene stoppte den Wagen vor einem großen Tor. Bis auf einen gelben Eimer, der unter einem Baum stand, fiel mir im Gehege nichts Weltbewegendes auf.

»Warum halten wir hier?« Jessi zuckte nur mit den Schultern. Sie sah auch keinen richtigen Sinn dahinter. Ein leeres Gehege füttern? Gespannt warteten wir auf Eugene, der bereits ausgestiegen war und mit einem weißen Eimer vom Anhänger zurückkehrte. Er grinste gefährlich.

»Wer möchte sein Leben riskieren?« Verdutzt schaute ich ihn wie die anderen an. Wahrscheinlich hatte Eugene mit mehreren hochgerissenen Händen gerechnet, doch dem war nicht so. Keiner meldete sich. Vielleicht lag es ja an der Frage. Vorsichtig streckte ich meinen Finger in die Höhe, um nachzufragen, ob er vielleicht noch mal die Frage konkretisieren könnte.

»Kannst du die Frage nochmal wiederholen?«

»Ein Freiwilliger, sehr gut. Ich dachte schon, dass sich jetzt gar keiner meldet. Applaus an Siles, der seinen Mut zum wiederholten Male zusammennimmt und sein Leben riskieren möchte.«

»Äh, nein! Ich habe nur eine Verständnisfrage...«

»Applaus, bitte.« Alle fingen an zu klatschen. Fuck, ich wollte doch gar nicht...

»Jetzt geh schon…«, drängte mich Jessi. »Wird schon nicht so schlimm sein.« Sie hatte gut reden. Ihr Mini-Cut am Finger, den sie sich an einem Stück Fleisch zugezogen hatte, war für sie anscheinend Ausrede genug, sich nicht zu melden. Mir blieb also nichts anderes übrig und so hüpfte ich zum x-ten Mal vom Wagen runter. Leicht nervös ging ich auf Eugene zu. Ich hatte keinen Plan, was er jetzt mit mir vorhatte.

»Wie geht es dir, Siles?« Er grinste.

»Ganz gut. Du, kurze Frage: Soll ich jetzt wirklich mein Leben riskieren?«

»Exakt!«, kam es bestätigend vom Beifahrersitz. »Eugenes Frage zielte ja auch darauf ab, sein Leben zu riskieren, deswegen geht es wahrscheinlich gleich darum, dass du dein Leben riskieren sollst. Also, ja, du sollst dein Leben riskieren.«

»Danke, McKenzie!«, flüsterte ich auf deutsch. »Danke für deine Ausführungen.« Einfühlsam wie eh und je, der Gute. Ich drehte mich zu Eugene. Er streckte mir den weißen Eimer entgegen.

»Ihh!« Meine Reaktion war die gleiche wie die von Jessi, als wir das Insektenklo zum ersten Mal gesehen hatten. Ich hielt mir angeekelt die Nase zu. Im Eimer schwammen zur Freude grüner Fliegen kleine Stücke Fleisch in einer braunen Brühe umher. Ich konnte den Würgereiz gerade noch so zurückhalten. Der Geruch war nicht auszuhalten. Ich musste fast kotzen.

»Was ist da drin?«, fragte ein Gast neugierig. Das willst du gar nicht wissen, dachte ich mir. Eugene schien auf die Frage gewartet zu haben.

»Gutes, altes Fleisch, my friend.« sagte er und tauchte seinen Finger in die Brühe. »Kulinarische Spezialität in Namibia.« Zum Entsetzen aller steckte er den Finger in den Mund und schleckte ihn ab. Von Nahem sah ich natürlich, dass er nicht den Finger nahm, den er in den Eimer eingetaucht hatte, sondern den daneben. War wahrscheinlich so ein Running Gag auf jeder AM-Tour. Ich schmunzelte. Den Respekt des Gastes hatte er auf jeden Fall sicher.

»Siles...«, sagte er, nachdem er seine Finger im Sand sauber gemacht hatte. »Siehst du den Baum da im Gehege?«

»Ja!«

»Siehst du den Eimer unter dem Baum?«

»Ja!«

»Kannst du diesen Eimer zum Baum bringen und den anderen wieder mitnehmen?«

»Ja!« Ich nahm den Eimer mit der stinkenden Fleischbrühe entgegen.

»Perfekt! Irgendwelche Fragen?«

»Ja! Warum?« Die Frage, wieso ich das alles machen sollte, erschloss sich mir immer noch nicht. Auch die Frage, warum ich mit dem Eimerwechseln mein Leben riskieren sollte, war noch ungeklärt und offen.

»Warum soll ich dabei mein Leben riskieren?«

»Leben riskieren?«, fragte Eugene nach. »Ach ja, da war ja was.« Er lachte. »Hab ich fast vergessen zu sagen. Im Gehege ist ein Wildhund...«

»Ein Wildhund?«, stammelte ich.

Da hatte er ja wirklich fast nur eine Kleinigkeit vergessen zu erwähnen. Kleine Randnotiz. Passiert schon mal.

»Ein Wildhund?«, wiederholte ich mit offenem Mund.

»Ja, ein Wildhund. Aber auch nur einer. Kannst du händeln…«

»Ein Wildhund?« Eine Fliege flog mir fast in den Mund. Ich dachte an das Geräusch der knackenden Knochen, das durch die scharfen Zähne der Wildhunde im vorherigen Gehege entstanden war. Wie ich es auch drehte und wendete: Irgendwie passte die Kombination aus Wildhund und Silas in einem Gehege nicht zueinander. Es machte für meinen normalen Menschenverstand nicht so richtig Sinn.

»Ready, Siles?« Wie angewurzelt schaute ich in die Richtung des Wildhundes, der im hinteren Teil des Geheges versteckt von zwei Bäumen auf dem Boden lag und zwei Wildhunde beobachtete, die im Nachbargehege gerade einen wilden Hierarchiekampf austrugen. Beim Anblick der wilden Rufe und scharfen Zähne war mir nicht so hundertprozentig klar, ob ich „ready" war oder jemals „ready" sein würde. Ich fühlte mich irgendwie wie ein sehr endangered animal…

»Ich bin mir nicht sicher, Eugene?«

»You can do it, bro. Augen zu und durch. Du bist doch hier, um deine Komfortzone zu verlassen, oder?« McKenzie lachte. Klappe Potter! Er konnte im sicheren Auto gut reden. Er musste von dort ja auch nicht sein Leben riskieren. Ich schaute zu Eugene. Er hatte das Schloss vom Tor bereits gelöst und das Tor einen Spalt geöffnet. Vielleicht war das alles nur ein Test. Ja, vielleicht wollte er mich nur testen. Ich grinste verzweifelt. Niemals würde er mich allein in ein Gehege mit einem ausgewachsenen Wildhund lassen, dessen messerscharfe Zähne ganze Büffelköpfe zertrümmern könnten. Niemals…

Eine Minute später wusste ich, dass er konnte. Mit Eimer stand ich nun mutterseelenallein im Gehege und kam mir ein bisschen verloren vor. Ich konnte nicht glauben, was ich gerade machte. Ich schaute zum Wildhund, der sich die Pfote leckte, und dachte dabei an Oma. Nicht, weil sie sich auch immer gerne die Pfote leckte, wenn sie in ihrem Sessel saß, sondern weil ich vor meiner Reise noch hoch und heilig versprochen hatte, dass ich keine gefährlichen Dinge machen würde während meines Aufenthalts. Ich überlegte, ob diese Aktion gerade hier in die Kategorie „gefährliche Dinge" fiel. Mit schwitzenden Händen und einigen Schweißtropfen auf der Stirn erreichte ich den Eimer, der gute fünfzig Meter vom rettenden Tor lag. Zügig tauschte ich die Eimer aus, um dann beim Umdrehen fast einen Herzinfarkt zu bekommen. Der Wildhund hatte sich mir um einige Meter genähert. Verdammt. Wahrscheinlich hatte er den Geruch vom verdorbenen Fleisch aufgenommen. Aufgeregt schnüffelte er mit seiner Nase in der Luft umher. Es konnte nur noch eine Frage der Zeit sein, bis er eine Fährte zu mir aufnahm und mich im Gehege entdeckte. Mit stinkenden, blutverschmierten Händen. Als Beute- na super...

Uns trennten jetzt vielleicht noch zwanzig Meter und fünf Bäume voneinander. Hilfesuchend schaute ich vom Wildhund zu Eugene und den anderen im Auto. Die Distanz zu ihnen war fast doppelt so groß wie die Distanz zum Wildhund. Niemals würde ihre Hilfe rechtzeitig ankommen, wenn der Wildhund erstmal losrannte. Fünfzig bis sechzig Stundenkilometer erreicht so ein Tier ja bei der Verfolgung seiner Beute in der freien Wildbahn. Fünfzig bis sechzig Stundenkilometer! Und das über eine Distanz von mehreren Kilometern. Für diese körperliche Höchstleistung sind Wildhunde mit gut entwickelten Nasengänge ausgestattet, um während der anstrengenden Jagd genug Sauerstoff aufnehmen zu können. Mit anderen Worten: Meine Überlebenschancen standen durchaus schlecht, sofern der Wildhund mich entdecken sollte. Ich habe zwar auch einen großen Schinken im Gesicht zum Atmen, aber ich bin bei weitem kein sprintenter Marathonläufer. Ich musste also mehr oder weniger darauf hoffen, dass ich im dichten Gebüsch weiterhin unentdeckt blieb.

Der Wildhund wanderte langsam den Busch in meine Richtung ab. Den Kopf und die Nase stets am Boden. Er spürte, dass Beute in seinem Gehege war und mit Beute meinte ich nicht Fleischsuppe im weißen Eimer, von der ich mich immer mehr entfernte. Was sollte ich jetzt nur machen? Warten und mich meinem Schicksal ergeben? Einen Kampf riskieren? Oder hektisch losprinten und all-in gehen? Ich musterte meinen Gegner und verfolgte angespannt jede seiner Bewegungen. Langsam ging ich weiter. Stehenbleiben war keine Option. Ich wollte hier einfach raus. Ein Stock knackte unter meiner Sohle, gefolgt vom wilden Jaulen und schnellen Laufgeräuschen. Toll, Siles! Filigran wie ein Büffel im Porzellanladen... Mit verängstigtem

Blick schaute ich auf und stellte erleichtert fest, dass die wilden Laute nicht aus diesem Gehege von dem einen Wildhund kamen. Das Rudel im Nachbargehege hatte mich entdeckt und konnte kaum erwarten, die Jagd auf mich zu beginnen. Ich wunderte mich, dass der einsame Wildhund mich immer noch nicht entdeckt hatte. Er zeigte sich von den plötzlichen Fangesängen und Anfeuerungsrufen aus dem Nachbargehege unbeeindruckt und schnüffelte stattdessen mit seiner Nase weiter den Boden ab. Erst jetzt blickte er in meine Richtung. Ich hielt den Atem an und blieb wie angewurzelt stehen. Nur noch wenige Meter lagen zwischen mir und dem Tor im Zaun, hinter dem Eugene schon auf mich wartete. Erleichtert hielt ich ihm eine Minute des Bangens später den leeren Eimer entgegen. Ich hatte es geschafft. Auftrag erledigt und, was noch viel wichtiger war, ich hatte überlebt.

»Gut gemacht, Siles!« Er klatschte mit mir ab.

»Danke!« Stolz wie Schmitz' Katze schaute ich zu den anderen ins Auto, die zu meiner Überraschung nicht so enthusiastisch meine Rückkehr feierten, wie ich es innerlich tat. Einige unterhielten sich und schenkten meiner erfolgreichen Rückkehr gar keine Beachtung. Hallo? Geht's noch? Ich wollte ja jetzt nicht wie Jesus mit wedelnden Palmenblättern begrüßt werden, aber trotzdem. Ich hatte gerade mein Leben riskiert und heldenhaft überlebt. Da hätte man auch mal kurz klatschen können, oder etwa nicht? Eugene verstaute den Eimer im Anhänger und ich kletterte zurück auf meinen Sitz.

»Krass, dass du dich das getraut hast, Siles.« Jessi klopfte mir anerkennend auf die Schulter. Wenigstens eine, die meine Heldenleistung würdigte.

»Danke! Hatte ich vielleicht Angst, als plötzlich die Wildhunde im anderen Gehege mit dem Kläffen anfingen. Ich dachte, dass mir gleich einer an der Kehle hängt.«

»Ja, ich habe es in deinem Blick gesehen. Wir haben uns auch erschreckt, als auf einmal alle angefangen haben zu bellen.«

»Ich bin immer noch am Zittern. Dass ich mich das getraut habe. Mit einem wilden, ausgewachsenen Wildhund in einem Käfig… Einfach unglaublich!«

»Na ja, so wild …« Jessi fing an zu lachen.

»Wieso lachst du so?« Verwundert schaute ich sie an. »Was geht denn bei dir jetzt ab?«

»Na ja, so wild war der Wildhund jetzt auch nicht, Siles…«

»Wie meinst du das?« Ich verstand nur Bahnhof. »Das war ein Wildhund. Hast du doch gesehen. Einer mit Ohren und Haaren. So wild und gefährlich wie die vier aus dem anderen Gehege. Hast du nicht deren Zähne gesehen vorhin? Das sind Killermaschinen…«

»Ja, das ist es ja, Siles…« Jessi richtete ihren Zopf und hielt einen Moment inne. Musste sie das jetzt ausgerechnet tun? Ich wollte den Rest ihres Satzes hören.

»Jetzt sag schon.«

»Die anderen Wildhunde hatten Zähne, der nicht.« Bitte? Ich schaute sie schief an.

»Wie, der hatte keine Zähne? Woher weißt du das?«

»Nee, der hatte keine Zähne. Rate mal, warum der nur so eine flüssige Brühe mit kleinen Fleischstücken zum Essen bekommen hat und kein großes Stück Fleisch mit Knochen.«

»Du verarschst mich doch gerade, oder?« Ich konnte nicht glauben, was ich da hörte.

»Eugene hat es uns erzählt, während du zaghaft einen Schritt vor den anderen gesetzt hast. Der Wildhund bekommt nur Fleischsuppe. Er ist zu alt und kann nicht kauen. Er sieht auch nicht mal, was er isst.«

»Wie, er sieht nichts? Jetzt sag nicht, dass er auch noch blind ist.« Jessi grinste. Ich merkte, wie sich meine Kinnlade immer mehr dem Boden des Wagens näherte. Ich fasste es nicht: Der Wildhund war blind und gebisslos. »Blind und gebisslos?«

Jessi nickte verlegen.

»Von ihm ging also in der ganzen Zeit keine Gefahr aus und ich hätte wahrscheinlich einen Meter an ihm vorbeigehen können, ohne dass er mir ein Haar gekrümmt hätte. Richtig?« Wieder nickte sie.

»Oh Mann! Und ich kack mir fast in die Hose vor Angst.« Ich hatte mir also umsonst Sorgen gemacht. Mein Überlebenskampf war eher eine Show für die auf dem Wagen gewesen. Mein zaghaftes Laufen, Stehenbleiben und Vortasten musste echt schön blöd ausgesehen haben. Vor allem, wenn man den Hintergrund mit dem Wildhund kannte.

»Kopf hoch, Siles!«, munterte mich Jessi auf. »Jetzt hast du wenigstens eine lustige Story zu erzählen, wie du im Gehege mit einem blinden, gebisslosen Wildhund überlebt hast. Das können nicht viele von sich behaupten.« Jetzt musste auch ich lachen. Jessi hatte Recht! Diese Erfahrung konnte mir wirklich keiner mehr nehmen.

Bei der Fütterung der Löwen war der Gedanke an den blinden, gebisslosen Wildhund längst verflogen. Gemeinsam mit den anderen wurden wir von Eugene bezüglich der anstehenden Fütterung bei den Löwen gebrieft. Vor allem bei Zion und Trust, zwei ausgewachsenen Löwenmännchen und Brüdern, musste die Fütterung schnell gehen, da sonst blutige Kämpfe zwischen beiden rund ums Futter entstehen konnten. Bei ihnen war also Eile geboten. Doch vorher waren noch ein paar andere Löwen an der Reihe.

»Jessi, Siles. It is your turn.« Ohne zu überlegen sprangen wir vom Wagen und liefen zu Eugene zum Anhänger. Die beiden ausgewachsenen Löwinnen tigerten schon ungeduldig am Zaun entlang.

»Jessi, jetzt guck doch nicht so angewidert.« Ich schaute lachend zu Jessi, die wenig begeistert ihr Stück Fleisch betrachtete, das Eugene ihr soeben gereicht hatte. Es war ein halber Eselskopf.

»Oh Gott, ist das widerlich!« Widerlich und leicht verstörend. Am halben Kopf war noch alles dran. Zumindest zur Hälfte. Ein Ohr, ein Auge, ein Nasenloch und die rechte Seite des Gebisses samt Zähnen. Spätestens jetzt wusste ich, von wem das Fell bei den anderen Fleischstücken stammte. Durch den halben Kopf in Jessis Hand wurde die Fütterung plötzlich persönlich. Die Fütterung bekam ein Gesicht. Ein halbes…

»Kopf hoch, Jessi! Diese Erfahrung kann dir keiner mehr nehmen, haha.«

»Noch lachst du. Guck mal, was da kommt.«

»Was denn?«

»Da kommt für dich die andere Hälfte vom Kopf…« Genugtuung machte sich in ihrem Gesicht breit. Ehe ich mich versah, hielt ich die zweite Hälfte des Eselskopfes in den Händen. Der arme Esel konnte einem echt leidtun. So leid er mir auch tat, warf ich seinen Kopf im hohen Bogen zu einer der hungrigen Löwinnen, die ihn gleich beschnupperte und abschleckte. Bei Zion und Trust verlief die Fütterung weniger emotional. Beide wogen um die zweihundertfünfzig Kilo. Ihre Mähne wehte majestätisch im Wind, als sie am Zaun entlangliefen und unserem Wagen folgten. Für beide waren jeweils zwei große Beinschenkel vorgesehen.

»Haltet Augenkontakt mit ihnen und positioniert euch am besten so, dass die Löwen getrennt sind und von dem anderen Stück Fleisch nichts mitbekommen.« Wir nickten und warfen weit voneinander entfernt die Schenkel über den Zaun, sodass kein Futterneid zwischen den beiden Brüdern entstehen konnte. Zion fing mein geworfenes Stück Fleisch in der Luft und vergrub es unter seinen riesigen Tatzen. Waren das vielleicht Pranken. Da konnte der Sohn von George nicht mithalten. Zion schaute mir tief in die Augen. Es war unglaublich, so nah in seiner Gegenwart zu sein. Ich stand ihm in vielleicht zwei Metern Entfernung gegenüber. Er fletschte seine Zähne und knurrte mich gefährlich an.

»Seine Reaktion ist normal.«, sagte Eugene zu uns und den Gästen. »Er möchte seine Beute vor uns verteidigen. Beim Fressen kennen Löwen keine Freunde und Familienmitglieder. Da ist sich jeder selbst der Nächste. Er wird sich gleich wie Trust ein schattiges Plätzchen im Busch suchen.« Von Trust war weit und breit nichts mehr zu sehen. Er hatte sich bereits mit seinem Stück Fleisch ins hohe Gras zurückgezogen.

»Alda, schau dir mal sein Gebiss an.« Jessi hatte die Fütterung mitgefilmt und zeigte Marlene und mir die Aufnahmen, nachdem wir uns wieder auf unsere Plätze gesetzt hatten. »Wahnsinn! Ich kann es kaum erwarten, mal bei dem anderen Lion-Feeding dabei zu sein.«

»Ach, es gibt es noch ein zweites Lion-Feeding?«

»Ja, Silas. Das soll richtig gut sein. Adelle und Flo haben gestern Abend schon ein bisschen davon erzählt und geschwärmt. Laut den beiden ist das das Highlight, das man hier auf der Farm erleben kann.«

»Oh, da bin ich mal gespannt.« Ich schaute zu Zion, der jetzt auch mit dem Fressen begonnen hatte. Von mir aus konnten noch einige Begegnungen dieser Art in den nächsten Wochen dazukommen.

Die AM-Tour neigte sich langsam dem Ende entgegen. Nachdem wir nach Zion und Trust noch weitere Löwen mit den restlichen Körperteilen des Esels gefüttert hatten, fuhren wir zum Gehege der wilden Grünen Meerkatzen, der Vervets, das nur wenige hundert Meter von der Volunteer-Village entfernt lag. Darin sollte ja angeblich Enricos Mutter leben. Es erstreckte sich fast über ein ganzes Fußballfeld und war geprägt von vielen Bäumen und Klettermöglichkeiten. Das reine Affenparadies. Gemeinsam mit Lara-Lena und Rahel gingen wir mit einem Eimer am Zaun entlang und füllten die Futterschalen auf.

Diese konnte man problemlos aus dem Zaun ziehen und auffüllen.

»Was ist eigentlich in diesem klebrigen Milipap drin?«, fragte Marlene, während sie einen der Näpfe befüllte. Ich hielt ihr den schweren Eimer hin, der bestimmt fünfzehn Kilo auf die Waage brachte.

»Alles Mögliche…« antwortete Lara-Lena. »Hafermehl, Mais, Karotten, Banane, Aubergine und noch ein paar andere Sachen. Alle Zutaten kriege ich aber auch nicht zusammen.« Den Vervets schmeckte es auf jeden Fall. Man hatte den Napf noch gar nicht vollständig zurück ins Gehege geschoben, da hockte schon der erste Affe auf dem Geländer und stopfte sich die Backen mit Brei voll. Gefühlt fünfzig Näpfe später kamen wir dann wieder beim Wagen an, wo Eugene mit den Gästen auf uns wartete. Wir sollten etwas Milipap in den Eimern lassen, weil es vor dem großen Gehege noch zwei Einzelgehege gab, die es ebenfalls mit Futter auszustatten galt. In ihnen lebte jeweils nur ein Affe. Ich fragte mich, warum sie von der großen Gruppe getrennt waren und allein lebten. Richtig glücklich schienen sie mit ihrer Wohnsituation nicht zu sein. Sie donnerten mit ihren Fäusten gegen den Zaun und machten wilde Auf- und Ab-Bewegungen mit ihren Oberkörpern.

»Wieso leben diese Affen alleine, Eugene?«

»Siehst du seine blauen Eier?«

»Ja!« Wow- not bad, monkey. Man konnte seine blauen Hoden kaum übersehen. Sie waren wirklich knallblau gefärbt. Knallblau! So etwas hatte ich noch nie bei einem Affen gesehen. Rosa Hintern bei Pavianen und silberne Rücken bei Gorillas, ja, aber blaue Hoden.

»Das ist der Grund. Wenn du dich einem Vervet in der freien Wildnis näherst, dann sei bitte vorsichtig. Je blauer die Eier, desto aggressiver ist das Männchen. Und da dieses Exemplar besonders blaue Kronjuwelen hat, sei bei ihm besonders auf der Hut. Daher der Einzelkäfig. Schau: Er challenged dich gerade.« Der Affe wippte in seinem Käfig auf einem Ast wild auf und ab und zeigte mir seine Eckzähne. Diese waren fast so lang wie die Dornen, die wir am Morgen an den Ästen gesehen hatten. Solche Hauer hätte ich dem Affen gar nicht zugetraut. Auch die anderen staunten nicht schlecht über die Zähne des Alpha-Männchens.

»Wenn er dich attackiert, dann wette ich mein ganzes Geld auf ihn, dass er den Kampf gewinnt. Er geht direkt auf deine Ve-

nen und deine Halsschlagader. Ein Biss kann dich direkt töten.«
»Krass!«

»Wenn du mich fragst, was ich bevorzuge: Einem ausgewachsenen Löwen in der Wildnis zu begegnen oder einem Vervet-Männchen, dann würde ich immer den Löwen nehmen, haha.« Ich dachte an Enrico, der mir mit seinen kleinen Zähnen gestern noch in den Finger gebissen hatte, als ich ihn beim Schlafen am Kopf streichelte. Kaum zu glauben, dass irgendwann solch eine lebensbedrohliche Gefahr von ihm ausgehen könnte. Der Napf des aggressiven Männchens lag in einem schmalen Gang außerhalb des Geheges. Wir befüllten ihn mit Milipap und zogen den Raumtrenner nach oben. Der Affe flitzte durch den Gang und warf vor Übermut fast die Schale um. Er wusste gar nicht, wohin mit seiner Energie.

Zurück auf der Farm – Warzenschweinmann Ham versuchte gerade wieder verzweifelt das Tor mit seinen Hörnern zu öffnen – dankte uns Eugene für unseren Einsatz. Es war die erste von unzähligen AM-Touren in meiner Zeit als Volontär auf der Farm und mit die Besonderste.

Verrückte
Paviane

(Chapter Ten)

Wie soll man die Baby Babies am besten beschreiben? Mit lieben, süßen, niedlichen, harmlosen Babys hatten sie auf jeden Fall nichts zu tun. Die Baby Babies waren Paviane. Und mit Paviane meine ich nicht irgendwelche Paviane. Nein, nein. Hinter dem Begriff Baby Babies standen sechs halbstarke Paviane oder Baboons, die mitten in der Pubertät steckten. Und wenn pubertierende Menschen schon anstrengend sein können, dann sind es pubertierende Affen erst recht. Aufgedreht sprangen sie schreiend durch ihr Gehege, spielten Fangen oder kabbelten sich. Ihr Gekreische und Rumgetolle war übers gesamte Farmgelände zu hören. Ruhe und Stillstand gab es in ihrem Gehege praktisch nicht, vor allem nicht, wenn Volontäre in der Nähe waren. Das Gehege der Baby Babies lag auf der großen Farmwiese nahe dem der Erdmännchen. In ihrem Gehege gab es mehrere Reifen und Blechröhren, die an Holzstämmen aufgehängt waren und zum Klettern und Quatsch machen einluden. Sie dienten gleichzeitig als perfekter Sprungturm, von dem die Affen schreiend ins Wasserloch sprangen. Von sauberem Wasser in ihrem Planschbecken konnte dabei keine Rede sein. Sand, Essensreste und Hinterlassenschaften schwammen an der Wasseroberfläche zwischen schwarzen Mistkäfern, die panisch um ihr Leben kraulten, wenn sie nicht schon ertrunken waren. Natürlich wurde das Wasserloch jeden Tag fein säuberlich gereinigt und stets mit neuem, frischem Wasser geflutet, jedoch dauerte es keine fünf Minuten und das Wasser war durch die Affen wieder dreckig hoch zehn.

Wir Newbies waren mit Koordinator Devi unterwegs, der mit uns einen Farmrundgang machte und uns alle Tiere vorstellte. Wir sollten alles mal am Anfang gesehen haben, damit wir auch wussten, wer wo und in welchem Gehege lebte. Und es schadete sicherlich auch nicht, sich mit den Tieren schon mal vertraut zu machen. Bei den Baby Babies angekommen, entdeckten wir Pauline und Edlin, die mit Rechen und Eimer bewaffnet im Nachbargehege standen und den Boden vom Affenkot befreiten. Im Nachbargehege lebten ebenfalls mehrere Paviane. Im Sekundentakt sprangen sie abwechselnd auf die Schultern der beiden, um deren Haare auf Läuse und Zecken zu untersuchen. Die arme Pauline! Sie wurde gerade von zwei Pavianen gleichzeitig untersucht, bis diese auf einmal damit anfingen, sich vor Neid gegenseitig zu boxen. Sie wollten anscheinend beide Pauline nur für sich allein zum Groomen haben.

»Oh fuck, baboons!«, nuschelte McKenzie beim Anblick der energiegeladenen Affen. »Letztes Jahr haben sie meinen Rücken mit ihrem Gewicht zerstört. Nicht schon wieder – Fuck!«

»Klick, klick, klick, klick.« Die Baboons freuten sich richtig, ihn wiederzusehen und begrüßten uns alle mit ihren Klicklauten. Vor allem auf Devi freuten sie sich besonders und streckten ihm ihre Arme durch den Zaun entgegen. Devi ging auf sie zu und reichte einem etwas größeren Pavianmännchen zur Begrüßung die Hand.

»Ja hallo, Bobsi! Hallo! How are you? Ja hallo!«

»Klick, klick, klick.« Bobsi rastete fast aus vor Freude und streckte Devi seinen Bauch zum Kraulen entgegen. Während er Bobsis Bauch kraulte, gab uns Devi eine Einweisung, wie wir uns im Gehege verhalten sollten.

»Habt keine Angst, wenn sie sich euch nähern oder auf eure Schultern springen. Die Baby Babies sind sehr neugierig, wenn Volontäre in ihr Gehege kommen. Bleibt am besten so cool, wie Pauline gerade.« Wir schauten zu Pauline, die trotz der streitenden Paviane auf ihrem Rücken weiter seelenruhig den Boden rechte.

»Verfallt nicht in Panik und macht keine hektischen Bewegungen, wenn ein Affe auf euch sitzt. Keep calm und krault einfach die Füße des Affen. Das mögen sie. Oder, Bobsi?«

»Klick, Klick, Klick.« Devi kraulte Bobsi am Fuß und schaute dabei auf Jessis Armbänder, die an ihrem Arm in der Sonne glänzten und bereits das Interesse eines Baboons auf sich gezogen hatten.

»Jessi, zieh am besten deinen Schmuck aus. Besser ist es, haha.«

»Oh ja, gute Idee.« Jessi verstaute ihren Silberschmuck in einem Hängebeutel, der vor dem Gehege an einem Baum hing.

»Kann ich meine Brille im Gehege auflassen?«

»Kannst du ohne Brille denn etwas sehen?« Devi schaute McKenzie fragend an.

»Nein!« McKenzie lachte.

»Dann hast du deine Antwort.«

»Nein Devi! Mckenzie soll die Brille schön abnehmen. Dann haben die Baboons und wir was zum Lachen, haha.« Edlin zwinkerte uns zu.

»Sei leise, Ääädlin!« Ich schmunzelte. War das etwa wieder der Finger aus der Mitte bei Mckenzie? Den kannte ich doch schon...

Devi musste die aufgeregten Baby Babies erst mal von der Tür wegscheuchen, damit wir überhaupt in ihr Gehege eintreten konnten. Ich hatte mit beiden Füßen noch nicht mal das Gehege richtig betreten, da landete bereits ein Baboon mit einem weiten Satz vom Baumstamm auf meinen Schultern. Ich hatte ihn nicht kommen sehen. Ehe ich mich versah, klammerte sich ein zweiter Affe an mein Bein. Neugierig schaute er zu mir hoch. Ich musterte seine Zähne. Sie kamen einem menschlichen Gebiss sehr nah und irgendwie sah ich ihn schon zubeißen. Vor Schreck stockte mein Atem. Ich wusste nicht, was ich machen sollte, und so versuchte ich es mit Klicklauten.

»Klick, klick, klick.«, machte ich nervös.

»Keep calm, Siles!«, sagte Devi beruhigend in meine Richtung. »Keep calm!« Meine Klicklaute wurden ein wenig ruhiger. Zu meiner Erleichterung fanden sie beim Pavian Gehör.

»Klick, klick, klick.« Ich pustete erleichtert durch. Es war ein Zeichen, dass ich sein Vertrauen gewonnen hatte. Ich reichte ihm meine Hand.

»Oh, he likes you, Siles!«, kam es von Edlin aus dem Nachbargehege. Ich nickte und kraulte den Pavian auf meiner Schulter am Bein. Er hatte mittlerweile damit begonnen, meine Haare nach Läusen zu durchforsten. Auch von ihm ging gerade keine Gefahr aus. Ich blickte zu den anderen. Auf Marlenes Schultern saß ebenfalls ein Baboon. Nur Jessi und McKenzie blieben von den Affen noch verschont. Ihre Klamotten waren noch ganz sauber, was ich von meinen mittlerweile nicht mehr behaupten konnte. Mein Pavian pinkelte mir nämlich gerade in den Nacken. Na super! Ich hoffte inständig, dass es beim Pinkeln blieb. Emphatiewesen McKenzie hatte gesehen, dass der Pavian mich gerade als Urinal benutzte. Er wollte wahrscheinlich gerade einen hämischen Spruch in meine Richtung loslassen, als sich Edlin aus dem anderen Gehege bei ihm meldete.

»McKenzie...«

»Shut up, Ädlin! Putze lieber den Kot weiter zusammen, haha.«

»McKenzie.«

»What?«

»Erinnerst du dich an Bobsi?« Edlin grinste ihn frech an.

»Bobsi. Natürlich erinnere ich mich noch an Bobsi. Wo ist er?«

»Ich glaube, er hat dich gerade ins Visier genommen...« Edlins Arm zeigte in Bobsis Richtung. Bobsi saß gerade auf einem Autoreifen und hatte McKenzies Brille entdeckt. Die kannte er wahrscheinlich noch aus den Vorjahren. Bobsi war das Alphamännchen der Baby Babies und viel größer und schwerer als die anderen pubertierenden Paviane. Er wog bestimmt zwanzig Kilo. Bei seinem kräftigen Körper war ich ganz dankbar und froh, dass meine Schulter schon besetzt war. Mit einem großen Satz und freudigen Klickgeräuschen sprang Bobsi von seinem Autoreifen auf eine rote Röhre, um von da Anlauf auf McKenzie zu nehmen.

»Platsch!« Mit einem lauten Geräusch landete Bobsi auf dem Rücken des schmächtigen Amerikaners. Das Platschen erinnerte mich irgendwie an meine Begegnung mit Missy Joe. McKenzie taumelte ein paar Schritte nach vorne, konnte sich aber gerade noch so auf den Beinen halten. Edlin kriegte sich bei Mckenzies taumelnden Bewegungen kaum ein vor Lachen, zumal McKenzie dabei auch noch mit angestrengtem Gesichtsausdruck irgendwie versuchte, seine Brille vor den neugierigen Griffen des Pavians fernzuhalten. Bis auf Mckenzie hatten alle also gerade ihren Spaß im Gehege mit den Baby Babies. Ich wurde noch gelaust, Marlene streichelte die Hand eines Pavians und Jessi schaute gerade zwei anderen Pavianen dabei zu, wie sie im Gehege fangen spielten. Alles wirkte schön friedlich. Die Baby Babies hatten zu uns Vertrauen gefasst und uns Newbies akzeptiert. Mit Klicklauten hätten sie uns wahrscheinlich am Zaun zugewunken, wenn wir jetzt sofort gegangen wären. Hätte, wäre, wenn, Amanda...

Die Story von Jessi und Amanda hätte zu diesem Zeitpunkt sicherlich nie den Weg ins Buch gefunden, wenn Jessi nicht zu nah am Zaun des Nachbargeheges gestanden hätte, das Pauline und Edlin noch immer sauber machten. Während Bobsi das Alphamännchen im Gehege der Baby Babies war, war Amanda das Alphaweibchen im Gehege der Nachbartruppe. Amanda war bekannt dafür, mit ihrem Verhalten anzuecken und auf ihre Rolle im Rudel als Chefin aufmerksam zu machen. Sie liebte es, andere Paviane, vor allem aber Volontäre, herauszufordern. Das gegenseitige Herausfordern oder auch „Challengen" gehört neben dem Lausen zu den liebsten Hobbys eines Pavians. Mit Bissen oder Schlägen versuchen sie so herauszufinden, wer der Stärkere von beiden ist und wer das Sagen über den anderen hat. Klassische Positionskämpfe. Solche Rangkämpfe sehen in der Wildnis häufig heftig und grausam aus und sind nichts für schwache Nerven. Zu Amanda muss man sagen, dass sie quasi rund um die Uhr im „Challengemodus" agierte. Bei den Baboon-Walks in den kommenden Wochen – die Pavian-Spaziergänge waren in der Regel immer vor dem Frühstück mit reichlich Action verbunden – gehörte sie jedes Mal zu den Unruhestiftern. Sie verscheuchte mit lauten Geräuschen die anderen Paviane oder biss uns Volontäre ohne Grund in die Waden. Nicht selten hörte man auf den Walks „Loss Amanda. Loss."-Rufe von Dossie, Devi und Edlin. Ihr Temperament und ihre Angriffslust kannten keine Grenzen. Vor ihren hinterlistigen Aktionen und Angriffen musste man 24/7 auf der Hut sein. Von ihr ging quasi ständig Gefahr aus. Sie war unberechenbar, wovon wir jetzt einen kleinen Vorgeschmack bekamen. Pardon! Wovon Jessi einen kleinen Vorgeschmack bekam…

Jessi hockte gerade am Zaun neben einem Pavian, der ihren Arm auf Läuse und Zecken untersuchte, und kraulte ihn am Nacken. Beim Anblick der beiden musste Amanda so viel Neid auf Jessi empfunden haben, dass sie vollkommen austickte und jeglichen Affenverstand über den Haufen warf. Anders konnte ich mir rückblickend ihren Gefühlsausbruch aus dem Nichts nicht erklären. Mit hochgezogener Nase und einem lauten Schrei setzte sich Amanda pfeilschnell in Bewegung. Sie umkurvte Edlin und Pauline, die fast die Rechen fallen ließen, und machte einen großen Satz über das Wasserloch. Wie ein aufgebrachter Silberrücken rannte sie auf allen Vieren Richtung Zaun, auf dessen anderer Seite Jessi nichts ahnend noch den Pavian am Rücken kraulte. Sie hatte Amanda noch nicht bemerkt. Diese war mittlerweile am Ende des Geheges angekommen und griff wütend mit beiden Händen durch den Zaun. Ehe Jessi reagieren konnte, packte Amanda sie an ihrer schwarzen Hose und zog sie mit voller Kraft gegen den Zaun. Die arme Jessi hatte keine Chance zu reagieren. Sie verlor das Gleichgewicht, ruderte wild mit den Armen in der Luft und ließ im Fallen einen lauten Schrei los. Das Signal für Bobsi und die Baby Babies. Mit lauten Rufen und wildem Geschrei stürmten sie auf die am Boden liegende Jessi zu und begruben sie unter ihren behaarten Körpern. Wer schon einmal eine Massenschlägerei gesehen und mitbekommen hat, kann erahnen, welches Szenario sich gerade im Gehege abspielte. Die Affen kloppten und bissen sich gegenseitig, verteilten Schläge und Kopfnüsse. Ein heilloses Durcheinander und Rumgeschreie, in dem keiner wusste, warum man sich eigentlich gerade kloppte. Staub wirbelte zwischen dem ganzen Geschrei auf. Es war das reinste Affentheater. Ohne lange zu überlegen, ließ Edlin den Kot befüllten Eimer zu Boden fallen und rannte zu Amanda, die gerade Faustschläge mit einem Pavian aus ihrem Gehege austeilte. Er packte Amanda am Arm und zerrte sie weg. Amanda protestierte, hatte aber gegen Edlins Griff am Arm keine Chance. Auch Devi war mittlerweile in die Schlägerei involviert. Mit dem ein oder anderen Kickboxgriff zerrte er Bobsi und dessen aufgebrachte Pavian-Crew von Jessi weg. Endlich kam er zu ihr durch. Er reichte ihr seine Hand und half ihr vom Boden auf. Die Baby Babies dachten aber gar nicht daran, die arme Jessi aus dem Gehege zu lassen und stellten sich den beiden in den Weg. Erst als Edlin aus dem anderen Gehege mit Rechen in der Hand zu Hilfe kam, verschanzten sie sich auf den Baumstämmen und Kletterröhren, um von dort weiter zu protestieren. Jetzt konnten auch Marlene, McKenzie und ich das Gehege verlassen. Erleichtert, der wilden Affenmeute entkommen zu sein, standen wir vorm Gehege in einem Halbkreis um Jessi. Jessi saß auf einem abgesägten Holzstamm und bekam gerade von Devi etwas zu trinken gereicht. Sie war kreidebleich im Gesicht und zitterte am ganzen Körper.

»Bist du okay?« Devi kniete sich neben Jessi und schaute sie besorgt an. Sie nickte. Der Schock stand ihr noch immer ins Gesicht geschrieben. »Wurdest du gebissen?« Jessi deutete auf ihren Oberschenkel. Ein großer Bissfleck zierte dort ihre Haut. Er war bereits drauf und dran, eine rot-lila-blaugrüne Farbe anzunehmen.

»Oh Mann, Jessi! Tut es sehr weh?« Ich schaute sie mit einem mitleidigen Blick an und legte meine Hand auf ihre Schulter.

»Geht. Pocht ganz schön.«

»Wie geht es dir, Jessi?« Edlin hatte beide Paviangehege abgeschlossen, damit die Affen nicht ausbrechen konnten. Sie hatten sich immer noch nicht beruhigt und „challengeten" sich weiter gegenseitig. Nur Amanda hockte still bei der Futterschale und gönnte sich ein Stück Rote Bete. Jetzt war sie wieder der Engel in Person. Als ob nichts gewesen wäre.

»Danke, Edlin! Ich bin okay.« Langsam nahm ihr Gesicht wieder Farbe an. »Wieso haben sie mich angegriffen?«

»Es war Amanda. Du musst sie neidisch gemacht haben, als du den Baboon in deinem Gehege gestreichelt hast. Das muss sie zum Ausrasten gebracht haben. Wie eigentlich alle Tiere unterliegen Affen einem Reiz-Reaktionsmechanismus. Und du hast sie halt irgendwie unabsichtlich getriggert.«

»Es sind immer noch Wildtiere.«, sagte Devi. »Das muss man sich immer bewusst machen. Und wegen deiner Bisswunde: Die Farbe ist normal. Aber ihr habt euch ja nicht umsonst im Vorfeld vor eurer Reise impfen sollen. Du bist nicht der erste Volontär, der ein Paviantattoo verpasst bekommen hat. Bei der foodprep haben wir einen Verbandskoffer mit einer Creme. Die schmieren wir dir gleich direkt darauf.« Jessi nickte und strich über ihre Wunde.

»Hey, Big Mac! Komm mal her.« Devi schaute zu einem kleinen braunen Kalb, das von der großen Wiese gerade in unsere Richtung lief. »Ich glaube, er kommt extra zum Trösten, Jessi.« Jessi schaute auf. Big Mac war ein kleines Kalb auf der Farm, das bei seiner Geburt seine Mutter verloren hatte. Es hatte tiefschwarze Augen, mit denen er Volontäre regelrecht verzauberte und in seinen Bann zog.

»Och nein, ist der süß!« Sie streckte ihm ihren Finger entgegen. Big Mac nahm ihn dankend an. Ihr kreidebleicher Finger sah einer Milchflasche aber auch zum Verwechseln ähnlich. »Ah, der hat ja eine ganz raue Zunge. Ah, das kitzelt.« Endlich lachte sie wieder. Auf Devis Frage, ob er Dossie Bescheid geben sollte, sie nicht in eine Gruppe einzuteilen, die mit Amanda, den Babie Babies oder generell mit Pavianen zu tun hatte, antworte sie wenig überraschend mit...

»YES!« Sie lächelte und kraulte das braune Kälbchen zwischen den kleinen Hörnern.

Affenbaby Enrico

(Chapter Eleven)

Ich saß auf meinem Bett und filmte Enrico, der es sich in seiner Windel auf meinem Bett bequem gemacht hatte. Er hatte in Hendriks Schrank einen Apfel gefunden, den er mit seinen kleinen Fingern festhielt. Der Apfel war fast genauso groß wie sein Kopf. Er hatte alle Mühe, ihn einerseits festzuhalten, andererseits mit seinen winzigen Zähnen Stücke aus dem Apfel abzubeißen. Die Schale machte ihm ganz schön zu schaffen. McKenzie und ich waren nicht mehr allein im Zimmer. Hendrik aus Deutschland war heute mit fünf neuen Volontären angekommen. McKenzie und ich gehörten also jetzt offiziell zu den Oldies. Generell war es unglaublich, wie schnell die erste Woche vergangen war. Die Tage gingen wie im Flug vorbei. Das Farmleben machte wirklich Spaß. Jeder Tag war anders. An jedem Tag gab es neue Herausforderungen zu meistern. Wir fütterten die Tiere, säuberten und putzten ihre Gehege und genossen die Pausen am Pool.

Mittlerweile hatte ich auch mein erstes Pavian-Tattoo begrüßen dürfen. Bei meinem ersten FoodPrep-Tag, an dem ich für die Fütterung aller möglichen Tiere verantwortlich war, wurde ich im Gehege der Baby Babies in die Kniekehle gebissen. So schlimm wie bei Jessi war der Bissfleck zwar nicht, jedoch konnte man gut erkennen, wo der Pavian zugeschnappt hatte. Neben den morgendlichen Baboon-Walks durfte ich auch bei einzelnen Spaziergängen mit Geparden dabei sein. Einmal saß ich sogar mit zwei Geparden in einem Käfigauto. Einer der aufregendsten Momente der ersten Woche. (Neben der Sache mit dem blinden, gebisslosen Wildhund natürlich.)

Ich schaute zu Enrico. Sein Schmatzen war so süß und niedlich wie er selbst. Ihm schien der Apfel richtig gut zu schmecken. Ich kraulte ihn am Kopf, weil ich wusste, dass er das liebte. Hendrik war noch nicht vom Zähneputzen zurückgekehrt, sodass der Affendiebstahl noch nicht aufgeflogen war. Ich überlegte, ob ich den Apfel einfach zurück in den Schrank legen sollte. Die Stücke, die Enrico bisher rausgebissen hatte, waren so klein. Sie würden Hendrik bestimmt nicht auffallen.

»Was denkst du, Siles? Machen wir diese Woche die Übernachtung im Busch?« McKenzie lag in seinem Bett und hörte Musik durch seine Kopfhörer. Das Erdnussbutterglas lag schon wieder verdächtig in seiner Nähe. Ich hatte mich mittlerweile an seine morgendlichen Blähungen gewöhnt, sein Hupkonzert fand ich einfach nur witzig und genoss jede Strophe. Einmal meditierte ich sogar dazu. Es war wie mit dem Blutgeruch bei der AM-Tour - man gewöhnte sich dran. Während ich Enrico beim Essen zuschaute, fragte ich mich, wie wohl Hendrik in ein paar Stunden auf Mckenzies Magengeräusche reagieren würde. Vorwarnen wollte ich ihn nicht. Sollte ja eine Überraschung werden...

»Was?« Ich hatte seine Frage nicht ganz mitbekommen.

»Denkst du, dass wir das mit dem Sleepout im Busch diese Woche machen?«

»Ich bin mir nicht sicher.« Es stand im Raum, dass wir morgen mit unseren Schlafsäcken im Busch übernachten werden. Dossie hatte noch nicht ihr finales Okay gegeben. Sie wollte uns morgen bei der Besprechung nach dem Frühstück mitteilen, wie die Gestaltung des Samstagabends aussehen würde. Neben einer Übernachtung unterm Sternenhimmel war noch von einem Lagerfeuer samt Picknick die Rede.

»Dossie wird es uns morgen beim Meeting sagen, denke ich.«

»Mmh, okay.« McKenzie nickte zufrieden und kramte nach einer Gummibärchentüte, die im Schrank neben seinen Ingwerkeksen lag. Nach kurzem Überlegen legte er die offene Tüte zurück in den Schrank und griff stattdessen nach seinem geliebten Erdnussbutterglas. Nach ein paar Sekunden hatte er die ersten beiden Löffel schon wieder im Mund. Ich beschloss Zähne putzen zu gehen und ging mit meiner Stirnlampe zu Tür. Ehe ich sie hinter mir schließen konnte, saß auch schon Enrico auf meinem Kopf.

»Na gut, dann komm halt mit du kleiner Scheißer.« Enrico klammerte sich mit seinem Körper an meinen Kopf. Die Dunkelheit war nicht so seins, sie jagte ihm immer ein wenig Angst ein. Er winselte dann wie ein Hund und krallte sich mit seinen kleinen Fingern an meinen Haaren fest. Auch jetzt lag er ganz flach auf meinem Kopf und versuchte sich vor der Dunkelheit zu verstecken.

»Alles gut, Enrico! Dir passiert nichts, kleiner Mann!« Ich kraulte ihm beim Gehen sanft mit der einen Hand am Rücken. »Ich muss eben noch Zähne putzen und danach gehen wir schlafen. Du wolltest ja nicht bei McKenzie auf mich warten.« Die Vorstellung, mit McKenzie allein im Zimmer zu bleiben und auf mich zu warten, jagte ihm wohl noch mehr Angst ein, als die Dunkelheit hier draußen. Mit dem Babyaffen auf dem Kopf putzte ich mir die Zähne und ging wieder zurück zu meiner Hütte. Dort hüpfte Enrico auf mein Bett und schnappte sich sofort meine Kopfhörer. Gerade noch Angsthase und jetzt mutiges Äffchen mit blauen Eiern, dachte ich mir. Erfolglos versuchte ich, ihm die Kopfhörer wieder wegzunehmen. Enrico rannte mit ihnen gut gelaunt durchs Zimmer und flüchtete hoch oben auf den Schrank.

»Enrico, lass los! Loss, Enrico!« Ich stand jetzt bestimmt schon zwei Minuten vor dem Schrank und versuchte, nach ihm und den Kopfhörern zu greifen. Vergeblich. Langsam riss mir der Geduldsfaden. »Komm da jetzt vom Schank runter. Sofort!« Ich schaute hilfesuchend zu McKenzie, doch der war mit seinem Löffel im Mund keine große Hilfe. Er verschluckte sich fast vor Lachen, als Enrico zum wiederholten Male quiekend zur Seite hüpfte und ich erfolglos ins Leere griff.

»Enrico, jetzt gib meine Kopfhörer her. Nein, nicht in den Mund, nein…« Ich gabs auf und setzte mich erschöpft aufs Bett. Es war bestimmt schon 23 Uhr und ich war todmüde. Ich hatte keinen Bock mehr auf das Affentheater und Katz-und-Maus-Spiel. Hätte ich gewusst, dass Affenpapa sein so anstrengend sein würde, dann hätte ich Daniel sicherlich nicht gefragt, ob Enrico heute bei mir schlafen könnte. Doch jetzt war es zu spät. Daniel war schon lange weg und wahrscheinlich bereits längst am Schlafen. Er hatte Enrico noch gewickelt, weil ich davon absolut keine Ahnung hatte, und uns eine gute Nacht gewünscht, ehe er unsere Hütte verließ. Ich schaute zu Enrico, der in seiner weißen Windel jetzt auf McKennzies Schrank saß und genüsslich Fruchtgummi kaute. Es lag an ihm, ob es eine gute Nacht werden sollte. Wenigstens hatte er jetzt statt meiner Kopfhörer Fruchtgummi im Mund. Warte: Fruchtgummi? Enrico? Meine Alarmglocken läuteten.

»McKenzie!!!«

»Yes mään. I äääm Mckääänzie.« Sein Körper schnellte von seinem Bett nach meinem Geschrei nach oben.

»Was ist los, bro?«

»Enrico frisst gerade deine Gummibären auf.« Panik machte sich in meiner Stimme breit. Wenn Gummibärchen für kleine Kinder schon nicht gesund sind, dann sind sie es für kleine Babyaffen erst recht nicht. Vor meinen Augen sah ich bereits die Todesanzeige im Newsletter der Farm stehen:

Fruchtbären töten kleinen, süßen Babyaffen in Namibia.

»McKenzie!«

»Shit!« McKenzie sprang von seinem Bett auf und versuchte, ihm das rote Fruchtgummi wegzunehmen. »Loss Enrico! Iss das nicht, Affe!« Doch Affe Enrico dachte gar nicht daran, seine neuste Errungenschaft wieder herzugeben. Quiekend hüpfte er vom Schrank auf McKenzies Kissen, warf dabei das Erdnussbutterglas um und sprang in meine Richtung. Auch ich bekam ihn nicht zu packen. Ich griff erneut ins Leere. Wieder ging mir der kleine Scheißer durch die Lappen. Er war trotz Windel verdammt flink unterwegs. Ich atmete tief durch und wischte mir eine Schweißperle von der Stirn. Es schien dem kleinen Äffchen gerade großen Spaß zu machen, vor einem Amerikaner aus Massachusetts und einem Deutschen aus Wuppertal mit Gummibärchen im Mund davonzurennen. Seine Verfolgung dauerte fast fünf Minuten. Immer wieder ließ er McKenzie und mich dumm aus der Wäsche gucken. Erst als er in meinem Schrank die Zahnpastatube entdeckte – beim Zähneputzen hatte er schon die ganze Zeit versucht, mit seiner Zunge die leckere Zahnputzcreme von meinen Lippen abzuschlecken – spuckte er das Gummibärchen aus. Gott sei Dank! Erleichtert, dass er das rote Fruchtgummi nur gekaut und nicht runtergeschluckt hatte, sammelte ich die von ihm auf den Boden gespuckten Stückchen auf und warf sie in den Müll. Ich legte mich aufs Bett. Ich war nassgeschwitzt und hätte gut noch mal duschen gehen können. Die Tür öffnete sich und Hendrik trat frisch geduscht herein.

»Hey, guys.« Wie ein scheues Reh sprang Enrico vor Schreck auf mein Bett und verkroch sich hinter meinem Hals. Ich schmunzelte.

»Ist doch nur Hendrik, Enrico. Alles gut!« Ich streichelte ihn am Kopf. Seine Augen wurden durchs viele Kraulen schwerer und schwerer.

»Du bist echt ein kleiner Scheißer!« Ich schaute von Enrico zu Hendrik, der mich nur fragend anschaute. »Nein, nein. Ich meine nicht dich, haha. Ich mein Enrico hier. Er schläft heute bei uns im Zimmer.«

»Ach so, ich dachte, du meinst mich.« Hendrik hatte Enrico erst jetzt entdeckt und fing an zu lachen.

»Enrico, jetzt sehe ich dich. Hi!« Er war in meinem Arm mittlerweile eingeschlafen und schnarchte leise vor sich hin.

»Süß! Du warte mal, ich müsste noch irgendwo einen Apfel im Schrank haben. Den kann er morgen gerne zum Frühstück haben, wenn er möchte.« Hendrik lächelte.

»Oh, darüber wird er sich bestimmt freuen. Da bin ich mir ziemlich sicher, du!«

Lagerfeuer mitten im Busch

(Chapter Twelve)

Der Anhänger, den der Traktor hinter sich herzog, war wirklich alles andere als für einen Ausflug in den Busch gemacht. Alle Volontäre hatten sich dort zusammengequetscht und auf die Reling gesetzt. Man musste echt aufpassen, um von dort nicht runterzufallen. Mit gefühlt zehn Stundenkilometern tuckerte der Traktor durch den Busch. Immer wieder musste man den Kopf einziehen, wenn man von den herabhängenden Ästen nicht aufgespießt werden wollte. Dossie hatte uns am Morgen zur Freude McKenzies und Enttäuschung aller anderen mitgeteilt, dass die Übernachtung im Busch nicht stattfinden sollte. Stattdessen erwartete uns jetzt Edlin irgendwo im Busch zum Lagerfeuerabend.

Das Feuer sahen wir schon von Weitem. Der Traktorfahrer parkte am Straßenrand, und nachdem wir alle in Edlins Kamera gelächelt hatten, sprangen wir mit unseren Rucksäcken vom Anhänger. Einige hatten sich auf der Farm im Restaurant noch mit Bierdosen und alkoholischen Getränken eingedeckt. Vor allem Marlene ragte mit ihrer Weinflasche heraus. Die wollte sie sich mit Mona teilen, einem „Kölsche Mädche", das gestern mit Hendrik angekommen war. Ich hatte mir nur ein stilles Wasser gekauft und auf Alkohol verzichtet. Ums Feuer herum lagen Baumstämme, auf die wir uns setzten. Es war noch recht warm, angenehme fünfundzwanzig Grad. Der anstrengende Arbeitstag auf der Farm stand dafür aber noch jedem ins Gesicht geschrieben. Es war „Desinfection Day". Alle Gehege mussten geputzt und desinfiziert werden. Vor allem die vielen Wasserlöcher bei den Erdmännchen nahmen extrem viel Zeit und Schweiß in Anspruch. Nicht selten nutzte man den Wasserschlauch, um sich selbst bei den heißen Temperaturen frisches Wasser ins Gesicht zu spritzen. Ich stand zusammen mit Pauline und Alex bei Hendrik und Andrea. Das Essen war noch nicht fertig, sodass wir uns noch entspannt unterhalten konnten. Vor allem das Outside-Feeding am Nachmittag war Alex und mir noch allgegenwärtig. Zusammen mit Jessi und Izelle fütterten wir neben Rico noch die Antilopen am Wasserloch, ehe wir zu den Porcupines, den beiden

Stachelschweinen, fuhren. Diese lebten weit von der Farm entfernt im Busch und wir brauchten mit dem Käfigwagen fast zwanzig Minuten, um ihre Wohnruine mit einer Milipap-Torte zu schmücken. Auf dieser Fahrt waren einige Dinge passiert, die ich am liebsten für mich behalten hätte. Wäre da nicht Alex gewesen und seine Plauderlaune …

»Hör mal, Hendrik, ich muss euch mal vom Outside Feeding erzählen. Der Siles nh …«

»Outside Feeding?« Hendrik schaute ihn fragen an.

»Ach ja stimmt, du warst ja noch bei keinem. Beim Outside Feeding füttert man die Tiere, die außerhalb von der Farm im Busch leben.«

»Ah, verstehe. Also die Tiere, die wir heute Morgen bei der AM-Tour gefüttert haben?«

»Nicht ganz. Diese Tiere werden nur einmal am Tag gefüttert. Nur morgens.« Hendrik nickte. »Beim Outside Feeding fährt man beispielsweise zu den Stachelschweinen oder den Geparden, die morgens nicht zur Futtertour gehören. Vielleicht sagt dir der Name Rico was.« Hendrik schaute jetzt fragend zu Andrea.

»Das ist der Strauß von gestern Abend. Als wir angekommen sind.«

»Ach der. Ich erinnere mich, ja.«

»Genau der. Der wird beim Outside Feeding zusammen mit den Antilopen gefüttert. Da gibt es so eine Futterstelle am Wasserloch. Morgen beim Baboon-Walk zeige ich euch die.«

»Worauf willst du hinaus, Alex?« Ich hatte mich die ganze Zeit zurückgehalten. Ich wusste genau, was er erzählen wollte. Alex lachte und schaute zu den anderen.

»Was ich euch erzählen wollte. Unser Siles, der hat da jetzt so einen ganz gefährlichen Cut am Ohr.«

»Du untertreibst, Alex!« Ich zeigte den anderen mein Ohr. Es blutete noch immer leicht nach.

»Oh, was ist passiert?«, fragte Andrea besorgt.

»Ach, nicht so wichtig.«

»Der Siles hatte im Käfigauto groß getönt, dass wir auf die Äste und Büsche aufpassen sollten. Und wer hat sich dann nicht rechtzeitig weggeduckt? Richtig! Der träumende Siles.« Alex lachte.

»Ha, ha, ha!«, sagte ich und kratzte mir aus Verlegenheit am Ohr.

»Aber es geht ja noch weiter. Passt auf …«

»Essen ist in zehn Minuten fertig. Pasta mit Tomatensoße.«, unterbrach ihn Anna. Sie saß zusammen mit Johnny, Joschka, Lea und Nathalie am Feuer und hielt eine Dose Bier in der Hand. »Sorry fünfzehn.«

»English please!«

»Oh danke, Adelle! Fünfzehn Minuten.« Sie lachte und drehte sich zu den anderen im Sitzkreis.

»… wir haben dann noch die Bones weggebracht.«

»Och nein, Alex, bitte nicht die Story, haha.«

»Haha, jetzt lachst du, aber dein Gesichtsausdruck in dem Moment sagte mehr als tausend Worte. Der Siles hat nämlich ganz schön Schwein gehabt, dass er nicht kopfüber…«

»Sag nicht, du bist da reingefallen.« Pauline schaute mich mit großen Augen an. Sie wusste genau, von welchem Ort Alex sprach. Mitten im Busch gab es so was wie eine Mülldeponie für Knochen und unverwertbare Körperteile. Knochen, Beine und Fellreste verfaulten dort in der prallen Sonne. Es stank so abartig, dass selbst grüne Fliegen einen großen Bogen um den Ort machten, um sich nichts einzufangen.

»Ihr müsst euch das so vorstellen: Izelle fährt im Rückwärtsgang in die Knochengrube hinein, in der überall Tierreste liegen. Der Geruch dort ist nicht auszuhalten, weswegen man dort auch gar nicht aussteigt oder sich lange aufhält. Eimer mit Knochen auskippen und weiter. Der Siles nimmt den Eimer, öffnet die Tür des Käfigs auf dem Anhänger, robbt an die Kante und verliert beim Auskippen des Eimers fast die Kontrolle, weil er zu viel Schwung nimmt.« Alex hielt sich den Bauch vor Lachen. »Das war so geil! Sein panischer Gesichtsausdruck dabei, haha. Im letzten Moment kann er sich noch an der Tür abstützen, sodass nur der Eimer in die Grube fällt.« Die anderen fingen laut an zu lachen. »Der Knaller, echt. Ich habe selten so gelacht beim Outside Feeding.« Alex klopfte mir auf die Schultern. »Großes Kino, Junge! Danke dafür!« Es musste wirklich großes Kino gewesen sein. Blöd nur, dass ich als Protagonist in der Situation nicht viel davon mitbekam. Ich hatte mich echt schon mit der Nase auf einem Zebraschädel landen sehen. Glück im Unglück, dachte ich mir, als ich mir die Situation noch einmal vor Augen führte. Beim nächsten Mal würde ich auf jeden Fall jemand anderem den Vortritt lassen, um eine solche Sache mal als Zuschauer zu erleben. Beim Wildhund war es ja genau das Gleiche gewesen. Ich grübelte. McKenzie könnte ja beim nächsten Mal den Part von mir bei der Müllgrube übernehmen. Ich schaute zu ihm, wie er sich gerade mit Edlin und dem Koch unterhielt. McKenzie hatte Hendrik am Morgen wortwörtlich sprach- und atemlos gemacht. Atemlos aus der Nacht…

Wir holten unser Essen bei Edlin ab und stellten uns wieder zusammen. Es machte wirklich Spaß, mit den anderen über alle möglichen Themen zu sprechen. Vor allem Hendrik beeindruckte uns mit seinem Fachwissen. Er war Physiklehrer und Mentalcoach und ich hörte ihm gerne beim Reden zu. Auch Alex war von ihm begeistert.

»Also habe ich richtig verstanden, dass du Menschen coachst und behandelst?«

»Genau! Ich bin Mentalcoach und helfe Menschen dabei, auf mentaler Ebene Probleme zu lösen, die tief im Unterbewusstsein verankert sind.«

»Hast du da eine spezielle Ausbildung gemacht oder irgendwas in die Richtung studiert?«, fragte ich.

»Studiert habe ich, ist aber auch schon ein paar Jährchen her, haha.«

»Wirklich ein paar Jährchen…«, ergänzte Andrea. Sie lebten in Deutschland in einer WG, waren aber offiziell kein Paar. Auch wenn ich bei beiden und ihren Blicken etwas anderes herausinterpretierte.

»Ja gut. Ein paar Jährchen. Ich habe damals Mathematik und Physik studiert und mich neben meiner Arbeit an einem Gymnasium fachlich weitergebildet. Offiziell bin ich neben meinem Beruf als Lehrer Gesundheitscoach, Mentaltrainer und Pädagoge, wenn das deine Frage beantwortet.«

»Und wie sieht deine Arbeit als Mentaltrainer so aus?« Themen wie Psychologie, Bewusstseinsentfaltung und Meditation fand ich selbst extrem spannend. Seit gut zwei Jahren setzte ich mich privat aktiv damit auseinander und besuchte an Wochenenden auch Seminare dazu. »Ich finde so was sehr spannend, deswegen frage ich nach.«

»Kein Thema. Ich freue mich, wenn solche Fragen kommen, weil die Antworten meist sehr tiefsinnig sind. Wenn wir uns einmal die Psyche des Menschen mit allen Verhaltensmustern anschauen, dann kann man sagen, dass alle möglichen Erfahrungen, positiv wie negativ, in unserem Unterbewusstsein abgespeichert werden. Jede dieser Erfahrungen ist tief in uns verankert. Sie prägen uns in unserem täglichen

Leben, in unserem Verhalten und unseren Entscheidungen. In meiner täglichen Arbeit versuche ich, gemeinsam mit meinen Klienten negative Lebensmuster und Gedankenstrukturen zu erkennen und in positive umzuwandeln. Wenn man sich mit seiner eigenen Psyche, mit seinen eigenen Gedanken auseinandersetzt, sich einzelne Lebens- und Verhaltensmuster in der Tiefe anguckt – Bewusstmachung ist dabei im Heilungsprozess immer der erste Step – dann kann man einiges in seinem Leben verändern. Man muss natürlich bereit sein, an einzelnen Stellschrauben zu drehen. Das kann in Einzelfällen sehr hart sein. Nehmen wir das Beispiel Gedanken.« Hendrik machte eine kurze Pause.

»Jeder Gedanke schwingt auf seiner eigenen Frequenz und bringt eine bestimmte Energie mit sich. Wenn wir negative Gedanken haben, dann schwingen wir auf einer niedrigen Frequenz, auf einem niedrigen Energielevel. Wenn wir beispielsweise depressiv drauf sind, uns selbst bemitleiden oder wir mit einer Situation, die gerade in unserem Leben herrscht, im Widerstand stehen, dann – ich spreche da aus eigener Erfahrung – ist unser Energielevel ziemlich low. In solchen Momenten schwingen wir auf einer gewissen negativen Ebene, die wiederum Ereignisse in unser Leben zieht, die auf einer ähnlichen Frequenz schwingen.«

»Gutes zieht Gutes an und Schlechtes Schlechtes. Nicht andersrum.« Alex nickte.

»Genauso ist es!«, bestätigte uns Hendrik. »Deswegen wundern sich ja Menschen auch, dass Probleme nicht einfach so verschwinden. Wenn man mit der jeweiligen Situation, mit dem Problem im Widerstand ist, dann kann keine Energie fließen. Das ganze Universum ist Energie. Der ganze Mensch ist von seinem Konstrukt und Aufbau Energie. Jeder Gedanke ist Energie. Ich habe in meinen Sitzungen noch nie erlebt, dass Selbstmitleid, Jammern und Klagen Besserung gebracht haben. Jeder ist verantwortlich für sein Leben, für seine Lebensqualität. Nicht der Partner, der Nachbar, die Regierung oder das System. Nicht die Tagesschau mit ihren Meldungen.«

»Du kannst die Umstände nicht ändern, aber deine Reaktion auf die Umstände.«, brachte Pauline ein. »Einer meiner Lieblingssprüche.« Ich lächelte ihr zu.

»Happiness is the function of accepting what is.«, ergänzte ich. »Das geht jetzt ein bisschen in die spirituelle Ebene, aber ich finde, dass das Zitat von Dieter Lange die Sache auf den Punkt bringt. Vielleicht kennt ihr Dieter Lange.« Die anderen schüttelten mit dem Kopf. »Er ist einer meiner Lieblingsredner. Ich liebe es, ihm zuzuhören. Seine Rhetorik ist unglaublich. Er sagte in einem Podcast mal:

‚Der Fluss des Lebens bringt die Ereignisse mit sich. Ob wir das wollen oder nicht. Wir sitzen am Ufer dieses Flusses, das sich Leben nennt. Alle Ereignisse, die im Leben passieren, sind ohne jede Bedeutung. Bis du kommst und ein Etikett dranklebst. Es sind nie die Dinge und/oder Menschen, die uns beunruhigen, sondern es ist die Be-Deutung, die wir dem hinzufügen. Insofern sind wir völlig, völlig verantwortlich für das, was wir erleben und daraus machen.‘«

»Weise Worte!«, sagte Hendrik. »Menschen reden über ihre Problemchen und Wehwehchen, um Aufmerksamkeit von den anderen zu bekommen. Och nein, was hast du denn? Tut es sehr weh? Du Armer, du. Viele Menschen wollen deswegen auch nicht wirklich gesund werden.«

»Wie meinst du das?«

»Schau Alex: Du bist ja Eintracht-Frankfurt-Fan. Viele Menschen identifizieren ihre Persönlichkeit mit dem Herzensverein, mit ihrer Nation, mit ihrem Beruf. Sie machen das Äußere zu ihrer Identität. Bei Krankheiten ist es oft ähnlich. Viele Menschen, natürlich nicht alle, identifizieren sich mit ihrer Krankheit, mit ihrem Leiden und ihren Schicksalsschlägen. Bei mir war es ähnlich, doch irgendwann ist bei mir der Schmerzkörper so groß geworden, dass ich mich aus der Identifikation mit dem Ereignis gelöst habe. Viele Menschen wollen nicht gesund werden, weil die Krankheit ihrem Ego eine Identität gibt. Mit der Krankheit sind sie jemand. Ich möchte nichts pauschalisieren, aber oft steht das Ego beim Gesundwerden im Weg, weil es seine Existenz, die aus der Krankheit resultiert, in der es aufblüht, in Gefahr sieht. So krank wie sich das auch anhört.«

»Mmh, verstehe.«

»Das menschliche Ego ist noch mal ein Thema für sich. Das Ego fühlt sich quasi ständig bedroht. Man sagt nicht umsonst, dass ein Streit zwischen zwei Menschen in den meisten Fällen von beiden Egos ausgetragen wird und nicht von den Personen selbst. Das Ego akzeptiert nur sich und seine Meinung. Nur seine eigene Identität und Existenz. Wenn das Ego sich mit meinen Problemen identifiziert, dann fühlt es sich durch Veränderung und Besserung bedroht. Es steuert einen dann regelrecht mit gezielten Gedanken in seine gewünschte Richtung. Es kann nur allein existieren. Man muss dazu auch sagen, dass jedes Ego unterschiedlich stark ausgeprägt ist. Der eine hat ein starkes, der andere ein schwaches Ego. Indem man sich seine Stimme und seine Gedanken im Kopf aber bewusstmacht, sie erkennt und beobachtet, desto schneller kann Veränderung oder Erleuchtung, wenn wir jetzt beim Spirituellen bleiben, geschehen.« Ich liebte, was Hendrik sagte. Ich erinnerte mich an den Moment in meinem Zimmer, als ich am Schreibtisch vor meinem Computer saß und hin und her überlegte, ob ich das mit Namibia machen sollte. Ich vermutete, dass mein Ego mich damals auch versucht hatte zurückzuhalten. Es war mir damals so schwergefallen, der Stimme in meinem Kopf zu widersprechen. Dass ich das alles nicht kann und schaffen werde. Und jetzt? Hätte ich auf mein Ego gehört, dann wäre ich wahrscheinlich zu Hause geblieben, hätte in der letzten Woche fünfmal einen acht- bis zehnstündigen Tag mit Anzug im klimatisierten Büro verbracht und mir wahrscheinlich ausgemalt, wie es sich wohl anfühlen würde, wenn man seine Komfortzone verlässt oder ein Lagerfeuer in der Wildnis bei gutem Essen und tollen Gesprächen verbringt. Das alles erlebte ich jetzt gerade im Hier und Jetzt. Ich schaute zum Feuer. Die Äste knisterten und knackten und die Flammen spuckten vereinzelt Funken in die Luft. Die Abenddämmerung hatte mittlerweile eingesetzt. Ich genoss es richtig, hier zu sein.

»Siles?«

»Ja?« Ich schaute zu Alex.

»Anna hat gefragt, ob jemand noch eine zweite Portion haben möchte. Bist du dabei?«

»Was für eine Frage, Alex… Natürlich bin ich dabei!«

Schicksalsschläge

(Chapter Thirteen)

Ich lag auf einer Liege am Pool und schaute in den dunklen Nachthimmel. Wie schon am Vorabend zeigten sich dort die Sterne von ihrer schönsten Seite. Tausende, wenn nicht sogar Millionen Sterne funkelten und glitzerten miteinander um die Wette und machten meine Taschenlampe überflüssig. Diese lag neben meiner Liege im Kies und ich fragte mich, warum ich sie überhaupt mitgenommen hatte. Von meiner Liege aus beobachtete ich Marlene, die ihre Kamera ein paar Meter von mir entfernt an der Feuerstelle positioniert hatte und die Linse in den Himmel richtete. Sie besaß eine richtig teure Kamera, mit der sie bestimmt schon jedes Tier auf der Farm abgelichtet hatte. Meine Handykamera konnte da bei Weitem nicht mithalten. Ich war schon froh, wenn das Bild nicht verschwommen war. Auf den Treppen vor der grünen Hütte saß Anna. Sie telefonierte gerade mit ihrer Familie. Zumindest meinte ich, einmal das Wort Mama mitbekommen zu haben. Im Inneren der Hütte brannte noch Licht. Wie eigentlich jeden Abend. Es war gang und gebe, dass dort abends noch Karten gespielt wurden. Jetzt gerade waren die Stimmen von Alex, Michi und Hendrik zu hören, die sich miteinander über den Tag unterhielten. Auch McKenzies Stimme war zu hören. Sie übertönte fast die der anderen. Wahrscheinlich machte er gerade wieder Business und verkaufte irgendwelche Real Estates in Amerika. Mckenzie war schon ein spezieller Typ. In der Mittagspause lag er meistens erschöpft in der aufgeheizten Hütte auf seinem Bett und ließ sich von irgendwelchen Kabeln und Sensoren eine Rückenmassage verpassen. Er sei ein körperliches Wrack, wie er immer meinte, um danach seine Krankenakte aufzuzählen. Die meisten Verletzungen hatte er sich hier auf der Farm zugezogen. Ein Wunder also, dass ihm Bobsi nicht die Wirbelsäule gebrochen hatte.

Am Pool wehte ein stilles Lüftchen und ich nahm ein paar tiefe Atemzüge. Ich verbrachte in der Regel meine Pausen und Abende hier, um über den Tag nachzudenken beziehungsweise den Tag Revue passieren zu lassen. Vom Pool aus hatte man immer eine super Aussicht auf das

Wasserloch. Auch jetzt konnte man durch den hellen Sternenhimmel die Umrisse irgendwelcher Antilopen und langer Gnu-Köpfe erkennen. Die Grillen grillten, die Vögel zwitscherten und „Enrico-Loss-Rufe" ertönten aus irgendeinem Zimmer. Alles war so wie jeden Abend. Ich schaute auf mein Handy. Das WLAN brachte es mit viel Mühe auf einen Balken. Kein WhatsApp oder Instagram heute. Auch mal gut. Mit meinen Eltern hatte ich am Vorabend noch telefoniert und ihnen stolz erzählt, dass letztens Enrico bei mir schlafen durfte. Sie waren richtig neidisch, vor allem, als sie das Video sahen, bei dem Enrico mit Apfel in die Kamera blickte. Ich schaute mir ein Bild von meinem Bruder an, auf dem er im Garten neben einem Schneemann stand und in die Kamera grinste. Meine Mutter hatte erzählt, er würde schon die Tage zählen, bis ich wieder hier sei. Noah, nicht der Schneemann ;-) Mein Handy vibrierte. Eine Erinnerung an einen Kalendereintrag leuchtete auf: Dennis Geburtstag. Heute in einem Monat. Dennis… Beim Lesen der Erinnerung musste ich schlucken. Er war mit der Grund, warum ich jetzt hier in Afrika war. Dennis war mein bester Freund. Er war vor viereinhalb Jahren gestorben. Mit gerade einmal 17 Jahren. Einfach so im Urlaub. Mit Marcel beging ich seitdem jedes Jahr zu seinem Geburtstag das Ritual, zum Grab zu gehen und dort eine Kerze anzuzünden. Kaum zu glauben, dass es bald wieder so weit war. Diesmal müsste Marcel zum ersten Mal ohne mich gehen. Ich schüttelte gedankenversunken den Kopf. Viereinhalb Jahre…

»Darf ich?« Mona lächelte mich an und deutete auf die freie Liege neben mir. Ich hatte sie gar nicht bemerkt.

»Oh, hey. Warte eine Sekunde. Da müsste irgendwo meine Taschenlampe am Boden liegen. Jetzt kannst du.« Mona ging an meiner Liege vorbei und machte es sich auf der danebben bequem.

»Ich habe dich von Weitem gesehen, wie du hier so allein am Pool liegst. Alles okay bei dir? Du siehst so nachdenklich aus.«

»Ach, alles gut. Ich schau nur ein bisschen zu den Sternen und denke nach. Aber lieb, dass du fragst. Wie geht es dir?«

»Bisschen kaputt vom Tag, aber sonst … Mir gefällt es hier richtig gut. Die Tiere und Menschen haben es mir richtig angetan.« Sie schaute mich freudestrahlend an. »Ich will hier gar nicht mehr weg.«

»Geht mir genauso.« Auch wenn ich meine Familie und Freunde in Wuppertal vermisste, wollte ich am liebsten für immer hierbleiben. Die Arbeit draußen in der Natur mit den Tieren gab mir so viel. Sie machte richtig Spaß. Natürlich war es teilweise bei der Hitze ziemlich anstrengend, aber man schaute nicht auf die Uhr beim Arbeiten oder wartete auf den erlösenden Feierabend. So war es in der Bank oft gewesen. Hier in Afrika hatte ich zum ersten Mal das Gefühl, so richtig für etwas zu leben.

»Woran denkst du?«, fragte mich Mona, nachdem wir für eine Weile nur still in den Himmel geschaut hatten.

»Woran ich denke? Ach, an alles Mögliche: Übers Leben, über die Zeit hier, an meine Familie und Freunde in Deutschland. Woran man halt denkt, wenn man unter den Sternen liegt.«

»Magst du mich an deinen Gedanken teilhaben lassen?« Sie drehte sich zur Seite und schaute mich von ihrer Liege neugierig an. »Also, nur wenn du möchtest.«

Ich erzählte ihr von meinem Beruf, den ich eigentlich gar nicht mochte, und von Dennis. Von den gemeinsamen Momenten in der Frei- und Schulzeit, von seinem plötzlichen Tod vor vier Jahren im Urlaub, als ihn seine Schwester eines Morgens tot im Bett fand. Herzstillstand – Einfach so. Von jetzt auf gleich. Noch heute erinnere ich mich gut an den Moment, als meine Mutter weinend vor mir stand und mir sagte, dass Dennis gestorben sei. Eine Woche später stand ich dann vor seinem Sarg und konnte die Tränen nicht mehr zurückhalten.

»Es war furchtbar, Mona. Den Sarg mit deinem besten Freund zu sehen, die Eltern in den Arm zu nehmen und zu wissen, dass ihr Sohn nicht mehr lebt. Es ist das Schlimmste, wenn Eltern die Beerdigung ihres eigenen Kindes miterleben müssen.« Ich wischte mir eine Träne aus dem Gesicht.

»Wie war Dennis?«

»Dennis?« Ich schaute sie an und musste lachen. »Er war verrückt. Ich sag es dir, Mona: Wir hatten zusammen nur Flausen im Kopf. Wir waren ständig nur am Lachen. Er hatte Grimassen drauf. Ich habe mir so oft fast vor Lachen in die Hose gepinkelt. Einmal habe ich im Religionsunterricht heimlich ACE-Saft getrunken und mich bei seiner Grimasse so verschluckt, dass mir ACE-Saft aus der Nase gelaufen und auf die Bibel getropft ist. Danach hat der ganze Tisch geklebt. Und meine ganze Hose, haha. Oder die ganzen Mo-

mente in London und Paris, als wir da auf Klassenfahrt waren.«
»Solche Momente kann dir keiner nehmen. Die bleiben für immer.«
Mona lächelte.

»Das stimmt. Er ist auch ein Grund, warum ich immer versuche, so
viele Menschen wie möglich zum Lachen zu bringen. Weil er es bei
mir auch immer geschafft hat. Manchmal bin ich vielleicht ein bisschen albern oder manche halten mich für kindisch. Aber das ist mir
egal. Weißt du, wenn man in jungen Jahren so viel in seinem Leben
erlebt hat, dann ist es das schönste Gefühl, wenn man andere zum Lachen bringt oder selbst viel lachen kann. Dennis und ich haben viel
zusammen gelacht. Lachen ist die beste Medizin. Sein Tod ist für mich
Motivation, alles nachzuholen, was ich in den letzten Jahren verpasst
habe und vielleicht ein Leben zu leben, das für zwei Leben reicht.«

»Was hast du denn alles verpasst?«

»Zu leben. Ich habe in den letzten Jahren aufgehört zu leben. Ein
Dreivierteljahr nach Dennis Tod ist mein Opa gestorben und...«

»Och nein! Das auch noch?«

»Ja. In der Zeit bin ich kaum noch vor die Tür gegangen. Ich habe
mich richtig eingeigelt in meinem Zimmer. Du musst wissen, dass mein
Opa eine der wichtigsten Personen in meinem Leben war. Fast jedes
Wochenende habe ich bei Oma und Opa übernachtet. Oma hat dann
Pfannkuchen oder Schnitzel mit Bratkartoffeln gemacht, während Opa
und ich alle Autohäuser in Schwelm besucht haben. Wir sind zu Audi
gegangen, haben uns in die teuren Autos gesetzt und jedes Mal Auto-
kataloge mitgenommen. Opa hat sich dann auch mit den Verkäufern
unterhalten, auch wenn die wussten, dass wir kein Auto kaufen wollten.
Und im Sommer haben wir immer Tour de France im Fernsehen geguckt. Ich konnte mich mit meinem Opa über alles unterhalten. Bis spät
in die Nacht lagen wir oft wach und haben über das Leben philosophiert.
Nach seinem Tod habe ich mich zurückgezogen. Ich habe mich in meinem Zimmer eingeschlossen, hab mich selbst bemitleidet, hab geweint
und war richtig depressiv drauf. Ich habe mit dem Leben aufgehört.«

»Ein Dreivierteljahr Jahr nach dem Tod von deinem Freund ist er
gestorben?«

»Ja! Ich hatte Angst vor diesem Tag. Immer wenn ich bei Oma und
Opa war, war ich einerseits glücklich und dankbar, aber jedes Mal ka-

men diese Gedanken hoch: Was, wenn irgendwann einer von beiden nicht mehr da ist? Was ist dann? Für mich ist damals eine Welt zusammengebrochen, als der Arzt vor der Intensivstation meinte, dass alle Reanimationsversuche erfolglos waren.« Ich musste schlucken.

»Ich hoffe einfach, dass ich meinen Opa irgendwann wieder in den Arm nehmen kann. Er fehlt mir und ich vermisse ihn jeden Tag.« Mona und ich schauten eine Zeit lang zu der Wasserstelle. Rico rannte dort gerade hinter einem Gnu her.

»Hast du wegen deiner Erlebnisse vielleicht auch diese Reise nach Afrika gemacht? Du sagtest ja, dass du aufgehört hast zu leben.«

»Kann gut sein. Ich wollte einfach mal raus. Meine Komfortzone verlassen und mir vielleicht einfach beweisen, dass ich es kann. Ich möchte den Silas kennenlernen, der ich nach der Reise bin. Ich glaube, dass ich es irgendwann bereut hätte, wenn ich diese Reise nicht gemacht hätte.«

»Wahrscheinlich…« Mona lächelte. »Danke, dass du mir das alles erzählst, Siles! Ich weiß das sehr zu schätzen.«

»Ich danke dir für das Gespräch. Tut gut, mit einer anderen Person darüber zu sprechen. Hätte ich zu der Zeit damals besser auch gemacht. Reden hilft.« Wir schauten gemeinsam noch eine Weile in den Sternenhimmel, ehe wir uns mit einer langen Umarmung am Pool verabschiedeten und uns eine gute Nacht wünschten.

Zurück bei der Hütte fiel mir auf, dass McKenzie zur Freude vieler Mücken das Licht angelassen hatte. Er lag auf seinem Bett und schnarchte bereits laut vor sich hin. Das Erdnussbutterglas stand natürlich geöffnet neben seinem Kissen.

»Oh Mann, McKenzie…«, murmelte ich und schraubte den Deckel auf das Glas. Ich ging zu meinem Bett und richtete das Mückennetz. Mein Blick fiel auf mein Kissen, das ich von zu Hause mitgenommen hatte. Zwei Menschen schauten mich darauf an. Auf dem Kissen war ein Bild von mir, wie ich meinen Arm um meinen Opa legte und glücklich lächelte. Ich hatte es mit nach Afrika genommen. Ich setzte mich leise aufs Bett, um McKenzie nicht zu wecken, und nahm das Kissen in die Hand. Es roch nach Opas pinkem Joop-Parfüm. Ich hatte es vor der Reise extra noch mal mit seiner Joop-Flasche eingesprüht. Diese stand seit seinem Tod als Erinnerungsstück in meinem Schrank und ich öffnete sie immer dann, wenn mir danach war. Der vertraute Duft gab mir Halt, Kraft und das Gefühl, dass mein Opa in der Nähe war. Ich drückte das Kissen an mich und dachte zurück an das Gespräch, das ich mit Mona am Pool geführt hatte.

Mit dem Tod von Opa und Dennis hatte ich mittlerweile abgeschlossen. Ich hatte es akzeptiert und meinen Frieden gefunden. Es war damals eine fürchterliche Zeit, ja, die geprägt von Schmerz, Trauer und vielen tränenreichen Momenten war. Doch mittlerweile war der Schmerz reiner Dankbarkeit gewichen. Dankbarkeit dafür, dass ich so schöne, tolle Momente mit beiden erleben durfte. Beide haben mich geprägt und ich konnte von beiden eine Menge fürs Leben lernen. Ich bin so unendlich dankbar, dass ich beide kennenlernen durfte und ich Teil ihres Lebens war. Und sie von meinem...

Manchmal ist es so, dass man Menschen und Dinge loslassen muss, damit Energie wieder fließen kann. Der Tod einer Person kann dem Körper viel Energie entziehen. Vor allem dann, wenn man sich gegen den Verlust eines geliebten Menschen wehren möchte. Der Tod gilt in unserer Gesellschaft als Tabuthema. Viele Menschen versuchen, den Gedanken, irgendwann sterben zu müssen, so weit wie möglich in die Zukunft zu schieben. Doch der Tod gehört zum Leben dazu. Man wird erst geboren und muss den eigenen Körper dann irgendwann wieder abgeben. Das Herz beginnt erst zu schlagen, ehe es irgendwann für immer zum Stehen kommt. Es ist nicht immer einfach, den Kreislauf des Lebens zu akzeptieren. Das Leben verläuft nicht monoton, es gibt Höhen und Tiefen. Es kann Hell nicht ohne Dunkel geben, Gesundheit nicht ohne Krankheit. Das Leben versucht, uns mit jedem Ereignis zu erziehen, damit wir stärker werden, uns entwickeln können und weiser werden. Es schult unser Bewusstsein.

Ist der Tod daher wirklich schlecht, wie es immer heißt? Was ist, wenn der Tod bewusst vom Leben eingesetzt wird? Warum müssen wir so eine schmerzvolle Erfahrung wie den Verlust eines geliebten Menschen durchleben? Als Bestrafung, nur um zu leiden? Was ist, wenn der Tod existiert, um von ihm zu lernen? Unser Leben schätzen zu lernen. Unsere Zeit auf Erden mit Freunden und der eigenen Familie schätzen zu lernen. Unsere Gesundheit schätzen zu lernen.

„Verliere, was verloren werden muss, um zu finden, was gefunden werden muss.", sagte etwa Patrick Reiser. Anderthalb Jahre vor Afrika fuhr mich mein Vater mit starken Bauchschmerzen ins Krankenhaus. Ich wurde notoperiert, weil mein Blinddarm vorm Platzen stand. Im ersten Moment dachte ich auch: „Wieso ich? Wieso passiert mir so was? Womit habe ich das verdient? Wieso widerfährt mir so was?"

Doch rückblickend betrachtet sind alle Ereignisse in der Vergangenheit der Grund dafür, warum ich täglich dankbar bin. Dankbar dafür, wenn ich keine Nachricht vom Tod eines Familienmitgliedes erfahre. Dankbar, wenn ich keine gesundheitlichen Probleme über den Tag hinweg hatte. Dankbar, wenn ich mit meinen Freunden unterwegs bin oder mit meiner Familie beim Abendbrot sitzen kann. Viele Menschen wissen etwas erst zu schätzen, wenn sie es nicht mehr haben. Der Tod macht unser Leben erst so wertvoll. Jede Krankheit macht unsere Gesundheit erst so wertvoll. Wie würden wir leben, wenn unser Leben unendlich wäre? Wenn es den Tod nicht geben würde? Würden wir das Leben zu schätzen wissen, würden wir das Leben als größtes Geschenk sehen? Würden wir versuchen, alles aus unserem Leben rauszuholen? Die Tatsache, dass wir sterben, macht unser Leben erst wertvoll. Wir haben bei jedem Ereignis immer die Wahl: Lernen wir daraus und verbessern so unsere Lebensqualität oder versinken wir dauerhaft in Trauer, Schmerz und Selbstmitleid? Trauer darf sein, ja, Trauer muss sein, ja. Vor allem, wenn eine geliebte Person verstirbt. Doch hätte mein Opa gewollt, dass ich jahrelang um ihn trauere? Oder möchte mein Opa, dass ich glücklich bin und alles aus meiner Zeit auf Erden raushole?

Ich schaute auf mein Kissen und wischte mir eine Freudenträne aus meinem Gesicht.

Ich bin glücklich Opa. Hörst du? Zum ersten Mal in meinem Leben bin ich richtig glücklich. Afrika macht mich glücklich. Und ich werde alles dafür tun, dich mit meinem Glück glücklich zu machen. Ich schloss die Augen und drückte das Kissen fest an meine Brust. Ich roch sein Parfüm. Eine Träne kullerte über meine Wange. Ich spürte meinen Opa jetzt gerade hier in diesem Raum. Er war bei mir, tief in meinem Herzen.

Ich habe dich lieb, Opa. Grüß Dennis von mir.

Ich legte das Kissen zurück auf mein Bett und ging mit meiner Zahnbürste zu den Duschräumen. Meine Taschenlampe hatte ich dank des hellen Sternenhimmels diesmal in der Hütte gelassen. Zwei Sterne funkelten am Himmel nämlich gerade besonders hell und leuchteten mir den Weg.

54 Schildkröten

(Chapter Fourteen)

Mittlerweile lebte ich schon zweieinhalb Wochen auf der Farm und hatte viele neue Freundschaften geschlossen. Da war zum Beispiel die lebenslustige Flo aus Frankreich. Mit ihr saß ich meist an einem Tisch zusammen mit Jessi, Alex, Michi und Pauline. Sie beschwerte sich immer, wenn wir uns Geschichten auf Deutsch erzählten oder uns am Tisch auf Deutsch unterhielten.

»That is Scheise. Ich verstehe euch nicht.«, sagte sie dann empört und schaute mit traurigem Blick in unsere Richtung. Wir erzählten es ihr dann noch einmal auf Englisch, sodass sie verstand und freudestrahlend lächelte.

Dann waren da natürlich noch Michi und Alex. Beide waren für mich auf der Farm Ersatzeltern geworden, und ich freute mich, wenn ich mit ihnen auf der Farm für Arbeit eingeteilt war. Ich mochte die beiden. Michi war zwar immer der Meinung, dass ich mich mit der zweiten Portion beim Mittagessen übernehmen würde, doch das war natürlich Schwachsinn. Es kam vielleicht nur ein-, zwei-, drei-, vier-, okay, fünfmal vor, dass ich ein bisschen zu viel bei der „second round" auf meinen Teller schaufelte.

Neben ihnen lernte ich noch mehr wunderbare Menschen kennen, die meine Zeit im Busch so besonders machten. Die Zeit verging wie im Flug und man verlor mit jedem Tag auf der Farm immer mehr sein Zeitgefühl. Auch mein Körper hatte sich verändert. Ich war mittlerweile braun gebrannt und hatte an Armen und Beinen Narben von den vielen Dornenbüschen und Krallen der Tiere. Jeden Tag kam praktisch ein neuer Kratz- oder ein neuer Bissfleck dazu. Nicht selten waren die Baby Babies dran schuld. Dossie hatte mich in die Snoboobs-Gruppe gesteckt, in der auch Joschka, Johnny und Sahra waren. Unsere Gruppe war verantwortlich für Jacobi, Gumbi, die Fütterung der gefühlt fünfundzwanzigtausend Baby-Schildkröten und den pubertierenden, hyperaktiven Pavianen, den Baby Babies. Die Fütterung von Gumbi und Jacobi verlief immer ohne Probleme. Jacobi begrüßte mich sogar freudig mit Klickgeräuschen, wenn er mich mit dem gelben Eimer auf sich zulaufen sah. Er war ein ganz lieber Pavian. Er liebte es, wenn ihm Sarah jeden Tag nach der Nachmittagsbesprechung Kuchen vom Kaffeetrinken vorbeibrachte oder wenn man sein Milipap mit leckeren Leftovers aufwertete. Leftovers waren Reste von unserem Abendessen oder dem der Farmgäste. Die Tiere liebten sie. Der Eimer mit den Leftovers wurde jeden Morgen von uns aus der Restaurantküche abgeholt und in die Food-Prep geschleppt. Nur wenn Jacobi mal wieder seine wilden fünf Minuten hatte, war man froh, dass sich sein zu füllender Fressnapf vor den Gitterstangen außerhalb seines Geheges befand. Die Fütterung der Babyschildkröten war dagegen schon ein bisschen komplizierter. Einmal hatte ich Möhren, Salat und Gras geraspelt und klein geschnitten und staunte nicht schlecht, als ich in ihrem Gehege keine einzige Schildkröte vorfand. Normalerweise tummelten sich die Panzer nur so auf dem Boden oder unter dem Stroh, doch diesmal war keine Babyschildkröte in Sicht. Orientierungslos machte ich mich dann mit dem vorbereiteten Futtereimer auf die Suche nach ihnen. Jessi und Nathalie lachten sich einen weg, als ich sie in Moritz' Gehege danach fragte, ob sie zufällig vierundfünfzig kleine Schildkröten gesehen hätten. Zu dritt setzten wir dann gemeinsam die Suche fort und freuten uns wie Bolle, als wir die 54 Ausreißer schließlich in einem neuen Gehege fanden. Und dann gab es da ja noch Lea...

Reisebüro Lea

(Chapter Fifteen)

Es war mal wieder Mittagspause auf der Farm. Die meisten waren bereits zur Village zurückgegangen und lagen wahrscheinlich schon am Pool. Ein paar Volontäre waren noch sitzen geblieben. Auch Enrico. Er saß bei uns auf dem Tisch und trank gierig aus Alex' O-Saft-Flasche. Es war heute mal wieder extrem heiß, kein Wunder also, dass er seinen kleinen Affenkörper abkühlen wollte. Auch ich hatte mich bei Barkeeper Hermann an der Bar bedient und mir eine kalte Cola zum Mittagessen gekauft.

»Weißt du eigentlich schon, was du nach den vier Wochen machen willst?«, fragte mich Alex, nachdem er Enrico zu dessen Unzufriedenheit die O-Saft-Flasche aus der Hand genommen hatte. Enttäuscht sprang er von unserem Tisch und lief zu Hermann, der neben dem Kühlschrank auf dem Tresen saß.

»Du hattest doch, meine ich, mal erzählt, dass du insgesamt zwei Monate unbezahlten Urlaub beantragt hattest.« Ich schaute mit vollem Mund von meinem Teller zu Alex auf.

»Mensch Alex, lass den Siles doch erst mal in Ruhe aufessen.«, unterbrach ihn Michi. »Siehst du denn nicht, dass er schon wieder mit der zweiten Portion überfordert ist?«

»Stimmt, jetzt wo du es sagst, sehe ich es. Nicht schon wieder…« Alex lachte und trank einen großen Schluck aus seiner Flasche.

»Naa, Siles. Hat sich da etwa einer wieder übernommen bei der zweiten Essensrunde?« Michi grinste mich triumphierend an.

»Wie kommst du denn da darauf?«

»Ja, du schaust schon wieder jede Nudel einzeln an. Und bist mit deiner Gabel nur am Rumstochern. Ich kenne dich doch mittlerweile.« Sie lachte. Ja, sie kannte mich mittlerweile.

»Stimmt nicht.« Ich schob mit dem Messer extra mehrere Nudeln auf meine Gabel und stopfte mir den Nudelberg mit einem Happen in den Mund.

»Anders als deine Frau, Alex…« Ich machte eine kurze Kaupause.

Scheiße, war ich vielleicht wieder vollgefressen. »Hast du recht. Insgesamt zwei Monate. Aber ich weiß ehrlicherweise noch gar nicht, was ich mit der verbleibenden Zeit in Deutschland anfangen werde.« Vor meiner Reise hatte ich geplant, eventuell eine Radtour zum Gardasee zu machen oder einen Urlaub an der See dranzuhängen.

»Aber du solltest langsam schon mit der Planung beginnen.«

»Ja, ich weiß. Ich hatte eventuell überlegt, für ein paar Tage hoch an die See zu fahren. Nach Holland oder Greetsiel. Zelten oder so.«

»Apropos Holland …«

»Und es geht los.« Michi verdrehte die Augen.

»Wusstest du, dass ich holländische und brasilianische Wurzeln habe?«

»Brasilianisch bei deinem Hüftschwung schon, aber holländisch? Ne du, das hätte ich jetzt nicht direkt vermutet, haha.«

»Ich habe deine Blicke beim Tanzen schon bemerkt, mein Lieber.« Alex gab mir lachend einen Klaps auf die Schulter. »Aber ich muss dich enttäuschen: Ich bin schon vergeben.« Er zwinkerte Michi zu. »So, Zelten willst du also?«

»Ich habe mir dieses Jahr vorgenommen, mein Zelt mal aus dem Keller zu holen und vielleicht mal für mehrere Tage ganz klassisch zelten zu gehen. Ich habe das Zelt mittlerweile seit drei Jahren und es vielleicht erst zweimal benutzt. Und davon zwei Mal im Garten.«

»Wer möchte zelten gehen?« Jessi hatte ihre Zigarette an der Feuerstelle zu Ende geraucht und setzte sich zu uns an den Tisch. Sie öffnete ihre Red-Bull-Dose und schaute fragend in die Runde. »Worum geht es, Zilas?«

»Wir planen gerade den restlichen Urlaub vom lieben Siles.«, holte Michi sie mit ins Boot. »Er hatte überlegt, Zelten zu gehen, wenn er wieder zurück in Deutschland ist.«

»Alda, zelten?« Jessi setzte einen angewiderten Blick auf. »So richtig mit Insekten und Spinnen im Zelt? Bei dem Gewusel wäre ich raus. Ich krieg ja schon eine Panikattacke, wenn einer dieser fetten, schwarzen Mistkäfer an mir vorbeifliegt.«

»Vor den kleinen Mistkäfern hast du Angst, aber vor zweihundert Kilo schweren Raubkatzen nicht.« Ich schüttelte lachend mit dem Kopf. »Wie war es übrigens beim Lion-Feeding heute Morgen? Die Viecher können dich doch langsam auch nicht mehr sehen, oder?« Jessi und das Lion-Feeding - es war echt ein Phänomen. Während ich in den vergangenen Wochen erst einmal die Gelegenheit hatte, mit Mona zusammen die Löwen zu füttern und beim Sonnenuntergang zu beobachten, hatte Jessi ein Abonnement aufs Lion-Feeding. Zum gefühlt 25. Mal wurde sie fürs beliebte Lion-Feeding eingeteilt. Und wir waren vielleicht gerade mal zwanzig Tage hier.

»War schön! Wird zwar langsam ein bisschen langweilig, aber …«

„Ach, hör auf! Eigentlich möchte ich es gar nicht wissen.« Jessi lachte. Sie nahm einen genüsslichen Schluck aus ihrer blau-silbernen Dose und wechselte mir zuliebe das Thema.

»Und du bist Brasilianer, Alex?«

»Und es geht los …« Michi legte den Kopf auf den Tisch. Wir plauderten ein wenig über Alex' brasilianische und Jessis türkische Wurzeln, bis sich Lea unserem Tisch näherte. Ich hatte in den letzten Minuten immer mal wieder zu ihrem Tisch geschaut, um zu gucken, ob sie noch da war.

»Siles?«

»Lea?«

»Nimmst du Enrico über die Pause mit zu dir? Ich wollte schon mal zurück zur Village gehen und duschen.«

»Ja, kann ich machen.« Ich lächelte sie an. Sie trug wieder ihr Regenbogen-T-Shirt. Es war echt ihr Lieblingsoberteil. Es stand ihr echt gut. »Wo ist denn der kleine Scheißer?«

»Er sitzt da hinten noch bei Hermann an der Bar. Hier sind seine Sachen.« Sie reichte mir Enricos Kuscheldecke und seine Trinkflasche. Diese war noch halb mit Milch befüllt. Ich wollte gar nicht wissen, wie die Milch bei den warmen Temperaturen gerade roch. Wahrscheinlich wie morgens seine Windel. Kein Wunder, dass Enrico lieber O-Saft konsumierte. Der war doch viel süßer und kälter.

»So, bis nachher. Ach ja, Jessi. Ich habe vorhin noch mit Dossie gesprochen. Das mit dem Übernachten bei Pride im Gehege klappt. Sollen uns nur einen Tag in der nächsten Woche aussuchen und ihr dann Bescheid geben.« Pride war eine Geparden-Handaufzucht auf der Farm. Man konnte bei ihm im Gehege übernachten. Er liebte das Kuscheln mit Volontären. Natürlich wurde er im Vorfeld immer gefüttert...

»Ai, ai!« Jessi nickte.

»Können ja heute Abend noch mal drüber sprechen. So, bis später. See you.« Lea drehte sich um und verließ gemeinsam mit Pauline das Tor Richtung Restaurant.

»Uhhh! Was läuft denn da mit Lea?« Michi hatte blöderweise bemerkt, dass ich Lea hinterhergeschaut hatte.

»Was soll mit ihr sein?«

»Du hast ihr auffällig lange nachgeschaut, mein Lieber.«

»Quatsch! Ich habe zu Enrico geguckt.«

»Jaja…«, sagte Jessi. Auch ihr war mein Nachgucken aufgefallen. »Zu Enrico geguckt. Natürlich…«

»Gut, ich habe ihr vielleicht kurz nachgeguckt. Und? Was ist schon dabei? Sie hat halt so eine schöne Kappe. Die muss ich mir auch kaufen. Gibt es die eigentlich wieder im Farmshop? Letztens war sie ausverkauft.«

»Jaja, lenk nur ab, du.« Jessi schmunzelte. Ihr konnte ich mittlerweile auch nichts mehr vormachen.

»Haha, unser Siles.« Michi zwinkerte mir zu. »Nein, jetzt mal ernst gemeint. Was ist denn mit Lea, Siles? Sie fährt doch, meine ich, auch nächste Woche zurück nach Windhoek. Ich meine mitbekommen zu haben, dass sie dann aber nicht direkt zurück nach Deutschland fliegt, sondern noch irgendeine Safari-Tour durch Namibia macht.«

»Stimmt, davon hat sie erzählt.« Jessi nickte.

»Das wäre doch was für dich, Siles!«, sagte Alex. »Und du hast ja sowieso noch nichts anderes geplant. Und wo du schon mal hier in Afrika bist. Besser als Zelten in Holland ist es allemal. Da ist die Chance auf Wildtiersichtungen nicht ganz so hoch wie hier. Und dann noch gemeinsam mit Lea…« Er gab mir einen Stoß in die Rippen.

»Frag sie doch einfach mal, was das für eine Tour ist. Vielleicht sind noch Plätze frei und ihr könntet das zusammen machen. Ihr versteht euch ja auch sonst ganz gut. Zumindest was ich so mitbekommen habe.« Michi hatte recht. Sie hatte neben ihrem wachsamen Auge beim Essen auf mich, ob ich wieder zu viel genommen hatte bei der „second round", auch eine gute Menschenkenntnis. Lea und ich verstanden uns ganz gut. Ich mochte sie. Sie war cool drauf und dauernd am Lachen. Ich glaubte auch, dass sie wusste, dass ich sie ziemlich mochte. Spätestens seitdem Pauline ihr bei einem Leaver-Essen im Restaurant unauffällig den Hinweis gab, dass ich den Platz gegenüber von mir extra für sie freigehalten hatte, weil ich in ihrer Nähe sitzen wollte. Rückblickend betrachtet stellte sich das Freihalten zwar als grober Fehler heraus. Lea konnte mir von da mehrere Pommes von meinem Teller mopsen, sodass ich mehr hungrig als satt das Restaurant verließ.

Doch auch wenn Lea mir an jenem Leaver-Abend zahlreiche Gurken aus meinem Salat und Pommes von meinem Hauptgang gestohlen hatte, mochte ich sie mehr als alle anderen Mädchen. Oft gingen wir in den letzten Wochen zusammen in der Mittagspause von der Farm zurück zur Volunteer Village, hörten dabei Musik aus ihrer Spotify-Playlist oder unterhielten uns über alles Mögliche. Bei unserem gestrigen Walk zur Village ging es um das Thema Schule...

»Du hast wirklich ein Lied für deine Abifeier komponiert?« Ich schaute sie beeindruckt an.

„Ja! Ich habe eigentlich alles gemacht. Sogar das Plakat, das über der Bühne hing, hatte ich gemalt. Es gibt sogar ein Video, wo ich vor Hunderten von Leuten mit meinem Jahrgang das Lied spiele und am Klavier sitze. Ich müsste es irgendwo noch haben.« Sie durchsuchte ihr Handy und zeigte mir das Video.

»Und, ist es dir aufgefallen?«

»Was soll mir aufgefallen sein?« Lea nahm mir das Handy aus der Hand und spulte zurück auf Anfang.

»Hör richtig hin! Einmal habe ich mich krass verspielt. Richtig peinlich! Und mein Vater musste genau diese Stelle filmen.« Ich konnte keinen Fehler raushören. Alles klang für mich normal.

»Also ich höre da jetzt keinen peinlichen Fehler raus. Und ich muss es schließlich wissen.« Stolz schaute ich sie an und summte dabei die Melodie von Feliz Navidad.

»Siles ...« Sie schüttelte den Kopf. »Nur weil man einmal ein selbst geschriebenes Lied vor allen Volontären singen durfte, heißt das noch nicht, dass man Musiker ist.«

Sie spielte auf meine Gesangseinlage nach der ersten Farmwoche an. Gemeinsam mit Jessi, Marlene und McKenzie hatte ich die neuen Newbies um Hendrik und Mona mit einem selbstkomponierten Lied begrüßt und quasi feierlich unseren Status „Being-Newbie" an sie abgetreten. Das Lied hatte ich geschrieben und mit lauter Stimme den Frontsänger gegeben. Es war ein aus meiner Sicht legendärer Auftritt, der mir bald den Weg in die Musikbranche ebnen musste. Hätte ich nicht auf der Bühne gestanden, dann hätte ich mir wahrscheinlich selbst zugeklatscht und einen Slipper auf die Bühne geschmissen. Den Text kannte ich natürlich noch auswendig:

„Feliz Volunteers
Feliz Volunteers
Feliz Volunteers
You can observe at the farm here
And if you see Enrico, Loss Enrico, Loss Enrico, Loss
You need to be aware
because he looks at you
and steals your staff im Nuh
Feliz Volunteers
Feliz Volunteers
Feliz Volunteers
Newbies you will see them at foodprep
We feed lions on the AM-Tour
We get bites from the baby babies
and we enjoy our freetime at the pool
And now everybody
Nana nana nana nana nana nana annan...“

»Bin ich doch ...«

»Nö, biste nicht!«

»Doch!«

»Nööö!« Gegen Lea hatte ich keine Chance. So wechselte ich schnell das Thema:

»Aber stark, dass du so viel organisiert hattest. Vor allem alleine.

»War echt viel Arbeit, aber hat sich gelohnt. Hab sogar für den Aufwand fünfzig Euro bekommen.« Stolz schaute sie mich an. »Kann ich jetzt hier schön in Cola investieren. Und in Süßigkeiten.«

»Wir hatten noch nicht mal eine Abifeier.«, gab ich kleinlaut zu. »Unser Jahrgang auf dem Berufskolleg bestand aus fünfzehn Leuten, die sich nicht auf eine gemeinsame Feier einigen konnten. Die eine Gruppe hatte mit der Gruppe Stress und lehnte deren Vorschlag für eine Feier ab, und umgekehrt.«

»Das ist traurig!« Es war traurig. Wir gingen vorbei an einem Busch, hinter dem mehrere Gnus dumm aus der Wäsche guckten und eine Mangusten-Familie Schutz vor der prallen Sonne fand.

»Sag mal, Lea, was hast du eigentlich für einen Abischnitt? Wenn wir schon über Schule und Abitur sprechen. Ne, lass mich raten: Du organisierst für deinen Jahrgang die Abiturfeier, du möchtest später einmal Deutsch- und Musiklehrerin werden. Du hast bestimmt einen Schnitt zwischen 1,0 und 1,8, richtig?!« Erwartungsvoll schaute ich nach meiner Aufzählung in ihre Richtung. Sie musste ein richtiges Ass in der Schule gewesen sein.

»Sag ich dir nicht! Ätschibätsch!«

»Hä?« Meine Mundwinkel gingen enttäuscht nach unten.

»Wieso sagst du mir sie nicht?«

»Ja sag ich dir nicht!«

»Wieso?«

»Ich sag sie dir nicht!« Sie schüttelte lachend den Kopf.

»Sagst du mir deine Note, wenn ich dir meinen Schnitt sage?«

»Vielleicht …«

»Ich habe einen Schnitt von 2,1. So jetzt bist du dran!« Siegessicher spitzte ich meine Ohren. Ich wollte jetzt unbedingt ihre Note wissen, doch zu meiner Enttäuschung fing ihre Note mit einem nicht enden wollenden „Nö“ an.

»Komm schon Lea. Bitte!«

»Nö, ich sag sie dir nicht! Du wirst sie nie erfahren, hehe. Nie! Muhahaha.« Frech grinste sie mich an.

»Okay: Challenge accepted. Ich wette mit dir, dass ich sie noch erfahren werde.«

»Nö!«

»Doch.«

»Nö.«

»Doch.«

»Nö!«

»Okay.« Fürs erste gab ich auf. Ich sollte sie noch erfahren. Doch bis dahin war es noch ein langer Weg. Ein Weg, der sich so endlos langzog wie die Nachkommastellen der Zahl Pi.

»Ja, ich frag sie einfach mal.«, antwortete ich Alex.

»Heute Abend spreche ich sie mal auf ihre Safaripläne an. Als welcher Disney-Charakter verkleidet ihr euch heute Abend eigentlich? Habt ihr schon ein Kostüm?«

Es war Mittwoch und Themenabend auf der Farm. Für diesen Abend durften sich die Leaver immer ein Thema aussuchen, zu dem sich alle kreativ verkleiden sollten. Diesmal hatten sie sich für Disney-Helden entschieden und dafür gesorgt, dass alle Volontäre und Koordinatoren in den letzten Nachmittagsstunden fleißig damit beschäftigt waren, sich Gedanken über ihr Kostüm zu machen. Es war ein Ritual auf der Farm, dass man die Leaver am letzten Abend vor der Heimreise neben dem Leaver Circle am Abreisetag feierlich und gebührend verabschiedete. Auch Michi und Alex gehörten diese Woche leider zu den Abreisenden. Ihre vier Wochen endeten eine Woche vor meinen. Auch bei ihrem letzten Abendessen saß ich an einem Tisch mit ihnen. Ich hatte mich als Mogli verkleidet, weil mir nichts Besseres eingefallen war. Für mein Mogli-Kostüm hatte ich mir extra von McKenzie eine rote kurze Hose geliehen. Seine mobile C&A-Filiale im Koffer musste ich ja mal ausnutzen. Die Hose war ein wenig eng an der Hüfte und betonte mein Hinterteil mehr als gewollt. Bestimmt wäre ich mit der roten Hose auch als trächtige Paviandame durchgegangen. Ich wollte mir gar nicht ausmalen, wie es wohl gewesen wäre, wenn mich Bobsi in der Hose gesehen hätte. Apropos Bobsi:

Zu der roten Hose und einem Stirnband, das ich mir von Jessi geliehen und um meinen Oberarm gebunden hatte, trug ich ein ausgeleiertes Tanktop, das an einigen Stellen zerrissen war. Bobsi hatte am Morgen wahrscheinlich schon geahnt, dass ich mich später als verwaistes Dschungelkind verkleiden wollte,. Beim Rückenhochklettern hatte er es mit seinen Pranken fast komplett zerstört. Ein Träger baumelte irgendwo da, wo er nicht hängen sollte, und so saß ich fast oberkörperfrei am Tisch.

Lea schaute mich irritiert an und zog skeptisch die Nase hoch.

»Was denn?« Ich musste wirklich sehr verwaist ausgesehen haben. Oder sah man gerade meinen Nippel? Wahrscheinlich eins von beiden.

Lea saß mit mir bei Alex und Michi am Tisch und hatte gerade Michi ihre Telefonnummer gegeben. Auch Lea war natürlich verkleidet. Sie trug ein helles Kleid mit Blumenmustern drauf und einen Haarreif, den sie aus Blättern zusammengeflochten hatte. Sie sah umwerfend aus. Im Gegensatz zu mir…

»Wieso hast du überall Dreck in deinem Gesicht?«

»Ist das nicht offensichtlich?«

»Nö!«

»Ich bin Mogli aus dem Dschungelbuch. Und da hinten ist Baghira.« Ich deutete zu Flo, die als schwarzer Panther verkleidet war und sich Schnurrhaare ins Gesicht gemalt hatte. Sie winkte uns von der Feuerstelle zu und tat so, als ob sie uns kratzen wollte. Sie hatte sich passend zum Kostüm ihre Nägel extra schwarz lackiert.

»Miau!«

»Hey Flo!« Lea winkte ihr zurück.

»Und als welche Figur hast du dich verkleidet?« Ich schaute Lea neugierig an.

»Kreativ, oder?« Stolz richtete sie ihren Haarreif auf dem Kopf und bügelte mit der Hand über ihr Kleid. Ich überlegte fieberhaft. Um ehrlich zu sein, hatte ich nicht den Hauch einer Ahnung, aus welchem Disney-Film ihre Figur kam und als was sie sich verkleidet hatte.

»Mega, fast besser als das Original-Kostüm im Film.« Ich lächelte ihr bestätigend zu. Ich hatte echt nicht den Hauch einer Ahnung. Ich wollte sie gerade nach dem zweiten Hauptdarsteller im Film fragen, um vielleicht so auf ihre Disney-Figur zu kommen, da ertönte auf einmal lautes Gelächter am Tisch hinter uns.

»Oh nein, Daniel!«, sagte Anna lachend Richtung Tür. Sie saß neben Johnny, der sich als Johnny verkleidet hatte und das weiße Shirt trug, das er eigentlich immer trug, und konnte sich bei Daniels Anblick kaum einkriegen vor Lachen. Daniel war gerade gekommen und zog die Aufmerksamkeit aller auf sich. Ich hatte mich schon die ganze Zeit gewundert, wo er war. Zu spät zu kommen passte nicht zu ihm, vor allem wenn es Essen gab. Er war einer der fleißigsten Volontäre und übernahm teilweise sogar Koordinator-Aufgaben. Er hatte so etwas wie einen Sonderstatus auf der Farm. Als ich ihn in der Tür in seinem Kostüm erblickte, wusste ich, warum er so lange gebraucht hatte. Er hatte sich als Olaf verkleidet. Schneemann Olaf aus dem Disney-Film „Die Eiskönigin". Er trug ein weißes Nachthemd, auf dem schwarze Knöpfe angebracht waren. Auch die Möhre fehlte nicht und rundete sein Olaf-Kostüm perfekt ab.

»Alda, Daniel, geil!«, zog Jessis anerkennend ihren Hut und sprach das aus, was jeder dachte. Schon letzte Woche hatte er als Möhre verkleidet, die Blicke beim Obst- und Gemüseabend auf sich gezogen und seinen Ziehsohn Enrico ganz verrückt gemacht. Er setzte sich mit seinem weißen Nachthemd zu Sahra an den Tisch und begann, den Burger zu essen, der in Alufolie serviert wurde. Dazu gab es lauwarme Pommes. Auch diesmal dauerte es nur wenige Sekunden, bis Enrico die angeklebte Möhre an seinem Körper entdeckte, interessiert auf ihn zu flitzte, um dann wenig später mit der erbeuteten Möhre in der Hand wegzurennen.

Ich drehte mich von den beiden zurück zu Lea. Ich hatte mir vorgenommen, sie um ein Date zu fragen, wenn ich ihre Abinote erfahren sollte. So als Motivation, um die Note auch wirklich zu erfahren. Quasi als Mittel zum Zweck. Es ging mir also nicht um die Scheißnote. Mir ging es nur um ein mögliches Date. Stichwort Afrika-Lovestory und so. Wenn ich mit ihr die Safari machen würde, dann würde sich vielleicht mehr als eine Freundschaft ergeben...

»Du Lea, ich habe mal eine Frage.«, sagte ich verlegen.

»Ich sag dir meine Note nicht, vergiss es!«

»Nein, jetzt lass mich doch erst mal ausreden. Nächste Woche fahren wir beide zurück nach Windhoek. Dann sind wir ja die Leaver.«

»Ich will gar nicht daran denken.« Sie schaute mich traurig an und schniefte ein paar Mal.

»Alex und Michi haben mir erzählt, dass du nächste Woche nicht direkt nach Hause fliegst, sondern noch eine Tour durch Namibia machst.«

»Möchtest du etwa mitkommen?« Sie strahlte mich begeistert an.

»Johnny überlegt auch schon mitzukommen.«

»Ach, fährt Johnny doch schon nächste Woche zurück? Ich dachte, er wollte noch eine Woche verlängern wegen Anna.« Wir blickten zu den beiden, die sich gerade eine Zigarette am Tisch teilten.

»Ne, doch nicht. Er hatte ja schon mal seinen Aufenthalt verlängert, aber nächste Woche fährt er definitiv zurück.«

»Und er überlegt, auch mitzukommen?«

„Ja. Das wäre so toll, wenn wir drei zusammen noch weiterreisen, oder? Wir drei auf einer Safari – Hammer!«

»Was ist das denn genau für eine Safari-Tour? Sind da überhaupt noch Plätze frei?« Lea nickte.

»Da sind noch genau fünf Plätze frei. Ich habe extra heute noch mal nachgeschaut. Ich habe echt gedacht, dass ich die Safari vielleicht allein machen werde. Aber wenn ihr jetzt noch mitkommt…« Lea grunzte vergnügt. Sie zückte ihr Handy und öffnete die Seite der Organisation, die die Tour durchführen würde. »Warte, ich schick dir mal einen Link.«

Es stellte sich heraus, dass Lea zukünftig auch gut in einem Reisebüro arbeiten konnte. Sie ratterte ein überzeugendes Argument nach dem anderen runter und machte mich richtig heiß auf die Safari. Auch wenn sie für mich als Person natürlich das überzeugendste Argument war. Sie selbst war schon richtig Feuer und Flamme und ging förmlich auf beim Sprechen.

»Hast du Wilddogs gesagt?«

»Ja, du Eumel, so heißt die Organisation. Wilddog Safaris. Die bieten geführte Touren durch ganz Namibia an. Die, die ich gebucht habe, dauert zehn Tage und heißt Namibian Explorer Camping.«

»Aber ich habe gar kein Zelt dabei.« Das verstaubte ja gerade Zuhause irgendwo vor sich her.

»Ist nicht schlimm!«, unterbrach sie mich. »Zelte werden gestellt. Du brauchst nur einen Schlafsack. Da, schau mal.« Sie zeigte mir ein Bild auf der Homepage, auf dem ein Zelt zu sehen war, das vor einem großen Safari-Bus stand.

»Ich habe mir vor ein paar Tagen mal alle Campingplätze und Unterkünfte angeschaut. Richtig cool! Die sind mitten in der Wüste oder in irgendwelchen Nationalparks gelegen. Nur in Swakopmund übernachten wir in einem Hotel. Die meisten Campingplätze haben auch einen Pool. Da schau mal.«

»Pool klingt immer gut!«

»Auf einem Campingplatz gibt es sogar ein Klo mitten im Busch. Da gibt es nur Vorhänge statt Türen. Richtig witzig. Da brauchst du nicht lüften.« Sie fing an zu lachen.

»Und wie sieht es mit Essen aus?« Ich schaute auf meinen Teller. Während Schneemann Daniel seinen Burger schon längst verputzt hatte, lag meiner noch auf dem Teller. Er war kalt und ganz durchgeweicht. Die labbrigen Pommes waren auch nicht so nach meinem Geschmack. Schon nach dem ersten Bissen hatte ich beschlossen, mir später im Restaurant noch ein Sandwich zu bestellen und den Teller beiseitegeschoben.

»Da ist extra ein Koch dabei.«, sagte Lea und klaute mir eine Pommes vom Teller. Sie zeigte mir ein Bild, wo ein Mann vor einer Düne stand und grinsend einen Kochlöffel in die Kamera hielt. Hoffentlich kann er besser Pizza backen als der Koch hier auf der Farm. Ich dachte an die Pizza vom Vortag. Sie lag mir noch immer quer im Magen. Der Teig war nicht durch gewesen und wir vermuteten, dass das Hackfleisch von irgendeinem Esel stammte. Beim Gedanken an den Eselskopf von der AM-Tour krampfte sich mein Magen wieder zusammen.

»Sehen wir auf der Safari auch Tiere?«

»War die Frage jetzt ernst gemeint?«

»Nein!«

»Gut! Im Etosha-Nationalpark kann man super Wildtiere beobachten. Da sind überall Wasserlöcher, an denen sich die Tiere zum Trinken sammeln. Nicht nur langweilige Gnus und Antilopen. Elefanten, Löwen, Zebras und Leoparden sollen in dem Park leben. Sogar Nashörner.« Ich dachte an das Nashorn, das ich in Johannesburg auf dem Werbeplakat gesehen hatte. Hatte ich mir damals nicht schon vorgenommen, irgendwann bei Gelegenheit eine Safari zu machen? War das nicht gerade die Möglichkeit dazu? Ich lenkte meinen Fokus wieder auf Lea, die munter weiterquatschte.

»Also, auf den Etosha-Park freue ich mich schon richtig. Und auf die ganzen Sonnenuntergänge.« Wie romantisch, dachte ich. »Ach ja: Zu der höchsten Sanddüne der Welt fahren wir natürlich auch. Und nach Swakopmund.« Etosha? Swakopmund? War da nicht mein Nachbar Wolfgang mit seiner Frau Melanie gewesen, als er in Namibia Urlaub machte? Sollte ich bei Gelegenheit nicht unbedingt dahin? Mmh...

»Das ist so ein Küstenort in Namibia direkt am Ozean. Zu dieser Jahreszeit soll man da Seehunde beobachten können. Tausende! Hörst du? Tausende Seehunde! Ich kann es kaum abwarten, die zu …«

»Ich bin dabei!«, unterbrach ich Lea. »Ich komme mit. Du hast mich überzeugt.« Ich grinste. So spontan hatte ich noch nie in meinem Leben eine Entscheidung getroffen. Sonst brauchte ich ja ein paar Brustklopfer dafür. Leas Vorfreude auf die Safari war ansteckend. Die Aussicht, mit ihr noch weiter Zeit zu verbringen und auf einer Safari Namibia zu erkunden, klang mehr als verlockend.

»Echt?« Sie schaute mich mit großen Augen an.

»Ich bin dabei!« Ich lächelte.

»Wie schön!« Sie quiekte vergnügt. Allein sie jetzt so strahlen zu sehen, war meine Entscheidung schon wert gewesen. »Wir müssen das aber dann ganz schnell planen. Am besten buchen wir alles morgen in der Mittagspause. Du musst deine Flüge umbuchen, die Reise buchen und, und, und … Vielleicht kriegen wir ja Johnny noch überzeugt, dann sind wir schon zu dritt und eine witzige Truppe. Das wird richtig gut. Ich kann es kaum abwarten.« Ich wollte ihr gerade zustimmen, als plötzlich Edlin in seinem Kostüm in der Tür erschien und wie schon Olaf-Daniel alle Blicke auf sich zog.

»Oh Gott!«, stammelte Alex und trank einen großen Schluck aus seiner Bierdose. Er konnte nicht glauben, was er da sah.

»Hi, ich bin SpongeBob-Edlin. Wie findet ihr mein Kostüm?« Er drehte sich mehrmals um die eigene Achse und schaute erwartungsvoll in unsere lachenden Gesichter. Edlin trug einen gelben Karton um seinen Körper, auf den er die Krawatte und Hose von Spongebob gemalt hatte. Seine Haut war gelb angemalt. Auch seine hautenge Leggings war entengelb. Wahrscheinlich hatte er sich die bei McKenzie geliehen. Jener McKenzie – er war nicht verkleidet und als Harry Potter gegangen – war neben Alex der Erste, der Edlins Outfit kommentierte:

»Äädlin, SpongeBob is not Disney…«

»Sei still, Harry Potter!« Nachdem Edlin seinen Mittelfinger, es müsste der mittlere Finger gewesen sein, wieder eingefahren hatte, gesellte er sich zu Dossie und Eugene an die Feuerstelle. Was ein Abend, dachte ich mir und schaute zu Lea. Opportunities will present themselves...

Fliegendes Erdmännchen
Bowen

(Chapter Sixteen)

Georg hatte leider doch mit seiner Wettervorhersage vor dreieinhalb Wochen richtig gelegen. Es regnete schon seit Tagen auf der Farm. Während die ersten drei Wochen von Sonnenschein und glasklaren Sternennächten geprägt waren, bestand die letzte Woche zum überwiegenden Teil aus dunklen Wolken, heftigen Regenfällen und Unwettern. Der viele Regen stellte dabei die Gemütslage aller auf eine harte Probe und hinterließ überall seine Spuren. Auch heute…

Der Schotterweg von der Village zur Farm hatte sich in eine reine Wasserstraße mit tiefen Pfützen verwandelt. Auch die FoodPrep stand teilweise wie der Schotterweg komplett unter Wasser. Auch jetzt wurde sie zum wiederholten Male von einem reißenden Bach geflutet und aufgesucht. Es war Nachmittag und der Regen donnerte auf das Dach der Futtervorbereitungsstation, unter dem sich alle Volontäre und Koordinatoren gerade versammelt hatten. Brutus und Beati hatten derweil auf einem Hundefuttersack ein trockenes Plätzchen für sich gefunden. Von dort aus beobachteten sie uns neugierig, wie wir mit unseren Regenjacken eng beisammenstanden und bedröppelt dreinschauten. Als wäre sieben Tage Regenwetter…

Wie die meisten hatte ich meine Kapuze tief ins Gesicht gezogen, um wenigstens ein bisschen Schutz vor dem peitschenden Regen zu finden. Jetzt zahlte sich doch aus, dass ich vor dem Abflug Decathlon noch einen Besuch abgestattet hatte. Rückblickend wäre jedoch die Jacke für ein paar Euro mehr sinnvoller gewesen. Meine Haare waren pitschepatschenass und mein ganzer Körper durchnässt. Mit Pauline und Jessi war ich vor wenigen Minuten bei strömendem Regen noch zu den Erdmännchen gelaufen. Dossie hatte uns den Auftrag gegeben, dass die Farmchefin unbedingt ihre kleinen Lieblinge mit warmen Decken vor der nasskalten Nacht ausstatten wollte. Machte für mich auch total Sinn, da Erdmännchen in der freien Natur ja auch Decken in ihren Höhlen regelmäßig nutzen, austauschen und zur Wäscherei bringen.

Die Erdmännchen hier konnten ihre Freude kaum zurückhalten, als wir ihnen die nasskalten Decken im Regen vorbeibrachten. Die Decken waren nass, wir waren nass und die Erdmännchen froren sich beim Draufliegen einen ab. Alle Beteiligten hatten also von der Aktion profitiert. Super!

Auch wenn Eugene erzählte, dass der Regen wichtig für Namibia sei, vor allem für Farmer und Bauern, sehnten wir uns alle wärmere Temperaturen und Sonne herbei. So langsam wurde es nämlich bei allen eng. Zumindest, was frische Socken und Unterwäsche anging. Während wir T-Shirts, Pullis und Hosen an Waschtagen, sogenannten „Laundry-Days", in der Waschküche zum Waschen abgeben konnten, waren wir für unsere Unterwäsche und Socken selbst zuständig. Die nassen Socken und benutzten Unterhosen stapelten sich mittlerweile nur so auf einem Haufen in meiner Hütte und gaben neben den nassen, müffelnden Schuhen einen herrlichen Geruch ab. Wirklich jeder hatte mit dem Gestank in seinem Zimmer zu kämpfen. Vor allem die Vierer-Zimmer traf es dabei geruchstechnisch besonders hart, weswegen ich schon recht froh war, dass in meinem Zimmer nur Wäsche von zwei Personen vor sich hin faulte. Zwei Personen? Exakt! Seit gut zwei Tagen bildeten McKenzie und ich wieder die alte WG in unserer Hütte. Hendrik war zu Christina in die Hütte gezogen, was McKenzie ziemlich persönlich nahm. Immer wieder musste ich ihm am Umzugstag verklickern, dass Hendriks Auszug nichts mit seinen Blähungen und lauten Morgengeräuschen zu tun hatte, sondern vielmehr mit der Tatsache, dass Christina und Hendrik ein Paar geworden waren und er deshalb unsere Hütte verließ. Der Liebe wegen.

Jene Christina stand jetzt neben mir in der FoodPrep. Doch von Glücksgefühlen war bei der Frischvergebenen weit und breit keine Spur. Entweder schaute sie wegen des Wetters so bedröppelt drein oder wegen Hendriks stinkenden Socken. Wahrscheinlich wegen beidem.

»Okay, guys.«, unterbrach mich Dossie in meinen Gedanken. »First of all: Danke für eure Arbeit heute! Ihr habt dem Regen getrotzt und alles abgearbeitet, was wir heute morgen besprochen haben. I really appreciate that. Ich weiß, dass das Wasser uns allen zu schaffen macht, aber…« Sie schaute in unsere nassen Gesichter. Bei allen hing der Mundwinkel recht weit unten. Jeder sehnte trockene Socken herbei.

»Der Regen ist wichtig für uns. Für Afrika, für die Tiere und Pflanzen. Wir brauchen den Regen!« Sie lächelte. So richtig Euphorie kam durch ihre Worte jetzt nicht unbedingt auf. Good for the animals - na und? Ich dachte an die Gnus, die ich heute in der Pause am Wasserloch gesehen hatte. Sie sahen ja schon so bescheuert aus, aber heute hatten ihrer Gesichtszüge nochmal eine neue Dimension erreicht. Bedröppelt standen sie am Wasserloch unter einem Baum in einer Reihe beieinander und suchten Schutz vor dem peitschenden Regen. Ihren langen Gesichtern zufolge hatten sich die Gnus wirklich richtig gefreut über den Regen. Doch, doch…

»Dossie, Dossie?« Eine krächzende Stimme war plötzlich aus Dossies Walkie-Talkie zu hören. Ich wusste sofort, wem diese Stimme gehörte. Ich schaute instinktiv in Jessis Richtung. Hatten wir etwa eine Decke im Waschraum vergessen mit zu den Erdmännchen zu nehmen? Wahrscheinlich gab es jetzt Ärger…

»Guys, es geht um die Decken bei den Erdmännchen. Die sind nass!« Ach echt? Kann schon mal vorkommen, wenn man sie durch den Regen zu den Gehegen trägt. Ich blickte an Dossie vorbei und stellte fest, dass Übeltäter Regen noch mal einen draufgesetzt hatte. Die Regenrinne war wirklich heillos überfordert mit den ganzen Wassermassen. Wie bei einem Wasserfall schoss das Wasser an der Hauswand vom Dach runter. Gerade noch so konnte ich einen meiner Flip-Flops am Wegschwimmen hindern.

»Sie möchte, dass alle Erdmännchen und Mangusten in den Rattenraum gebracht werden. Da ist es trocken und sie können nicht ertrinken. Am besten nehmen wir für den Transport die große Transportbox. Sie müsste irgendwo im Rattenraum stehen. Die Blaue...« Wir alle schauten sie entgeistert an. Nicht, weil die Box blau war und nicht grün. Vielmehr wegen der anderen Sache, die sie gesagt hatte. Auch ich tat mich schwer, eins und eins zusammenzuzählen:

Starkregen + Erdmännchen = Ertrinken? Ich wusste nicht, ob Dossie das ernst meinte. Auch Joschka schüttelte mit dem Kopf. Natürlich war es stark am Regnen, ja, aber ich hatte noch nie gehört, dass in der freien Wildnis nach starken Regenfällen häufig ertrunkene Erdmännchen aus den Höhlen gespült wurden, weil sie nicht schlau genug waren, sich vor den Wassermassen in Schutz zu bringen. Die sind doch nicht doof!

»Ernsthaft, Dossie?«

»Was soll ich machen, Joschka?« Dossie zuckte mit den Schultern. »Sie ist der Boss und möchte das so.«

Noch nie war ich in Afrika so am Rennen gewesen. Doch nicht nur ich rannte im strömenden Regen kopfschüttelnd zu den Erdmännchen. Alle Volontäre rannten, denn es war ja schließlich Eile geboten. Immerhin ertranken die Erdmännchen gerade in ihren Gehegen. Tatsächlich stand das Erdmännchengehege komplett unter Wasser. Obwohl... Bis auf den Erdmännchenbau. Der Bau, Heimat und Schlafplatz der kleinen Racker, stand trocken unter einem Holzdachgerüst. Er konnte praktisch gar nicht mit Wasser vollaufen, da er ja extra auf einer Erhöhung errichtet war. Da hatte also jemand beim Bauen mitgedacht. Die Erdmännchen lebten dank des Ingenieurs also noch. Neugierig und lebendig wie eh und je schauten sie mit ihren Stupsnasen aus dem Bau und beobachteten uns dabei, wie wir die Transportboxen über die Mauer hievten und in ihr Gehege trugen. Sie wunderten sich sicher auch über die ganze Hektik der Menschen. Mensch, ist doch nur ein bisschen Regen...

Insgesamt gab es vier Gehege. Drei mit Erdmännchen und eins mit Mangusten, die es jeweils vor dem vermeintlichen Ertrinken zu retten galt.

»Seid vorsichtig mit Bowen!«, sagte Devi, der von außen jeden Transport koordinierte. Es dauerte eine Weile, bis alle Erdmännchen und Mangusten eingefangen waren und sich im trockenen, sicheren, regengeschützten Rattenraum wiederfanden. Durchnässt, aber erleichtert, dass der Transport ohne Zwischenfälle und Beißattacken verlaufen war, stand ich mit einigen Volontären im Rattenraum und beobachtete, wie die Erdmännchen neugierig ihre neue Unterkunft beschnupperten.

»Guckt euch mal Bowen an.«, lachte Marlene und zeigte auf ein Erdmännchen am Boden. Bowen war noch immer stinksauer wegen des regenbedingten Umzugs und tigerte wild in seinem provisorischen Holzkäfig auf und ab. Wahrscheinlich suchte er nach irgendwelchen Schlupflöchern und Fluchtwegen. Während seine Freunde und Geschwister mit neugierigem Blick die neue Unterkunft untersuchten, fletschte er nur seine Zähne und kickte wütend den leeren Futternapf um. Devi hatte uns nicht ohne Grund vor ihm gewarnt. Bowen war berühmt und berüchtigt für sein Alphagehabe, seine Ego-Probleme und Beißattacken. Immer wenn man zu ihm ins Gehege ging, musste man vorher einen kleinen Käfig über seinen kleinen, testosterongeladenen Körper stülpen, damit er einem nicht die Venen durchbeißen konnte. Auch wenn er keine blauen Eier hatte, hatte er doch die größten auf der Farm. Vor ihm hatte jeder Respekt, auch wenn er mit seiner feuchten Stupsnase noch so süß aussah. Ich würde sogar so weit gehen und behaupten, dass bei einem Käfigfight Amanda, Bobsi und Jacobi keine Chance gegen Bowen gehabt hätten. Auch nicht als Trio beim Kampf drei gegen einen. Wie Obelix mit den Römern hätte er den drei Pavianen wahrscheinlich nacheinander den Schädel eingehauen und sie dann im hohen Bogen durch die Luft fliegen lassen.

»Kann mir einer sagen, warum wir die Erdmännchen erst mit Decken versorgen sollten, um sie dann zehn Minuten später aus den Gehegen zu tragen?« Pauline hatte eine klitschnasse Decke in der Hand, die sie zum Trocknen kopfschüttelnd über ein Geländer hängte. »Das macht für mich alles so gar keinen Sinn, wenn ihr mich fragt.«

»Es macht absolut keinen Sinn.«, pflichtete ich ihr bei. »Habe ich dir vorhin ja schon gesagt, als wir die Decken zu ihnen gebracht haben.«

Marlene streichelte gerade eine Manguste am Rücken.

»Ich bin mal gespannt, ob wir die nicht heute noch zurücktragen müssen. Jetzt regnet es ja nicht mehr so stark.« Die Manguste auf ihrem Arm piepte vergnügt.

»Oh nein, Leute! Wir haben vergessen, den Futternapf aus Bowens Käfig zu holen. Wir müssen da ja noch Essen für die Nacht reinmachen.« Pauline schaute zu Bowen, der den Napf zum bestimmt tausendsten Mal durch den Käfig geschleudert hatte. »Bowen, jetzt beruhig dich doch mal! Ist doch alles gut! Leute, was machen wir denn jetzt? Wir brauchen den Futternapf doch.«

»Bitte?«

»Oh, sorry Flo! Der Futternapf ist noch im Käfig bei Bowen.«

»Scheise!« Flo brachte es auf den Punkt. Es war wirklich scheise, schließlich brauchten wir den Napf. Das Abendessen für die kleinen Racker wurde gerade in der Küche vorbereitet und war sicherlich in wenigen Minuten bereit zur Abholung. Ich hatte den Funkspruch schon in den Ohren: Dossie, Dossie? Bitte Erdmännchen mit Decken wegen Unterernährung in die Küche bringen!

»Pauline, gib mir mal bitte die beiden Stöcke da.« Ich hatte eine Idee. In einer Ecke hatte ich zwei lange Stöcke entdeckt, die mich bei meinem Vorhaben unterstützen konnten. Vielleicht gab es doch noch eine Chance, an den Napf zu kommen, ohne sein Leben zu riskieren.

»Meinst du die?«

»Ja, genau die.« Ich nahm die Stöcke und legte sie zu einer Art Zange zusammen.

»Könnte klappen...«, murmelte ich, als ich die beiden Stöcke mit meinen Händen hin und her bewegte.

»Was hast du vor?« Ich weihte sie in meinen Plan ein.

»Hört zu: Wie machen gleich das Gitterdach von dem Holzkäfig auf und ...«

»Du spinnst doch!«, unterbrach mich Marlene. »Dann springt uns Bowen doch sofort an die Gurgel. Und nicht nur uns, sondern auch dieser süßen Manguste hier. Das lass ich nicht zu! No way!« Sie streichelte mit besorgtem Blick die Manguste am Rücken.

»Deswegen müsst ihr ja Bowen ablenken, Marlene. Wir schieben das Gitterdach ja nur auf meiner Seite weg. Während ich mit den Stöcken versuche, den Futternapf rauszuangeln, lenkt ihr Bowen ab. Sobald ich den Futternapf in meinen Händen halte, zieht ihr das Gitter wieder zurück. Die Stöcke müssten lang genug sein, um damit den Napf rauszufischen. Ihr müsst nur Bowen im Auge behalten und ablenken, okay? Das ist euer Job. Einen Versuch ist es wert. Er darf mich nur bei dem einen Versuch nicht entdecken!«

»Okay gut, aber pass auf!«, sagte Pauline.

»Ja, ich geh ja nicht mit den Händen in den Käfig. Bin ja nicht lebensmüde.«

Marlene setzte ihren Schmusemangusten in seinem Gehege ab und begann gemeinsam mit Pauline damit, das Gitterdach ein wenig in deren Richtung zu ziehen. Durch ihr Schieben wurde die Seite bei mir wie geplant frei. Sie hatten das Gitter noch gar nicht richtig berührt, da stellte sich Bowen schon zähnefletschend auf seine Hinterbeine, um die beiden besser beobachten zu können. Perfekt: Der erste Teil meines Planes ging schon mal auf. Bowen war abgelenkt. Jetzt war ich mit dem zweiten Teil des Plans dran. Vorsichtig ließ ich beide Stöcke in das offene Gehege gleiten. Zu dumm nur, dass ich mit dem linken Auge nicht Bowen und mit dem rechten gleichzeitig den Napf anvisieren konnte. Ich musste abwechselnd immer wieder zu Bowen und dann wieder zum Futternapf schauen, sodass es ziemlich langsam voranging. Es war echt eine schweißtreibende Angelegenheit. Keiner sagte mehr was. Leise näherte ich mich mit den Stöcken dem Futternapf. Bowens Mitbewohner hatten mich schon längst bemerkt. Sie lagen allesamt auf dem Bauch und beobachteten vom Boden interessiert meine Bewegungen, während Bowen auf der anderen Seite mit Pauline und Marlene beschäftigt war. Immer wieder donnerte er wütend mit seiner Schnauze gegen das Gitterdach, sodass es im Raum richtig hallte. Wahrscheinlich zuckte auch Jacobi bei den Geräuschen in seinem Gehege gerade zusammen. Dieses Erdmännchen war echt krank. Das musste doch wehtun an der Nasenspitze.

Ich hatte den Futternapf mit den Stöcken erreicht und schob ihn ein wenig gegen die Holzwand. Vorsichtig richtete ich ihn auf, um ihn besser greifen zu können. Es stellte sich heraus, dass das mit dem Greifen gar nicht so einfach war. Der Futternapf war noch nass vom Regen und glitschte mir beim Hochheben immer aus den Stöcken. Es war wie beim Sushi-Essen. Auch da fielen mir die Sushi-Makki immer von den Stäbchen. Wie ich es auch anstellte, ich bekam diesen verdammten Napf nicht in die Luft gehoben. Ich unternahm einen letzten Versuch. Vorsichtig zog ich die Stöcke samt Futternapf zu mir. Es klappte. Der Napf kam immer näher. Mein Plan ging auf. Wahnsinn! Was war ich nur für ein cleveres Kerlchen... Gedanklich ging ich schon mal meine Rede durch, die ich nachher unter tosendem Beifall vor allen anderen Volontären halten würde. Doch für Lorbeeren war es noch zu früh. Es fehlten schließlich noch wenige Zentimeter. Ich wollte gerade siegessicher nach dem Napf greifen, als ich auf einmal vor lauter Schreck beide Stöcke samt Napf in den Käfig fallen ließ. Bowen...

»Sileeees, pass auf! Bowen!!!« Ich hatte die Rufe aus Marlenes und Paulines Richtung vor lauter Konzentration zu spät gehört. Zu sehr war ich auf den Napf fokussiert gewesen. Oder auf die Lorbeeren. Bowens Angriff kam wie ein Pfeil aus dem Nichts und erinnerte mich an Amandas Attacke auf Jessi am ersten Tag. Bowen hatte mein wildes Gefuchtel mit den Stöcken am anderen Ende des Käfigs bemerkt und sekundenschnell auf Angriffsmodus geschaltet. Mit schnellen Beinen schoss er wie ein aufgescheuchtes Kaninchen in meine Richtung, nutzte einen Stein als Sprungbrett und verbiss sich nach einem weiten Satz mit seinen scharfen Schneidezähnen in meiner Hand. Ich wusste gar nicht, wie mir geschah. Erst als ich einen stechenden Schmerz in meiner Hand verspürte und sah, wie Bowen dort mit wütendem Blick hin und her baumelte, wusste ich, was los war. Ich ließ einen lauten Schrei los und damit die beiden Stöcke samt Futterschale. Reflexartig warf ich meine Arme nach hinten. Bowen, der bis dahin immer noch nicht losgelassen hatte und mich am handballenhängend immer noch wütend anstarrte, wurde durch meinen Reflex durch die Luft geschleudert. Seine Artgenossen staunten nicht schlecht, als er nach einem langen Flug durch die Luft einige Meter hinter mir mit allen Vieren auf dem Boden landete. Hätten sie Schilder zur Hand gehabt, dann hätten sie seine Drehungen, Schrauben und Haltungsnoten in der Luft bestimmt mit einer sauberen Zehn bewertet. Mein Gekreische ebenfalls...

»Ahh fuck, fuck, fuck, fuck, fuck tut das weh! Fuck, ahhh!« Fluchend schüttelte ich meine Hand hin und her. Sie pochte wild vor Schmerz. Mit schmerzverzerrtem Gesicht schaute ich auf die Stelle, wo Bowen zugebissen hatte. Ein tiefer Bissfleck zierte dort bereits meinen Handballen. Die Wunde war tief und man konnte bereits beobachten, wie sich das Blut langsam seinen Weg ins Freie suchte. Es war nur eine Frage der Zeit, bis sich meine Hand in einen Vulkan verwandelte und wild Lava spuckte.

»Siles, was ist passiert?« Pauline war herbeigeeilt, während Flo und Marlene irgendwie versuchten, den ebenfalls unter Adrenalin und Schock stehenden Bowen wieder einzufangen.

»Fuck, das tut so weh! Ah, so ein Mist!« Das Blut hatte mittlerweile die Oberfläche meiner Hand erreicht. Blut tropfte auf den Boden im Rattenraum, während ich am ganzen Körper zitterte. Der Schmerz war kaum auszuhalten.

»Shit! Geh das lieber schnell desinfizieren, bevor die Wunde sich entzündet. In der FoodPrep ist Desinfektionszeug.« So schnell, wie ich vor wenigen Minuten noch zu den Erdmännchen gelaufen war, lief ich vom Rattenhaus rüber zur FoodPrep. Ich bahnte mir einen Weg durch die vielen Regenjacken zur Abstellkammer. Hastig suchte ich im Erste-Hilfe-Beutel nach dem Desinfektionsspray. Pflaster und Tücher flogen auf den Boden, bis ich es endlich fand. Es war natürlich ganz unten. Getreu dem Motto „viel hilft viel" sprühte ich es auf meine Wunde, dass es nur so zwiebelte. Immer wieder schaute ich auf die Wunde, bis mir auf einmal schwarz vor Augen wurde und ich zusammensank.

»Siles, alles okay?«, sagte Anna mit nervöser Stimme. »Mist, Sileees! Sag doch was!« Ich reagierte nicht. Ihre Stimme und die anderen „Silees, are you okay?"-Rufe hörte ich nur ganz gedämpft und leise. Weit weg waren sie.

»Fuck, schaut euch mal seine Lippen an. Die sind kreidebleich!«

»Siles, was ist passiert?« Langsam wurden die vielen Stimmen um mich herum wieder lauter. Devi kniete sich zu mir auf den nassen Boden. Ich hatte die Beine weit von mir ausgestreckt und saß mitten in einer Pfütze.

»Siles, my friend. Kannst du mich hören? Was ist passiert, Bro?« Ich öffnete langsam meine Augen. Es dauerte einen Moment, bis sie sich an das helle Licht gewöhnten. Zitternd streckte ich Devi meine Hand entgegen.

»Fuck!« Ich schloss erschöpft meine Augen. Mir war gerade richtig schwindelig und mein Kreislauf war alles andere als intakt. Ich atmete tief ein und aus und versuchte so, irgendwie die Kontrolle über meinen zitternden Körper zu bekommen. Es dauerte eine ganze Weile, bis ich wieder in der Lage war zu sprechen und die anderen meine Sätze verstehen konnten.

»Sag nochmal…«

»Ich bin okay, Devi. Brauch noch ein paar Minuten.«

»Wer hat dich gebissen?«

»Bowen.«

»Shit!«

Dossie war in der Zwischenzeit herbeigeeilt. Mit besorgtem Blick schaute sie mich an, wie ich wie ein Häufchen Elend auf dem Boden saß.

»Siles, my friend. Was machst du nur für Sachen? Wie geht es dir?«

»Wird schon wieder, Dossie.«

»Du brauchst ein bisschen Zucker für den Kreislauf. Möchtest du eine Cola haben?« Ich nickte und strich mir mit der Hand durch die Haare. Sie waren klitschnass. Ich merkte, wie mir langsam kalt wurde. War auch kein Wunder. Schließlich saß ich ja immer noch in der Pfütze am Boden. Meine Hand war derweil richtig heiß geworden. Vor Adrenalin pochte und brannte sie, was das Zeug hält.

»Hier, nimm!« Ich schaute zu Anna. Sie reichte mir ein Gummibärchen.

»Fruchtzucker. Das hilft!«

»Danke, Anna!« Ich nahm das Bärchen entgegen und jonglierte es eine Weile auf meiner Zunge im Mund hin und her. Ich hatte wohl seit Jahren kein Gummibärchen mehr gegessen, doch es half auf jeden Fall. Dossie brachte mir die Cola und nach einigen Schlucken und einem zweiten Goldbären war ich in der Lage langsam aufzustehen. Meine Beine schlotterten und zitterten. Wie ein neugeborenes Rehkitz torkelte ich ein paar Schritte durch die FoodPrep Richtung Futtersäcke. Ich wollte mich einfach nur noch hinlegen.

»Alda, Zilas, was machst du nur für Sachen?« Jessi schüttelte den Kopf. Sie saß mit Lea bei mir und streichelte Beati, die sich ebenfalls zu mir gesellt hatte. Die anderen hatten mit einem Leckerli Brutus vom Futtersack weggelockt, sodass ich dort meine Beine hochlegen konnte.

»Frag Bowen, das hyperaktive, aggressive Vieh.« Wahrscheinlich würde das Lazarett in der FoodPrep gleich um Flo und Marlene reicher werden. Ich fragte mich, ob sie ihn verletzungsfrei einfangen konnten. Auch Enrico hatte mitbekommen, dass es mir nicht so gut ging. Er hüpfte vom nassen Boden auf meine Brust und begann interessiert meine Lippe abzutasten. Ich weiß nicht, ob er mich mit seinem Abtasten trösten wollte. Vermutlich suchte er auch nur meine Lippen nach Cola und dem Goldbären ab. Der Schlawiner hatte bestimmt mitbekommen, wie ich das goldene Bärchen gegessen hatte. Ich streichelte seinen Kopf, während er mich fachmännisch untersuchte.

»Ruh dich noch ein bisschen aus, Zilas. Ich gebe dir nachher eine Creme aus meinem Zimmer. Die habe ich nach Amandas Biss auch genommen. Die hilft, glaub mir.«

»Danke! Jetzt hab ich auch mein ganz persönliches Afrika-Tattoo, haha.«

»So kann man es auch sehen.« Lea lachte und streichelte Beati am

Bauch. Sie schien sich auch Sorgen gemacht zu haben. »Gib Bescheid, wenn du etwas brauchst. Und werde schnell wieder fit! Ich möchte mit dir doch noch eine Safari machen.« Ich mit dir doch auch… Ich nickte und schaute von ihr zu meinem persönlichen Unfallarzt Enrico, der noch immer auf meiner Brust saß. Während Lea mit mir redete, untersuchte er gerade vorsichtig meine Nase und Augenbrauen mit seinen kleinen Fingern. Ich gab ihm einen Kuss auf sein Köpfchen und trank danach einen großen Schluck aus meiner Cola-Dose. Schließlich sollte die Behandlung noch ein bisschen weitergehen…

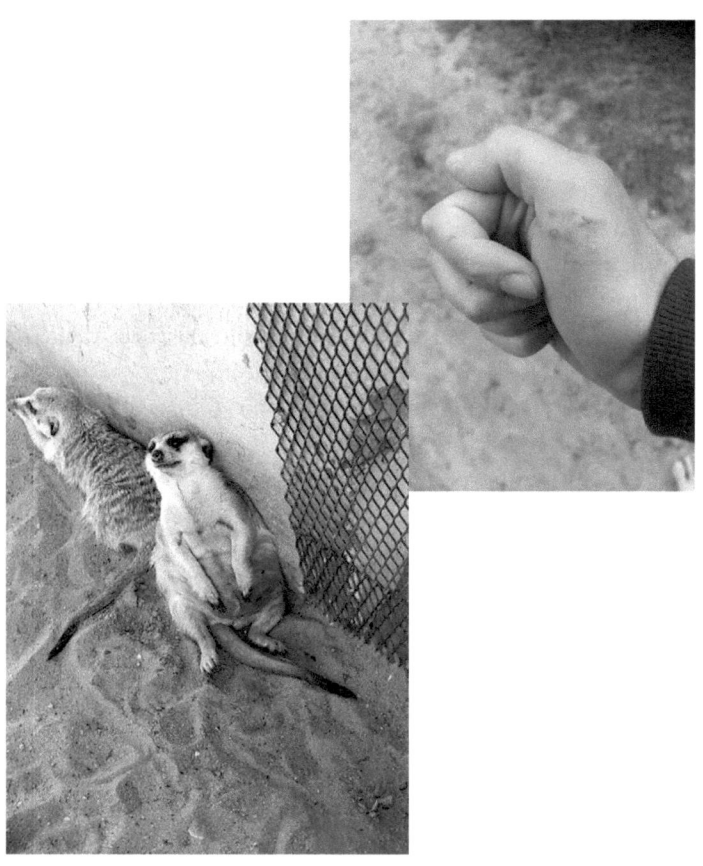

Tränen zum Abschied

(Chapter Seventeen)

Ich schaute zu Dossie. Sie stand einige Meter von mir entfernt auf der großen Farmwiese und konnte ihre Tränen nicht mehr zurückhalten. Eugene stand neben ihr und kramte in seiner Hose nach einem Taschentuch. Auch Enrico waren Dossies Tränen aufgefallen. Schnell eilte er herbei und sprang auf ihre Schulter, um mit seiner Hand die vielen Tränen aufzufangen, die über ihr Gesicht kullerten. Er war wirklich der perfekte Tröster und Dossie lachte, als er ihr ins Gesicht fasste.

Es war Donnerstag und Zeit, Abschied zu nehmen. Von der Farm und von den vielen Menschen. Bei jedem anderen Leaver-Circle hatte ich mich gefragt, wie es wohl wäre, wenn man als Leaver zu den Protagonisten zählen würde. Wie es wohl wäre, wenn alle einen anschauen, in den Arm nehmen und verabschieden. Neben Lea, Johnny und mir traten auch noch Marlene, Adelle, Christina und Hendrik den Rückweg an. Doch während es für die anderen mit dem Flieger zurück nach Deutschland, Österreich und Neuseeland gehen sollte, sollte das Abenteuer für Lea, Johnny und mich hier in Namibia erst richtig losgehen. Alles war organisiert, alles war gebucht. Gleich morgen sollte mit der Safari das nächste spannende Abenteuer starten. Doch so weit war es noch nicht. Noch waren wir auf der Farm. Ich schaute wieder zu Dossie. Jene Dossie, die Marlene, Jessi, McKenzie und mich vor knapp vier Wochen auf der Farm willkommen geheißen hatte. Traditionell richtete sie jeden Donnerstag ein paar Worte an die Leaver, um diese zu verabschieden und ihnen für die harte Arbeit in den vergangenen Wochen zu danken. Den letzten Tag auf der Farm durften wir Leaver noch einmal richtig genießen. Wir waren für keine Arbeit eingeteilt und durften uns aussuchen, was wir unbedingt noch machen oder sehen wollten. Wir alle hatten uns fürs Lion-Roar entschieden. Gemeinsam mit Koordinator Jan waren wir zu den Löwen gefahren und hatten bei einem kühlen Getränk den Sonnenuntergang genossen. Ich hatte Gänsehaut die Löwen dabei zu beobachten, wie sie mit lautem Brüllen auf sich aufmerksam machten und sich gegenseitig bei untergehender Sonne eine gute Nacht wünschten. Allein der Gedanke an diese Kulisse und den Moment, als ich am Boden liegend dem ausgewachsenen Löwenmännchen hinterm Zaun in die Augen schaute - unbeschreiblich. Eins der Highlights der vergangenen vier Wochen. Be a lion, not a gnu...

Nachdem die letzten Sonnenstrahlen hinterm Horizont verschwunden waren, hatte es Jan ziemlich eilig gehabt. Wie ein Wahnsinniger fuhr er mit uns samt Safari-Mobil durch den Busch zurück zur Village. Es war mal wieder Themenabend und wir mussten uns noch verkleiden. Er räumte uns zehn Minuten dafür ein. Dreißig Minuten später konnte er dann den Motor ungeduldig starten und mit siebzig Sachen zur Farm brettern. Dort wurden wir von den anderen Frucht- und Obstsorten schon erwartet. Mit grüner Hose und grellgrünem Nike-Shirt betrat ich als unreife Avocado verkleidet mit den anderen die Bühne. Lea trug eine Hochsteckfrisur und ging als Ananas, während Johnny als Obstpflücker verkleidet genauso aussah wie immer. Jetzt war unser Auftritt als Leaver gekommen. Beim Lion-Roar hatten wir beschlossen, dass wir ein Kurztheater mit Enrico als Hauptfigur aufführen wollten. Die Leaver sollten zum Abschied immer eine Geschichte vortragen, wie die Amarula-Flasche (Amarula ist ein alkoholhaltiges Getränk und wird aus den Früchten des Marula-Baums hergestellt. Die Frucht ist reich an Vitamin C und eine reine Vitaminbombe für Elefanten, die damit ihr Immunsystem boostern.) ihren Weg auf die Farm gefunden hatte. In dem Theaterstück spielte ich als Enrico die Hauptrolle und hüpfte zwischen den anderen hin und her, während Lea als Erzählerin die Story zum Besten gab. Es machte wirklich Spaß, Enrico beim „Enricosein" nachzumachen, wie er Zahnpasta und Kopfhörer klaute, alles in den Mund nahm und eine Runde von Hendrik Huckepack durch die Gegend getragen wurde.

Jener Enrico hüpfte jetzt von Dossies Schultern auf McKenzies, um dessen Brille in Gefahr zu bringen.

»Hilfe, meine Brille! Loss, Enrico! Böser Affe!« Ich musste beim Anblick der beiden lachen. McKenzie duckte sich ängstlich vor dem neugierigen Babyaffen weg, als sei Bobsi hinter ihm her.

»Guys, I am sorry.« Dossies Augen waren vom vielen Weinen ganz rot unterlaufen. »Normalerweise sage ich immer ein paar Sätze, aber heute fällt es mir besonders schwer. Ich bin gerade echt ein bisschen emotional.« Sie drehte sich weg und schnaubte in das Taschentuch, das Eugene ihr gereicht hatte. »Ich hab für jeden von euch einen Abschiedsbrief geschrieben. Für den Fall, dass ich nicht in der Lage bin zu sprechen.« Sie schaute jeden von uns einzeln an und brach wieder in Tränen aus. Ich hatte sie bei keinem Leaver-Kreis so weinen sehen.

»Wir würden uns freuen, wenn wir euch in Zukunft wieder als Newbies begrüßen dürfen.«, übernahm Edlin das Wort. Er lächelte uns zu. Er stand neben seiner Chefin und hielt in der Regel auch eine kurze Rede. Diesmal fiel sie aber besonders kurz aus. Edlin sollte uns zurück nach Windhoek fahren und morgen die neuen Newbies abholen. Er stand also gewissermaßen ein wenig unter Zeitdruck. Lea, Johnny und ich wollten abends mit ihm zum Abschied noch in Windhoek essen gehen. Wir wussten zwar noch nicht, ob das mit dem gemeinsamen Abendessen klappen würde, da Edlin noch einige Erledigungen machen musste, die Eier wurden wahrscheinlich wieder knapp, doch wir nahmen es uns fest vor.

»Abfahrt in zehn Minuten!«, sagte er und drückte auf die Tube. »Haltet gerne die Abschiedsumarmungen kurz.«

»Gib ihnen lieber dreißig Minuten...«, rief Jan ihm zu. »Ist realistischer bei denen...«

Jan hatte einen guten Riecher gehabt. Wir brauchten mehr als zehn Minuten, um uns von allen zu verabschieden. Ich genoss jede einzelne Umarmung und vereinbarte mit jedem ein Wiedersehen. Ich hatte in den letzten vier Wochen so viele neue Freunde gefunden und tolle Menschen kennengelernt. Alle waren mir ans Herz gewachsen. Als ich Dossie umarmte, mussten wir beide lachen. Sie gab mir ihren Brief und ich steckte ihn tief in meine Tasche. Nachdem ich mich von jedem verabschiedet hatte, schnappte ich mir Enrico. Ich streichelte seinen Rücken und drückte ihm einen Kuss auf sein kleines Köpfchen. Dieses kleine Äffchen hatte mir in den letzten Wochen so viel gegeben. Manchmal spielten wir auf der großen Wiese Fangen, kletterten in irgendwelchen Bäumen herum oder teilten uns beim Zähneputzen Zahnpasta. Lea und ich hatten mit dem Gedanken gespielt, ihn einfach mitzunehmen. Doch da unsere Rucksäcke mehr als voll waren, entschieden wir uns schweren Herzens dafür, ihn auf der Farm bei Anna, Jessi & Co. zurückzulassen.

»Mach es gut, du kleiner Scheißer!«, flüsterte ich ihm zu, während er ein letztes Mal meine Mundwinkel auf Essenreste untersuchte. »Und ärgere schön weiter McKenzie. He deserves it. Und keine Gummibärchen!" Mahnend hob ich den Zeigefinger. Enrico schaute traurig. »Kommst du?« Ich schaute von Enrico zu Lea. Sie stand mit dem Brief von Dossie und ihrem roten Rucksack vor mir. Sie hatte leicht gerötete Augen. »Wir müssen noch zum Kiosk und unsere Farmkarte abgeben. Oder hast du schon bezahlt?«

Die Karte. Stimmt, da war ja noch was. Es grenzte wirklich an ein Wunder, dass ich sie während meines Aufenthaltes nicht verloren hatte. Nur einmal hatte ich mehrere Tage nach ihr suchen müssen und hatte sie fast schon im Büro als verloren gemeldet, ehe Flo sie mir an einem Abend zu meiner großen Erleichterung wiedergab. Sie dachte, es sei ihre Karte, weswegen sie sie vom Tisch mitgenommen hatte. Nichtsahnend lief sie dann die ganze Zeit mit zwei Karten herum, während ich fieberhaft die blöde Karte überall suchte und sogar McKenzies und meine Dreckwäsche durchwühlte. Zum Glück hatte ich sie jetzt wieder.

»Ja, ich komme mit. Bye, Enrico!" Ich drückte ihm ein letztes Küsschen aufs kleine Köpfchen.

Lea und ich gingen zum Kiosk und bezahlten unsere Rechnungen. Durch die ganzen Getränkekäufe bei Herman war eine stattliche Summe zusammengekommen. Mir kamen wie Dossie fast die Tränen, als ich die vierstellige PIN meiner Kreditkarte in das Zahlungsgerät eintippte.

»Guys, ich hab zehn Minuten gesagt...« Edlin saß nervös im Bus und streckte seinen Kopf aus der Fahrerkabine, als wir endlich am Bus ankamen. Es war der Bus von der Hinfahrt mit der super Offroad-Federung. Beim Gedanken an die vielen Schlaglöcher konnte ich die Fahrt kaum erwarten. Anna, Jessi, Pauline, Flo und Ham standen Spalier, als wir in den Bus stiegen. Sie winkten zum Abschied, als wir langsam von der Farm rollten. Ein paar Kurven später waren sie zusammen mit dem roten Tor nicht mehr zu sehen. Wir passierten das Gehege von den Vervets, fuhren vorbei am Volontär-Dorf und den Holzhütten, vorbei an Rico und den vielen Gnus, die lange Gesichter machten, als ob es in der vergangenen Woche nur geregnet hätte, ehe wir das grüne Gebäude und die Wasserstelle endgültig aus der Sicht verloren. Nach mehreren Minuten erreichten wir das Eingangstor und bogen auf die staubige Schotterpiste ein. Mir kam es so vor, als wäre die Hinfahrt zur Farm erst gestern gewesen. Während die anderen die Augen schlossen oder aus dem Fenster schauten, öffnete ich den Brief, den Dossie für mich geschrieben hatte. Es dauerte nicht lange, bis ich beim Lesen die ersten Tränen auf meinen Wangen spürte. Mein Ziel, Menschen zum Lachen zu bringen, hatte ich laut Dossie in den vergangenen Wochen das ein oder andere Mal geschafft.

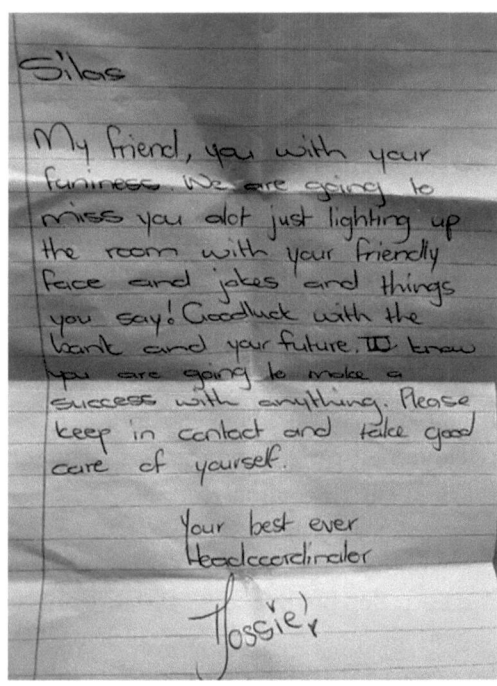

„Entscheidend ist nicht, was Leute denken, wenn sie dich zum ersten Mal sehen. Entscheidend ist vielmehr, was sie über dich denken, wenn du gehst."

Safari is calling

(Chapter Eighteen)

Es war sechs Uhr und ich wälzte mich in meinem Bett von der einen auf die andere Seite. Ich konnte nicht mehr schlafen, doch aufstehen wollte ich auch nicht. Schließlich gab es Frühstück erst in einer Stunde. Zum ersten Mal seit vier Wochen hatte ich ohne Mückennetz geschlafen. Es rächte sich sofort. Mein linker Arm juckte gleich an mehreren Stellen. Ich hockte mich aufs Bett und schloss das Fenster. Das Krächzen des Papageien war nicht auszuhalten. Papagei? Ja, Papagei! Edlin hatte mich gestern bei Tillas Guesthouse abgesetzt. Er hatte auf der Rückfahrt richtig Gas gegeben und nur drei Stunden nach Windhoek gebraucht. Drei Stunden! Wenn man überlegt, dass der andere Fahrer auf der Hinfahrt fast sieben Stunden für die gleiche Strecke benötigt hatte, dann war seine Leistung am Steuer schon bemerkenswert gewesen. Lea und Johnny waren derweil in einer anderen Unterkunft untergebracht. Im Urban-Camp. Und vor allem Lea musste mir natürlich gestern die halbe Fahrt unter die Nase reiben, dass ihre Unterkunft einen Pool hatte und generell viel besser und günstiger war als meine. Ich tröstete mich mit dem Gedanken, dass ich nach der zehntägigen Safari durch Namibia auch eine Nacht in ihrer so tollen Unterkunft verbringen würde, ehe wir gemeinsam nach Kapstadt fliegen sollten.

Den gestrigen Nachmittag hatten wir drei gemeinsam in einer riesengroßen Shopping-Mall verbracht. Ein Einkaufszentrum, das etwas weiter außerhalb von Windhoek lag. Im modern gestalteten Einkaufszentrum – die Architekten hatten hier wirklich alle Arbeit geleistet – gab es bestimmt mehr als fünfzehn Schuhläden. Lea war begeistert gewesen. Es grenzte fast an ein Wunder, dass sie die Shopping-Mall mit nur einem Paar Schuhe verließ. Johnny und ich hatten beim siebten Schuhgeschäft irgendwann aufgehört zu zählen, wie viele Schuhe sie insgesamt schon anprobiert hatte. Auch Johnny wurde in einem Laden fündig. Er kaufte sich Flip-Flops für zehn Euro und Wanderschuhe für die Safari. Ich dagegen gönnte mir nur ein Nashorn, beziehungsweise ein grünes T-Shirt, auf dem ein Nashorn abgebildet war. Dieses Tier faszinierte mich in irgendeiner Weise.

Wir drei verbrachten insgesamt drei Stunden in dem Einkaufszentrum. Wäre es nur nach Lea gegangen, dann wäre sicherlich die ein oder andere Stunde, der ein oder andere Schuh zum Anprobieren noch dazugekommen. Doch zum Glück waren wir ja mit Edlin am Abend zum Essen verabredet. Wir hatten einen Tisch im Joey´s Beerhouse reserviert, eins der bekanntesten Restaurants in Windhoek, und wollten nicht zu spät kommen. Alex hatte vor seiner Abreise von der Speisekarte und dem Ambiente geschwärmt und mir empfohlen, wenn möglich unbedingt dort einmal Essen zu gehen. Er hatte nicht zu viel versprochen. Das Restaurant war ein echter Hingucker und die Speisekarte ließ wirklich nicht zu wünschen übrig. Für jeden Geschmack war etwas dabei. Vor allem der Hauptgang hatte es in sich gehabt. In Namibia ist Fleisch ja in der Regel Hauptbestandteil einer jeden Mahlzeit. Vor allem bei Leas und Johnnys Tellern wurde an Fleisch nicht gespart. Sie bestellten sich jeweils eine Fleischplatte mit allen möglichen Tieren aus dem afrikanischen Busch. Krokodil-, Kudu-, Steinbock- und Gnu-Fleisch, um nur wenige Fleischarten zu nennen. Ich zog dem Dschungelcamp-Spieß stattdessen Spätzle und Jägerschnitzel vor. Edlin hatte leider kurzfristig doch absagen müssen. Er hatte in Windhoek noch zu viel zu besorgen. Ich tippte auf Eier-Kartons, als er eine Nachricht schrieb und uns trotzdem einen schönen Abend wünschte. Es wurde ein schöner Abend auch ohne ihn.

»Moin, Meister!« Irritiert schaute ich von meinem Teller auf und drehte mich um. Ich saß allein beim Frühstück und haute mir einen Toast nach dem anderen rein. Georg hatte mir soeben ein zweites Mal Rührei vorbeigebracht und war dann in der Küche verschwunden. Von ihm konnte die norddeutsche Begrüßung mit großer Wahrscheinlichkeit nicht stammen. Ich entdeckte einen älteren Mann, der mit Rucksack bepackt in der Tür zum Essensraum stand. Er trug eine Sonnenbrille und keine Haare auf dem Kopf.

»Moin, Moin!« Ich lachte und versuchte dabei, einen ähnlich norddeutschen Akzent aufzusetzen wie er zuvor.

»Auch Hamburger Jung?«

»Wuppertaler Jung.« Ich nahm meinen Rucksack vom Stuhl und bot ihm an, sich zu mir zu setzen. Noch hatte ich ein bisschen Zeit. Der

Mann holte sich aus der Küche einen schwarzen Kaffee und setzte sich zu mir an den gedeckten Frühstückstisch. Wie sich herausstellte, war er einer der neuen Newbies, die von Edlin heute in Windhoek eingesammelt werden sollten. So ein Zufall. Ich erzählte ihm, dass ich gestern erst von der Farm gekommen war. Er wollte insgesamt zwei Monate auf der Farm verbringen.

»Und, wie hat es dir im Großen und Ganzen gefallen?«

»Die Zeit war überragend. Wirklich! Ich habe wirklich jeden Tag genossen. Die Menschen dort, der Kontakt zu den Tieren, das gute Wetter, alles hat gepasst.«

»In der letzten Woche soll es ziemlich geregnet haben...«

»Oh ja!« Ich musste schmunzeln. »In der letzten Woche hat es extrem stark geregnet. An einem Tag kam sogar so viel Regen runter, dass alles unter Wasser stand. Das musst du dir mal vorstellen: Die Hälfte des Regens aus dem letzten Jahr kam an einem einzigen Tag runter.«

»An einem Tag?« Ich nickte. Meine Socken trockneten immer noch »Aber bis auf die letzte Woche gab es sonst eigentlich nur Sonnenschein.«

»Meine Wetter-App sagt, dass in ganz Namibia für die nächste Woche durchgehend Sonne angesagt ist. Dann komme ich ja genau zur richtigen Zeit, haha. Ich hab nämlich keine Regenjacke mitgenommen.«

»Perfekt!«, sagte ich und fing innerlich an zu jubeln. Kein Regen auf der Safari - juhu.

»Und du fliegst heute zurück nach Deutschland?«

»War ursprünglich geplant, ja, aber ich habe mich dazu entschieden, noch eine Weile in Afrika zu bleiben und eine Safari durch Namibia zu machen.«

»Ach krass! Was genau für eine Safari? Es gibt ja tausend Angebote.«

»Mit Zelten und ...« Weiter kam ich nicht. Ein lautes Hupen ertönte in der Einfahrt, gefolgt von Georgs Stimme aus der Küche.

»Siles, für dich! Wilddog Safaris.« Ich schaute ungläubig auf meine Handyuhr. Was? Zwanzig Minuten vor angegebener Abholzeit? Ich schüttelte mit dem Kopf. Mit einer überpünktlichen Abholung hatte ich jetzt nicht unbedingt gerechnet. Bei meinen bisherigen Erfahrungen mit pünktlichen Abholungen. Ich war doch noch gar nicht fertig. Eilig schaufelte ich mir das restliche Rührei in den Mund und trank den Rooibos-Tee aus. Es war meine dritte Tasse. Ich sprintete zu meinem Zimmer in die erste Etage und stolperte mit dem Koffer die Treppe runter. Ein Wunder, dass ich mir nicht den Hals dabei brach. Ich verabschiedete mich bei Georg und gab dem Hamburger Jung beim Tschüss-Sagen den Tipp, unbedingt Okavambo als Wunschhütte bei Dossie anzugeben.

Ohne Rückfragen zuzulassen, lief ich die Einfahrt rauf und staunte nicht schlecht, als ich den Safaribus das erste Mal sah. Das war doch mal ein Safaribus. Manoman... Kein Vergleich zum klapprigen Shuttlebus von der Farm. Offroad war bestimmt sein Spitzname. Der Bus erinnerte vom Aussehen ein wenig an einen zusammengeschrumpften Lkw, der wie gemacht für mein nächstes Afrika-Abenteuer war. Zwei Ersatzreifen hingen an der Rückseite und eine Leiter führte an ihnen vorbei zum Dach des Busses. Auf dem Dach waren Zelte und Isomatten angekettet. Das Bild eines Wildhundes mit rotem Stirnband zierte die Kofferraumklappe. Beim Anblick dieses getunten Busses bekam ich immer mehr Lust auf die zehn Tage Safari, die nun vor mir lagen. Mit so einem Gefährt kann man mal eine Safari machen, dachte ich mir und reichte dem Fahrer die Hand zur Begrüßung. Er hatte gute Laune und war so ziemlich das komplette Gegenteil von dem Fahrer, der mich vor genau vier Wochen an gleicher Stelle abgeholt hatte.

Nachdem der gut gelaunte Fahrer den Kofferraum geöffnet und ich festgestellt hatte, dass ich mit meinem Hartschalenkoffer bei den ganzen Rucksäcken und Stofftaschen mal wieder aus der Reihe tanzen musste, öffnete ich die Tür und stieg in den Bus. Der Bus war gut gefüllt. Mich schauten beim Einsteigen gleich mehrere Augenpaare neugierig an. Sie sahen alle nett aus, doch wo waren Lea und Johnny bitte? Zu meiner Beunruhigung schaute ich nur in fremde Gesichter. Von Leas und Johnnys Kopf war keine Spur. Wo waren die nur? Ich beschloss, mich erst mal bei allen vorzustellen. Nach zehn Handschlägen und „Hi I am Siles. Nice to meet you"-Sätzen setzte ich mich in die letzte Reihe. Wo waren die beiden nur? War ich im falschen Bus? Ich ahnte böses...

So richtig wusste ich nicht, wie ich das alles bewerten sollte. Eigentlich wollte ich die Safari ja mit Lea und Johnny zusammen machen, doch jetzt war es scheinbar zu spät. Der Bus setzte sich in Bewegung und fuhr von der Einfahrt auf die Straße. Mit jedem gefahrenen Meter geriet die Afrika-Lovestory mit Lea in weite Ferne. Während wir an Ampeln stehen blieben und nur langsam vorwärtskamen, überlegte ich, ob ich nicht einfach Lea anrufen sollte. Doch ich hatte keine SIM-Karte, weder Empfang noch Datenvolumen. Ich war mal wieder super vorbereitet. Für alle Eventualitäten gewappnet - nicht. Mir blieb nichts anderes übrig, als abzuwarten. Wir fuhren einige Minuten durch die Gegend und bogen auf das Hauptgelände von Wilddog Safaris ein. Auf dem Gelände standen mehrere von diesen Safaribussen. An einem Gebäude entdeckte ich eine Gruppe von Menschen, die dort mit ihren Koffern standen. Zu meiner Erleichterung sprangen mir gleich Leas neue Schuhe ins Auge. Erleichtert pustete ich durch und stieg mit den anderen aus dem Wagen.

»Sag mal, wo warst du denn?«, fragte Lea neugierig.

»Wir dachten schon, du kommst gar nicht mehr und wir müssten die Safari ohne dich machen.«

»Das kann ich euch auch fragen.« Ich stellte meinen Koffer zu den anderen an die Wand. »Ich dachte, dass ihr schon im Bus seid. Habe ich vielleicht einen Schock bekommen…« Wir nahmen uns beide erleichtert in den Arm.

»Wir wollten gerade anfangen zu frühstücken, da stand der Bus schon vor unserer Unterkunft.«, sagte Johnny und zuckte mit den Schultern.

»Bei mir kam der auch extrem früh. Ich war noch gar nicht mit dem Frühstück fertig, da stand der Bus schon hupend in der Einfahrt. Habt ihr jetzt gar nicht frühstücken können?«

»Nööö!«

»Wir fahren bestimmt gleich noch an einem Supermarkt vorbei. Dann können wir uns mit Essen und Trinken eindecken. Stand, glaube ich, ja auch auf der Internetseite des Safariunternehmens, dass wir dafür am ersten Tag die Möglichkeit bekommen.« Ich gab Johnny recht. Hunger und Durst hatte ich dank der vielen Toasts und Rooibos-Tassen nicht, jedoch hatte ich in meinem Rucksack nur noch einen halben Liter Wasser zum Trinken übrig. Ich musste dringend Wasser kaufen, zumal es jetzt schon wieder auf die Dreißig-Grad-Marke zuging. Und es war noch nicht mal Mittag.

»Good morning, guys. Wie geht es euch?« Eine Frau erschien in der Tür und begrüßte uns alle mit einem breiten Lächeln. Sie erklärte uns, dass es zwei Gruppen gäbe. Teilnehmer der Gruppe 1 sollten nach links mit ihren Koffern gehen und Teilnehmer der Gruppe 2 nach rechts. Gruppe 1 siebentägige Safari und Gruppe 2 zehntägige Safari. Wir gehörten also mit unserem Gepäck Gruppe 2 an.

»Was hast du denn bitte für einen Monster-Rucksack?« Ungläubig starrte ich auf Leas Gepäck, das sie gerade vom Boden hochgehoben hatte. Dieser Backpacker-Rucksack war fast so groß wie sie. Der Rucksack hätte auch gut sie tragen können.

»Geil, nh? Da passt alles rein. Hab ihn mir extra für Afrika gekauft.« Ich schaute neidisch von ihrem Gepäck zu meinem Koffer. Er sah mit seinen Macken und Schrammen richtig ranzig aus. Irgendwie passte er gar nicht auf eine Safari-Reise, so unhandlich wie er war. Ich sags ja: Ich war perfekt vorbereitet.

»Was hast du denn da für einen Koffer?« Ein Mann hatte sich mit seinen Flip-Flops an den Füßen mit nach rechts gestellt und begutachtete neuigierig mein Schmuckstück an Koffer. Auch er wollte wahrscheinlich die zehntägige Safari durch Namibia machen. Seine Haut war braun gebrannt und sein Haar schwarz-gräulich. Er hatte indische Wurzeln und ein freundliches Lächeln drauf. Nur seinen Namen konnte ich nicht richtig verstehen, als er sich bei mir vorstellte. Ash, Ash, Ash-irgendwas.

»Ist schon ein bissl älter, der Kollege. Hi, ich bin Siles.«

»So sieht der auch aus, haha. Freut mich, Siles. Ich heiße Ash...« Er gab mir einen freundschaftlichen Klaps auf die Schulter.

»Ist halt antik. Können gerne Koffer tauschen, wenn du magst. Ich gebe dir sogar noch einen Zehner dazu, haha.«

»Ne, lass mal.« Ash lehnte lachend ab. An seiner Stelle wäre ich das Tauschgeschäft sicherlich auch nicht eingegangen. »Bist du allein hier oder mit deiner Freundin?« Er machte mit dem Kopf eine Bewegung in Leas Richtung, die gerade ihre ganzen Jacken und Pullis sortierte. Diese hatten anscheinend nicht mehr in ihre XXL-Tasche reingepasst. Sie musste wie McKenzie ihren ganzen Kleiderschrank mit nach Namibia genommen haben.

»Nee, mit Lea und Johnny. Sind zwei Freunde von mir. Wir haben zusammen auf einer Farm mit wilden Tieren gearbeitet und uns da kennengelernt. Zusammen wollten wir jetzt noch eine Safari-Tour machen.«

»Wilde Tiere – klingt cool …«

»Gruppe 2 geht bitte einmal zum Bus dahinten.«

»Musst mal bei Gelegenheit genauer erzählen, was ihr da gemacht habt. Sollten in den nächsten Tagen genug Zeit dafür haben.«

»Kriegen wir bestimmt hin!« Ich zwinkerte Ash zu.

Mit dem antiken Hartschalenkoffer folgte ich den anderen Safarigästen zum Bus und half Johnny beim Tragen von Leas Rucksack. Lea hatte Schwierigkeiten, ihren Kleiderschrank überhaupt auf den Rücken zu bekommen. Sie sollte nicht am ersten Tag direkt zusammenbrechen. Nachdem wir unser Gepäck vor dem Kofferraum abgestellt hatten, suchten wir uns im Bus unsere Plätze aus, die wir für die nächsten zehn Tage einnehmen sollten. Lea, Johnny und ich stürmten natürlich in die letzte Reihe. Nicht um cool zu sein, sondern vielmehr wegen der vorhandenen Beinfreiheit. Ich erwischte den besten Platz. Ich saß in der Mitte und hatte von meinem Platz direkte Sicht in den Gang und zur Fahrerkabine. Ein Fenster war in der Trennwand angebracht, sodass man vorne auf die Straße schauen konnte. Unter dem Fenster entdeckte ich eine Steckerleiste, an der bereits eine Kühlbox angeschlossen war, die darunter auf dem Boden stand. Auf der Kühlbox hatte ein stämmiger Mann seinen Fuß zum Abstützen abgestellt. Er schaute lächelnd durch die Reihen und zählte unsere Gesichter. Wir waren vollständig. Mittlerweile hatten alle Safari-Gäste der zehntägigen Gruppe ihre Plätze eingenommen und ihr Handgepäck unter den Sitzen verstaut. Der Mann vorne hatte einen großen, dicken Bauch und trug eine Sonnenbrille.

»Good morning in the morning!«, begrüßte er uns gut gelaunt.«

»Good morning!«

»Mein Name ist Reymond und das ist mein Kollege Ruben.« Ruben streckte seinen Kopf aus der Fahrerkabine durchs Fenster und winkte uns zu.

»Ich werde in den nächsten zehn Tagen euer Guide und Fahrer sein. Und Ruben…« Ruben war derweil immer noch am Winken. »… wird für euch jeden Tag kochen und das Essen zubereiten. Trust me: You can feel lucky. Er ist der beste Koch bei Wilddog-Safaris. Ich bin selber sehr überzeugt von seinen Kochfähigkeiten, wie ihr seht, hehe. Wir ergänzen uns gut!« Reymond klopfte sich lachend auf seinen runden Bauch.

»Heute werden wir...«

»Vielleicht können wir eine kleine Vorstellungsrunde zu Beginn machen.«, unterbrach ihn ein grauhaariger, älterer Mann aus der ersten Reihe. Er saß direkt vor Reymond am Eingang des Busses. »Dann lernen wir uns alle ein bisschen besser kennen. Versteht ihr? Dafür sind Vorstellungsrunden nämlich gut geeignet...« Ach echt?

»Samuel...« Die Frau neben ihm gab ihm einen kleinen Stoß mit ihrem Ellbogen in die Rippen. Ihrem energischen Kopfschütteln zufolge war sie wohl seine Frau.

»Wir können es gerne am Abend machen, Samuel. Wenn wir in unserem ersten Camp angekommen sind und am Lagerfeuer sitzen. Lass uns gleich erstmal losfahren und ein paar Kilometer machen, okay?« Samuel nickte zufrieden. Wie sich später herausstellte, kam er mit seiner Frau aus Israel, weswegen er von Lea, Johnny und mir den Spitznamen „Israeli" verpasst bekam. Mit ihm sollten wir noch viel Freude haben. Eine Reihe hinter dem israelischen Pärchen saß Alison aus England. Sie hatte kurze blonde Haare und saß allein in ihrer Reihe. Auf der anderen Seite des Ganges saßen in der ersten Reihe zwei junge Damen, die sich ziemlich ähnlich sahen. Sie kamen aus der Schweiz und waren Zwillingsschwestern. Gemeinsam mit ihrer Mutter, die eine Reihe hinter ihnen allein Platz genommen hatte, wollten sie eine spannende Safari erleben. Alle drei waren vegan und trugen an ihren Knöcheln irgendwelche Ringe, die laut Hersteller angeblich Mücken vertreiben sollten. Hinter der Mutter der Zwillingsschwestern hatten Ash und Radunkel Platz genommen. Sie saßen gegenüber von Alison auf der rechten Seite und eine Reihe vor uns. Während ich mit Ash schon gesprochen hatte, hatte ich mit Radunkel noch kein Wort gewechselt. In Wirklichkeit hieß sie Rahel, doch Lea kam einige Tage später spontan auf die Idee, sie in Radunkel umzutaufen, weswegen alle sie dann Radunkel nannten. Sie hatte lange blonde Haare und schaute ein wenig gelangweilt und übermüdet drein. Ich schätzte sie auf Leas und mein Alter. Von ihr schaute ich wieder nach vorne zu Reymond, der gerade den weiteren Verlauf des Tages vorstellte.

»Heute fahren wir nach Okonjima.« Klang ein wenig nach McKenzies und meiner Hütte auf der Farm, dachte ich. War das vielleicht wieder ein Zungenbrecher.

»Okonjima ist ein Nationalpark. Mitten in diesem Wildtierreservat liegt unser erstes Nachtquartier. Wenn wir ankommen, dann bauen wir erstmal schön unsere Zelte auf. Ich hoffe, ihr mögt alle Insekten, hehe.« Er lachte. Jessi wäre jetzt wahrscheinlich mit ihrem Gepäck aus dem Bus gestiegen.

»Ihr werdet in dem Park auch die ersten wilden Tiere zu Gesicht bekommen. Viele von euch sehen dann vielleicht zum ersten Mal im Leben einen Geparden oder Leoparden aus nächster Nähe.« Bei den Worten „nächster Nähe" musste ich schmunzeln. Auch Lea und Johnny schmunzelten. Wenn er wüsste, wie nah ich einem Geparden in den letzten Wochen schon gewesen war…

»Ihr werdet in dem Park eine kleine geführte Safari mit einem lokalen Ranger machen, während Ruben und ich...«

»Wie sind die Straßenbedingungen auf dem Weg zum Camp?«, unterbrach ihn der Israeli.

»Was ist denn mit dem los?« Johnny rollte genervt mit den Augen. »Der ist ja nur am Reinrufen. Ich hoffe, dass das nicht zehn Tage so weitergeht. Ich ahne irgendwie Böses...« Doch der Israeli war noch nicht fertig mit seinem Reinrufen. Er lief gerade erst warm.

»Ist die Straße asphaltiert oder dürfen wir auf dem Weg eine afrikanische Massage genießen? Ich liebe nämlich Massagen… Vor allem mit Happy End…« Er drehte sich lachend von seinem Platz um und zwinkerte uns zu. Wahrscheinlich dachte er, dass wir uns alle gerade den Bauch vor Lachen hielten. Wie soll ich die Reaktion auf seinen Gag am besten beschreiben? Keiner lachte. Auch nicht seine Frau…

»Die Straße wird dir eine Antwort auf deine Frage geben, mein Freund.«, zwinkerte ihm Reymond zu. »Guys, wenn ihr Getränke habt...« Er klopfte mit seinem Fuß gegen die Kühlbox und zeigte mit seinem Finger in Richtung Steckerleiste, »Wir haben hier einen kleinen Kühlschrank. Darüber ist eine Steckleiste, falls ihr mal eure Handys oder Kameras aufladen wollt. Manchmal lädt es, manchmal nicht, hehe. Ihr werdet es dann sehen.« Er grinste in die Runde.

»Hoffentlich war das eine gute Idee mit der geführten Safari…«, flüsterte Johnny Lea und mir leise zu, während Reymond seinen Platz in der Fahrerkabine einnahm. »Ich meine, wegen ihm da.« Johnny deutete mit einer Kopfbewegung zum Israeli, der sich gerade mit seiner Frau in die Wolle bekam und laut diskutierte. Es ging wahrscheinlich noch um den Massagen-Spruch.

»Ach, ist doch witzig!«, sagte Lea vergnügt. Sie machte es sich gerade in ihrer Ecke am Fenster gemütlich und winkelte ihre Beine an Alisons Sitz an. Die vielen Jacken und Pullis nutzte sie als Decke, obwohl es bei den warmen Temperaturen eigentlich keinen Grund dazu gab.

»Wir werden sehen.«, sagte ich. »Möchte einer eine Banane haben? Ich hab noch eine übrig.«

»Ne, danke!«, sagte Johnny. »Gerade kein Hunger. Außerdem ist die matschig.«

»Nö!« Auch Lea lehnte ab. So steckte ich sie wieder in meine Tasche. In freudiger Erwartung auf die nächsten Tage, schaute ich nach vorne. Wir waren echt eine kunterbunt, verrückte Truppe. Ich lächelte, als ob ich schon innerlich spürte, dass die zehn Tage es in sich haben werden. Vor allem, was gefährliche Begegnungen mit Wildtieren betraf...

Giraffen & Nashörner

(Chapter Nineteen)

Wir fuhren nach einem Zwischenstopp beim Supermarkt auf dem Highway. Mit jedem Kilometer ließen wir Namibias Hauptstadt mehr hinter uns. Es wurde mit jeder Minute ländlicher und ländlicher. Blumenwiesen, Termitenhügeln und Felder prägten immer mehr das Bild der Landschaft. Doch es gab auch Schattenseiten. Wie schon in Gobabis lebten abseits der Straße Menschen mit ihren Kindern und Tieren. Auch hier waren auf den Feldern Siedlungen aus Blechhütten entstanden. Die Menschen saßen auf dem Boden vor ihren Hütten und schauten in unsere Richtung, als wir an ihnen vorbeifuhren. Vereinzelt liefen sie auch an der Straße auf und ab, winkten uns mit Pappschildern zu und warteten auf Mitfahrgelegenheiten. Wir hielten nicht an. Auf den Feldern entdeckte ich brennende Müllberge, vor denen Menschen standen. Reymond erzählte, dass die meisten Siedler hier arbeitslos waren und mit dem Abbrennen von Müll ihren Lebensunterhalt verdienten. Der Gestank der brennenden Gummireifen und Plastiksachen war nicht auszuhalten. Reymond hatte in seiner Fahrerkabine ein Mikrofon, das mit den Lautsprechern im hinteren Teil des Busses verbunden war. Am Anfang klappte es noch ganz gut, doch nach kurzer Zeit ersetzte ein lautes Kratzen in den Lautsprechern seine Stimme. Kopfschüttelnd steckte er es zurück in die dafür vorgesehene Halterung. Lag wahrscheinlich an den vielen afrikanischen Massagen und einem Wackelkontakt. In der Folge drehte sich Reymond immer zu uns um, wenn er etwas Spannendes über Land und Leute, Flora und Fauna loswerden wollte.

Die Minuten auf dem Zeiger vergingen mit jedem gefahrenen Kilometer. Mit jedem gefahrenen Kilometer änderten sich nicht nur die Kilometeranzeige auf Reymonds Armaturenbrett, sondern auch die Straßenverhältnisse. Asphalt hatten wir schon lange hinter uns gelassen. Von nun an gab es nur noch Schotter, Schlaglöcher und tiefe Fahrrillen im Boden. Die Tour glich mit der Zeit einer einzigen Achterbahnfahrt. Man hatte kaum eine ruhige Minute, um die vielen Blumen und Termitenhügel in der wunderschönen Umgebung zu bewundern. Man wurde mit dem ganzen Körper hin und her geschleudert. Mit jedem

Schleudergang wollte ich dem Erfinder des Anschnallgurtes mehr die Füße küssen. Ein Härtetest für Mensch und Material. Steißbein und Bandscheiben wurden von der rauen Schotterpiste auf eine harte Probe gestellt. Es tat teilweise richtig weh, wenn der Bus bei siebzig Stundenkilometern mit einer Bodenwelle oder einem Schlagloch Bekanntschaft machte. Zum Glück saßen wir in der hintersten Reihe. Oder Johnny?

»Leute, wer kam eigentlich auf die glorreiche Idee, dass wir uns in die letzte Reihe nach ganz hinten setzen? Hier spürt man echt jedes fucking…«

»Rums!«

»Schlagloch…« Reymond hatte zum wiederholten Male bei voller Fahrt ein Schlagloch erwischt, sodass unsere Hintern Kontakt mit der Schwerelosigkeit aufnahmen. Die Fenster und Sitze polterten und wackelten, als würde gleich der ganze Bus auseinanderbrechen. Die Fahrgeräusche waren so laut, dass man fast sein eigenes Wort nicht verstehen konnte. Vom Sitznachbarn ganz zu schweigen.

»Was hast du gesagt, Johnny?«

»Ich habe gesagt, dass es eine gute Idee war, sich in die letzte Reihe zu setzen. Unter uns ist direkt die Achse.«

»Rums!«

»Hä?«

»Achse.«

»Ja, aber…«

»Rums!« Zum wiederholten Male flogen meine Arme wild und unkontrolliert durch die Luft. Es dauerte einen Moment, bis ich sie wieder unter Kontrolle gebracht hatte. Lachend schaute ich zu Johnny.

»Ist doch nicht schlecht. Regt die Verdauung für Leas trockene Brezel an. Sag mal Lea, darf ich noch mal reingreifen? Die sind echt gut.« Sie reichte mir die Brezeltüte. Auch Johnny nahm sich noch mal eine Handvoll.

»Ich würde so gerne mal wieder eine richtige Laugenbrezel essen.«, sagte Lea, nachdem sie sich mehrere auf einmal in den Mund gesteckt hatte. »So eine richtig schöne Laugenbrezel. Ich glaub, ich sag meinen Eltern, dass sie mir eine leckere Brezel mitbringen sollen, wenn sie mich vom Flughafen abholen. Ja, das mache ich!«

»Rums!« Mehrere Brezen fielen zu Boden.

»Du musst mal in München am Bahnhof ne Brezel kaufen. Direkt am Marienplatz da. Ich sag's dir: Die mit Schinken und Käse überbacken. Einfach nur wow.«

»Der ist echt gut!« Ash drehte sich zu uns in die letzte Reihe und pflichtete mir bei. Er kam aus München und wusste genau, von welchem Brezelstand ich sprach.

»Hör auf, davon zu reden, sonst kriege ich noch mehr Hunger.«

»Rums!« Ehe Lea reagieren konnte, wurden ihre Füße auch schon wieder in die Höhe katapultiert. Vor Schreck bekam sie sich gar nicht mehr ein vor Lachen.

»Oh Leute, ich kann nicht mehr.« Keuchend schnappte sie nach Luft. Rums. Prompt folgte die nächste Lachattacke.

»Elefanten!«, schrie ich voller Begeisterung gute drei Stunden später. »Leute, Elefanten!« Aufgeregt stellte ich mich in den Gang, um besser über Ashs Kopf sehen zu können. Ich zückte mein Handy. »Da hinten, guckt mal da. Drei Stück.« Die anderen schauten mich entgeistert an. Sie hatten die drei grauen Tiere auf der Wiese zwischen den Bäumen zwar auch entdeckt, doch waren nicht ganz meiner Meinung.

»Ich weiß ja nicht, was du siehst, Siles, aber ich sehe da nur drei Nashörner...«, stellte Johnny lachend fest. »Oder hast du schon mal einen Elefanten mit einem Horn auf dem Rüssel gesehen?«

»Oh, stimmt. Nashörner...« Eins der Nashörner hatte seinen Kopf aus dem hohen Gras gehoben und blickte direkt in unsere Richtung. Jetzt sah auch ich sein prunkvolles Horn. »Fehlalarm: Keine Elefanten, nur Nashörner...«

Wir fuhren ein Stück weiter und näherten uns den drei Tieren. Reymond brachte den Bus am Straßenrand zum Stehen, damit wir besser Fotos machen konnten. Alle hingen mit ihren Köpfen am Fenster oder lehnten sich über den Sitz des Vordermannes nach vorne. Wir waren mittlerweile im großen Nationalparkreservat von Okanjina angekommen, und die drei Nashörner waren die ersten Tiere, die wir zu sehen bekamen. Dementsprechend groß war die Aufregung. Reymond machte den Motor aus und drehte sich zu uns durchs Fenster.

»Guys, auf der rechten krch krch rigkrch side ihr krch sch ...«

»Reymond...«, unterbrach ihn der Israeli. »Das Mikrofon macht krchkrch.«

»Oh sorry, hehe." Reymond lachte und legte das Mikrofon zurück. Er hatte die ganze Zeit weitergeplaudert und anscheinend vergessen, dass das Mikrofon nur Ohrenschmerzen bei seinen Gästen verursachte.

»Besser?«

»Ja!!«, sagten wir alle im Chor.

»Sehr gut! Auf der rechten Seite haben wir unsere erste Begegnung mit einem Tier der Big Five: dem white rhino.« Reymond grinste glücklich. »Es handelt sich bei dem white rhino um einen sogenannten Bulk-Grazer, dessen Anatomie perfekt dem Fressverhalten entgegenkommt. Massiver Hals, gesenkter Kopf und breites Maul. Ein afrikanischer Rasenmäher mit breitem Lippen quasi.« Reymond lachte. Und in der Tat: Das gut zwanzig Zentimeter lange Maul deckte wirklich einiges an Grass ab. Kein Wunder also, dass Dutch Siedler dem Nashorn mit dem ´wyd´ mouth damals seinen Namen gaben. Wir schauten zu den drei Nashörnern, die einen friedlichen, relaxten Eindruck machten und sich gar nicht mit uns beschäftigen. In aller Ruhe grasten sie vor sich her. Reymond erzählte, dass das white rhino bis zu vierzig Jahre alt werden könnte und es Unterschiede in der Lebensweise zwischen Weibchen und Männchen gebe. Bullen seien während ihres Lebens extrem territorial und am Tag vor allem damit beschäftigt, ihr Revier auf langen Patrouillen mit Dung entlang der Grenzen zu markieren. Weibchen leben dagegen entweder in kleinen Frauen-Gruppen, die sich zusammengeschlossen haben, oder mit ihrem Nachwuchs zusammen. Also eher selten bis gar nicht allein.

»Einfach wunderschön, die Drei, oder?« Auch Reymond war von dem Sighting mit den Nashörnern beeindruckt. Nach Breitmaulnashörnern musste man normalerweise länger suchen. Manchmal fand man sie trotz ihrer Grüße im Busch gar nicht. Ein Glück also, dass wir sie direkt neben der Straße entdeckten. Die drei Nashörner waren gut zwanzig Meter von uns entfernt und bewegten sich beim Fressen langsam Richtung Wasserloch. Lea kniete sich auf die Rückbank, um besser Bilder machen zu können. Beim Lunch hatten wir von Reymond erfahren, dass ein ausgewachsenes, männliches Nashorn ein Gewicht von bis zu zweieinhalb Tonnen auf die Waage bringen konnte. Die drei Damen in unserer Nähe, immerhin um die eineinhalb Tonnen, was auch nicht gerade wenig war. Auch ihre Geschwindigkeit war trotz ihres schweren Körpers nicht zu unterschätzen. Nashörner können im Vollsprint ein

Tempo von gut vierzig Stundenkilometern erreichen, was bei Olympischen Spielen mit großer Wahrscheinlichkeit eine sichere Goldmedaille bedeuten würde. Kaum zu glauben bei den kurzen Beinchen.

»Stellt euch mal vor, wie euch so ein Tier hinterherläuft.«, meinte Ash. Er begutachtete gerade ein Bild auf dem Display seines Fotoapparates, um es gleich wieder zu löschen. Radunkels Kopf war im Weg gewesen.

»Johnny, mach mal ein paar Bilder für mich.« Lea reichte Johnny ihr Handy. »Du bist am nächsten dran. Siles' Kopf ist die ganze Zeit im Weg.« Mein Blick fiel auf das Horn des Nashorns. Ich wusste, dass dafür auf dem Schwarzmarkt horrende Summen bezahlt werden, obwohl es eigentlich nur aus Keratin besteht. Wie unsere Fingernägel. In manchen asiatischen Ländern gilt das Horn seit Jahrtausenden als Heilmittel und soll der Potenzsteigerung dienen. Obwohl es dafür keine wissenschaftlichen Beweise gibt, wird dieses Wissen weiterhin von einer Generation an die nächste weitergegeben. Zum Leidwesen der Tiere. Leider...

»In diesem Reservat sind sie vor Wilderern sicher.«, meinte Reymond und startete den Motor. Langsam rollten wir an den drei Nashörnern vorbei.

»Gebt mir einfach Bescheid, wenn ihr Tiere seht oder Fragen habt.« Er beschleunigte den Wagen und fuhr mit reichlich Schwung durch ein ausgetrocknetes Flussbett, in dessen Boden mehrere Reifenspuren zu sehen waren. Zu meiner Enttäuschung nur Reifenspuren und keine von Elefanten. Alle hielten die Augen auf. Die Begegnung mit den drei Nashörnern hatte bei jedem das Safari-Feuer entfacht. Jeder wollte der Erste sein, der Tiere im Busch entdeckte und Stopp rief. Ein interner, inoffizieller Wettbewerb war ausgebrochen. Nach wenigen Minuten riefen Lea und Alison dann gleichzeitig durch den Bus und teilten sich so den ersten Platz.

»Giraffe auf der linken Seite!«

Reymond legte eine Vollbremsung hin, wie ich es zuletzt bei meiner Führerscheinprüfung erlebt hatte. Aus gutem Grund. Nicht fünf, nicht zehn, nicht fünfzehn, bis zu zwanzig Hälse schauten über die vielen Büsche neugierig in unsere Richtung. Wie aus dem Nichts tauchte eine Giraffenherde am Straßenrand auf. Ein Raunen ging in sämtlichen Sprachen durch den Bus. Mit ihren langen, dünnen Beinen standen sie wie Schulkinder in einer Reihe an der Straße und warteten, dass die

Ampel grün wurde. Ein großer, ausgewachsener Giraffenbulle gab das Signal zur Überquerung der Straße. Stolz stolzierte er mit majestätischem Schritt voran und ließ unseren Bus nicht aus den Augen. Es sah fast arrogant und hochnäsig aus, wie er auf uns herabschaute. Gut, seine Nase war ja auch hoch gelegen…

Mit einigen Metern Abstand folgte ihm die Herde. Sie bestand aus mehreren Babygiraffen, die neben ihren Müttern herliefen und sich vor uns versteckten. Es dauerte eine Weile, bis alle Giraffen die Schotterstraße verlassen hatten.

»Giraffen sind sowas wie die Leuchttürme des Busches.«, sagte Reymond durch das Mikrofon. »Oft sieht man beispielsweise Zebras oder Gnus in ihrer Nähe, die von der Größe der Giraffe profitieren. Vor allem in Sicherheitsfragen. Schlägt die Giraffe einmal mit ihrer Weitsicht Alarm, dann ist Flüchten angesagt!« Ich schaute zu einer Giraffe, die mich mit ihrem Blick gerade regelrecht scannte. Sie überlegte wahrscheinlich, ob von unserem Bus Gefahr ausging. Fasziniert betrachtete ich ihre Figur. Auf die Idee, so ein Tier zu formen, musst du erstmal kommen, dachte ich mir. Noch nie hatte ich eine Giraffe in freier Wildbahn gesehen. Und dann auch noch gleich so viele auf einmal…

»Giraffen leben nicht wirklich in festen Herden, die ein Leben lang zusammenbleiben.«, setzte Reymond seinen Giraffen-Vortrag fort. »Verbünde zwischen den Tieren und gemeinsame Wanderungen sind eher vorübergehend und kurzfristig. Das bedeutet, dass die Tiere in der Zeit keine tieferen Bindungen aufbauen, da sich theoretisch noch am gleichen Tag die Wege wieder trennen können. Während sich zum Beispiel Impalas oder Baboons innerhalb der Gruppe gegenseitig beim Entfernen von Zecken helfen und unterstützen, man nennt dieses Verhalten "allogrooming", trifft das bei Giraffen nicht zu. Giraffen haben andere Helfer, die jetzt gerade aber nicht da sind. Schade…« Wir schossen eifrig ein paar Fotos und beobachteten im Vorbeifahren, wie die Giraffen langsam Richtung Busch schlenderten. So schnell, wie sie gekommen waren, waren sie dann auch wieder verschwunden. Trotz ihrer beachtlichen Größe.

Unser Camp für die Nacht lag mitten auf einem Hügel im Nationalpark. Mit gefühlt zehn Stundenkilometern und reichlich Erfahrung am Gaspedal steuerte Reymond den Truck die schmale Bergstraße hinauf. Durch die unebene Straße wurden wir von links nach rechts geschleudert. Man musste sich wirklich mit aller Kraft am vorderen Stuhl festkrallen, um nicht mit dem Kopf gegen den des Sitznachbarn zu stoßen. Ohne Kopfverletzung und Platzwunde im Gesicht, dafür mit leichtem Schwindelgefühl stieg ich erleichtert aus dem Bus, als wir unseren Stellplatz erreicht hatten. Fünf Stunden Autofahrt lagen hinter uns. Die Freude übers erste Etappenziel stand jedem ins Gesicht geschrieben. Während die meisten die Toilette aufsuchten oder sich die Beine vertraten, legte Reymond eine große Plane auf den Boden aus. Ruben war derweil aufs Dach des Busses geklettert, um von dort die festgeschnallten Zelte und Schlafmatten runterzuschmeißen. Nachdem alle Zelte aufgebaut waren, gingen wir zurück zum Bus, wo gerade Reymond und Ruben am Kofferraum rumwerkelten.

»Können wir euch vielleicht noch helfen beim Auspacken?«, fragte die Mutter der beiden Zwillingsschwestern. Reymond lehnte dankend ab. Er reichte Ruben eine Kiste mit Töpfen.

»Ihr habt jetzt gleich eine geführte Tour durch den Park, während Ruben und ich schon mal das Essen für heute Abend vorbereiten. Der Guide müsste gleich auch schon da sein. Ich höre ihn, glaube ich, auch schon.« Es dauerte einen kurzen Moment, bis der Guide mit einem Monstersafarimobil um die Ecke ins Camp bog. Keine Ahnung, wie er den Weg hier mit dem Monsterteil zum Camp geschafft hatte. Der Wagen war doppelt so groß wie unser Bus und hatte bestimmt Platz für zwanzig Gäste. Die Hälfte von den Sitzplätzen war bereits belegt. Die Teilnehmer aus Gruppe 1, die eine siebentägige Tour durch Namibia gebucht hatten, hatten bereits ihre Plätze für die geführte Tour eingenommen. Sie winkten in unsere Richtung. Ohne lange zu zögern nahmen wir die übrigen Plätze ein. Ehe ich mich versah, ging es die Bergstraße schon wieder runter. Den steilen Berg runterzufahren erschien mir dabei viel gefährlicher als hochfahren. Neben dem Herumschleudern musste man zusätzlich aufpassen, bei einer Bodenwelle nicht auf dem Schoß des Vordermannes zu landen. So steil war das Gefälle.

»Was habt ihr eigentlich auf dieser Farm gemacht?«, fragte Radunkel, nachdem wir die Talabfahrt durch den Busch heil überstanden hatten. Zusammen mit ihr und Lea saß ich auf der Rückbank neben zwei anderen Gästen aus der anderen Gruppe. Johnny saß zwei, drei Reihen vor uns hinter dem Israeli.

»Wir haben mit wilden Tieren gearbeitet.« Lea zeigte ihr ein paar Bilder von Enrico und den anderen Tieren.

»Och nein, wie süß ist der denn? Und was habt ihr da so gemacht?«

»Alles eigentlich. Wir haben Löwen gefüttert, sind mit Geparden spazieren gegangen, haben Affen auf den Schultern getragen, von denen wir zum Dank manchmal zerbissen wurden.«

»Aber doch nicht von dem kleinen Affen auf dem Bild gerade, oder?«

»Von Enrico?«, hakte ich bei ihr nach. »Nein, der hat uns nur unsere Kopfhörer immer geklaut und vollgesabbert. Lea, zeig ihr mal ein Bild von Amanda und Jessis Bein.« Radunkels Mimik nahm schmerzhafte Züge beim Anblick der Bisswunde an. Ihr Blick hatte eine erstaunliche Ähnlichkeit mit dem von Jessi in dem Moment.

»Wir wurden alle irgendwann mal von den Baboons gebissen. Es kamen tagtäglich neue Flecken dazu.«, berichtete Lea.

»Nicht zu vergessen die Bisse von Bowen. Das waren fast die schlimmsten Bisse.« Ich zeigte Radunkel die Wunde an meiner Hand. Noch immer konnte man erahnen, an welcher Stelle sich die beiden Eckzähne in die Haut gebohrt hatten. Sein triumphierender Blick, mit dem Bowen mich von der Hand aus siegessicher anschaute, hatte sich regelrecht in mein Gedächtnis gebrannt.

»Wer ist jetzt Bowen noch mal?« Radunkel kam bei den vielen Namen und Tieren nicht mehr mit.

»Ein kleines Erdmännchen...«

»Kleines Erdmännchen?« Ich schüttelte energisch mit dem Kopf. »Lea untertreibt maßlos, Radunkel. Bowen war das aggressivste, hinterhältigste Erdmännchen über Namibias Ländergrenzen hinweg. Der hatte Zähne wie ein Säbelzahntiger und ...«

»Jaja, Säbelzahntiger. Und Pranken wie ein Bär...« Lea winkte ab. »Du musst wissen, dass Siles einmal von Bowen gebissen wurde und dann gleich umgekippt ist.«

»Ich bin nicht umgekippt! Mir ist schwarz vor Augen geworden und dann habe ich mich kontrolliert in eine Pfütze auf den Boden gesetzt.«

»Kontrolliert, ha.« Lea schaute mich mit süffisantem Blick an. Oh Mann, hat sie vielleicht schöne Augen, dachte ich mir. Für einen kurzen

Moment vergaß ich alles um mich herum. Da waren nur sie und ich in dem Moment. Lea und ich...

»In eine Pfütze?« Und Radunkel, die mich mit ihrem Lachen zurück in die Realität brachte. »Warum in eine Pfütze?«

»Da war halt eine Pfütze von dem ganzen Regen. War mir auch egal, dass sie in dem Moment da war, weil es mir richtig schlecht ging in dem Moment.«

»Sahst auch ganz schön blass aus.«, bestätigte mich Lea. »Hatte mir in dem Moment auch richtig Sorgen um dich gemacht. Aber dann ging es dir ja nach einer Stunde auch wieder besser. Aber egal: Trotzdem wurdest du von einem kleinen Erdmännchen Schachmatt gesetzt, haha.«

»Oh Mann!« Radunkel schüttelte mit dem Kopf. »Kanntet ihr euch den vorher schon oder habt ihr euch erst auf der Farm kennengelernt?«

»Auf der Farm erst.«, sagte Lea. »Ich bin im Januar da hingekommen, Johnny kam nach mir und dann irgendwann Siles.«

Der Guide lenkte den Wagen auf eine flache Straße. Wir sahen mehrere Impalas am Wegesrand, sogar eine Warzenschweinmutter kam uns mit ihrem Jungen entgegen. Misstrauisch begutachtete sie unseren Wagen, während ihr Junges in einer Matschpfütze planschte und vergnügt seine haarige Steckdosennase in die braune Brühe tunkte.

»Warzenschweine haben nur ganz wenige Haare am Körper.«, sagte der Guide von seinem Platz vorne, nachdem er den Wagen gestoppt hatte. Er drehte sich zu uns nach hinten. »Sie suchen täglich Matschbäder auf, um sich schön im kühlen Schlamm zu wälzen und so ihre Körpertemperatur zu regulieren. Dabei geht es ihnen nicht nur um Abkühlung, sondern auch um die eigene Körperpflege.«

»Aber die Schweine werden doch so dreckig. Was hat das mit Hygiene zu tun?« Ich schaute zu dem Mann mit Hut in der ersten Reihe, der die Frage gestellt hatte. Er war Teilnehmer der anderen Gruppe und gehörte alleine vom Aussehen der Kategorie Klugscheißer an. Gespannt wartete ich auf die Antwort des Guides, die prompt kam.

»Die Warzenschweine nutzen die Bäder zur Beseitigung von Parasiten. Wenn die Pampe angetrocknet ist, dann ergibt sie eine schöne Hautkruste für die Schweine, die dann am nächstgelegenen Baum mit den Parasiten zusammen abgerieben wird.« Er deutete zu einem nächstgelegenen Baum, dessen Stamm am unteren Teil ganz grau war.

Ein Schwein musste es sich dort richtig gut gehen lassen haben. Von der zackigen Baumrinde war kaum noch was zu sehen.

»Warzenschweine gab es übrigens auch auf der Farm.«, sagte Lea stolz zu Radunkel und knipste eifrig ein paar Bilder von dem Babyschwein im Matsch und seiner achtsamen Mama. »Ham und Happy Meal.«

»Was sind das denn für Schweinenamen?« Radunkel musste noch mehr lachen, als wir ihr von Big Mac erzählten.

Wir fuhren eine Weile umher, ehe wir vor einem großen Zaun hielten. Hinter dem Tor wucherte es nur so von Gräsern und Büschen. Unser Guide stoppte den Motor und drehte sich zu uns um. Er hatte einen richtig trockenen Humor. Meiner Meinung nach ein bisschen zu trocken. Manchmal wusste man bei ihm nicht, ob er gerade einen Witz erzählte oder nicht. Er lachte, ohne das Gesicht zu verziehen.

»Okay, guys: Dieses Gehege ist das Zuhause von unseren fünf Geparden. Es ist, wie ihr seht, sehr weitläufig. Es kann also ein paar Minuten dauern, bis wir die Geparden gefunden haben. Sie sind sehr scheu, liegen zu dieser Zeit meistens unter irgendeinem Baum, um der prallen Sonne aus dem Weg zu gehen.« Da können wir ja lange suchen, dachte ich mir. Es gab gefühlt tausend Bäume und Büsche in dem Gehege. Das Gehege war der reinste Urwald. Mähe hier mal den Rasen und du weißt abends auf der Couch, was du geleistet hast.

»Haltet eure Augen offen und gebt Bescheid, wenn ihr irgendwas entdeckt, was vielleicht nach Raubkatze ausschaut. Dreißig Augenpaare sehen bekanntlich mehr als nur ein Augenpaar. Und bleibt bitte im Wagen sitzen. Ich möchte es nur einmal gesagt haben, schließlich möchte ich Reymond alle Gäste übergeben. Nicht so wie im letzten Monat...« Lachend verließ er seinen Fahrersitz, um das Tor zu öffnen. Trocken, ich sag es ja.

Trotz dreißig Augenpaare brauchten wir fast zwanzig Minuten, bis wir die Geparden endlich fanden. Wir fuhren kreuz und quer durch das Gehege, manchmal sogar mehrmals im Kreis, was insbesondere Ash nicht nachvollziehen konnte. Er hatte extremen Kohldampf und konnte es kaum erwarten, endlich Rubens Kochkünste unter die Lupe zu nehmen. Zusammen mit Andi, einem Gast aus der anderen Gruppe, kommentierte er jedes Abbiegen mit einem „Hier waren wir doch schon…".

Die Geparden lagen faul unter einem Baum im Schatten, als wir sie fanden. Wir näherten uns ihnen bis auf zwei Meter. Sie hoben zwar kurz den Kopf, als sie uns kommen sahen, doch verloren schnell wieder das Interesse. Ihre Trägheit war kaum in Worte zu fassen. Mir fiel auf, dass die Geparden vom Körperbau ganz anders aussahen als ihre Artgenossen, die wir auf der Farm gesehen, gestreichelt und gefüttert hatten. Viel muskulöser und kräftiger. Auch ihre Köpfe waren viel runder. Auch Lea fiel der Unterschied auf, als sie zwei Geparden dabei beobachtete, die sich gegenseitig mit der Zunge im Gesicht abschleckten und laut schnurrten.

»Das Ablecken ist ein Zeichen von Nächstenliebe und Verbundenheit.«, erzählte uns der Guide vom Lenkrad aus. »Es ist, als ob ihr eurem Partner sagen wollt, dass ihr ihn gern habt. I like you! You are important for me!« Wir beobachteten noch ein paar Minuten das Dösen und Geschlecke, ehe unser Guide den Motor wieder aufheulen ließ und wir im Rückwärtsgang langsam zurückzusetzen. Zu Ashs Unverständnis fuhr der Guide mit uns noch einen großen Bogen um die Cheetahs, um sie noch einmal aus einem anderen Blickwinkel zu betrachten. Weitere zwanzig Minuten später ließen wir sie dann in Ruhe und fuhren zum anderen Ende des Geheges. Der Guide hatte noch eine Überraschung für uns. Am Ende des Geheges stand ein gelbes Haus, das wie der Buckingham Palace in London von einer großen Mauer umzäunt war. Auf der Mauer war überall Stacheldraht verlegt. Das Hochsicherheitshaus passte von der Farbe so gar nicht in den Nationalpark. Überall das wuchernde Grün der Büsche und Bäume, und dann auf einmal dieses Entengelb. Tarnung sieht anders aus. Wir passierten zwei große Tore, die das Gebäude vom Gepardengehege trennten. Hinter dem Sicherheitszaun parkte der Guide den Wagen und schloss zügig das Tor hinter uns. Nachdem das Schloss eingerastet war, gab er uns ein Zeichen, dass wir vom Wagen runterklettern konnten. Die Geparden konnten nicht mehr reinkommen. Wir waren safe vor ihrem Geschlecke.

Im Gebäude waren mehre Plastikstühle aufgestellt. Johnny hatte beim Sitzen Glück. Er saß direkt neben dem Israeli und hatte so das Traumlos gezogen. Seinem Gesichtsausdruck zufolge konnte er sein

Glück kaum fassen.

»Jetzt dürfen wir leise sein.«, gab uns der Guide mit einer Geste zu verstehen. Mit einem „Pscht" wiegelte er das „Why?" von Johnnys Sitznachbarn aus Israel ab. Er deutete flüsternd auf den Spalt in der Wand, der etwa einen halben Meter hoch war und sich von der einen bis zur anderen Seite erstreckte. Ich lehnte mich ein wenig nach vorne, um besser durchschauen zu können. Auf der anderen Seite waren auf dem Boden mehrere Stromkabel verlegt. Erst als mein Blick auf den Baumstamm im Gehege fiel, wurde mir der Grund dafür bewusst. Auf dem Baumstamm balancierte ein ausgewachsener Leopard auf und ab. Ich staunte. Er war viel größer und kräftiger als Missy Joe, die wahrscheinlich immer noch eine Beule am Kopf hatte. Ein Prachtexemplar von Leopard. Er knurrte, als er uns im Wandspalt entdeckte. Er fletschte seine Zähne und begann wild mit seinen Krallen ein paar Brocken Rinde vom Stamm abzureißen. Während ich mich fragte, wie hier wohl die Fütterung ablaufen würde, interessierte sich Johnnys Sitznachbar aus Israel viel mehr für die vielen schwarzen Punkte auf dem Fell des Leoparden.

»Was denkst du, Chef?« Er drehte sich zum Guide, der an der Eingangstür vom Gebäude lehnte. »Wie viele Punkte hat er ca. an seinem Körper? Hundert?«

»Ich weiß es nicht, haha. Zähle gerne nach und verrate es mir.«

»Wie das?« Der Israeli schaute ihn fragend an. »Der Leopard bewegt sich doch immer. Wie soll ich da die Punkte zählen?«

»Teste es aus.« Der Guide grinste.

»Mach ein Foto von allen Seiten vom Leoparden und zähle heute Abend im Zelt in Ruhe nach.« Johnny hörte sich leicht genervt an.

»Gute Idee! Das mach ich! Am besten gleich nach der Vorstellungsrunde.« Johnny lächelte angestrengt, stand auf und hockte sich zwischen Leas und meinen Stuhl. »Ich komme mal hier hin. Der ist die ganze Zeit nur am Quatschen da. Der redet nur dummes Zeug.«

»Was glaubst du, wie die den Leoparden hier füttern?«

»Ich vermute, dass die irgendwie Zugang zum Baumstamm haben. Der Leopard interessiert sich schon die ganze Zeit für den Stamm, als ob da irgendwas drin ist. Schau, jetzt greift er in das Loch rein.« Johnny hatte recht. Es gab einen unterirdischen Gang zum Baumstamm. Der

Leopard war dort fündig geworden. Mit seiner unbändigen Kraft zog er ein großes Stück Fleisch aus dem Stamm, das an einer Schnur befestigt war. Gierig riss er einzelne Stücke mit seinen scharfen Zähnen heraus und verschlang diese in Sekundenschnelle. Er hatte wirklich ordentlich Kohldampf. Nach wenigen Minuten war das Schauspiel beendet. Der Knochen baumelte an der Schnur hin und her. Von Fleisch war keine Spur. Leider doch. Im gelben Haus warteten noch ein paar Happen. Mit hungrigem Blick steuerte der Leopard auf uns zu. Er wird doch wohl nicht … Gott sei Dank! Ich atmete tief aus. Das Leopardenmännchen begutachtete zwei Meter von uns entfernt die vielen Stromkabel auf dem Boden, ehe er sich desinteressiert von uns abwendete. Statt den Sprung durch den Spalt zu wagen und ein paar Stromschläge in Kauf zu nehmen, pinkelte er gegen ein paar Grashalme, um sein Revier zu markieren. Hier hatte er das Sagen. Nur er! Die Futtershow war beendet, nachdem der Protagonist wenig später im hohen Gras verschwunden war. Sein Bühnenabgang war das Zeichen für uns, uns auch Richtung Camp zurückzuziehen.

»Hey Ash. Ash, Junge.« Ash drehte sich von Alison zu mir. Wir saßen zusammen im Halbkreis am Lagerfeuer und ließen entspannt den ersten Safaritag ausklingen. Es war bereits spät am Abend. Der Mond hatte die Sonne schon lange abgelöst und schwebte über unseren Köpfen. Ein laues Lüftchen wehte durchs Camp und es wurde langsam frisch an den Beinen und Armen. Ich hatte mir mittlerweile einen Pulli übergezogen. Zum ersten Mal seit langem.

»Jo, was geht? Hat euch das Essen geschmeckt?« Und wie uns das Essen geschmeckt hatte. Ruben und Reymond hatten groß aufgetischt, als wir von unserem Nachmittagsausflug wiederkamen. Es gab Reis und einen Fleisch-Gemüse-Eintopf dazu. Das Essen war fein abgeschmeckt und einfach nur köstlich.

»Wie hat es dir denn geschmeckt, Ash?« Johnny saß neben mir und stopfte sich gerade die letzte Gabel mit Reis in den Mund.

»Perfekt auf den Punkt das Essen. Big shout-out an unseren Koch Ruben. Besser kann man den Eintopf nicht abschmecken. Ruben, wo bist du?« Ruben schaute von seinem Teller in unsere Richtung. Er saß uns direkt gegenüber und hatte sich mit Reymond als Letzter am Essen bedient.

»Essen war sehr lecker, Ruben! Danke fürs Kochen.« Wir hielten alle gleichzeitig den Daumen nach oben. Er bedankte sich mit einem Lächeln.

»Ash, sag mal: Was hast du eigentlich vor dieser Reise gemacht? Kommst du frisch aus Deutschland oder warst du schon vorher in Afrika unterwegs?«

»Letzteres, Johnny. Ich war in Südafrika und hab für mehrere Wochen auf einer Farm mit Löwen gearbeitet.«

»Nein, sag bloß …«, sagte ich amüsiert. »Wir auch. Also nicht nur mit Löwen, sondern auch noch mit anderen wilden Tieren.«

»Stimmt, ich erinnere mich. Du hattest ja heute Morgen schon kurz anklingen lassen, dass …«

»Wer hat sich wo kennengelernt?« Lea setzte sich zu uns ans Feuer. Gemeinsam mit Radunkel hatte sie soeben noch ihren Teller abgewaschen. Es gab eine provisorisch eingerichtete Küche unter einem Stellplatz, wo Ruben Waschmittel und Bürsten zum Abwaschen bereitgestellt hatte.

»Sagt euch der Löwenflüsterer was?«

»Klar!« Ich hatte vom Löwenflüsterer schon mal ein Video auf Youtube gesehen und wusste, wen Ash meinte.

»Der mit den weißen Löwen auf Youtube.«

»Ja, genau der. Ich habe an seinem Projekt teilgenommen. War eine coole Erfahrung. Vor allem die Nähe zu den Löwen…«

»Wir wissen, was du meinst«, pflichtete ihm Lea bei. »Wir haben auf der Farm auch mit wilden Tieren gearbeitet. Ich kann dir morgen gerne mal ein paar Bilder zeigen. Ich habe bestimmt tausend Bilder gemacht. Radunkel, wollen wir?« Radunkel nickte. Beide sahen ziemlich müde aus und hatten ganz kleine Augen. Doch nicht nur sie waren müde. Die warmen Temperaturen hatte uns allen einiges abverlangt. Auch ich sehnte meinen Schlafsack und ein paar Stunden Schlaf herbei.

»Wir gehen auch gleich schlafen. Trinken noch eben unseren Tee aus.«

»Okay, dann Gute Nacht!« Wir wünschten den beiden Mädels auch eine gute Nacht und schauten ihnen nach, wie sie mit ihren Taschenlampen zu den Waschräumen liefen und in der Dunkelheit verschwanden. Die meisten hatten sich bereits in ihre Zelte zurückgezogen und waren schlafen gegangen. Bis auf uns drei war kein Gast mehr am Feuer sitzen geblieben. Ich schaute vom Feuer zu Ruben. Ruben werkelte gerade in der Küche und Reymond … Ja, wo war eigentlich Reymond schon wieder?

»Reymond.« Ash winkte Reymond einladend zu und bot ihm einen Stuhl an. »Nimm Platz, Reymond!«

»Oh danke! Wie geht es euch nach dem ersten Tag? War aufregend heute, oder?«

»War ein toller Tag. Freuen uns schon auf die kommenden Tage mit dir als Guide.«

»You are welcome.« Er lächelte freundlich und setzte sich zu uns. Er hatte seinen Teller noch einmal mit einer großen Portion Reis beladen und legte ihn auf seinem runden Bauch ab. Während er aß, lief ich mit meiner Tasse zum offenen Feuer, um mir einen weiteren Rooibostee zu machen. Es war meine insgesamt fünfte Tasse an diesem Tag. Der Kessel stand mitten in der Glut und ich verbrannte mich fast am Griff, als ich das kochende Wasser in meine Tasse goss. Mit Tasse und Teebeutel setzte ich mich zurück zu den anderen.

Wir beobachteten eine Weile, wie die Flammen im Wind flackerten und genossen die Ruhe und Stille. Ab und zu hörte man aus einem Zelt die Stimme des Israeli, der mit seiner Frau diskutierte und wahrscheinlich mit dem Punktezählen aufhören sollte. Mit der Zeit verstummte auch seine Stimme. Die Vorstellungsrunde war an diesem Abend flachgefallen, da die meisten dafür einfach zu müde waren. Doch Samu sollte in den nächsten Tagen mit seinem Wunsch nicht lockerlassen.

»Mmh, das ist eine gute Frage!« Reymond stellte seinen leeren Teller auf dem Boden ab. Ich hatte ihn gefragt, ob er uns von seinen besten Safarierfahrungen als Guide erzählen konnte.

»My best story, mmh. Wirklich schwierig, schließlich mache ich das hier schon ein paar Jahre. Ich hatte so viele Touren in den letzten Jahren. Jede Tour war auf ihre Weise einzigartig. Doch am meisten ist mir , wenn ich so überlege, die Tour in Erinnerung geblieben, wo wir einer ausgewachsenen Black Mamba begegnet sind.«

»Klingt spannend...«, sagte Johnny. Klingt gruselig, dachte ich. Ich fühlte mich direkt an den Rundgang mit Devi auf der Farm zurückerinnert, an den Schlangenraum und die graue Schlange im Terrarium. In jenem Schlangenraum hingen auch Bilder von Menschen an der Wand, die von der Black Mamba gebissen und verletzt worden waren. Eigentlich hatte ich diese Bilder erfolgreich verdrängt. Bis jetzt zumindest. Beim Gedanken an die Bisswunden lief es mir schon wieder kalt den Rücken runter. Trotz Pulli. Ich hoffte, dass die Story nicht allzu gruselig wurde. Ich wollte ja nachher noch einschlafen können.

»Ich bin der Black Mamba auf einer Tour vor fünf Jahren begegnet. Die Erinnerung an diesen Vorfall ist immer noch so frisch, dass man denken könnte, es sei vorgestern erst passiert.« Er machte eine kurze Pause, um Spannung zu erzeugen. Wir spitzten gebannt unsere Ohren und starrten ihn mit großen Augen an. »Es musste Tag 2 gewesen sein. Tag 2 oder Tag 3. Auch damals war ich mit Ruben unterwegs. Wir fuhren mit unseren Gästen durch einen Nationalpark und machten an einer ausgewiesenen Stelle eine Toilettenpause. Nach zehn Minuten fuhren wir weiter, bis auf einmal auf der Straße die Black Mamba…« Reymond machte beim Reden eine Pause. Na toll! Ausgerechnet da, wo es spannend wurde. Ich schaute ihn mit großen Augen an. Weiter, Reymond, weiter… Nachdenklich schaute er in den Nachthimmel. Die Begegnung schien ihn echt geprägt zu haben.

»Auf einmal erschien die Black Mamba regelrecht vor meinem Gesicht.«

»Vor deinem Gesicht?«, fragte Ash. »Im Auto? Oder wo?«

»An meiner Fahrerseite. Damals waren wir mit einem offenen Safariwagen unterwegs. Ähnlich wie ihr heute Nachmittag.«

»Wow!«, sagten wir alle fast gleichzeitig.

»Ja! Ihr müsst zuerst folgendes zu Schlangen und Reptilien wissen: Sie sind ectothermic, also kaltblütige Lebewesen, die nicht in der Lage sind, selbstständig ihre Körpertemperatur zu regulieren. Sie benötigen also externe Quellen, um sich und ihren Körper aufzuwärmen. Deswegen liegen Schlangen auch so gerne an sonnigen Tagen auf offenen Wegen im Busch herum, um ein Sonnenbad zu nehmen. Wie damals die Black Mamba…«

»Kurze Zwischenfrage, Reymond.« Ash beugte sich nach vorne. »Wie kam die Schlange dann von ihrem Sonnenbad vor dein Gesicht?« Das fragte ich mich auch.

»Ihr müsst folgendes über die Black Mamba wissen: Die Black Mamba ist die längste Giftschlange in Afrika. Sie kann bis zu viereinhalb Meter lang werden und ihr neurotoxisches Gift greift das Nervensystem an. Die Schlange ist dazu in der Lage, sich vom Boden in die Luft zu katapultieren, vor allem dann, wenn sie sich bedroht fühlt. Kleines Rechenexempel dazu: Wenn die Schlange viereinhalb Meter lang ist, dann kann sie sich vom Boden aus eigener Kraft zu einem Drittel ihrer Körperlänge in die Luft befördern, also…«

»Eineinhalb Meter…«, flüsterte Johnny. »Das ist beeindruckend, Reymond!« Reymond nickte.

»Ich hatte in dem Moment Glück, dass ich meine Arme beim Fahren nicht aus dem Fenster gelehnt hatte. Ich dachte von weitem, dass da nur ein Ast auf dem Boden liegt. Und ehe ich mich versah, sprang dieser Ast beim Vorbeifahren auf einmal an meiner Seite hoch und schnappte nach mir.«

»Wie gruselig…«

»Das war es!« Reymond nickte mir zu. »Unheimlich, aber unglaublich beeindruckend zugleich. Zumal es in diesem Fall ja gut ausging. Die Augen der Mamba waren komplett schwarz gewesen. Noch immer erinnere ich mich an ihren Blick. Er hatte etwas Tödliches an sich gehabt. Ehe ich realisieren konnte, was gerade überhaupt passiert war, schlängelte sich die Black Mamba auch schon ins nahgelegene Gebüsch.« Reymond nippte an seinem Tee.

»Deswegen sage ich ja immer: Keep your eyes open! Vor allem dann, wenn ihr im Busch seid. Keep your eyes always open! Close your tents and control your sleeping bags before you go to bed. Schlangen können überall auf einen lauern. Und wenn die sich einmal bedroht fühlen, dann schalten sie sofort in Flucht- oder Angriffsmodus… Keep your eyes open, Leute!« Reymond hob mahnend den Finger. »So ein Schlangenbiss ist kein erstrebenswertes Tattoo!« Ich schaute zu Johnny und überlegte, ob ich den Reißverschluss unseres Zeltes zugemacht hatte, als ich mir meinen Pulli geholt hatte. Verdammt! Ich war mir gerade nicht mehr so sicher.

»Wie soll man sich am besten verhalten, wenn man einer Black Mamba begegnet?« Mental wollte ich mich schon mal auf ein mögliches Date im Schlafsack vorbereiten.

»Keep calm und mach keine wilden Bewegungen. Hektische Bewegungen könnten die Schlange an Beute erinnern und ihren Jagdinstinkt triggern. Mäuse und Erdmännchen machen zum Beispiel hektische Bewegungen, wenn sie auf der Flucht sind.« Keep calm ist in der Theorie leicht gesagt, dachte ich mir. Ich fragte mich, ob man in der Gegenwart einer ausgewachsenen Giftschlange wirklich alle Nerven behalten könnte. Theorie und Praxis. Da liegen oft Welten dazwischen. Ich hoffte inständig, dass ich das Zelt geschlossen hatte und es in den nächsten Tagen zu keiner bedrohlichen Begegnung kommen würde. Ich dachte an Joschka. Macht bloß immer die Türen zu!

»Ich hoffe, dass wir auf der Tour keine Black-Mamba 2.0- Story erleben werden.«, sagte ich und erhob meinen Tee zum Toast. Die anderen erhoben ebenfalls ihre Becher und stimmten mir zu. Doch da hatten wir die Rechnung ohne die Gesetze des Etosha-Parks gemacht.

Etosha-Nationalpark

(Chapter Twenty)

Es war 6:30 Uhr und aus dem Zeltfenster sah ich, dass einige mit dem Abbau ihrer Zelte schon begonnen hatten. Reymond hatte beim Abendessen angekündigt, dass wir möglichst früh unsere Zelte abbrechen müssen, um rechtzeitig im Etosha-Park zu den Wildtierbeobachtungen anzukommen. Dementsprechend früh ging der Wecker. Verglichen mit dem frühen Aufstehen auf der Farm kam das hier fast richtigem Ausschlafen gleich. Dort mussten wir um 6:30 Uhr immer in der FoodPrep stehen, um dann meistens zehn bis zwanzig Minuten auf Dossie und Co. zu warten, ehe es mit dem Baboon-Walk losgehen konnte. Baboon-Walks mit Amanda. Zum Glück nie wieder …

Das Frühstück am ersten Morgen hatte große Ähnlichkeit mit dem auf der Farm. Es gab Toast, Obst und Tee, zwar auch Müsli, jedoch war ich mit Milch- und Joghurtprodukten bei diesen Temperaturen eher vorsichtig. Auch auf der Farm hatte ich immer einen großen Bogen um Müsli und Joghurt gemacht. Johnny und Lea war das egal. Sie hatten ihre Müslischalen bis oben hin mit Milch gefüllt, während ich wie Radunkel mit Toast und Erdbeermarmelade vorliebnahm. Auch wenn wir keinen Toaster hatten und die Marmelade aus einer Tube kam – die Tube erinnerte an eine klassische Tomaten-Ketchup-Flasche – schmeckte es ganz gut und erfüllte seinen Zweck. Wir wurden satt.

Nachdem wir aufgegessen hatten, machten wir uns an den Abwasch. Der Spülbereich bestand aus einer Steindiele, auf die Ruben zwei Plastikeimer mit heißem Wasser gestellt hatte. Mit Bürste und Seife entfernten wir jeglichen Schmutz von den benutzten Tellern und Messern, sodass es im Eimer nur so schäumte. Man merkte, dass wir in den vielen Wochen auf der Farm täglich Eimer in den Wannen vom Milipap befreit hatten. Wir waren mehr als geübt darin. Unsere Eltern zu Hause konnten sich also schon auf die Wasch-Skills ihrer Kinder freuen. Nach dem Abwasch folgte ein kleines Workout-Battle zwischen Lea, Johnny und mir. Johnny hatte unter dem Dach einen Balken entdeckt. Wie ein Pavian hängte er sich mit beiden Händen daran und begann, eifrig ein paar Klimmzüge zu machen. Lea und ich taten es ihm danach gleich. Während er dreizehn Wiederholungen schaffte, kam ich auf zehn und Lea mit viel Hilfe von uns an den Beinen auf einen halben Klimmzug, sodass der Sieg an Johnny ging.

Als wir zurück zum Feuer gingen, kamen uns die Zwillingsschwestern aus der Schweiz entgegen. Sie erzählten, dass man einen super Ausblick über den gesamten Nationalpark bekommen könnte, wenn man dem engen Pfad den Berg hinauf folgen würde. Sie kamen gerade von da und hatten dort ihren Kaffee genossen. Jetzt waren wir Feuer und Flamme und wollten wissen, ob der Ausblick wirklich so überragend war, wie sie begeistert berichteten. Reymond und Ruben hatten gerade erst mit dem Verstauen der Koffer und Zelte begonnen, sodass bestimmt noch genügend Zeit für eine morgendliche Klettertour war. Wir zögerten nicht lange und folgten dem Pfad, den die beiden Schweizerinnen uns gezeigt hatten. Es ging recht steil hoch, doch es war machbar. Sie hatten nicht zu viel versprochen: Der Ausblick war überwältigend. Der komplette Nationalpark lag uns zu Füßen. Ein kilometerlanger Teppich voller Bäume erstreckte sich vor unserem Blick. Die unberührte Landschaft war einzigartig. So etwas hatte ich noch nie gesehen. Ich fühlte mich wie Simba in König der Löwen. Auch wenn mein Felsen ein bisschen kleiner ausfiel, fühlte ich mich mit meiner Tasse Rooibostee in der Hand wie ein König. Noch nie hatte ich eine Tasse Tee so genossen. Keine Wolke war am Himmel zu sehen, nur die aufgehende Sonne, die sich langsam mit ihren warmen Strahlen zeigte und den Horizont erhellte.

Die Fahrt zum Etosha-Park dauerte mehrere Stunden. Den Großteil der Fahrt verbrachte ich mit Musikhören und dem Beobachten der Landschaft. Am Himmel tauchten immer mehr weiße Wolken auf, die die verschiedensten Formationen annahmen. Löwen, Nashörner und Dinosaurier. Mittags machten wir abseits von einer Landstraße eine Picknick-Pause. Wir schnippelten Gurken und Tomaten, zerhackten Eisbergsalat zu kleinen Blättern und machten uns mit Aufschnitt Sandwiches. Die Hitzegrade kletterten zur Mittagszeit über die Dreißig-Grad-Marke und so erfreuten wir uns alle der leichten Mahlzeit. Ein deftiges Essen hätte bei den Temperaturen nur schwer im Magen gelegen. Nach gut einer Stunde Pause setzten wir unsere Fahrt weiter fort. Asphaltwege wechselten sich mit Schotterwegen ab. Wo man auch hinguckte, überall waren Termitenhügel zu sehen, die wie

Pickel auf dem Gesicht eines Teenagers aus dem Boden ragten. Reymond erzählte, dass Termiten als Recycler von organischem Material eine unglaublich wichtige ökologische Rolle im Nutrient Cycle ausüben würden. Durch sie gelangen unter anderem Nährstoffe zurück in den Boden und wichtige Mineralien aus dem tiefen Untergrund an die Oberfläche. Ich merkte mir, dass Termiten in großen Kolonien leben würden, die von einem strengen Kastensystem geprägt seien. Während die Soldaten für den Schutz des Baus und der Kolonie zuständig wären, seien die blinden Arbeiter für die Futtersuche und den Bau der bis zu zwei Meter aus dem Boden ragenden Bauten zuständig. König und Königin hätten dabei im sicheren Bau den Part der Reproduktion inne, wobei die Königin mit dreißigtausend Eiern pro Tag eine wahre Legemaschine sei. Da konnte kein Huhn mithalten.

Wir Abenteurer waren im Bus bei weitem weniger produktiv. Die meisten nutzten die Zeit im Bus zum Dösen und zum Lesen. Die gute Alison stöberte gerade in einem englischen Roman, für dessen Überschrift mein Vokabular schon nicht ausreichte. Auch Ash war in ein Buch vertieft, doch anders als bei Alisons konnte ich die Überschrift seines Buches gut lesen und interpretieren. Vielleicht auch nur, weil da Elon Musk stand. Radunkel hatte wie ich Kopfhörer im Ohr und schaute aus dem Fenster. Mit ihr hatte ich mich gestern vor dem Abendessen lange unterhalten und eine Vereinbarung getroffen. Sie sollte Lea mal ein bisschen auf die Pelle rücken und auf den Zahn fühlen. Speziell was das Thema Abitur anging. Diese verdammte Abinote. Ich rannte ihr immer noch hinterher. Noch immer hatte ich sie nicht aus Lea herausbekommen. Sie hielt dicht. Ich hoffte, dass ich mit Joker Radunkel meinem Ziel ein wenig näherkam. Der Note und einem Date. Natürlich hätte ich sie auch so nach einem Date fragen können, aber ich wollte das Schicksal darüber entscheiden lassen. Auch wenn ich es ein bisschen zu beeinflussen versuchte. Auf Jessis Hilfe konnte ich ja jetzt nicht mehr bauen. Sie war mit dem Versuch beim gemeinsamen Sleepout bei Pride krachend gescheitert, Leas Note für mich rauszubekommen. Sie hatte mir zwar versprochen, bei passender Gelegenheit das Thema anzureißen, jedoch ohne Erfolg. Rückblickend konnte ich es ihr aber auch nicht übel nehmen. Lea ging es bei der Übernachtung bei Pride magentechnisch nicht so gut. Sie musste sich laut Jessi mehrmals in der Nacht übergeben, sodass der Moment einfach nicht zustande kam. Doch vielleicht hatte Radunkel ja mehr Glück in ihrem Handeln. Leas Magen ging es jetzt nämlich wieder besser. Sie öffnete gerade die x-te Verpackung der Marshmallows im Schokoladenmantel. Ein gutes Zeichen. Genüsslich biss sie ein großes Stück ab und schaute kauend aus dem Fenster. Ich fragte mich, wie lange ihr Magen da noch mitspielte.

Der Etosha-Park begrüßte uns mit einem großen Eingangstor, vor dem bereits mehrere Autos, Busse und Trucks Schlange standen. Der Name Etosha bedeutet so viel wie großer weißer Ort, was beim Passieren des Tores nicht direkt ersichtlich war. Eine Schotterstraße führte vorbei an Büschen und Bäumen, alles war grün und wild zugewachsen. Hier war Natur noch Natur, jedoch konnte von einem weißen Ort keine Rede sein. Reymond hatte am Vorabend schon ein wenig über Namibias bekanntesten und bedeutendsten Nationalpark erzählt. Vierhundert Kilometer entfernt von Windhoek lag dieses Naturschutzgebiet, das sich über eine Fläche von 22.900 und ein paar zerquetschte Quadratkilometer im Norden Namibias erstreckte. Der Etosha-Nationalpark sollte der Hotspot in Namibia für Wildtierbeobachtungen sein, vor allem außerhalb der Regenzeit, da sich dann laut Reymond die Tiere an den großen Wasserlöchern nur so tummeln würden. Da passte es ja perfekt, dass wir mitten in der Regenzeit das Tor zum Etosha-Park passierten. Reymond machte uns bewusst nicht allzu große Hoffnungen, große Elefantenherden und Löwenrudel zu entdecken, da diese in dieser Jahreszeit tagsüber eher im Buschland abhängen würden, wo man sie schlecht sehen und finden konnte. Doch sein „We will see what Etosha offers." motivierte uns trotzdem, auf dem Weg zum Camp die Büsche mit unseren Augen nach Elefantenrüsseln abzusuchen.

Unser Camp lag etwa zwanzig Minuten entfernt vom Eingang des Nationalparks hinter einer Steinmauer, die ein wenig an die Überreste einer Burg erinnerte. Reymond parkte den Wagen und lief mit mehreren Zetteln in der Hand zu einem Gebäude, vor dem auf einem Schild Rezeption geschrieben stand. Wir warteten derweil im Bus, in dem die Lufttemperatur alles andere als frisch und feierlich war. Vor allem Ash sehnte eine Abkühlung herbei und freute sich, als Johnny ihn auf den Wegweiser zum Pool aufmerksam machte.

»Da jump ich gleich direkt rein.«, sagte er.

»Wir auch!«

»So habe ich euch auch eingeschätzt.« Ash lachte.

»Radunkel, Lea, wie sieht es bei euch aus? Wow…« Ashs Augen wurden auf einem Schlag größer und größer. Nicht wegen einer Schlange am Fenster, sondern wegen Lea am Fensterplatz rechts hinten. Er staunte nicht schlecht, als er die ganzen leeren Verpackungen auf ihrem Schoß liegen sah. »Was, und vor allem, wie viel an Süßigkeiten pfeifst du dir bitte da rein, Lea?«

»Hä?« Lea hatte mitbekommen, dass alle in ihre Richtung schauten. Sie hatte immer noch ihre Kopfhörer drin. »Was schaut ihr mich alle so an? Ist was?«

»Entweder bist du am Schlafen, wenn ich mich zu euch nach hinten umdrehe, oder du bist am Naschen.« Ash lachte. »Was isst du da für ein Zeug?«

»Ich schlafe und nasch halt gerne. Marshmallows mit Schokoladenglasur außen rum. Sollen Ostereier sein. Hatte ich mir gestern im Supermarkt gekauft. Auf der Verpackung ist sogar ein Hase drauf. Schaut…«

»Oh toll!« Ich konnte meine Begeisterung für die Verpackung kaum zurückhalten.

»Mann, Siles, die sind richtig lecker! Wollt ihr einen probieren?«

Wir nickten, schließlich wollten wir wissen, was sie sich die ganze Zeit reinpfiff. Nach dem ersten Biss bereute ich mein Nicken schon wieder. Ohne dass es Lea mitbekam, spuckte ich das Marshmallow sofort in ein Taschentuch, das ich panisch aus meiner Hose kramte. So etwas Chemiehaftes, Süßes hatte ich noch nie in meinem Leben gegessen. Die Schokoladenglasur bestand wahrscheinlich zu neunzig Prozent aus Zucker und Konservierungsstoffen.

»Und?« Lea schaute uns erwartungsfroh an. Unser Lächeln und Nicken waren mehr gequält als echt. Jeder dachte wohl das Gleiche.

Ich bot Lea den Rest von meinem abgebissenen Marshmallow an. Mein Magen zog sich allein beim Geruch der industriellen Schokolade schon zusammen.

»Magst nicht mehr?« Ich schüttelte den Kopf. »Passt schon…«

»Wisst ihr, was das Lustige daran ist?« Wir schüttelten den Kopf. Lea biss amüsiert in das Marshmallow, das ich ihr gegeben hatte.

»Ich vertrage eigentlich keinen Zucker. Ich krieg davon jedes Mal Bauchweh.« Sie fing an zu lachen.

»Und wieso ziehst du dir dann so viele von den Dingern rein? Auf der Farm hast du ja beim Kaffeetrinken auch mehrere Stücke Kuchen verdrückt. Und die waren ja auch nicht gerade zuckerfrei.«

»Ich liebeeeeeeee halt Süßigkeiten. Die Bauchschmerzen kriege ich sowieso immer erst einen Tag später. Von daher passt das.«

»Finde ich gut.«, entgegnete ihr Ash lachend. »Lebst im Hier und Jetzt. So muss das sein, haha.« Lea kicherte und trank einen Schluck aus ihrer Eisteeflasche. Im Vergleich zu den komischen Schoko-Marshmallows war der ja schon fast zuckerfrei.

Reymond hatte in der Rezeption unseren Stellplatz erfragt und stieg zurück auf seinen Fahrerplatz. Der Campingplatz, auf dem wir uns befanden, war riesig. Wir fuhren vorbei an einer kleinen Tankstelle, passierten Restaurants und Bars und stellten beim Anblick des Pools freudig fest, dass dieser größer als erwartet war. Unser Stellplatz lag auf einer großen Wiese, auf der schon mehrere Zelte und Wäscheleinen aufgestellt waren. Die meisten Zelte befanden sich auf dem Boden, aber es gab auch einige, die auf Dächern großer Geländewagen einen Platz fanden. Wir bauten uns unsere Zelte auf der grünen Wiese auf, was dieses Mal viel schneller ging als noch am Vortag. Vielleicht, weil wir mittlerweile Routine im Auf- und Abbau hatten, vielleicht aber auch, weil wir bei der Hitze schnell zum Pool wollten. Es war wahrscheinlich eine Mischung aus beidem.

»Jungs, wir fahren um drei Uhr los und machen eine kleine Safari.«, sagte Reymond, als er uns in Badeklamotten am Bus vorbeilaufen sah. »Vielleicht sehen wir ja ein paar Tiere oder die BigFive. Oder BigFour. Büffel gibt es hier ja leider nicht…«

»Vier Uhr – klingt gut!.« Ich schmunzelte. Vielleicht war ja ein bisschen mehr Pooltime drin.

»Netter Versuch, Siles.« Reymond lachte. »Da das Camp aber um sechs Uhr schließt und wir danach nicht mehr von draußen reinkommen, und ihr sicher nicht im Bus schlafen wollt, machen wir drei Uhr aus, okay? Morgen habt ihr mehr Poolzeit, versprochen!« Ich nickte begeistert.

Pünktlich gegen drei Uhr fuhr der Bus mit uns Planschbecken-Kindern vom Camp ab. So langsam bekam ich jetzt einen Eindruck davon, warum Etosha übersetzt „weißer Ort" bedeutete. Wäre hier ein Wegweiser mit Sylt gestanden, ich hätte es dem Wegweiser abgekauft.

Die Salzpfanne erinnerte doch sehr an die weißen Strände von Sylt. Ein Hauch von Nordsee lag in der Luft. Es fehlten eigentlich nur Möwen und Wattwürmer und Etosha würde zum ostfriesischen Wattenmeer gehören. Reymond steuerte den Truck auf einem schmalen Pfad zwischen zwei Seen entlang. Der Wind ließ die Gardinen am Fenster wild durch die Gegend flattern. Wir hatten alle Fenster geöffnet und der Seewind pustete nur so durch die Reihen. Allen standen die Haare wild zu Berge. Zumindest allen außer Reymond, Ruben, Johnny und Ash. Sie hatten ja allesamt nicht so viele Haare auf dem Kopf. Der Wind wehte über ihre Stirn aerodynamisch hinweg, was man bei Lea und Radunkel nicht behaupten konnte. Ihre Haare standen zu allen Seiten ab, wenn sie nicht bereits im Gesicht oder im Mund lagen.

Es roch nach Salz und Meer. Während wir über Sand, Muscheln und Algen fuhren, zeichnete sich am Himmel ein beeindruckendes Farbenspiel ab. Während sich auf Johnnys Seite dunkle Wolken gebildet hatten und es über dem Wasser teilweise regnete, strahlte auf Leas Seite die Sonne am blauen Himmel mit uns um die Wette. Ich wusste gar nicht, zu welcher Fensterseite ich lieber rausschauen wollte. Beide Himmelvarianten hatten etwas Faszinierendes an sich. Beeindruckt von Naturschauspiel und Wetterphänomen am Himmel tuckerten wir am Wasser entlang weiter Richtung Festland. Nachdem wir das syltische Etosha mit seinem sandigen Untergrund hinter uns gelassen hatten, entdeckte Ash auf der Straße plötzlich einen großen Haufen Mist. Ich bin ehrlich zu euch: Ich hatte noch nie einen Menschen gesehen, der sich so über einen Haufen Scheiße gefreut hatte. Ash war beim Anblick regelrecht aus dem Häuschen.

»Reymond!«, schrie er aufgeregt. »Reymond, halt an!« Er stellte sich in den Gang und zeigte mit seinem Finger auf einen braunen Flatschen am Boden, den er entdeckt hatte. Seine Augen strahlten mit der Sonne um die Wette. Was war denn mit ihm jetzt bitte los? Das war ein Scheißhaufen. Ich schüttelte lachend mit dem Kopf. Ein einfacher Scheißhaufen. Ihn musste irgendwas gestochen haben. Anders konnte ich mir seine Freude nicht erklären. Auch die anderen starrten ihn irritiert an.

»Was ist, Ash?« Reymond hatte den Haufen noch nicht entdeckt. »Alles okay bei dir?«

»Jaja… Schau doch mal: Auf der rechten Seite ist ein Haufen Mist? Siehst du ihn am Boden?« Reymond hielt den Wagen an und schaute in die Richtung, in der Ash mit seinem Zeigefinger aufgeregt wedelte. Jetzt hatte auch er ihn entdeckt.

»Gute Augen, Ash!« Gute Augen, Ash? Hä? Ich checkte gar nichts mehr. »Der muss von einem Elefanten stammen. Die Größe könnte hinkommen.«

»Würde ich auch sagen.« Ash nickte. Vom Elefanten? Aufgeregt schaute ich zu dem Haufen am Boden. Der Haufen da? Der Haufen sah von Weitem wie eine Schwarzwälder Kirschtorte aus. Nur in braun und mit Stroh statt Kirschen. Ich schaute vom Elefantenkuchen zu Ash.

»Bist du sicher?« Er nickte. Er war sich tausendprozentig sicher. Das XXL-Häufchen musste von einem Elefanten stammen. Auf der Löwenfarm hatte er gesehen, wie sich die Löwen häufig in Elefantenkot gewälzt hatten.

»Zur Tarnung, um ihren Geruch zu übertönen. Die Haufen sahen von der Größe wie der aus. Bin mir ziemlich sicher, Freunde.«

»Du hast Recht, Ash. Eindeutig vom Elefanten!« Reymond hatte den Haufen genau unter die Lupe genommen. Er erzählte, dass Elefantenkot dem von Nashörnern ähneln würde und es daher auf die berühmten Details ankäme. Während unverdaute Zweige im Kot eines Nashorn einen 45 Grad Winkel aufweisen, wäre dieser Winkel beim Elefantenkot nicht zu sehen, da Elefanten wesentlich resoluter beim Abbeißen wären. Ein weiteres Indiz für Elefantenkot seien Überbleibsel von Früchten, die nur in der Ernährung beim Elefanten vorkommen.

»Vielleicht ist er noch hier in der Gegend…«, grunzte Lea aufgeregt und suchte mit ihren Augen direkt die anliegenden Büsche ab, nachdem sich der Kot am Boden als Elefantenkot herausgestellt hatte.

»Kann gut sein.«, sagte Johnny. Er hatte den Haufen jetzt auch entdeckt.

»Ist der Kot alt oder frisch, Ash?« Alison hatte Ashs Ausführungen genau zugehört und konnte sich ein Lächeln nicht verkneifen.

»Sorry, Alison? Was hast du gesagt?«

»Du bist doch der Experte in Elefantenmist bewerten, haha. Sieht der Haufen alt oder frisch aus?« Sie musste laut lachen.

»Zehn Minuten alt, Alison. Zehn Minuten ca., haha.« Er zwinkerte ihr zu. Beide verstanden sich richtig gut und waren auf der Fahrt die ganze Zeit am Lachen gewesen.

»Nein, ich kann es dir nicht genau sagen. Ich weiß, dass ein ausgewachsener Elefantenbulle bis zu hundertvierzig Kilo an Scheiße am Tag produzieren kann. Wie alt jetzt aber diese zehneinhalb Kilo sind, I do not know.«

»Ich bin beeindruckt, wie du mit bloßem Auge das Gewicht abschätzen kannst…«, entgegnete ihm Alison. Wieder mussten beide lachen.

»Wir haben Glück, Leute.« Reymond setzte Alisons Fernglas ab und reichte es nach hinten. Er hatte etwas auf der rechten Seite im Busch entdeckt.

»Warum?« Der Israeli stellte sich interessiert in den Gang, sodass keiner mehr Reymond sehen konnte.

»Der Elefant ist ganz in der Nähe. Seht ihr ihn?«

»Was?« Alle schauten wie auf Kommando gleichzeitig aus dem Fenster. »Wo?«

»Da vorne zwischen den Mopane-Bäumen. Ich fahre ein paar Meter nach vorne, damit ihr ihn besser sehen könnt.« Reymond betätigte langsam das Gaspedal und rollte mit uns und dem Bus um eine Kurve. Dort hielt er an. Jetzt sollte die Sicht auf den Dickhäuter für uns alle besser sein. Aufmerksam scannten wir die Gegend. Der Elefant war zwischen den Bäumen und Büschen echt gut getarnt.

»Oh, wie cool, ich sehe ihn.«, sagte Lea vergnügt. Sie sah ihn von uns als Erste. Sie hatte wie Alison ein Fernglas mit nach Afrika genommen und kniete damit auf ihrem Sitz. Mit Fernglas sah sie richtig professionell aus und hätte auch als hübsche Rangerin durchgehen können.

Ich hatte den Elefanten noch immer nicht entdeckt. Angestrengt kniff ich meine Augen zusammen und wanderte mit meinen Blicken die Bäume ab. Ich sollte laut Reymond nach einem Baum Ausschau halten, dessen Blätter der Form eines Schmetterlings glichen. »Ich sehe keine Schmetterlinge! Nur Busch und Bäume! Und einen Elefanten sehe ich auch nicht!«

»Da hinten. Rechts von dem Baumstamm. Jetzt wackelt er gerade mit den Ohren.« Lea konnte ihren Blick gar nicht mehr vom Elefanten lassen. Wie versteinert klebte sie mit ihrem Fernglas an der Fensterscheibe.

»Jetzt sehe auch ich ihn.«, meinte Johnny. »Siehst du ihn jetzt, Siles?«

»Nee… Lea, kann ich vielleicht mal dein Fernglas haben? Irgendwas stimmt mit meinen Augen nicht.«

»Aber bloß nichts verstellen. Ich habe für mich gerade erst die perfekte Einstellung und Sehschärfe gefunden.«

»Jaja…« Nachdem ich Leas Fernglas um mehrere Raster nach links gedreht und für mich perfekt eingestellt hatte, sah auch ich den Elefanten endlich. Mit seinem langen Rüssel riss er sich gerade ein paar Zweige vom Baum ab. Und tatsächlich: Die Blätter sahen wie Schmetterlingsflügel aus.

»Der Mopane-Baum ist ein Elefantenmagnet!«, sagte Reymond, während seine Gäste weiter den grauen Dickhäter beobachteten. Der Elefant war allein und musste demzufolge wahrscheinlich ein Bulle sein. Neugierig schaute er in unsere Richtung, um sich gleich danach wieder dem Baum mit den saftigen Blättern in der Baumkrone zu widmen.

»Die Blätter haben einen extrem hohen Proteinanteil von bis zu fünfzehn Prozent. Elefanten lieben Mopane. Sie essen nicht nur die Blätter, sondern auch die Äste mit der leckeren Rinde und nährstoffreichen Kambiumschicht.« Unglaublich, dachte ich, als ich von Reymond die Zahl dreihundert hörte. So viel Kilo muss ein Männchen am Tag essen? Wahnsinn! Jetzt wusste ich auch, wo die hundertfünfzig Kilo Scheiße herkamen, von denen Ash berichtet hatte…

Wir beobachten den Elefanten eine ganze Weile beim Fressen. Fast geräuschlos setzte der Elefant trotz seines Gewichtes Fuß vor Fuß und wanderte mit seinem Rüssel den Boden ab. Wir hatten in den letzten drei Stunden schon viele Tiere gesehen. Zebras, die in Gruppen auf der großen Wiese grasten, Giraffen mit ihren langen Hälsen, die sich majestätisch am Horizont fortbewegten oder mit einer akrobatischen Meisterleistung aus einem Wasserloch tranken. Doch es ging noch weiter. Wir machten mit gefühlt zwanzigtausend Impalas Bekanntschaft, die auf allen Vieren durch die Gegend sprangen oder uns auf der Straße liegend an der Weiterfahrt hinderten. Natürlich könnte man auch den Moment mit dem erregten Zebra als Highlight der Nachmittagssafari verbuchen, jedoch galt diese Ehre der Begegnung mit dem Elefantenbullen. Auch wenn das „fünfbeinige" Zebra inmitten einer Gnu-Herde für mehr Lacher sorgte.

Challenge accepted

(Chapter Twenty-One)

Beseelt von den ganzen Wildbeobachtungen in den letzten Stunden waren wir pünktlich um sechs Uhr zurück im Camp gewesen. Ruben hatte wie am Vorabend das Essen schon vorbereitet, sodass wir uns direkt die Bäuche vollschlagen konnten. Es hatte angefangen zu regnen. Die grauen Wolken über der Salzpfanne waren übers Camp gezogen und hatten sich über unseren Zelten ausgetobt. Der Boden war nass, die Badesachen waren nass, meine Schuhe, die ich vergessen hatte, ins Zelt zu räumen, waren nass. Alles war nass.

Reymond hatte uns beim Essen den Tipp gegeben, abends zur Wasserstelle zu gehen. Mit ein bisschen Glück konnte man dort Tiere beim Trinken und Baden beobachten. So wanderten wir zur späten Uhrzeit mit einem kühlen Getränk in der Hand zur Wasserstelle, in der Hoffnung, irgendwelche Tiere zu sehen. Doch weit gefehlt: Das Glück für Wildtierbeobachten hatten wir an diesem Tag bei der Sylt-Tour durch den Etosha-Park schon aufgebraucht. Statt Elefanten und Löwen sahen wir nur Motten und Mücken. Es waren bestimmt Tausende Moskitos, die im Schein der Laterne wild durcheinander flatterten und den Ausguck auf die Wasserstelle für sich beanspruchten. Ohne Insektenspray – wir hatten es im Zelt vergessen mitzunehmen –, suchten wir schnell das Weite und schlenderten stattdessen ein wenig über den Campingplatz. Auch wenn es erst neun Uhr war, war fast nichts los. Die große Campingwiese war menschenleer. Es war echt unglaublich, wie früh alle Gäste schlafen gingen. Ab und zu sah man zwar noch im Schein der Taschenlampe ein paar Beine Richtung Toilette huschen, doch das war es dann auch.

»Geht ihr morgen oder heute duschen?«, fragte Johnny in die Runde.

»Ich geh morgen.«

»Wir auch.«, sagten Lea und Radunkel zugleich.

»Okay.«

»Wenn ich jetzt duschen gehe, dann werde ich noch wacher. Ich bin ja jetzt schon so aufgedreht.«, sagte Lea und machte mit ihrer Cola in der Hand ein paar Dancemoves. Wild drehte sie sich um ihre eigene Achse, sodass ihr Kleid zu tanzen begann.

»Sag mal, wieso hast du eigentlich die ganze Zeit schon so viel Energie, Lea?«

»Kommt wahrscheinlich vom Industriezucker.«, antwortete ich Radunkel. »Dem Zucker ist das in ihrem Magen wahrscheinlich selbst nicht so geheuer und will wieder raus. Daher die unkoordinierten Moves.«

»Oder es liegt einfach an der Cola.« Lea nahm einen großen Schluck aus ihrer Dose.

»Wieso an der Cola?«

»Ja, immer wenn ich Cola trinke, bekomme ich gute Laune. Kannst du dich noch an das eine Leaver-Essen erinnern?« Natürlich erinnerte ich mich an das eine Leaver-Essen mit ihr. War ja noch nicht lange her. Lea war an dem einen Abend richtig aufgedreht gewesen, hatte meine Pommes geklaut und alle mit pfälzischen Sprichwörtern zum Lachen gebracht. Auch an dem Abend hatte sie Cola getrunken.

»Oh, ich glaube, das war zu viel Cola, hihi. Ich kann nicht aufhören.« Ihre Armbewegungen und Fußschritte wurden wilder und verrückter. Mit Tanzen hatte das nicht mehr viel zu tun. Auch ihre Beine wussten nicht so richtig, was sie von den Schritten halten sollten. Lea lachte, als sie über einen Stein stolperte.

»Hihi, wo kommt denn der Stein her?« Als Außenstehender hätte man meinen können, sie wäre betrunken.. Oh Mann, Lea, dachte ich mir. Sie sah in ihrem Kleid einfach nur bezaubernd aus. Mit ihrer Tollpatschigkeit passte sie richtig zu mir und meiner Tollpatschigkeit. »Wusstet ihr eigentlich, dass ich fünfzig Nachkommastellen der Zahl Pi in der richtigen Reihenfolge auswendig aufsagen kann?«

»Als ob?« Ich schaute sie mit großen Augen an. »So a Schmarn! Wer lernt denn freiwillig Nachkommazahlen der Zahl Pi auswendig?«

»Ich!« Lea stoppte mit dem Tanzen und kam zum Stehen. »Wartet, ich beweis es euch! Hier, nimm mal.« Sie tippte wild auf ihrem Handy rum, ehe sie es mir rüberreichte. Auf dem Display war ein Bild mit lauter Zahlenreihen zu sehen. Ich kannte die Zahl Pi aus dem Matheunterricht und von meinem Taschenrechner. Ich wusste noch grob, dass sie mit 3,14 anfing und Bestandteil einer Formel in der Abiturprüfung war. Doch das war es dann auch schon.

»Ich sag auf und du kontrollierst, ja?« Ich hatte nicht mal Zeit, eine Rückfrage zu stellen, da ratterte sie schon in einem Affenzahn die erste Zahlenreihe runter. Dann die zweite und dritte, vierte und fünfte. Bei ihrem Tempo wurde mir fast schwindelig. Mit jeder richtigen Zahlenreihe rutschte meine Kinnlade einige Zentimeter Richtung Boden. Ich wusste gar nicht, wie mir geschah. Bevor meine Kinnlade perplex auf den Boden knallen konnte, war Lea auch schon fertig und nahm triumphierend ihr Handy aus meiner Hand.

»Siehst du. Habe ich dir doch gesagt! Fünfzig Nachkommastellen.« Sie grinste und freute sich richtig über ihre Leistung. Auch die anderen konnten kaum glauben, was in den letzten dreißig Sekunden geschehen war. Während Johnny nur ein kurzes „krass!" über die Lippen brachte, sagte Radunkel gar nichts. Ich brauchte einen Moment, um mich zu sammeln.

»Warum lernt man sowas auswendig? Wieso? Warum?«

»Joa, mir war halt mal in meinem Zimmer langweilig gewesen und so kam ich dann irgendwann auf Pi und die fünfzig Nachkommastellen.« Lea zuckte mit den Schultern und trank den letzten Schluck aus ihrer Dose aus.

»Aus Langeweile?« Johnny war begeistert. »Wie geil, haha. Manche gucken Serien und du lernst Nachkommastellen auswendig. Du bist doch bekloppt.«

Ich runzelte die Stirn und schaute sie schief an. Sie ahnte, glaub ich, was jetzt kommen musste

»Du, Lea: Ich habe da mal eine Frage …«

»Vergiss es Siles. Ich sag sie dir nicht.«

»Och komm schon. Sag sie mir doch einfach.«

»Nö!«

»Wieso nicht? Komm schon.« Es musste pure Verzweiflung gewesen sein, anders konnte ich mir rückblickend meinen Schachzug nicht erklären. Ich ging all-in und klammerte mich an meinen letzten Strohhalm. Schließlich ging es um die Abinote. Nein! Es ging um Lea und der möglichen Frage nach einem Date. Mir blieb nur noch eine Möglichkeit.

»Ich wette mit dir, dass ich mehr Nachkommastellen der Zahl Pi auswendig aufsagen kann als du. Wenn ich das schaffe, dann…« Ich machte eine kleine Pause, um bei den anderen ein wenig Spannung aufzubauen. »Dann sagst du mir deine Note im Abitur. Abgemacht?« Johnny und Radunkel lachten. Ich musste mich doch sehr flehend angehört haben. Oder klang es eher verzweifelt?

»Schaffst du eh nicht…«

»Gib mir Zeit bis Südafrika. Oder noch besser: Gib mir Zeit bis zum Ende dieser Tour. Wenn ich es schaffe, dann sagst du mir deine Abiturnote. Wenn nicht, dann…«

»Dann?«

»Wenn ich es bis dahin nicht schaffe, mehr Nachkommastellen als du aufzusagen, dann werde ich dich nie wieder nach deiner Note fragen. Versprochen!«

»Versprochen? Du fragst dann wirklich nie mehr danach?«

»Ja, versprochen!« Ich schaute sie mit ernstem Blick an. „Radunkel und Johnny sind Zeugen.«

»Ich halt mich da raus…«

»Okay, dann ist halt nur Radunkel Zeugin.« Radunkel lachte. »Von mir aus.«

»Komm schon, Lea.«

»Mmh.« Lea überlegte einen Moment. »Aber nur unter einer Bedingung.«

»Schieß los!«

»Du darfst dir drei Tage vorm Aufsagen die Zahlen nicht mehr angucken.«

»Hä, wieso drei Tage nicht?"

»Weil du sie erst dann richtig auswendig kannst. Erst dann hast du sie dir vollständig eingeprägt. Wenn du das dann schaffst, dann sage ich dir meine Note.« Yes…

Ich grinste glücklich und schlug ein. »Dann schick mir bitte das Bild per Airdrop. Ich hab ja kein Internet wegen meiner deutschen SIM-Karte.«

Ich war bis in die Haarspitzen motiviert. Endlich hatte ich eine Aussicht darauf, Leas Note zu erfahren. Meine Frage nach einem Date wurde somit auch immer realistischer. Und damit auch die Möglichkeit einer romantischen Beziehung. Natürlich hatte Lea diesbezüglich noch

Mitspracherecht, aber Schritt für Schritt. Ich musste erstmal jetzt die Wette gewinnen. Für mich, Lea und unsere ungeborenen Kinder. Koste es, was es wolle.

Zurück bei den Zelten konnte ich schon die ersten beiden Reihen auswendig. Mit jedem erfolgreichen Aufsagen und Wiederholen der Zahlen in der richtigen Reihenfolge pushte ich mich noch mehr. Ich war im Flow und hatte Momentum auf meiner Seite. Eine Zahl nach der anderen prägte sich in meinem Gedächtnis ein. Eine nach der anderen. Mit meiner Zahnbürste tigerte ich in der Dunkelheit mit qualmendem Kopf über die Zeltwiese zu den Waschräumen und ging dabei die dritte Reihe durch. Ich war erstaunt, wie gut das mit dem Auswendiglernen klappte. Wenn man ein Ziel vor Augen hat, dann ist vieles im Leben möglich. Vor allem dann, wenn auch das Herz hinter dem Ziel steht. Dann ist da diese intrinsische Motivation in einem, die einen wie ein Geparden nach vorne pusht.

Nach dem Zähneputzen und einem misstrauischen Blick eines Mannes, der gerade aus der Dusche kam und sich wahrscheinlich die ganze Zeit fragte, welches verwirrte und gestörte Wesen durcheinander gewürfelte Zahlen beim Putzen der Zähne wohl aufsagte, saß auch die dritte Reihe.

»Du, Johnny?« Johnny lag schon in seinem Schlafsack, als ich durch den Zelteingang kletterte. »Du, Johnny? Schläfst du schon?«

»Jetzt nicht mehr…«

»Oh, sorry, hehe. Du, ich kann jetzt schon dreißig Nachkommastellen. Hör mal. 3,1415926535 8979323846 2643383279. Stark, nh?« Ich öffnete meinen Schlafsack und legte mir mein Handtuch als Kissen zurecht.

»Toll!«

»Ich sag dir: Morgen habe ich Lea eingeholt.« Ich kuschelte mich in meinen Schlafsack und öffnete das Bild mit den Pi-Zahlen. Nach vier Minuten hatte ich weitere zwanzig Zahlen auf dem Kasten.

»Johnny?«, flüsterte ich leise.

»Was gibt's?«

»Ich kann jetzt schon fünfzig.«

»Toll!«

»Ich beweis es dir: 3,1415 …«

»Ich habe es gerade gehört. Wenn du es laut aufsagst, dann krieg ich das mit. Ich bin mit dir im Zelt. Schon vergessen?«

»Oh, stimmt ja, haha. Sorry, ich bin so aufgerödelt gerade.«

»Ich merk es!« Johnny musste lachen.

»Naja, Zeit zu schlafen. Wann geht morgen der Wecker nochmal?«

»Sechs Uhr. Handywecker ist schon eingestellt.«

»Perfekt! Wahrscheinlich werden wir eh durch Leas lauten Wecker geweckt.« Ach, Lea... Beim Gedanken an sie musste ich sofort wieder lächeln. Ich konnte es kaum erwarten, von ihrem schrillen, nervtötenden Wecker auch in der Zukunft geweckt zu werden. Wenn sie nur wüsste, warum ich das alles mit Pi und ihrer Abinote machte. Ich würde ihr alles bei unserem Ehegelübde bei unserer eigenen Hochzeit sagen, wie uns Pi romantisch in Afrika zusammengebracht hat. Ich grinste vergnügt.

»Gute Nacht!«, unterbrach mich Johnny weniger romantisch in meinen Hochzeitsgedanken.

»Gute Nacht, Johnny!«, antwortete ich ihm mit engelszarter Stimme. In meinem Bauch waren gerade so viele Schmetterlinge unterwegs, wie es sich ein Mopane-Baum an seinen Ästen für Photosynthese nur wünschen würde. Aufgeregt flattern sie in meinem Baum herum. Nicht wegen Johnny! Aber wegen Afrika und Lea.

Black Mamba
Story 2.0
(Chapter Twenty-Two)

Reymond hatte uns beim Frühstück den Tagesablauf vorgestellt. Kleine Safari mit hoffentlich tollen Wildtierbeobachtungen am Morgen und dann mittags Picknick in einem anderen Camp, in dem es ein großes Schwimmbecken geben sollte. Er empfahl uns daher, alle Badesachen ins Handgepäck zu tun, da das Camp nicht unser Nachtquartier, sondern nur ein Zwischenstopp am Mittag sein würde. Danach würden wir ungefähr noch zwei Stunden zum Nachtquartier fahren, ehe wieder die ganzen Zeltsäcke vom Dach fliegen sollten. Es lagen also einige Kilometer und Autostunden Fahrt vor uns, weswegen Reymond ein bisschen auf die Tube drückte. Wir fuhren vorbei an der großen Wiese, wo wir gestern noch die zwanzigtausend Impalas gesehen hatten, und hielten Ausschau nach Löwen. Diese hatte man in der Nacht gut hören können. Reymond vermutete sie ganz in der Nähe des Camps. Auf der großen Wiese sahen wir viele Zebras und mehrere Antilopenarten, die friedlich nebeneinander grasten. Sie hatten wie die vielen Giraffen die Ruhe weg. Kaum vorstellbar, dass die Löwen noch in der Nähe waren. Sie mussten bestimmt weitergezogen sein. Doch Reymond ließ sich nicht beirren. Er wollte unbedingt ein Löwenrudel finden und uns präsentieren. So fuhren wir von Wasserloch zu Wasserloch. Es war schon recht warm und wir hofften, aufgrund der aufkommenden Hitze ein Rudel dort zu finden. Doch weit gefehlt. An den Wasserstellen waren nur Gnus, die uns verdutzt anguckten und anscheinend nicht wussten, ob von uns eine ernsthafte Gefahr ausging oder nicht. Nach einigen Minuten des Abwartens drehte Reymond zur Freude der Gnus um.

»Okay, hier sind die Löwen schon mal nicht? Versuchen wir es mal mit unserem Glück, wenn wir in die andere Richtung fahren. Habt ihr die Löwen gestern Abend auch gehört?«

»Meinst du das Gebrüll?«, fragte eine der Zwillingsschwestern.

»Genau das! Das war das Gebrüll eines Löwenmännchens. In den Morgen- und Abendstunden, wenn die Luft leichter und nicht so drückend wie am Tag ist, dann macht er auf diese Weise auf sich und seine Position im Revier aufmerksam. Sein Gebrüll reist dann bis zu acht Kilometer weit. Gestern muss er aber ganz in der Nähe von unserem Camp gewesen sein. Vielleicht sehen wir seine Wuschelmähne irgendwo unter einem Baum. Ich bin optimistisch, hehe.« Reymond drehte sich um und ließ den Motor wie ein Löwe aufheulen. Er steuerte den Wagen mit wilden Lenkradbewegungen auf allen möglichen Wegen durch den Busch und war dabei stets auf die Landschaft fokussiert. Alle paar Minuten kamen uns kleine Jeeps und Trucks entgegen, vereinzelt auch Safariwagen. Im Etosha-Park gab es für Autofahrer zwei Regeln, an die sich jeder halten musste:

Regel Nr. 1: Verlasse niemals die Straße mit dem Auto.

Regel Nr.2: Verlasse niemals das Auto.

Ein Missachten der Regeln konnte lebensgefährlich sein. Im hohen Gras konnten überall Wildtiere lauern. Vor allem Leoparden mit ihrer Ambush-Technik. Schon oft war es vorgekommen, dass ein Missachten der Regeln in Form eines Toilettenganges tödliche Folgen hatte. Gut, dass ich mich beim Frühstück mit Rooibostee zurückgehalten hatte. Wegen Reymonds Zeitdruck war nur Zeit für eine Tasse geblieben. Nach mehreren Kurvenmanövern und ins Land verstrichenen Minuten entdeckten wir einen großen Bus am Straßenrand. Er war viel größer, robuster und moderner als unser Bus. Da saßen bestimmt nur Etepete-te-Gäste drin mit teurer Safarikleidung. Reymond kurbelte das Fenster herunter und sprach mit dem anderen Guide. Es dauerte eine Weile, bis sich Reymond mit einem Grinsen zu uns umdrehte.

»Er sagt, da sind Löwen.« Reymond klopfte sich auf seinen Bauch. »Auf mein Bauchgefühl ist stets verlass, hehe.« Langsam rangierte er unseren Bus direkt neben den anderen Bus. Die Löwen waren im Schutz der hohen Grashalme und Sträucher kaum zu erkennen. Man musste sich schon extrem anstrengen, um sie überhaupt am Boden ausfindig machen zu können. Ab und zu sah man zwar, wie sich kurz eine wellige Mähne über den Gräsern zeigte, doch das war es dann auch schon. Nach kurzer Zeit verloren Lea, Johnny und ich das Interesse. Auf der Farm waren wir den Löwen ja bis auf einen halben Meter nahegekommen, weswegen diese Begegnung eher enttäuschend war. Doch ich freute mich für die anderen, die begeistert das Gras fotografierten.

Nach gut zehn Minuten Gräser-Beobachten ging es dann endlich weiter.

Die Fahrt zu unserem Zwischencamp führte entlang der großen Salzpfanne. Wohin man auch schaute: Überall war es weiß. Das Tier- und dichte Buschvorkommen wurde immer weniger. Ab und zu sah man zwar ein paar Gnus, die mutterseelenallein im Wasser standen, doch das war es dann auch schon.

Wie schon gestern wurde unsere Fahrt entlang der Salzpfanne von einer angenehmen Brise begleitet. Der Wind kam direkt von der Seeseite und wir dankten ihm, dass er die Luft im Bus ein wenig abkühlte. Mit der Zeit wurde es ein bisschen sehr kühl und frisch. Lea kuschelte sich mit ihren Kopfhörern unter ihre vielen Jacken und Pullis, während ich mir meinen Pulli überstreifte.

Ich hatte meinen Kopf noch nicht vollständig aus dem engen Kragen befreien können, da meldete sich Reymond übers Mikro zu Wort. Vor einigen Minuten hatte er sich schon einmal gemeldet, als er uns einen Mann auf der linken Seite auf einer Düne zeigen wollte, der sein Wohnmobil verlassen hatte und mit seiner Kamera neben seinem Gefährt stand. Fassungslos hatte ihn Reymond auf die beiden Parkregeln hingewiesen, niemals den eigenen Wagen zu verlassen, da man nie wusste, ob einem nicht gerade ein Leopard im hohen Gras auflauerte und sich von hinten anschlich. Wie gesagt: Es hatte schon mehrere Todesfälle gegeben, die aus Leichtsinn resultierten. Ich schaute mich um. Diesmal war kein leichtsinniger Safarigast in Sicht. Wäre das der Fall gewesen, dann auch nicht mehr lange…

»Könnt ihr euch noch an die drei Nashörner vom ersten Tag erinnern?« Natürlich konnte sich noch jeder an den Moment erinnern. Sie waren ja die ersten Tiere auf der Safari gewesen.

»In Okanjina waren wir ja dem white rhino begegnet. Jetzt könnt ihr auf der rechten Seite ein black rhino sehen! Das black rhino ist wesentlich kleiner und trägt seinen Kopf höher. Ich fahr mal kurz rechts an den Straßenrand, damit ihr Fotos machen könnt.« Gesagt, getan. Reymond parkte den Wagen am Straßenrand und stoppte den Motor. Jetzt konnten alle das Nashorn sehen, das ganz allein im hohen Gras unterwegs war und genüsslich an einem Busch vor sich hinmampfte. Wie aus dem Nichts war das Muskelpaket plötzlich an der Straßenseite mit seinen Muskeln aufgetaucht.

»Das black rhino ist in der Regel aggressiver als sein weißer Artgenosse. Während uns die drei Nashörner desinteressiert keinen Blick geschenkt haben, ist es bei diesem Boy anders. Seine Ohren zeigen in unsere Richtung. Wir sind in seiner Wahrnehmungszone. Auch wenn er mit seinem Gesicht jetzt wieder zum Boden schaut, weiß er, dass wir hier sind. Jetzt guckt er wieder zu uns, schaut...«

Tatsächlich. Das Nashorn schien unseren Bus gerade regelrecht zu scannen. Voller Selbstbewusstsein präsentierte es uns sein eindrucksvolles Horn. Das Horn sah wie eine Waffe aus. Von seinem Speer wollte ich nicht berührt oder aufgespießt werden, dachte ich mir. Zum Glück lagen mehrere Meter Entfernung zwischen uns und seinem beeindruckendem Horn.

»Ist das wirklich ein black rhino, Reymond?« Alison schaute interessiert durch ihr Fernglas.

»Ja! Schau auf seine Haut. Sie ist viel dunkler als bei den dreien von vor zwei Tagen.« Mir fiel auf, dass seine Haut wirklich etwas dunkler war. Dunkler ja, aber von einem „black rhino" konnte nun wirklich keine Rede sein. Dark gray rhino passte da schon eher.

»Dieses Männchen macht einen gesunden Eindruck. Schaut euch mal seinen Körperbau an. Just amazing, was Mutter Erde da erschaffen hat, oder?« Ich nickte.

Die Aussicht war ebenfalls amazing. Hinter dem „strong dark gray rhino" spiegelte sich die Sonne im Wasser der Salzpfanne. Alles an der Kulisse erinnerte ein wenig an das Werbeplakat, das ich nach meiner Landung am Airport Johannesburg gesehen hatte. Da die weiße Pfanne, da die grünen Gräser und darin das tonnenschwere, graskauende Nashorn. Es musste hier entstanden sein. Ich grinste und schaute wieder zum Nashorn, das jetzt auch in meine Richtung guckte. Im Verhältnis zu seinem muskulösen Körper hatte es relativ kleine, fast schon winzige Augen. Richtige Knopfaugen. Reymond erzählte, dass Nashörner relativ schlechte Augen hätten. Ihr Geruchs- und Hörsinn sei viel besser ausgeprägt. Ich verstellte zu Leas Freude ihr Fernglas um ein Raster nach rechts, um noch schärfer sehen zu können. Ich entdeckte einen Vogel, der es sich auf dem Rücken des Nashorns gemütlich gemacht hatte. Ich legte das Fernglas fasziniert beiseite, um ein Foto mit meinem Handy zu machen, da hörte ich auf einmal den gesamten Bus schreien:

»Reymoooond, Reymooond!« Erschrocken blickte ich von meinem Handy auf und sah in die Gesichter der anderen, die abwechselnd zur Fahrerkabine und nach draußen zum Nashorn schauten. Nach einem kurzen Blick nach draußen, der Vogel hatte sich mit ein paar Flügelschlägen in die Luft gerettet, erkannte auch ich den Ernst der Lage. Das Nashorn, das vor wenigen Sekunden noch ruhig und entspannt auf der Wiese zwischen Grashalmen und Büschen gestanden hatte, sprintete gerade mit Vollspeed auf unseren Bus zu. Meine Alarmglocken klingelten wild durcheinander. Die süßen Knopfaugen des Nashorns kamen mir auf einmal nicht mehr ganz so süß vor. Je näher sie kamen, desto größer und gefährlicher wurden sie nämlich. In ihnen sah ich jetzt, dass ihr aggressiver Besitzer wild entschlossen war, uns mit seinem Horn aufzuspießen. Er schnaubte beim Laufen wild durch seine Nasenlöcher und seine Ohren wedelten nur so im Wind. Der Boden bebte bei seinem Gewicht. Ich merkte, wie sich mein Herzschlag erhöhte. Ich bin jetzt kein Arzt, vermutete aber, dass der erhöhte Puls eventuell mit dem tonnenschweren Nashorn zusammenhing, was den Bus samt Insassen in den nächsten Sekunden auf die Schippe nehmen sollte.

»Reymond, fahr los! Schnell!« Jetzt schrie auch ich aufgeregt durch den Bus. »Reymond, das Nashorn kommt...« Das aufgebrachte Nashorn war jetzt nur noch zehn Meter von uns entfernt. »Reymond, fahr los!!« »Brumm!« Es dröhnte und staubte laut auf.

»Ahh, es kommt...«

Reymond musste unsere wilden Rufe gerade noch rechtzeitig gehört haben. Ohne zu überlegen startete er den Motor und trat mit voller Kraft aufs Gaspedal, sodass die Räder auf dem sandigen Boden nur so durchdrehten. Schnell und wirklich in allerletzter Sekunde legten wir gerade noch rechtzeitig einige Meter zwischen uns und das wütende Nashorn. Wie durch ein Wunder verfehlte es uns mit seinem Speer nur knapp. Eine Sekunde später, und es hätte uns mit voller Bandbreite aufs Horn genommen. Es war so fucking knapp. Ich wollte mir gar nicht ausmalen, was alles passiert wäre, wenn es uns mit voller Kraft im Vollsprint gerammt hätte. Wahrscheinlich hätte das Nashorn den Bus so beschädigt, dass an eine Weiterfahrt gar nicht mehr zu denken gewesen wäre. Ich blickte mich um. Irritiert stand das Nashorn jetzt auf der Stelle, auf der wir soeben noch geparkt hatten. Wild schnaubend schaute es uns nach. Erleichtert blickte ich zu den anderen. Den meisten stand der Schreck noch immer ins Gesicht geschrieben. Es dauerte einen Moment, bis wir begriffen, wie viel Glück wir gerade gehabt hatten.

»Alta, war das vielleicht knapp.« Johnny war der Erste von uns, der wieder bei Stimme war. »Der hat uns fast auf die Schippe genommen. Wie der auf einmal losgerannt ist. Wahnsinn!«

»Siehst du es noch?« Ich hatte den Sichtkontakt verloren. Johnny streckte seinen Kopf aus dem offenen Fenster.

»Ja, es läuft gerade auf die andere Straßenseite in den Busch.«

»Sag mir bitte, dass du es gefilmt hast, Johnny.« Lea deutete aufgeregt auf ihr Handy, das Johnny seit fünf Minuten ununterbrochen ans Fenster hielt. Sie hatte es ihm extra gegeben, da das Nashorn ja auf seiner Seite stand. Mein Kopf war angeblich wieder mal im Weg gewesen.

»Sag es, sag es, sag es, Johnny!«

»Ich müsste den ganzen Angriff draufhaben. Hier, schau nach.«

»Ich hoffe es doch für dich, Kollege.« Lea begann sofort, das Videomaterial unter die Lupe zu nehmen. Nach mehrmaligem Ansehen schaute sie grinsend zu Johnny und mir.

»Und?« Neugierig drehten sich Ash und Radunkel nach hinten. Sie mussten irgendwie Leas „Sag es"-Rufe mitbekommen haben.

»Leute, man sieht einfach alles. Wie es uns am Anfang neugierig begutachtet, dann auf einmal wild schnaubt und auf uns zurennt. Alles!« Stolz zeigte sie uns das Video. Die Aufnahmen waren unglaublich. Es hatten wirklich nur wenige Meter zur Vollkatastrophe gefehlt. Wir hatten echt Schwein gehabt, dass wir jetzt so über die Nashornattacke lachen konnten. Viel hatte nicht gefehlt und es wäre anders gekommen.

Circle of Life

(Chapter Twenty-Three)

Es war gut, dass wir alle unsere Badesachen aus dem Koffer ins Handgepäck getan hatten. Reymond hatte nicht zu viel versprochen. Der Campingplatz hatte einen riesigen Pool. Während Reymond und Ruben sich ans Mittagessen machten, spazierten Lea, Radunkel, Johnny und ich in der brütenden Mittagssonne zum Pool. Dort sprang Johnny sofort ins Wasser, ich dagegen cremte mir noch schnell meinen Rücken ein.

»Platsch!«

Die Sonnenmilch war noch gar nicht richtig eingezogen, da war sie vom Körper auch schon wieder runter. Lea hatte Anlauf genommen und mich am Beckenrand stehend mit voller Kraft ins Wasser geschubst. Mit einem triumphierenden Lachen setzte sie sich zu Radunkel ans Becken und ließ ihre Beine im kühlen Nass hin und her baumeln.

»Schubs sie rein, Ash!«

Ash hatte versprochen nachzukommen. Mit Alison und den Schweizerinnen war er in seiner Badehose am Zaun erschienen und machte ein paar schnelle Schritte zu Lea und Radunkel.

»Jaa, haha.«

»Ash, ich warne dich. Ich habe keine Badesachen an.«

»Egal Ash, sie hat mich auch reingeschubst. Rein mit ihr!«

»Du hast ja auch eine Badehose…«

»Na und? Du hast Wechselklamotten im Koffer. Rein mit ihr!«

»Ash, wehe.«

»Mimimi. Dich stattdessen, Radunkel?«

»Nee, lass mal gut sein, Ash.« Radunkel lachte und krallte sich am Boden fest. »Spring du lieber selber rein.«

Gesagt, getan. Ash warf sein Handtuch auf eine Liege, zwinkerte Alison und den beiden Mädchen zu und sprang im hohen Bogen vom Beckenrand ins Wasser.

Ich möchte an dieser Stelle ehrlich mit dir sein: Ich hatte schon lange keinen so unästhetischen Köpper mehr gesehen. Es sah wirklich nicht schön aus. Vielmehr erinnerte Ash Köpper an ein Hippo, das mit vollem Schwung ins Wasser rauschte. Und die sind mit ihren zwei bis drei Tonnen auch nicht gerade filigran und elegant unterwegs. Naja, immerhin machte Ash mit seinem angedeuteten Delfinsprung Lea und Radunkel ein wenig nass.

Die Zeit am Pool verging wie im Flug. Nach gut fünfzig Minuten gab Johnny das Zeichen, zurück zum Wagen zu gehen, da das Essen bestimmt schon fertig war. Es war fertig. Ruben freute sich wieder riesig, dass es uns schmeckte. Er lächelte uns wie ein glücklicher Koch von seinem Platz zu. Ach, der Ruben war schon cool drauf. Heute am Morgen hatte ich ihn ebenfalls zum Lächeln gebracht, als ich ihm meine Turnschuhe schenkte. Ich wollte sie eigentlich erst in die Mülltonne schmeißen, sie stanken aufgrund des gestrigen Regens noch furchtbarer als nach der Regenwoche auf der Farm, doch Lea meinte, dass Ruben zwei Kinder habe, die sich über die Schuhe freuen würden. Ruben machte der muffige Geruch nichts aus. Er steckte sie dankbar in seinen Koffer.

»Genießt ihr alle das Essen?«, fragte Reymond, nachdem er sich auch etwas zu essen geholt hatte. Auf seinem Teller lagen zwei große Fleischstücke. Von Salat oder Gemüse keine Spur.

»Schmeckt wieder vorzüglich, Reymond.«, sagte Johnny, während er sich Salat auf den Teller machte. »Wie lange brauchen wir bis zum nächsten Camp von hier?«

»Ungefähr zwei Stunden. Wenn wir mit dem Essen fertig sind, dann fahren wir direkt los. Vielleicht sehen wir auf unserer Fahrt noch ein paar Wildtiere. Wäre ja schön, oder? Das Meeting mit dem black rhino war beeindruckend, oder?« Er grinste.

„Definitiv!«, stimmte ich ihm zu. »Lea hat auf dem Handy sogar ein Video von dem Meeting. Musst du dir mal anschauen. Wir haben das Nashorn genau in diesem Moment gefilmt.«

Reymond schaute zu Lea. Bis auf Ruben und Reymond hatte der gesamte Bus das Video vom Nashorn gesehen, wie es auf uns zuraste.

»Lea, kann ich das Video vielleicht mal sehen?« Fasziniert schaute er sich das Video auf ihrem Handy an. »Hoho, Ruben, guck dir den Boy mal an. Wahnsinn!« Er reichte Ruben Leas Handy. Auch Rubens Augen wurden größer und größer.

»Wow, Lea, du hast definitiv das Highlight des Tages festgehalten. Respekt!«

»Es war Johnny.«

»Johnny?«

»Er hat gefilmt. Ich hab ihm nur mein Handy geliehen.«

»Well done, Johnny!« Johnny hatte beim Filmen wirklich einen guten Job gemacht. Viele Dokumentarfilmer wären vor Neid erblasst. Sie hätten in einem Wettbewerb keine Chance gegen sein Werk gehabt. Könnte man beim Anblick des Videomaterials zumindest meinen, ja. Doch es dauerte nicht lange, bis sein Video von einem anderen Tier in den Schatten gestellt wurde. Die Attacke vom Nashorn sollte an diesem Tag nämlich die deutlich harmlosere sein, die wir live miterlebten. Diesmal mit tödlichem Ausgang…

»Wieso halten wir an? Haben wir uns schon wieder verfahren?« Ungläubig nahm Lea ihre Kopfhörer ab und schaute aus dem Fenster. Reymond hatte den Wagen links an den Straßenrand gesteuert und angehalten. Er starrte gemeinsam mit Ruben mit angestrengtem Blick aus dem Fenster und scannte die Landschaft. Keine Ahnung, warum sie das machten. Bis auf langweilige Graslandschaft war nichts Aufregendes zu sehen. Kein Nashorn, nur grünes Gras und Wiese.

»Wisst ihr, warum wir wieder anhalten?« Ash drehte sich zu uns in die letzte Reihe. Wir zuckten mit den Schultern.

»Keine Ahnung. Alison, kannst du durch dein Fernglas irgendwas ausfindig machen, warum?« Alison nahm ihr Fernglas und wanderte damit die grüne Graslandschaft ab.

»Nein, obwohl…« Sie drehte ihr Fernglas ein paar Raster schärfer. »Da ist ein Impalamännchen. Steht alleine auf der Wiese rum.« Sie deutete auf die Antilope mit dem Geweih auf dem Kopf, die sich friedlich durchs hohe Gras graste. Ab und zu hob er zur Orientierung den Kopf und hielt seine Nase in den Wind.

»Reymond?« Samu, unser Freund aus Israel, lehnte sich von seinem Platz nach vorne und streckte seinen Kopf zu Reymond und Ruben in die Fahrerkabine.

»Hast du dich schon wieder verfahren oder was?« Er lachte und spielte auf den Moment an, wo Reymond kurz nach dem Aufbrechen vom Picknick-Camp die Orientierung im Etosha-Park verloren hatte. Doch Reymond reagierte gar nicht auf seinen provokanten Spruch. Bis auf seine Frau ging keiner im Bus auf seinen Kommentar ein. Peinlich berührt drehte sich seine Frau von ihm weg. Reymond starrte noch immer angestrengt aus dem Fenster. Wir konnten uns eigentlich nicht verfahren haben, zumindest glaubte ich nicht, dass Reymond gerade nach irgendeinem Verkehrsschild suchte. Es musste etwas anderes sein, weswegen er angehalten hatte.

»Alison?«, fragte er ohne die Wiese aus den Augen zu lassen. »Alison, kannst du mir kurz dein Fernglas ausleihen?«

»Take it.« Sie reichte es einer der Zwillingsschwestern, die es weiter an Reymond gab. Dieser hatte nur seinen Arm nach hinten gestreckt, um es entgegenzunehmen. Den Blick dabei immer noch auf die Wiese gerichtet.

»Ich frag mich echt, warum wir angehalten haben...«, sagte Ash nach einer kurzen Weile. »Wir haben doch gestern schon mehrere Impala gesehen. Da reißt es das eine Männchen jetzt auch nicht raus.«

»Manchmal sehen Guides Dinge, die wir auf den ersten Blick nicht sehen können.«, sagte Johnny, der sich auf seinem Handy wieder eine Autosendung anschaute. Ich dachte an die Löwen, die wir am Morgen gesehen hatten. Ohne Hinweis des anderen Guides hätten wir diese sicherlich nie gefunden oder im hohen Gras entdeckt.

»Leute, irgendwas stimmt da nicht.« Ash stellte sich in den Gang und stützte seine Hände an der Hüfte ab.

»Vielleicht ist da ja noch irgendein anderes Tier.«, pflichtete ihm Radunkel bei. »Wieso sollte Reymond sonst Alison nach ihrem Fernglas gefragt haben? Den Impala kann man ja auch ohne Fernglas mit bloßem Auge erkennen.«

»Außer du kommst aus Israel.« Ich lachte und schaute nach vorne zu Samu, der sich laut mit seiner Frau stritt.

Die Minuten vergingen, ohne dass etwas passierte. Wahrscheinlich hatte Radunkel mit ihrer Vermutung recht. Da musste noch ein anderes Tier sein, für das sich Reymond interessierte. Nur wo? Mit meinen Augen wanderte ich die Landschaft und das Gras ab. Die Wiese war echt weitläufig. Sie war riesig und erstreckte sich bestimmt über mehrere Hektar. Kein Baum, kein Busch, alles war flach und von hohem Gras und langen Grashalmen bedeckt. Ich sah nur diesen Impala. Dieser schaute entspannt kauend in unsere Richtung. Wind kam auf und brachte die Grashalme auf der Wiese in Bewegung. Auch im

Businneren sorgte er für die ein oder andere wild flatternde Gardine. Eine klatschte mir direkt gegen die Stirn. Irgendwas muss Reymond im Gras entdeckt haben, dachte ich mir, während ich die Gardine zurück in die Halterung zog. Irgendwas. Mit der Zeit fiel mir auf, dass Reymond nämlich gar nicht in die Richtung des Impala schaute. Die Linse des Fernglases war auf eine Stelle zehn Meter daneben gerichtet. Doch da war kein Tier. Nur hohes Gras. Oder? Jetzt legte auch ich die Stirn in Falten. War da nicht gerade eine Bewegung zu sehen? Zehn Meter vom Impala entfernt? Ich rieb mir die Augen. War da nicht gerade ein Stück Fell, das durch die Grashalme schimmerte? Oder hatte ich mir das eingebildet? Wahrscheinlich Einbildung. Ich schüttelte den Kopf und schaute mir stattdessen noch mal das Video mit dem Nashorn an, das Lea uns mittags per AirDrop geschickt hatte, als wir am Pool waren.

»Guys, da ist tatsächlich noch ein anderes Tier!«, sagte Reymond geheimnisvoll. Schnell drückte ich auf Pause und schaute wie die anderen gespannt zur Fahrerkabine. Reymond hatte seinen Kopf durchs Fenster gestreckt und lächelte. »Das Impalamännchen ist nicht allein auf der Wiese. Da ist noch ein anderes Tier...«

»WELCHER IMPALA?« schrie der Israeli aufgeregt.

»Pscht – nicht so laut!«

»WAS?«

»Pscht – leise!!« Samu bekam einen leichten Stoß von seiner Frau in die Rippen. »Reymond hat leise gesagt...« Reymond nickte ihr dankend zu.

»Könnt ihr den Leopard zehn Meter vom Impala entfernt sehen?«

»LEOPARD?«

»Pscht!«, kam es von allen im Bus. Er begriff es einfach nicht...

»Ja, da ist ein Leopard. Links vom Impala. Schaut euch mal ganz genau das Gras an. Er liegt mucksmäuschenstill da und beobachtet den grasenden Impala. Ab und zu schimmert sein Fell durch die Grashalme, aber sonst ist er perfekt getarnt. Könnt ihr ihn sehen?" Gespannt schauten wir aus dem Fenster. Es dauerte einen Moment, bis wir ihn alle sahen. Tatsächlich, da war ein Leopard. Auf allen vieren lag er im hohen Gras und beobachtete jede Bewegung seiner Beute. Diese graste weiter seelenruhig vor sich hin, nicht ahnend, dass er gerade in akuter Lebensgefahr schwebte. Er schien sich doch sehr sicher in dieser Gegend zu fühlen.

»Jetzt könnt ihr euch einmal die hohe Bedeutung von Gras im afrikanischen Busch bewusst machen. Während es den Boden vor der prallen Sonne schützt, die vom Himmel gerade auf uns hinunter scheint, ist das Gras Nahrung für die Antilope und Tarnung für die Raubkatze zugleich. Aufgrund des Windes ist es jetzt so, dass der Leopard vom Impala nicht wahrgenommen wird. Ihr könnt hier im Bus sogar fühlen, wie der Wind von der rechten Seite weht. Fühlt ihr die Windrichtung?« Reymond machte mit seiner Hand eine Windbewegung von rechts nach links. Wir nickten stumm. »Deswegen kann der Impala den Leoparden auch nicht riechen. Er nimmt durch den Wind von der rechten Seite nur den Duft des saftigen Grases wahr. Würde der Wind von der anderen Seite kommen, dann würden bei ihm sämtliche Alarmglocken schrillen. Der Leopard könnte sich nicht so einfach anschleichen, da sein Duft ihn sofort verraten würde. Der Impala würde sofort wegspringen.« Klang einleuchtend. Der Wind stand also gerade gut für den Leoparden. Die Höhe des Grases, aber vor allem der Geruch gaben ihm eine perfekte Tarnung. Immer dann, wenn der Impala zu Boden oder in die andere Richtung schaute, schlich sich der Leopard ein paar Zentimeter näher heran. Ich kam mir vor wie in einer Terra-X-Sendung, schließlich erinnerte alles an eine typische Dokumentation über Afrika und seine Savanne. Da die Beute, da der Jäger und da unsere verrückte Truppe.

Im Bus herrschte eine außergewöhnliche Stille. Niemand sprach ein Wort, keiner wagte zu atmen. Noch nie war es auf der Safari so still gewesen. Jeder schaute gebannt aus dem Fenster und folgte jeder Bewegung des Leoparden. Die Attacke des Leoparden konnte jeden Moment losgehen und keiner wollte den Augenblick des Angriffs verpassen. Noch gute fünf Meter trennten den Leoparden von seiner Beute. Manchmal vergingen Minuten, ohne dass er sich ein Stück nach vorne wagte. Tiefgeduckt wartete er den perfekten Moment ab. Da, jetzt, nein, doch nicht. Kurzerhand brach er sein Nachvornekriechen ab und legte sich wieder flach ins Gras. Der Impala hatte kurz in seine Richtung geschaut. Noch immer witterte er keine Gefahr.

»Jetzt langsam könnte er doch mal angreifen.«, murmelte Lea von ihrem Platz. Sie hatte ihr Handy an die Fensterscheibe gedrückt, in der Hoffnung, das nächste Highlight aufnehmen zu können.

»Jetzt mach schon, Katze. Wir sind OnAir...«

»Nicht nur du?«, sagte Ash. »Ich krieg hier noch eine Nackenstarre.« Ash hatte bestimmt schon seit fünf Minuten seinen schweren Fotoapparat in Stellung gebracht und hochgehalten. Entkräftet ließ er seine Kamera auf den Boden sinken. »Mist, Akku leer. Ausgerechnet jetzt.« Schnell kramte er in seiner Tasche nach einem Ersatz-Akku. Eine Windböe unterbrach die Stille im Bus. Sie traf uns plötzlich mit voller Bandbreite, sodass die Vorhänge an den offenen Fenstern wild durch den Wagen wedelten. Jeder zuckte bei dem Windstoß zusammen. Leider hatte der Stoß wieder die Gardine neben mir verschoben, die mir jetzt natürlich im spannendsten Moment komplett die Sicht auf den Springbock nahm. Nein, bitte nicht jetzt, dachte ich mir.

»Wow!« Ein Raunen ging durch den Bus. Hektisch rammte ich die Gardine zurück in die Halterung, sodass ein Plastikteil zu Boden fiel. Schnell schaute ich zurück zur Wiese und sah, wie der Leopard gerade mit Vollgas auf den Impala zurannte.

»Wow!«, entwich mir als Kommentar ebenfalls über die Lippen. Wie gebannt schaute ich nach draußen auf die Wiese. Wie bei einem Raketenstart katapultierte sich der Leopard pfeilschnell vom Boden in die Höhe und sprintete mit zwei, drei schnellen Schritten in Richtung seiner grasenden Beute. Die Antilope hatte den Duft des Angreifers wahrgenommen. Der Wind hatte mit dem Windstoß plötzlich um hundertachtzig Grad gedreht. Das Impalamännchen schreckte vom Boden hoch und sah den Leoparden auf sich zulaufen. Ich hätte an seiner Stelle wahrscheinlich ähnlich reagiert. Instinktiv setzte er sich fluchtartig in Bewegung. Dummerweise in die falsche Richtung. Noch bevor er ausweichen konnte, verbiss sich der Leopard mit einem großen Sprung in seinem Nacken. Der Schreck und die Schmerzen standen dem Bock förmlich ins Gesicht geschrieben. Mit voller Kraft wurde er vom Leoparden gepackt, durch die Luft geschleudert und zu Boden gerissen. Beide überschlugen sich mehrfach auf dem Boden. Durch den Kampf bildete sich eine große Staubwolke, die uns für kurze Zeit die Sicht nahm. Wie in einem Comicheft waren abwechselnd Glieder und Köpfe von beiden zu erkennen. Sowohl vom Impala als auch vom Leoparden. Es fehlten nur Begriffe wie „Bums", „Rums", „Autsch", „Rrrrr" oder „Ahh", die über der Staubwolke schwebten und den Kampf mit Kommentaren begleiteten.

Der Leopard schleuderte seine Beute von links nach rechts. Der Wind wehte und die Gräser tanzten, während der Impala um sein Leben kämpfte. Er konnte einem echt leidtun. Er hatte keine Chance, dem festen Biss und den starken Pranken seines Jägers zu entkommen. Nach gut vierzig Sekunden hatte der Leopard ihn endgültig zu Boden gebracht. Seine Kräfte schwanden mit jedem Aufbäumen. Nach Sekunden des Widerstandes sah man seine Beine nur noch vereinzelt am Boden zucken. Mit der Zeit wurden die Tritte des Impala immer schwächer und schwächer, bis sie schließlich ganz zum Erliegen kamen. Der Sieg ging diesmal an den Jäger. Ich dachte an Missy Joe und den Leoparden, den wir am ersten Tag unserer Safari gesehen hatten. Beide lebten in Gehegen („Gefangenschaft") und bekamen ihr Essen jeden Tag mundgerecht serviert. Dieser hier musste dagegen hart für sein Essen arbeiten. Tag für Tag, Woche für Woche, um sein Überleben zu sichern. Heute sollte er nicht mit leerem Magen den Tag beenden. Nach Luft schnappend lag er neben dem toten Impala und schaute in unsere Richtung. Es gab keine Bäume und keine Büsche in der Gegend, zu denen er sich mit seiner Beute hätte zurückziehen können. Mit angespanntem Blick suchte er die Landschaft nach Mitbewerbern um sein Essen ab. Doch Löwen waren nicht in Sicht. Er beschloss dennoch auf Nummer sicher zu gehen und das Weite zu suchen. Mit Impala im Maul zog er in geduckter Haltung langsam mit seinem Mittagessen davon. Nach wenigen Sekunden waren beide im Gras mit bloßem Auge nicht mehr zu erkennen.

Beeindruckt, bewegt und dankbar, dieses einzigartige Naturschauspiel miterlebt zu haben, schaute ich in die Runde. Alle waren hin und weg und froh, Zeuge dieses Moments gewesen zu sein. Wir konnten unser Glück kaum fassen. Wir waren, anders als der Impala, zum richtigen Zeitpunkt am richtigen Fleck. Auch Lea war sprachlos.

»Leute, was haben wir bitte für ein Glück heute? Erst werden wir von einem Nashorn angegriffen, haben davon ein Video, dann sehen wir einen Leoparden und haben, ratet mal, wer alles mitgefilmt hat, auch davon ein Video. Richtig, die Lea.« Sie grinste und wedelte mit ihrem Handy in der Hand. »Man sieht darauf einfach alles, Leute. Wie der Leopard losläuft, sich im armen Impalamännchen verbeißt und ihn zu Boden schleudert. Everything!«

»Das musst du mir auf jeden Fall schicken, wenn da everything zu sehen ist.« Wegen des blöden Vorhangs hatte ich den Anfang ja nicht mitbekommen.

»Mach ich!« Sie fing an zu kichern. »Ich weiß auch schon, welches Lied ich für das Video nehme, wenn ich es bearbeite. Ich sag nur: Nants ingonyama bagithi baba.«

Circle of Life - ja ne, is kla …

Spätestens nach dem Video mit dem Leoparden war Lea der Star im Auto. Es war unglaublich. Schon jetzt hatten wir so viele Highlights gesammelt und wir waren gerade mal an Tag drei. Eine ganze Woche stand noch auf dem Programm. Eine ganze Woche!

Mit einem Lächeln steckte ich mir meine Kopfhörer in die Ohren. Ich wollte jeden weiteren Moment, jeden Tag und jedes Schlagloch genießen und war gespannt, was wir alles in den nächsten Tagen auf der Safari noch erleben sollten. Dankbar und erwartungsfroh schloss ich meine Augen und summte zu den Klängen der aufkommenden Musik im Ohr. Next song: Circle of Life - ja ne, is kla …

„From the day we arrive on the planet
And, blinking, step into the sun
There´s more to see that can ever be seen
More to do than can ever be done
There´s far too much to take in here
More to find than can ever be found.“

Papa Olaf

(Chapter Twenty-Four)

»Good morning, guys.« Reymond begrüßte uns gut gelaunt beim Frühstück an der Feuerstelle. »Ich hoffe, ihr habt nach dem gestrigen Nashorn- und Leopardenangriff gut schlafen können, hehe. Zwei Begegnungen dieser Art habe ich an einem Tag selten erlebt.« Er grinste und schüttete sich Kaffeepulver in seinen Becher.

»Thanks, Reymond!«, antworteten wir ihm nickend. Wir saßen im Halbkreis, schlürften unsere Kaffees und Tees, aßen unsere Toasts und Müslis und erwarteten mit Spannung das morgendliche Briefing von Reymond. Schon gestern hatte er uns erzählt, dass dies unsere letzte Nacht im Etosha-Park sein sollte und wir langsam Richtung Wüste fahren würden. Doch genaue Details wollte er erst am Morgen folgen lassen.

»Wie gestern bereits angekündigt, werden wir heute...«

»Ist der Tag heute mit Massagen oder nicht?« Samu lachte und feierte sich wieder selbst für seinen gelungenen Beitrag am Morgen. Reymond nickte ihm nur kurz bestätigend zu, ehe er sein Briefing fortsetzte.

»Der Tag ist vollgepackt mit Highlights. Zuerst werden wir Etosha hinter uns lassen und dem Nationalpark Auf Wiedersehen sagen. Etosha hat sich ja, glaube ich, gelohnt für euch, oder?« Wir lachten. Nein, die letzten beiden Tage waren alles andere als langweilig und ereignislos gewesen. Ganz im Gegenteil.

»Sehr gut, hehe. Unser nächstes Camp wird mitten in der Wüste liegen. Also, es wird nicht ganz so grün wie hier sein.«

»Wie lange fahren wir in etwa zu dem neuen Camp?«, fragte eine der Zwillingsschwestern.

»Wir werden dort gegen 5 pm ankommen, schätze ich.«

»Och nö!« Ash stöhnte laut auf. »Nicht schon wieder Stunden in diesem warmen Bus.«

»Hast doch dein Buch, deine Kopfhörer und Alison als Sitznachbarin.«, zwinkerte ihm Johnny zu. »Wir machen bestimmt eine Picknick-Pause, in der du dir deine Beine vertreten kannst.«

»Ich hoffe doch. Sonst gehe ich ein. Ich möchte mich ja nicht beschweren bei den ganzen Sightings in den letzten Tagen, aber dieses ganze Sitzen im Bus. Junge, Junge…« Ash stand auf und ging zum Feuer. Wahrscheinlich wollte er seine Beine schon mal vorsorglich locker machen. Er schüttete sich ein wenig Kaffeepulver in seine silberne Tasse, ehe das kochende Wasser folgte und sich in eine braune Brühe verwandelte.

»Keine Sorge, guys. Ich weiß, dass es aufgrund der fehlenden Klimaanlage nicht ganz so komfortabel ist. Wir machen heute auch wieder mehrere Pausen. Der erste Stop ist in Kamanjab geplant. Kamanjab ist ein kleiner Ort in der Nähe von Etosha. Es gibt dort einen großen Supermarkt, wo ihr euch mit Lebensmitteln eindecken könnt. Vor allem mit Wasser. Bitte berücksichtigt, dass wir Richtung Wüste fahren und dort die nächsten Tage verbringen werden. Stellt sicher, dass ihr alle genug Wasser für die nächsten Tage habt.« Wir hatten echt nicht mehr so viel Wasser dabei und mussten dringend einkaufen. Der Halt beim Supermarkt kam uns an diesem Tag also mehr als gelegen.

»Anderes Thema: Habt ihr schon mal von den Himba bzw. Ovahimbas gehört?«

»Das indigene Hirtenvolk?« Ash schaute fragend zu Reymond, nachdem er sich wieder hingesetzt hatte. »Ich hab mal einen Bericht über die Himbas geschaut. Heißt es Himba oder Himbas eigentlich? Naja, egal. Es war auf jeden Fall sehr spannend zu sehen, wie die so leben.«

Reymond nickte Ash lächelnd zu. »Heute werdet ihr ein Himba-Volk besuchen. Sie leben mit ihrem Vieh mitten in den Bergen. Ein lokaler Guide wird euch zeigen, wie sie leben und uns ein bisschen von ihrer traditionellen Lebensweise berichten. Ihr könnt ihm Fragen stellen und Bekanntschaft mit ihren Lehmhütten machen. Ihr könnt euch also sehr auf die Begegnung freuen.« Es klang wirklich interessant. Der Besuch bei den Himba war nach dem Mittagessen geplant. Reymonds Erzählungen zufolge musste ein Besuch wirklich spannend sein, zumal deren Lebensweise sicher das komplette Gegenteil zu der in der westlichen Welt sein musste. Ich war gespannt, was uns beim Himba-Stamm alles erwarten würde.

»Reymond, möchtest du noch ein paar Sätze zu Swakopmund verlieren?« Ruben schaute neugierig zu seinem Chef.

»Ach ja, da war noch ein Tagespunkt. Danke, Ruben, für den Re-
minder! Swakopmund, Leute: Swakopmund ist neben Windhoek die
bekannteste Stadt in Namibia. Die Stadt an der Atlantikküste begrüßt
jedes Jahr zig tausend Touristen mit seiner Strandpromenade, seinen
Restaurants, Bars und Sehenswürdigkeiten. Wir werden zwei Tage in
Swakopmund verbringen und unsere grünen Zelte gegen Hotelzimmer
eintauschen. Dann kann sich euer Steißbein mal auf der Hotelmatrat-
ze erholen.« Reymond lachte und zwinkerte Ash zu. »In Swakopmund
haben wir kein festgeschriebenes Programm. Anders ausgedrückt: Ihr
gestaltet das Programm selbst. Um euch eine kleine Auswahl zu geben, habe ich eine Liste mit verschiedenen Attraktionen mitgebracht.
Als Wild-dog-safari-tourist profitiert ihr von einem Discount bei eurer
Buchung.«

»Discount- super!« Der Israeli klatschte euphorisch.

»Gebt mir bitte bis heute Abend Bescheid, was ihr in Swakopmund
machen möchtet. Hier ist die Liste.«

Reymond reichte uns eine Liste mit Attraktionen, Sehenswürdigkeiten und Angeboten zur Freizeitgestaltung in die Sitzrunde..

»Und was haben wir so zur Auswahl?«, fragte Radunkel. Die Liste
war jetzt bei Johnny angekommen.

»Mmh, lass mal sehen.«, murmelte Johnny. »Da haben wir einmal
Quad-Fahren durch die Wüste, Kajakfahren mit Robben, einen Fall-
schirmflug über Swakopmund und eine geführte Bootsfahrt auf dem
Ozean. Also ich hätte auf jeden Fall Bock auf Quad-Fahren durch die
Dünen. Wie sieht es bei euch aus? Erste Gedanken?« Klingt irgendwie
alles nicht schlecht, dachte ich mir.

»Fährt man mit dem Quad an diese eine Stelle, wo die Wüste auf den
Ozean trifft? Das ist so ein ganz bekanntes Fotomotiv und da möchte
ich unbedingt mal hin.« Leas Augen funkelten.

»Keine Ahnung. Müssen wir mal Reymond fragen…«, schlug Johnny
vor.

»Ich finde Quad-Fahren auch nicht schlecht. Habe ich noch nie gemacht und ist definitiv mein Favorit von allem. Wie teuer ist der Fall-
schirmflug?«

»Hundertfünfzig Euro.«, antwortete mir Lea. »Darauf hätte ich theoretisch auch Lust, aber ich habe ja schon einen Tandemflug in Kapstadt

gebucht. Und du bald auch, Siles. Du machst den Flug schön mit mir zusammen. Radunkel, was ist mir dir?«

»Beim Quad-Fahren wäre ich auch dabei!«

»Okay, dann würde ich vorschlagen, dass wir Quad-Fahren schon mal festhalten. Vielleicht hat Ash ja auch Bock. Ich frag ihn nachher mal auf der Fahrt.«

Auf dem Weg vom Camp zum Tor des Etosha-Parks bekamen wir noch einmal die volle Schönheit des Nationalparks zu Gesicht. Wir fuhren vorbei an Zebra- und Giraffenherden, die genüsslich auf der Weide grasten, sahen Warzenschweine und Geier, die von Ästen neugierig auf uns herunterschauten (die Geier, nicht die Schweine!). Mit Geiern hatte ich in meinem Leben bis zu diesem Tag wenig Berührungspunkte gehabt. So hörte ich Reymond fasziniert zu, als er sein Wissen über Geier mit uns teilte und uns erzählte, dass Geier eine vitale Rolle im Ökosystem hätten. Sie seien als Aasfresser wie Hyänen dafür verantwortlich, Krankheiten einzudämmen, die von den Kadavern mit der Zeit ausgehen könnten. Des Weiteren wäre ihr Auge achtmal besser als das des Menschen. So können sie aus einem Kilometer in der Luft ein sechs Zentimeter Objekt am Boden erkennen, was ich zum Beispiel nicht kann. Zumindest hatte ich es bisher noch nicht versucht… Fasziniert blinzelte ich gegen die Sonne hoch zum white backed Vulture, der mit seinen Freunden auf einem toten Leadwood saß und die Gegend beobachtete.

Natürlich sahen wir beim Fortsetzen der Fahrt auch noch mal Impalaherden, die in den vergangenen 24 Stunden in ihrer Population um mindestens ein Tier kleiner geworden waren. Mich erreichte ein wehmütiges Gefühl. Nicht wegen des einen Impala, dessen letzte Sekunden wir gestern hautnah miterleben durften, sondern weil sich die Zeit in Etosha dem Ende zuneigte. Auch wenn wir nur zwei Tage hier waren und die Zeit rückblickend wie im Flug vergangen war, hatten sich diese Tage mehr als gelohnt und in mein Herz eingebrannt. Und das Beste war, dass wir die meisten Highlights dank Leas und Johnnys Filmkünsten auf Video hatten. Der Angriff vom Nashorn auf unseren Wagen, die Attacke vom Leoparden auf den armen Impala, die Giraffe, die mit einer Slide-Bewegung ihre Beine und ihren Hals aufrichtete und der Elefant, der im Unterholz des Busches genüsslich Äste mit seinem Rüssel klein machte. Oder das Video von dem Zebra, das wild mit dem Kopf und dem Schwanz wedelte und dabei freudig seine Zähne zeigte. Wie wir erst später beim Gucken des Videos herausfanden, war das Zebra just in diesem Moment am Kacken gewesen, was den freudigen Gesichtsausdruck erklärte. Wie eine Düngermaschine verteilte es seinen Kot auf der grünen Wiese, was durch Leas eingebautes Lied „More than a feeling" einen besonderen Charme bekam.

Während ich mir das Video zum wiederholten Male auf der Rückbank anschaute, verließen wir die Schotterstraße des Etosha-Parks. Wir fuhren durch ein großes Tor und bogen nach einer Weile auf eine asphaltierte Straße ein. Es war der erste Asphalt, den wir seit Tagen zu Gesicht bekamen. Nicht nur unser Steißbein freute sich, auch den Bandscheiben kam der geteerte Belag sehr entgegen.

Kamanjab begrüßte uns mit seinem Ortsschild schon von Weitem. Reymond parkte den Wagen in der Nähe vom Supermarkt auf einem angrenzenden Parkplatz. Er bat uns, die Fenster zuzumachen und unsere Wertgegenstände beim Verlassen des Busses mitzunehmen. Auf vergangenen Touren waren nämlich vereinzelt Wertgegenstände abhandengekommen, weil Fenster nicht richtig verschlossen wurden. Brav schlossen wir alle Fenster.

»Was geht denn hier ab?«, flüsterte Lea. Ungläubig schaute sie aus dem Fenster. Vor dem Bus hatte sich eine große Menschenmenge versammelt. Kleine Kinder, Erwachsene und ältere Menschen schauten neugierig zu uns in den Bus. Sie klopften an die Fenster und winkten uns zu. Einige von ihnen hielten Armbänder und Ketten in die Luft und boten sie uns zum Kauf an. So richtig wusste ich nicht, was ich davon alles so halten sollte. Anders als im Etosha-Park standen wir als Touris auf einmal im Mittelpunkt. Es war irgendwie komisch, so auf dem Präsentierteller zu stehen und angeglotzt zu werden. Während die anderen ihren Gesichtern zufolge genauso dachten wie ich, tanzte der Israeli mal wieder aus der Reihe. Wie ein Popstar ließ er sich am Fenster von den Menschen feiern. Enthusiastisch winkte er den Damen zurück und kaufte noch am Fenster die ersten Armbänder und Souvenirs.

Reymond schaltete den Motor ab und drehte sich mit Mikro in der Hand zu uns nach hinten. Es war unglaublich: Da fährt man einmal auf asphaltierten Straßen und schon ist der Wackelkontakt Geschichte.

»Guys, oh, das Mikrofon funktioniert. Schöne Überraschung, hehe. Ich hoffe, ihr habt die guten Straßenbedingungen genossen.« Der Israeli streckte ihm begeistert den Daumen entgegen. »Wir sind in Kamanjab angekommen. Auf der rechten Seite seht ihr den Supermarkt. Wir bleiben hier für eine Stunde. Ihr habt also genug Zeit, euch mit Wasser und Snacks einzudecken. In der Nähe vom Spa gibt es eine deutsche Bäckerei. I can recommend the sweet things, hehe.« Er trommelte sich auf seinen runden Bauch. »So, bis später.«

»Lea, kommst du?« Ich schaute zu Lea und ihrem Platz. Sie wurschtelte gerade wild in einer ihrer vielen Taschen herum. Frauen… Sie hatte echt so viel Zeug mit sich.

»Ich komme. Ich such nur mein Kleingeld.«

»Notfalls kann ich dir auch was ausgeben.«

»Alles gut, ich habe noch genug. Ich hoffe, dass man beim Bäcker Brezel kaufen kann. Ich würde alles für eine Laugenbrezel oder Kuchen geben.« Endlich hatte sie ihr Portemonnaie gefunden und kramte schnell ein paar blaue und grüne Scheine hervor.

»Nimm am besten dein ganzes Portemonnaie mit. Reymond meinte ja, dass wir besser alles mitnehmen sollen an Wertsachen. Sicher ist sicher…«

»Lea, Siles, kommt ihr?« Radunkel stand in der Bustür und wartete auf uns. Die anderen hatten sich schon draußen ins Getümmel gestürzt. Wie Superstars wurden sie von den Straßenverkäufern belagert und umringt.

»Wir kommen.« Das konnte ja was werden.

Es soll ja Menschen geben, die Anerkennung und Aufmerksamkeit brauchen, um ihr Ego zu befriedigen. Ich gehöre definitiv nicht dazu. Mit schnellen Schritten versuchten wir, der Menschenmasse zu entkommen, die sich rund um den Bus gebildet hatte. Nicht so der Israeli. Er genoss das Bad in der Menge, begrüßte jede Person mit Handschlag und verteilte Stifte und Kugelschreiber. Keine Ahnung, wo er die auf einmal her hatte. Am Abend beim Lagerfeuer erzählte er mir, dass er schon mal in Afrika war und sich damals vorgenommen hatte, beim nächsten Besuch Gastgeschenke mitzubringen. Schöne Geste, doch warum lies er sich dabei nur von seiner Frau fotografieren?

Viele der Menschen akzeptierten, dass wir nichts kaufen wollten oder kein Interesse an ihrem selbst gebastelten Schmuck und den Souvenirs hatten. Einige interpretierten unser Nein dagegen so, wie ich ein Nein auch schon beim Verkaufstraining während meiner Bankausbildung gelernt hatte:

N-e-i-n= Noch-ein-Impuls-notwendig.

Freundlich, aber beherzt liefen sie auf dem Parkplatz neben uns her und stellten uns alle mögliche Fragen.

»Hey, was geht, mään?« McKenzie? Erschrocken drehte ich mich zur Seite. Die Stimme, die ich neben mir hörte, klang eins zu eins wie seine. Das konnte doch nicht sein, oder? Doch ich hatte Glück. Der Mann neben mir sah nicht aus wie das Harry Potter Double von der Farm, sondern vielmehr wie Bob Marley persönlich. Wohin man auch schaute, man sah nur geflochtene Rastalocken auf dem Kopf des Mannes. Er hatte sie zu einem Zopf zusammengebunden.

»Mir geht es gut. How are you, my friend?«, antwortete ich ihm höflich, ohne dabei aber stehen zu bleiben. Den Fehler mit dem Stehenbleiben hatte ich ja damals am Flughafen in Johannesburg gemacht. Und Reymond meinte ja auch, dass wir möglichst zügig zum Supermarkt gehen sollten. Und der war noch gut fünfzig Meter entfernt.

»Wie heißt du?«

»Silas.«

»Wie?«

»Silas.«

»S-I-L-A-S?«, buchstabierte er langsam.

»Ja genau.« Er lächelte und schrieb sich jeden einzelnen Buchstaben mit einem Stein gut leserlich auf seinen Arm. Er hätte sich nicht auf mich konzentrieren sollen, sondern auf den Israeli, dachte ich mir. Dann hätte er anstelle eines Namens jetzt einen Stift bekommen.

»Und wie heißt deine Mutter?«

»Meine Mutter?« Ich schaute ihn fragend an. Warum wollte er denn jetzt den Namen meiner Mutter wissen? Gut, auf seinem Arm hätte bestimmt ein ganzer Familienstammbaum Platz gefunden, aber so richtig sah ich nicht den Sinn seiner Frage.

»Anja.« Ich hoffte, dass er mich nach meiner Antwort jetzt in Ruhe ließ oder vielleicht zu Radunkel ging. Die hatte ja auch Eltern und Geschwister.

»A-N-N-I-A.«

»Ne, Anja.«

»A-N-N-I-A. Schöner Name!«

»Nein, Anja. Mit J wie Johnny.« Bob Marley lächelte glücklich. Nachdem er noch den Namen meines Vaters daneben gekritzelt hatte, drehte er sich zufrieden um und lief mit einem breiten Grinsen davon.

»Und was hat er dich alles so gefragt?«, schmunzelte Johnny. »Hast du einen neuen Freund gefunden?«

»Ach, der Bob war eigentlich ganz nett.«

»Hieß der wirklich Bob?«

»Bei der Frisur bestimmt... Er hat mich gefragt, wie es mir geht, wie ich heiße und wie meine Eltern heißen.«

»Wie deine Eltern heißen?« Lea runzelte die Stirn. »Wieso wollte er das wissen?«

»Keine Ahnung.«

»Der wollte bestimmt nur Vertrauen zu dir aufbauen. Wenn wir zurück zum Bus gehen, möchte er dir bestimmt irgendwas verkaufen und andrehen.« Johnny lachte.

»Warte nur ab: Der macht heute noch ordentlich Geschäft mit dir. Richtig Kasse, ich sag es dir…«

»Ach Quatsch! So einer bin ich nicht. Ich bin kein normaler Touri, dem man alles verkaufen kann. Ich bin Kaufmann und komm aus der Branche. Ich kenne alle Tricks und Verkaufstaktiken.«

»Alle Verkaufstricks, ist klar.« Lea ging ein paar Schritte vor mir und lachte. »Ich sag nur achthundert Rand und Trinkgeld am Flughafen…«

»Das war nur eine Ausnahme. Passiert mir nie wieder!«

»Ist klar…« Lea schaute mich mit süffisantem Blick an. Sie kannte mich mittlerweile.

»Was für eine Trinkgeldgeschichte?« Radunkel schaute neugierig in meine Richtung. »Ich weiß von keiner Trinkgeldgeschichte. Klärt mich auf.«

»Ach, ist nicht so wichtig. Wichtig ist, was wir gleich einkaufen wollen für die nächsten Tage. Also wir brauchen auf jeden Fall Wasser und …«

»Siles …«

»Unser Siles, der alle Tricks und Verkaufstaktiken kennt und sich nie über den Tisch ziehen lassen würde, wurde am Flughafen in Johannesburg schön abgezogen. Von wegen, du bist kein normaler Tourist, dem man nicht alles verkaufen kann.« Lea gab mir einen Stoß in die Rippen.

»Das war ein Anfängerfehler und ich habe daraus gelernt. Radunkel, ich habe einem Flughafenmitarbeiter fünfzig …«

»War es wirklich ein Flughafenmitarbeiter?«, unterbrach mich Johnny lachend.

»Pscht! Ja, es war einer. Definitiv! Also, Radunkel, Ich habe einem Flughafenmitarbeiter fünfzig Euro Trinkgeld gegeben.«

»Wieso gibst du bitte einem Flughafenmitarbeiter so viel Trinkgeld?«

»Er hatte mich zum Gate und zur Sicherheitskontrolle geführt. Daraufhin habe ich ihm zum Dank Trinkgeld gegeben.«

»Und wieso so viel?«

»Weil ich ihn gefragt habe, wie viel er möchte.«

»Oh, Siles…« Radunkel klatschte sich mit der Hand gegen die Stirn. »So was fragt man doch nicht! Mann, bist du naiv!« Beim Gedanken daran musste ich auch schon wieder mit dem Kopf schütteln. Unglaublich, dass die Trinkgeldgeschichte jetzt auch schon wieder gute fünf Wochen her war.

Der Spa war der größte, den ich jemals in meinem Leben besucht hatte. Die Auswahl an Obst, Fleisch und Getränken war unüberschaubar. Lea verschwand gleich in der Abteilung mit den Süßwaren, während Johnny und ich beim Einkaufen andere Prioritäten setzten. Reymond hatte uns ja nahegelegt, für die nächsten Tage ordentlich Wasser einzukaufen. Vier Liter pro Person empfahl er uns. So passte es ganz gut, dass es in diesem Spa Fünf-Liter-Wasserkanister zu kaufen gab. Wir bezahlten unsere Einkäufe an der Kasse und gingen zum Ausgang. Als wir aus dem klimatisierten Supermarkt nach draußen traten, erfasste uns eine Windböe, die sich wie ein heißer Föhn anfühlte. Man merkte, dass die Wüste nicht mehr weit entfernt war.

Im Eingang des Bäckers erreichte uns dagegen ein Duft von süßen Teigwaren. Es roch nach frischgebackenen Brötchen, frisch gekochtem Kaffee und aufgesetztem Rooibostee. Alles erinnerte an eine typische Bäckerei in Deutschland. Wir gingen zur Theke, um unsere Essensbestellung aufzugeben. Mir lief das Wasser im Mund zusammen, als ich in der Glasvitrine Zimtschnecken, Apfel- und Käsekuchen entdeckte.

I like Africa! Ein Stück sah besser aus als das andere. Die Versuchung war echt groß, einfach alles zu bestellen. Vor allem Lea spielte mit dem Gedanken. Sie musste sich bei dem süßen Zuckerangebot wie im Himmel fühlen.

»So, Leute, wie machen wir es mit Swakopmund? Ah, Silas, dein Tee kommt gerade…«

»Naa endlich...«

»Reymond möchte von uns heute Abend eine Antwort im Camp haben. Wollen wir über ihn buchen oder wollen wir allein irgendwas machen? Beim Quad-Fahren sind wir, glaub ich, alle dabei, oder?« Johnny schaute in die Runde.

Lea kramte aus ihrem Rucksack ihr Tablet hervor und tippte wild drauflos. »Ich kann ja mal googeln, was es sonst noch so für Möglichkeiten gibt. Wie viele Tage haben wir noch mal Aufenthalt in Swakopmund. Zwei?«

»Anderthalb.« sagte Johnny und winkte danach Ash zu unserem Tisch rüber. Der war gerade mit Alison auf der Außenveranda der Bäckerei erschienen und hielt nach einem freien Platz Ausschau. »Wir kommen etwa gegen Mittag an. Hey Ash, kommt rüber.«

»Hey, ihr Youngsters, ist hier noch frei für zwei alte Knacker wie Alison und mich?« Er grinste.

»Klar doch! Wir planen gerade unseren Aufenthalt in Swakopmund. Wärst du beim Quad-Fahren dabei, Ash?«

»Ich glaube, dass das eher was für euch Youngsters ist. Stand jetzt werde ich in Swakopmund schön ausschlafen und am Strand die Seele baumeln lassen. Dieses frühe Aufstehen ist nichts für mich. Macht ihr das mal schön.«

»Was hast du gesagt?«, fragte Alison interessiert, nachdem sie genüsslich an ihrem Kaffee geschlürft hatte.

»Ich habe ihnen gesagt, dass ich Swakopmund zum Ausschlafen nutzen werde …«

»Ash wanna be a longsleeper in Swakopmund.«, fiel ich ihm unterstützend ins Wort.

„Thank you Siles! Ich glaube zwar nicht, dass es das Wort "longsleeper" im Englischen gibt, aber zu gütig von Dir, mein Übersetzer zu sein.« Ash grinste.

»Gerne doch, Ash! Was ist dein Plan für Swakopmund, Alison?«

»Well, Ich plane den Fallschirmsprung in der Wüste. Maybe with Ash zusammen...«

»No way!« Ash schüttelte energisch mit dem Kopf. »Ich schlafe schön aus.« Beide mussten lachen. Die beiden hatten sich echt gesucht und gefunden.

»Ich habe jetzt mal geguckt.«, sagte Lea und hob den Kopf von ihrem Tablet. »Bei der Quad-Tour kommt man nicht an der Dune vorbei, die ich meine.«

»Meinst du diese Düne, wo die Wüste auf den Ozean trifft?«

»Genau die, aber an genau der kämen wir nicht vorbei, wenn wir diese Quad-Tour machen würden.«

»Nicht? Schade!«

»Hast du mal geguckt bezüglich Öffnungszeiten?«, fragte Johnny sie. »Wenn wir an dem Tag gegen Mittag in Swakopmund ankommen, dann würde es ja Sinn machen, wenn wir gegen Nachmittag die Quad-Tour buchen.«

»Da steht 15 Uhr. Die würden uns dann vom Hotel mit einem Shuttle-Bus abholen und auch zurückbringen.«

»Klingt gut, dann brauchen wir kein Taxi bestellen. Wie lange dauert die Tour?«

»Zwei Stunden in etwa.«

»Dann könnte man doch abends in Swakopmund noch essen gehen.«, schlug ich vor. »Würde dann zeitlich ja passen mit Abendessen.«

»Gute Idee!«, sagte Johnny. »Wenn keiner was dagegen hat, dann würde ich Reymond heute Abend fest zusagen und unsere Namen in die Liste bei der Quad-Tour eintragen. Ash, du möchtest wirklich nicht?«

»Nene, lass mal, haha. Ich freue mich dann auf Leas Video.« Er zwinkerte Lea zu.

»Okay. Dann haben wir Tag 1 schon mal geplant. Irgendwelche Vorstellungen für den zweiten Tag?«

»Oh, mein Gott ist der Apfelkuchen gut!«, kam es schmatzend aus Leas Richtung. Sie schloss für einen kurzen Moment die Augen. »Leute, den müsst ihr probieren.«

»So gut? Dann bestelle ich mir auch einen.« Ash gab der Bedienung ein Zeichen. »Könnte ich auch ein Stück Apfelkuchen bekommen?«

»Natürlich, Sir!«

»Lea, schau mal, wann die Kajaktour mit den Robben losgehen würde. Lea? Lea.« Ich musste einmal laut mit dem Finger vor ihrem Gesicht schnipsen, um sie aus ihrer Apfelkuchenwelt zurück ins Hier und Jetzt zu holen.

»Was? Erschreck mich doch nicht so, Siles.«

»Wann und wo das mit dem Kajakfahren wäre. Wir planen doch den zweiten Tag gerade. Du und dein Apfelkuchen…« Ich schmunzelte.

»Ach so. Das Kajakfahren wäre in Walvis Bay. Walvis Bay ist ein Hafenort in der Nähe von Swakopmund. Da müssten wir aber erst hinfahren. Das geht morgens um zehn Uhr los und wir würden sogar eine Mahlzeit bekommen, wenn wir an den Robbenstränden ankommen.«

»Ziemlich früh.«, sagte Johnny. »Sind das da Einer- oder Zweierkajaks und ist die Tour geführt?« Lea scrollte mit ihrem Finger über den Bildschirm ihres Tablets.

»Da steht nichts. Nur dass die Tour geführt ist. Reymond weiß das bestimmt oder wir rufen da heute Abend mal an und fragen nach. Dann wissen wir es.«

Wir blieben noch eine Weile auf der Bäckerei-Terrasse sitzen, ehe wir wieder zurück zum Bus gingen. Am Bus waren Ruben und Reymond noch damit beschäftigt, Kisten mit Obst, Gemüse und Salatköpfen in zig Kühltaschen zu verstauen und im Bus einzusortieren. Wild wuselten sie durcheinander, verschoben Kisten und Töpfe, bis es ihrer Meinung nach optimal passte. Mit vollem Körpergewicht drückten sie sich gegen die Kofferraumtür, bis diese zu ihrer Erleichterung ins Schloss rastete. Haken vor und gesichert waren die Einkäufe. Beide waren wirklich richtige Logistiker. Ich staunte jeden Morgen, wie sie alle Koffer und Taschen im Kofferraum unterbrachten. Hilfe lehnten sie dabei grundsätzlich ab.

»Ihr seid unsere Gäste!«, wie Reymond stets zu sagen pflegte. Von Weitem winkte er uns zu, als er uns mit unseren Einkaufstaschen und vollen Bäuchen auf dem Parkplatz kommen sah. Die Schweizer Garde und das israelische Pärchen saßen bereits mit ihren vollen Einkaufstaschen im Bus. Wir waren mal wieder die Letzten. Schnell verstauten wir unsere Einkäufe im Bus.

»S-I-L-A-S.« Och, nö! Ich hatte Johnny gerade den letzten der insgesamt vier Wasserkanister vom Boden gereicht, da hörte ich plötzlich jemand meinen Namen sagen. Erschrocken drehte ich mich um. Hinter mir stand Bob Marley mit seinen Freunden von vorhin. Mit breitem Grinsen kam er auf mich zu. Seine Rastalocken hatte er jetzt unter einer bunten Stoffmütze versteckt. Der Schweiß lief ihm in Strömen übers Gesicht. Ich fragte mich echt, warum er jetzt noch die Mütze trug. Als ob seine Kopfhaut bei den Temperaturen und Locken mit Schüttelfrost zu tun hatte. Sicher nicht... Ich hatte ihn komplett vergessen. Er mich nicht. Er grinste mich nur an und öffnete seine Hand. In dieser lagen drei Steine. Zumindest dachte ich, dass es Steine waren. Sie sahen zumindest wie Steine aus. Auf jedem Stein waren kunstvoll verzierte Schnitzereien eingraviert. Auf dem einen war ein Elefant zu erkennen, auf dem anderen ein Zebra und auf dem dritten eine Giraffe.

»For you!« Er drehte die Steine um. Erst jetzt entdeckte ich, dass auf jedem Stein ein Name stand. Alle Namen hatte ich in meinem Leben schon mal gehört. Darum also die Frage nach den Namen meiner Eltern... Bob Marley lächelte und reichte mir die drei Steine. Fasziniert begutachtete ich jeden Stein. Feinste Handarbeit, dachte ich mir. Die Namen waren wirklich fein säuberlich eingraviert worden. Die Buchstaben von Silas, Annia, ich hatte doch Anja gesagt, und Olaf waren deutlich zu lesen und als Name zu erkennen. Moment: Olaf? Wer war denn jetzt schon wieder Olaf? Ich überlegte kurz. Mein Vater hieß doch Dirk ... Hä?

»Ein Geschenk für deine Eltern.« Er nickte und zeigte auf seinen Arm. Auch da stand Olaf. Ich hatte doch Dirk gesagt. Hä?

»Zwanzig Rand pro Stein! Deal?« Ich weiß nicht warum, aber ich beobachtete mich schon wieder dabei, wie drei rote Nashörner aus meinem Portemonnaie den Besitzer wechselten. Wieso konnte ich nicht nein sagen? Zufrieden nahm Bob das Geld in Empfang und verabschiedete sich per Handshake von mir. So schnell, wie er gekommen war, so schnell war er auch wieder weg. Nachdenklich starrte ich auf den Stein mit dem Namen Olaf. Olaf, Olaf, Olaf, mmh. Ich hatte doch Dirk gesagt...

»Siles, wieso brauchst du so lange beim Einsteigen?« Johnny streckte den Kopf aus der Tür. »Ich habe gerade nur den Typ mit den Rastazöpfen weglaufen sehen. Hat der dir was angedreht?«

»Na ja, nicht direkt.«

»Was heißt nicht direkt? Ja oder nein?«, fragte Johnny lachend.

»Ja, ähm, nein. Er hat mir drei Steine mit Tiermotiven verkauft.« Ich zeigte ihm die Steine. »Handarbeit, schau.«

»Das sind keine Steine, sondern Makaziennüsse. Sehen aber nicht schlecht aus.« Er nickte anerkennend mit dem Kopf. »Jetzt hast du wenigstens für deine beiden Eltern schon mal ein Mitbringsel aus Afrika. Komm, steig ein. Wir wollen los.«

»Na ja, eigentlich nur für meine Mutter...«

Bei den Himba

(Chapter Twenty-Five)

Reymond nutzte die nächste Raststätte als Möglichkeit zum Tanken. Es sollte für längere Zeit die letzte Gelegenheit dafür sein. Mit dem Sprit mussten wir jetzt bis Swakopmund auskommen. Das Dorf der Himbas war unser nächstes Etappenziel. Wir hatten alle Einkäufe erledigt und freuten uns mit unseren Snacks auf die nächsten Autostunden. Von jetzt an gab es nur noch Straße alla Route 66. Karges Land bestimmte mehr und mehr das Bild der Landschaft. Keine Siedlungen, keine Zivilisation, kein Leben. Nur vereinzelt sah man noch grüne Bäume, an denen Termiten ihren Bau errichtet hatten, doch auch diese wurden mit jedem Kilometer rarer und rarer.

Die Gegend wurde immer trockener und staubiger. Nichts erinnerte mehr an das blühende Leben im Etosha-Park, wo die Büsche grüner und das Gras saftiger waren als alles andere, was ich bisher in meinem Leben gesehen hatte. Tiere lebten hier kaum noch. Zumindest keine, die man von Weitem sehen konnte. Keine Giraffen, Zebras und Antilopen, die in großen Herden durch die Savanne zogen. Zwischen den Felsen und Steinen lebten, wenn überhaupt, nur Insekten oder Schlangen. Schlangen? Ich musste an Reymonds Black-Mamba-Story vom Lagerfeuer denken. Spielte diese Geschichte nicht in solch einer Gegend? In der Wüste? Mir lief es bei dem Gedanken kalt den Rücken runter. Zum Glück hatten wir unsere Black-Mamba-2.0-Story schon gehabt und heil überlebt. Ich überlegte, welche Tiere neben Schlangen hier noch unter solch schwierigen Bedingungen leben oder besser gesagt, überleben konnten. Skorpione vielleicht. Hier in der Gegend gab es nicht viel Wasser. Die meisten Flüsse waren ausgetrocknet und wie leer gefegt. Bei der Hitze wollte ich gar nicht wissen, wie warm es draußen sein musste. Auch die Temperatur im Bus wurde immer heißer und heißer. Die Schweißperlen liefen mir in immer regelmäßigeren Abständen über die Stirn. Alle paar Minuten nahm ich ein paar Schlucke aus meiner Trinkflasche. Wir hatten das Wasser aus den Fünf-Liter-Kanistern umgefüllt. Der erste Kanister war bereits leer und rollte im Gang auf und ab. Der Bus entwickelte sich mehr und mehr zur Sauna. Es war so warm und man fühlte sich richtig träge und müde. Auch die anderen hingen in den Seilen und dösten vor sich hin. Doch Schlafen bei so einer Hitze und Schotterpiste? No way! Danach fühlte man sich bestimmt noch matschiger. Ich schaute zu Lea, deren Beine erneut von zig Jacken bedeckt waren. Wie konnte sie das nur unter den Jacken bei den Temperaturen aushalten?

Mehr erschöpft als ausgeruht erreichten wir nach zwei weiteren Fahrstunden das Dorf der Himbas. Das Himba-Dorf lag mitten in den Bergen von Kamanjab. Reymond lenkte den Wagen von der Hauptstraße auf eine hügelige Schotterstraße, die sich einen großen Berg hinaufschlängelte. Die Kinder der Himbas erwarteten uns schon sehnsüchtig und liefen winkend neben unserem Bus her. Viele Kinder trugen bunte Perlenketten um den Hals, aber, was vor allem auffiel, keine Schuhe. Überall lagen spitze Dornen, Stacheln und Steine auf dem Boden, aber den Kindern schien das beim Laufen kein Hindernis zu sein. Wahrscheinlich wussten sie auch gar nicht, was Schuhe überhaupt waren und wofür man die gebrauchen konnte. Neben dem ganzen Schmuck aus Perlen und Ketten, trugen die meisten Kinder provisorisch zusammengebastelte Unterhosen aus irgendwelchen Stofffetzen, die mit einem Lederband zusammengebunden waren und den Intimbereich verdeckten. Einige kleinere Kinder trugen aber auch gar keine Anziehsachen. Sie freuten sich richtig, dass wir sie in ihrem Dorf besuchten.

Wir fuhren den Hügel weiter hinauf, bis wir auf einem riesigen Plateau einen Parkplatz fanden. Dort warteten auch schon zwei Männer, die sich an ein Haus lehnten, auf dem in großen Buchstaben WC stand. Der eine von beiden trug normale Kleidung und auch Schuhe. Mit seinem Gehstock wies er Reymond darauf hin, seitlich neben dem Haus zu parken. Schon von Weitem kam er mir irgendwie bekannt vor. Seine Bob-Marley-Zöpfe lugten unter seinem Strohhut hervor, und ich hätte schwören können, dass es sich bei dieser Person um den Straßenverkäufer handelte, der mir am Vormittag noch den Olaf-Stein verkauft hatte. Vielleicht wollte er mir jetzt einen Stein mit dem Namen Dirk verkaufen und seinen Fehler wieder gut machen … Vielleicht handelte es sich aber auch nur um seinen Zwillingsbruder. Ich könnte ihn ja mal fragen, ob er einen Bruder hat, der mit Steinen dealt…

»Okay, guys …« Reymond drehte sich zu uns zurück, nachdem er den Bus ohne Kratzer in die freie Parklücke manövriert hatte. »Willkommen im Himba-Land. Euer Guide erwartet euch bereits. Mit ihm geht es gleich ins Himba-Dorf. Vom Parkplatz sind es gute zweihundert Meter Fußmarsch bis zu den Lehmhütten. Nehmt am besten ein bisschen was zu Trinken mit und cremt euch nochmal mit eurer Sonnenmilch ein. Die Sonne ist in dieser Gegend sehr aggressiv. Ruben und ich erwarten euch in einer Stunde wieder hier. Enjoy your stay und stellt schön Fragen.« Reymond lächelte uns zu, stieg aus und begrüßte den Guide mit einem langen Handschlag. Sie wechselten ein paar Sätze auf Englisch und Afrikaans und lachten laut. Nach und nach kletterten wir mit unseren Trinkflaschen aus dem Bus und stellten uns im Halbkreis zu den beiden. Ich hatte das Gefühl, dass drei Minuten unter der prallen Sonne schon reichten, um mit einem ordentlichen Sonnenbrand am Abend zu Bett gehen zu dürfen. Ich war froh, dass ich mich im Bus noch mal eingecremt hatte, bereute allerdings, dass ich keine Kappe als Kopfbedeckung mit mir trug. Da Johnny auch keine mitgenommen hatte, waren wir beide also die Einzigen aus der Gruppe, die vorbildlich im Halbkreis ohne Kopfbedeckung standen und dem Guide bei gefühlt fünfzig Grad zuhörten. Er begrüßte jeden von uns mit dem typischen Himba-Handschlag und erklärte dann direkt, dass der Handschlag eine Form von Respekt und Wertschätzung darstelle.

»Wenn ihr wollt, dann könnt ihr „Moro Moro" beim Händeschütteln sagen. Das rundet die Himba-Begrüßung optimal ab.« Ich drehte mich links zu Radunkel und streckte ihr meine Hand hin.

»Moro, Moro, Radunkel! Moro, Moro!« Sie lachte nur und zeigte mir den Vogel. Ich hatte überall Sonnenmilch im Gesicht. »Du und dein viel hilft viel...«

»Sehr gut!« Der Guide nickte anerkennend. Nachdem alle mindestens einmal den Handshake mit ihrer Nachbarperson geübt hatten, schlug er vor, dass wir uns langsam Richtung Dorf aufmachen sollten, da uns die Himbas schon sehnsüchtig erwarteten. Wir mussten wirklich wie eine typische Touristengruppe ausgesehen haben, wie wir in einer Reihe mit unseren Kappen und Flip-Flops den schmalen Weg hoch stolperten und uns dabei angestrengt eine Mischung aus Sonnenmilch und Schweiß aus dem Gesicht wischten. Oben angekommen brauchten wir einige Atemzüge, um wieder einen normalen Puls vorweisen zu können. Unserem Guide schien die Klettertour nichts ausgemacht zu haben. Mit seinem Stock winkte er einer Frau zu, die einige Meter von uns entfernt vor ihrem Haus auf dem Boden saß und mit ihren Haaren beschäftigt war. Langsam ging sie auf uns zu. Sie trug keine Schuhe, nur einen Lederrock, der ihren Intimbereich verdeckte. Um die Knöchel trug sie eine Perlenkette. Die Perlen raschelten bei jedem ihrer Schritte. Am beeindruckendsten an ihrem Outfit waren jedoch nicht die vielen Perlen, sondern ihre Haare. Wenn es denn Haare waren. Sie wuchsen ihr wie rote Tentakel aus dem Schädel. Ihre Frisur erinnerte vom Aussehen sehr an einen Oktopus, der mit seinen Armen irgendwelche Staubwischer festhielt. Die Tentakel bedeckten gerade so ihren Busen. So eine Kopfbedeckung hatte ich noch nie gesehen.

»Moro, Moro!« Schüchtern reichte sie jedem die Hand und begrüßte uns mit dem Himba-Handshake. Ihre Haut war sehr trocken und sah in die Jahre gekommen aus. Vom Gesicht her schätzte ich sie auf siebzehn Jahre. Mit misstrauischem Blick begutachtete sie uns von oben bis unten und erschrak, als auf einmal unser Freund aus Israel ihre Haare anfasste. Mit entsetztem Blick schaute ich erst zu Lea und dann zu Radunkel. Wir dachten alle das Gleiche: Hat er nicht gemacht, oder?

»Was ist mit ihren Haaren? Die fühlen sich komisch an und sehen auch so aus.« Die Haare noch anfassend schaute der Israeli zum Guide, der immer noch sein Lächeln vom Bus aufgesetzt hatte. »Hier, fühl mal…«, sagte er zu seiner Frau, die daraufhin auch die Haare der Himba-Dame berührte. Bis jetzt hatte sich Samus Frau ja immer für das Verhalten und die Kommentare ihres Gatten geschämt, doch ihr jetziges Benehmen war ebenfalls zum Fremdschämen. Ohne die Himba oder den Guide um Erlaubnis zu fragen, schoss sie danach schnell ein paar Fotos von ihrem Gatten, wie der neben der oberkörperfreien Himba stand und in die Kamera lächelte. Unglaublich! Auch die anderen waren fassungslos. Mit ihrem peinlichen Verhalten hatten die beiden spätestens in dieser Situation sämtliche Klischees von Touristen erfüllt, die in einem fremden Land Urlaub machten und sich dabei respektlos gegenüber Einheimischen verhielten. Interesse zeigen für fremde Kulturen, ja, aber wenigstens doch bitte mit Anstand und Respekt…

Die Antwort des Guides ging aufgrund der Art und Weise der Frage ein wenig unter. Er erklärte, dass die Frauen neben der Aufzucht der Kinder und dem Vorbereiten des Essens die meiste Zeit am Tag mit dem Flechten und Pflegen der eigenen Haare verbringen würden. Bis zu sechs Stunden dauere es wohl, bis eine Himba-Frau fertig sei mit ihrem Styling. Und das ohne Waschen, da Haarewaschen nicht erlaubt sei. Ich wollte gar nicht wissen, was unter ihren verklebten Haaren an Flora und Fauna abging.

Wir gingen ein paar Meter ins Dorf. Mir fiel auf, dass dort überwiegend Kinder und Frauen lebten. Einmal sah ich einen Mann, der eine abgemagerte Ziege vor sich her scheuchte und versuchte, sie zurück in ein Gatter zu bringen, in dem schon Hühner und Ziegen grasten. Von Grasen konnte dabei eigentlich keine Rede sein, schließlich gab es anstelle von Gras nur ein paar Stöcke und Körner zu finden. Kein Wunder, dass die abgemagerte Ziege beim Einfangen dabei so laut meckerte. Bei dem Nahrungsangebot. Mehr Männer bekam ich nicht zu Gesicht. Der Guide erzählte, die Männer seien tagsüber mit ihrem Vieh in der Gegend unterwegs auf der Suche nach frischen Wiesen. Das Unterfangen grenzte jeden Tag an ein Wunder. Es war für mich sowieso ein Wunder, dass Menschen in so einer trockenen und abgeschiedenen Gegend überleben konnten. Ihre Hütten bestanden zum Großteil aus Lehm und irgendwelchen Zweigen, die mit Kuhdung zusammengespachtelt ein durchaus stabiles Fundament bildeten. Mit einem Haus hatten sie dennoch nicht viel gemeinsam. Einige Lehmhütten hatten zum Beispiel keine Türen und Fenster, andere dagegen im Eingangsbereich nur ein großes Holzbrett, das eine Tür mit viel Fantasie erahnen ließ. Das Zentrum des Dorfes symbolisierte ein großer Kreis aus Ästen und Stöcken. Auf Nachfrage beim Guide erfuhr ich, dass die Männer das Vieh abends dort einsperrten, um es nachts vor Raubtieren schützen zu können. Vor allem vor Geparden, die sich in dieser Gegend gerne blicken ließen. Da sind die Ziegen ja besser geschützt als die Kinder, dachte ich mir. Naja, man muss Prioritäten setzen …

Wir folgten dem Guide in eine der Lehmhütten und setzten uns im Schneidersitz auf den Boden. In der Hütte roch es leicht modrig und es müffelte wie in dem nicht belüfteten Zimmer eines pubertierenden Teenagers (Kindheitserinnerungen kommen beim Schreiben hoch). Neugierig schauten wir uns in der Hütte um und bestaunten die etwas andere Wohnungseinrichtung. Es gab keine Couch, kein Bett und keine

Küche. Auf dem Boden lag nur ein dünner Teppich, der alles andere als bequem war. Man merkte beim Sitzen jeden Stein darunter und mit der Zeit tat es echt am Steißbein weh. An den Wänden hingen alle möglichen Utensilien aus Holz, die wahrscheinlich zum Kochen genutzt wurden. Ich schaute zum Guide, vor dem zwei Krüge und ein Holzgestell standen. Ich hatte keinen blassen Schimmer, was es mit dem Gestell auf sich hatte. Der Guide nahm unsere neugierigen und gleichzeitig mit vielen Fragezeichen versehenen Blicke wahr und schmunzelte nur.

»Was glaubt ihr, wofür das Gestell ist?« Wir schüttelten ahnungslos den Kopf.

»Zum Kochen vielleicht?«, sagte die Mutter der beiden Schweizer Zwillingsschwestern fragend. Auch ich hatte erst an ein Küchengerät gedacht. Gekocht wurde meistens vor der Hütte auf dem Boden; zumindest taten dies einige Frauen vor ihren Hütten. Bei dem Geruch in der Hütte sicherlich nicht die schlechteste Wahl. So eine Outdoor-Kitchen hat schon was, dachte ich mir.

»Nicht ganz. Es ist zum Schlafen.«

»Zum Schlafen?«, murmelte Lea. »Wie soll das denn funktionieren...«

»Zum Schlafen.«, unterbrach der Israeli ihr Gemurmel. Die arme Himba zuckte neben dem Guide wieder ein wenig zusammen. Sie wohnte hier in dieser Hütte. Ihre Tentakel waren bestimmt jetzt noch traumatisiert von dem aufdringlichen Verhalten von Samu. Jener Samu war derweil von dem Holzteil noch nicht vollkommen überzeugt.

»Wie soll man das bitte zum Schlafen nutzen?« Er verschränkte skeptisch seine Arme vor der Brust.

»Ich kann es versuchen.«, sagte ich in Richtung des Guides. Er reichte mir das Holzteil. Ich legte mich mit allen Vieren auf den kalten, sandigen Lehmboden und legte meinen Nacken auf das Gestell. »Ich würde es als Kissen nutzen. So richtig?«

Der Guide nickte. »Ist ein tolles Kissen, oder nicht?«

Naja... Ich richtete mich auf und reichte das etwas andere Kissen weiter. Wirklich bequem und weich war dieses Kissen nicht. Von den vier Sekunden Liegen hatte ich jetzt schon Nackenschmerzen.

»Die Frauen nutzen in der Regel diese Art von Kissen, um Kontakt mit dem Boden zu vermeiden. So werden ihre Haare nicht schmutzig.« Wer schön sein will, muss leiden. Klar!

»Was ist in diesem Eimer?«, fragte Johnny und deutete auf einen der Lehmbecher, die mitten in unserem Sitzkreis standen.

»Gute Frage! Ich zeig es dir.« Der Guide nahm den Krug in seine Hände und reichte ihn durch die Runde. »In dem Krug ist eine rote Flüssigkeit, die von den Himba als Sonnenschutz für die Haut genutzt wird. Jeden Morgen wird der ganze Körper damit eingecremt. Und die Creme bleibt haften, ich sag es euch. Die beste Sonnencreme in ganz Namibia, haha.« Der Krug war bei Lea angekommen. Bisher hatten alle aus unserer Gruppe nur kurz an der Flüssigkeit gerochen und sie dann samt Krug an den Sitznachbarn weitergereicht. Nicht aber Lea. Sie roch einmal an der Flüssigkeit, tunkte neugierig wie ein kleines Kind ihren kompletten Finger in das Gefäß und begann vor lauter Tatendrang damit, die Farbe auf ihrer Haut zu verteilen. Sie hatte einen Klecks ungefähr so groß wie eine Erbse auf ihrem Finger, doch was sie damit anstellte, war durchaus beeindruckend. Die Farbe auf ihrem Arm schien wie durch Zauberhand mehr zu werden. Klar, das haben Cremes beim Verteilen so an sich, aber während eine normale Sonnenmilch aus dem Drogeriemarkt mit der Zeit auf der Haut trocken wird und man nochmal einen Klecks nachnehmen muss, war das bei der besten Himba-Sonnenmilch anders. Immer mehr Creme bildete sich auf Leas Arm. Überfordert verteilte sie es auf ihrem anderen Arm. Es dauerte nicht lange, bis dieser ebenfalls komplett rot war. Sie hatte die Reichweite wohl ein wenig unterschätzt.

»Was für Zutaten werden verwendet, um diese Creme herzustellen?«, fragte Ash, während Lea langsam ein ungutes Gefühl packte. Zumindest war dies immer mehr aus ihrem Blick abzuleiten. Sie wusste langsam nicht mehr, wo sie die Farbe hinschmieren sollte. Ihr Bein hatte sich mittlerweile auch komplett rot gefärbt. Da war jetzt auch kein Platz mehr. So entschied sie sich kurzerhand dafür, an meinem Arm weiterzumachen und die rote Flüssigkeit dort zu verteilen. Toll, jetzt sahen wir beide aus wie Himbas.

»Sand, Butterfett und Chemikalien.« Der Guide lachte laut und strich sich mit seiner Hand durch die Rastalocken. »Nein, letzteres natürlich nicht. No Chemie- sehr hautverträglich.« Er schaute zu Lea.

»Kann man die Creme einfach wieder abwaschen?«, fragte Lea, die das Ausmaß ihrer Aktion unterschätzt hatte und langsam ein bisschen Panik bekam.

»Schwierig…« Ich schaute zum Guide, der einen ernsten Blick aufgesetzt hatte. »Normalerweise verschwindet die Farbe nach wenigen Wochen von der Haut. Wie gesagt: Beste Sonnencreme von Namibia. Sehr nachhaltig, haha.«

»Die bleibt jetzt nicht wirklich mehrere Wochen auf der Haut, oder?« Lea schaute mit entsetztem und hilfesuchendem Blick zum Guide. »Wie soll ich das meinen Eltern erklären, wenn auf einmal eine Himba vor ihrer Tür steht?«

»Hast ja noch ein paar Tage Zeit, das von unseren beiden Armen wegzukriegen.«, sprach ich ihr Mut zu, während ich die rote Farbe auf meinem Arm verteilte. Die Farbe war echt fettig und schmierig. Ach, Lea…

Wieder draußen in der frischen Luft angekommen, bat ich Radunkel um einen besonderen Gefallen…

»Kannst du ein Bild mit mir und der Ureinwohnerin hier machen?«

»Mit welcher?«

»Ja, mit dieser hier.« Ich legte meinen Arm um Leas Schultern. »Die hat mehr Farbe auf ihrer Haut als alle Himba-Frauen zusammen. Hey Lea, guck mal zu Radunkel.« Lea wusste gar nicht, wie ihr geschah.

»Macht mal Cheese!« Radunkel drückte auf den Fotoauslöser. »Oh, wie süß! Ein Himba-Ehepaar.«

»Supi, dank dir, Radunkel.« Ich nahm mein Handy entgegen und begutachtete die Bilder. Wir waren irgendwie schon ein süßes Pärchen. Zufrieden bedankte ich mich mit einer Verbeugung vor Lea.

»Thank you very much, Mrs. Himba. Aua!« Leas Faust gegen meine Brust ließ nicht lange auf sich warten. »Ey, das tat weh!« Konnte ich doch nichts für, wenn sie mit ihren Armen wie eine Himba aussah. Der Israeli fragte die Einheimischen ja auch nicht nach einer Erlaubnis vorm Fotomachen. Apropos Israel: Wo war der eigentlich? Suchend blickte ich mich im Dorf um. »Wo ist denn der Israeli hin?«

»Da hinten bei den Himbas.«, sagte Radunkel und zeigte in Richtung mehrerer Himba-Damen, die in einem großen Halbkreis auf dem Boden saßen und wild durcheinander schnatterten. Sie hatten wahrscheinlich schon mitbekommen, dass der Israeli heute in Kauflaune war. Von Weitem sah ich, dass er schon wieder mehrere Bänder in den Händen hielt. Och Samu...

»Da gibt es ja Souvenirs zu kaufen.«, grinste Lea und rieb sich freudig die roten Hände. »Komm, Siles, wir gehen shoppen.« Ich stöhnte auf. Nicht schon wieder...

Wir gingen an spielenden Kindern vorbei zum Souvenirmarkt. Die Frauen hatten dort auf dem steinigen, sandigen Boden ihre Decken ausgebreitet und ihre selbst gebastelten Schmuckstücke ausgestellt. Armbänder, Ketten und Skulpturen, die fein säuberlich nebeneinander aufgereiht waren. Leder-, Holzarmbänder und Ketten, deren Perlen und Steine in der Sonne nur so glänzten. Elefanten aus Draht und Garn. Die hatten echt ordentlich aufgetischt hier.

»Moro, Moro!«, sagte ich zu einer Frau, die direkt am Anfang des Halbkreises saß. Ich streckte ihr zur Begrüßung meine Hand entgegen, so wie wir es unten am Parkplatz vom Guide gelernt hatten. Doch zu meiner Verwunderung ging die Frau gar nicht auf meinen Gruß ein. Anstatt mir auch die Hand zu reichen, nahm sie zwei Armbänder vom Boden und band sie mir um mein Handgelenk. Ich nickte und lächelte sie an, auch wenn die Armbänder mir nicht gefielen. Ich wollte kein Perlenarmband mit rosa Steinen haben, sondern eher eins aus Holz.

»Kann ich dieses mal anprobieren?«, fragte ich sie und reichte ihr das Perlenarmband zurück.

»10 Rand!«

»Nein, ich möchte keine rosa Perlenkette. Ich möchte das hier.« Ich zeigte auf ein helles Armband neben einer Elefantenskulptur. »Nein, nein, nicht der Elefant.«

»Elefant 30!«

»Nein....« Ich schüttelte mit dem Kopf, als sie mir den Elefanten reichte. Mir fiel ein, dass der Guide uns ja erzählt hatte, dass die meisten Menschen hier kein Englisch konnten. Mit Hängen und Würgen versuchte ich, die Himba-Frau zum richtigen Band zu navigieren.

»Das, nicht das. Ja, das! Nein! Das! Ja, das!« Ich zeigte mit dem Daumen nach oben und ließ mir stolz das Armband ums Handgelenk legen, auf dem Namibia zwischen zwei Pfeilen eingraviert war. Es war nicht aus Holz, sondern aus Plastik, aber es passte zumindest und sah gut aus.

»Radunkel, was meinst du?« Ich streckte ihr meinen Arm unter die Nase. Sie probierte gerade bei einer anderen Verkäuferin ebenfalls Bänder aus. »Soll ich das nehmen?«

»Ja, das sieht gut aus. Vor allem zum roten Arm.« Sie lachte.

»Beige und Rot sind halt meine Farben.«

»Jaja...«, kicherte sie und widmete sich ihren eigenen Bändern am Arm.

»Ich nehme das.« Ich nickte der Himba zu. Sie lächelte. Ich bezahlte und setzte mich zufrieden mit meinem neuen Accessoire zu Johnny in den Schatten.

»Naa, fündig geworden?«

»Hab ein Holzarmband gekauft samt Namibia-Gravur.«

»Sieht eher nach einem Plastikband aus. Selbstgemacht ist das nicht...«

»Die importieren die Teile bestimmt aus Asien, haha. Na ja, für ungefähr drei Euro kannst du nicht meckern. Hey Radunkel!« Radunkel setzte sich zu uns auf den Boden. »Auch fündig geworden?«

»Ja, das war richtig anstrengend. Die Frau hat meinen Arm gar nicht mehr losgelassen und mir immer mehr Armbänder umgelegt. Irgendwann hatte ich fünf Stück um und die verstand nicht, dass ich gar keins mehr wollte. Richtig aufdringlich.«

»Ja, ich habe es von hier beobachtet.«, stimmte ihr Johnny zu. »Irgendwann muss man einfach gehen, sonst drehen die dir zig Bänder an. Die sind da hartnäckige Verkäuferinnen.« Einige Kinder setzten sich zu uns in den Schatten und schauten uns mit großen Augen an. Ein Junge machte mir dabei ein wenig Angst. Sein starrer Blick, dazu seine geflochtenen Haare, die wie zwei Hörner nach vorne zeigten. Er scannte mich von oben bis unten ab, als wollte er mich gleich aufessen.

»Leute, was geht denn bei ihm ab?« Langsam versuchte ich, ihn meinem Blick zu entziehen, und trank einen Schluck aus meiner Flasche. Mit einer Handbewegung imitierte er mein Trinken, als wollte er ein wenig Wasser abbekommen.

»Soll ich ihm was geben?«

»Musst du wissen...«, sagte Johnny. »Wunder dich dann nur nicht, wenn alle anderen auch was haben wollen.«

»Ach Quatsch!«

Es stellte sich heraus, dass Johnny recht behalten sollte. Nachdem ich mich aus meinem Schneidersitz aufgerichtet hatte, schüttete ich dem Hörnerjungen ein wenig Wasser aus meiner Flasche in den Mund. Er hatte das Wasser noch nicht mal runtergeschluckt, da rannten die anderen Kinder schon in unsere Richtung. Ehe ich mich versah, standen auf einmal zehn Kinder mit offenem Mund vor mir. Durstig zerrten sie vorsichtig an meinen Armen. Wie schon damals in Gobabis bei dem bettelnden Jungen konnte ich ihren Blicken nicht widerstehen. Abwechselnd gab ich ihnen nach und nach ein wenig Wasser aus meiner Flasche, bis diese fast leer war. Dankbar lächelten sie mir zu. Im Vergleich zu Mckenzie hatte ich stets einen guten Draht zu Kindern. Ich stellte die Flasche auf den Boden, schnappte mir drei Steine und begann vor ihnen zu jonglieren. Ratadadadada. Die Kinder staunten und lachten, wie ich zu meinen Jonglierbewegungen immer wieder die Steine in die Luft warf und auffing. Einige versuchten, es mir gleich zu tun und schnappten sich auch ein paar Steine. Es machte einen heiden Spaß, neben dem Trinkspender auch den Clown zu spielen, um den Kindern ein Lächeln zu schenken, während wir auf Lea warteten.

»Was machst du denn da?« Da war sie auch schon. Sie hatte ihre Shoppingtour beendet und war zu uns gekommen.

»Ich bringe den Kindern hier Jonglieren bei. Wow...« Erschrocken hielt ich bei Leas Anblick die Luft an. Ein Stein nach dem anderen fiel ungebremst zu Boden, ehe es ihnen meine Kinnlade gleichtat. »Was hast du denn gemacht?«

»Wie? Was soll ich gemacht haben?« Sie schaute irritiert zu uns in die Runde. »Wieso schaut ihr mich alle mit so großen Augen an? Leute?« Johnny, Radunkel und ich bekamen bei ihrem Anblick keinen Ton raus. »Jetzt sagt schon was.«

»Du hast zehn Armbänder um dein Handgelenk.«

»Und?« Wir drei prusteten laut vor Lachen los.

»Hast du die etwa alle gekauft?«, fragte Radunkel ungläubig.

»Ähm ja.«

»Oh mein Gott! Wirklich alle?«

»Wie viel hast du bitte gezahlt?« Johnny konnte sich ein breites Grinsen kaum verkneifen.

»Ich konnte nicht anders… Die haben mir Band um Band um den

Arm gelegt und nicht mehr aufgehört.« Peinlich berührt färbten sich Leas Wangen himbarot. »Mit dem Elefanten zusammen sechzig, siebzig vielleicht.«

»Siebzig Rand? Da bist du günstig weggekommen. Ich habe für meins …«

»Euro, Siles. 70 Euro.«

»Euro? Du hast dafür siebzig Euro bezahlt?« Ich fing an zu lachen. »Das geht ja fast in meine Kategorie mit dem Trinkgeld am Flughafen ein. Wie viel Zeit und Geld war denn noch übrig? Das fragen die doch immer bei Guido und Shopping Queen, haha.«

»Und, hast du Mengenrabatt bekommen?«, schickte Johnny hämisch hinterher. Jetzt flogen die Kommentare wie Pfeile aus dem Köcher von Robin Hood.

»Ihr seid doof.« Jetzt musste auch Lea lachen. »Ich kann doch nichts dafür. Ich liebe halt Shoppen!« Jetzt mussten wir alle lachen. Komischerweise auch die Kinder. Sie hatten wahrscheinlich auch noch nie eine Himba mit so vielen Bändern und Perlenketten am Arm gesehen.

Glücksmomente in Afrika

(Chapter Twenty-Six)

Da saßen wir nun mitten auf einem Bergplateau und schauten zusammen in die Ferne. Unser Camp lag mitten in der Wüste. Irgendwo im Nirgendwo. Der Campingplatz hatte einen Pool, der mitten ins Bergmassiv gebaut war. Der Pool war mit einer Aussicht auf die Wüste ausgestattet, die Ihresgleichen suchte. Es war das schönste Camp, in dem wir bisher unsere Zelte aufgeschlagen hatten. Reymond hatte uns darauf hingewiesen, dass wir beim Klettern vorsichtig sein sollten, vor allem, wenn wir unsere Hände und Füße in irgendwelche Felsspalten steckten. Hier sollte es Schlangen und Skorpione geben, doch bisher hatten wir zum Glück keine gesehen. In unseren Badeklamotten saßen wir nebeneinander und schauten der Sonne dabei zu, wie sie am Horizont den Himmel in ein rot-gelbes Orange verwandelte. Der Fels, auf dem wir saßen, war noch warm und es wehte ein leichter Wind durch unsere Haare. Man konnte dem Wind beinahe zuhören, wie er die wenigen Bäume am Boden zum Rascheln brachte, so still war es. Alles fühlte sich so gut und richtig an. Mit meinen Augen wanderte ich die Umgebung ab. Ich hatte noch nie einen derartigen und so weitläufigen Campingplatz gesehen. Ich entdeckte unseren Bus und unsere Zelte, die weit verstreut voneinander aufgestellt waren. Anders als im ersten Camp, wo es vielleicht einen halben Meter Abstand zwischen den einzelnen Zelten gab. Diese Nacht würden wir Ash oder das Schnarchen des Israeli – ich hatte noch nicht eindeutig herausfinden können, von wem die nächtlichen Geräusche kamen – mit Sicherheit nicht hören. Zu weit hatten wir uns mit unseren Zelten von denen der restlichen Gruppe entfernt.

»Ist das da Reymond?«

»Wo?«, fragte Radunkel und nickte dann, als ich ihr die Person zeigte, die sich samt Liegestuhl mitten auf den Campingplatz gesetzt hatte. »Ich glaube schon, haha. Wie klein er von hier oben aussieht. Wie eine Ameise.« Ich ließ meinen Blick von Reymond ab und schaute wieder in die Landschaft. Die Sonne hatte sich mittlerweile hinter einem Berg versteckt und man konnte nur noch erahnen, an welcher Stelle sie untergegangen war.

»Findet ihr nicht auch, dass die Bäume von hier oben wie kleine Grasbüschel aussehen?« Ich erinnerte mich an den Landeanflug nach Windhoek, wo ich das Gleiche gedacht hatte. Es war mittlerweile schon fünf Wochen her, dass ich in Namibia gelandet war. Fünf ereignisreiche Wochen waren vergangen. Niemals hätte ich gedacht, dass ich diesen Schritt wagen würde. Ich, Silas, allein im Ausland, so weit von zu Hause weg und dann auch noch in Afrika. Ich musste grinsen. Ein warmes Gefühl von Stolz und Dankbarkeit erreichte meinen Körper.

Ich beobachtete den Himmel. Die orangene Farbe wurde immer kräftiger und intensiver. Ich atmete mehrere Male tief ein und aus und stellte mir vor, wie ich diesen Moment voll aufsaugen würde. Ein und aus. Langsam schloss ich meine Augen. Ich merkte meinen Herzschlag zwischen den einzelnen Atemzügen, und plötzlich fiel mir auf, dass da kein Gedanke mehr war. Kein Gedanke, der sich mit der Vergangenheit oder der Zukunft beschäftigte. Da war nur Stille. Stille, dieser Moment, mein Herzschlag und ich. Ich bemerkte, wie ich langsam Gänsehaut bekam. Es fühlte sich an, als ob das Leben mir etwas sagen würde. Ich atmete tief ein und aus und hielt für einen kurzen Moment meinen Atem an. Eine innere Ruhe erfüllte mich, ein Gefühl von Geborgenheit und Vertrauen kam in mir hoch. Plötzlich machte alles Sinn. Ich realisierte auf einmal, was wirklich wichtig im Leben war. Es war dieser eine Moment im Hier und Jetzt. Dieser eine Moment, den ich gerade auf diesem Felsplateau erleben und erfahren durfte. Ich atmete tief ein und spürte, wie frischer Sauerstoff meine Lungenflügel durchflutete, wie sich meine Brust hob und sich beim Ausatmen senkte. Dankbar und mit friedvollem Blick öffnete ich nach einer Weile wieder meine Augen.

»Freunde …« Die anderen schauten in meine Richtung. »Ich bin echt dankbar, dass ich hier mit euch sitzen darf. Ich habe zwar keine Ahnung, wie wir hier lebendig runterklettern sollen, aber das ist mir egal. Ich freue mich auf die nächsten Tage mit euch und auf das, was da noch kommt.« Ich lächelte sie an und sie lächelten zurück.

Ganz viel Angstpipi

(Chapter Twenty-Seven)

Swakopmund war laut Reymonds Aussage noch gute drei Stunden entfernt. Es war neun Uhr und wir bretterten mit unserem Bus durch eine steinige, karge Wüstengegend, in der wahrscheinlich selbst die Himbas nicht überleben konnten. Asphalt war in dieser Gegend ein Fremdwort. Die staubige Schotterstraße führte durch Täler und Berge. Überall lagen große und kleine Steine, denen Reymond mit wilden Lenkbewegungen ausweichen musste. Ich war zwar noch nie auf dem Mars gewesen, aber ich vermutete, dass es hier in dieser Gegend wahrscheinlich genauso aussah wie dort. Das rote Gestein und die felsartigen Berge gaben allen Anschein dazu. Wir waren auf einem ganz anderen Planeten. Wohin man auch schaute, man sah nur rote Felsen. Reymond schaltete einen Gang runter. Vor uns lag ein steiler Hügel, an dem sich bereits ein Geländewagen hochkämpfte, der uns vor wenigen Sekunden noch überholt hatte. Reymond beschleunigte den Wagen. Es knackte und knarrte. Kleine Kieselsteine flogen gegen die Motorhaube und Radfelgen. Die Schläge hörten sich alles andere als gesund an. Wir hatten die Fenster bei dem Steinschlag vorsichtshalber geschlossen. Keiner wollte bei den aufgewirbelten Steinen mit einer Platzwunde oder einer anderen Verletzung Swakopmund erreichen. Mit viel Mühe brachte der Bus uns über den Hügel. Oben hatten wir einen bombastischen Ausblick über das Tal. Und nicht nur das:

»Reymond stop! Giraffen auf drei Uhr.« Ash deutete mit dem Arm inmitten der beiden Büsche, die rechts von uns gute fünfzig Meter entfernt waren.

»Was hast du gesagt, Ash?«

»Da sind Giraffen auf der rechten Seite.« Reymond stoppte den Wagen, sodass wir die beiden Giraffen beobachten konnten. Neugierig starrten uns die mit ihren langen Hälsen an, während sie genüsslich vor sich hinkauten. Majestätisch schritten sie von Baum zu Baum, ohne uns aus den Augen zu verlieren. Es war unglaublich, dass sie in dieser trockenen Gegend Futter fanden. Reymond hatte die beiden Giraffen auch entdeckt und gab uns gleich ein bisschen Pflanzenkunde. Giraffen hatte er in dieser Gegend auch noch nie gesehen, doch die Pflanzen schon.

»Die Giraffen können sich echt glücklich schätzen, hier in dieser trockenen Gegend Pflanzen zu finden. Blätter spielen in ihrer Ernährung eine wichtige Rolle. Sie sind für sie nicht nur eine gute Proteinquelle, sondern auch ein wichtiger Wasserlieferant. Für uns Menschen sind diese Pflanzen mit dem darin enthaltenen Tanin giftig. Vielleicht sehen wir die Tage noch ein Shepherd's Tree. Die Wurzeln von dem Baum können Menschen im Gegensatz zu den Blättern gekocht essen. Aber um den Baum bitte einen großen Bogen machen.« Reymond lachte und ließ uns noch ein paar Bilder schießen. Er erzählte auf Frage des Israelis, dass Giraffen um die zwölf Stunden am Tag mit Fressen und Futtersuche verbringen würden.

»Giraffen haben extrem lange Augenwimpern, die ihre Augen vor Dornen und Stacheln schützen. Vor allem dann, wenn sie ihren Kopf wieder in irgendeine Baumkrone stecken. Auch ihre Zunge ist mit bis zu fünfundvierzig Zentimetern relativ lang. Perfekt also, um Blätter vom Baum abzustreifen.« Ich schmunzelte, als ich sah, wie fast jeder im Bus seine Zunge rausstreckte. Fünfundvierzig Zentimeter - Wahnsinn!

Wir ließen die beiden kauenden Giraffen mit ihren langen Wimpern, Hälsen und Zungen zurück und fuhren weiter. Nach wenigen Metern tat sich ein großer Canyon auf. Er erinnerte von seiner Größe ein wenig an den Grand Canyon in Amerika. Zu einem gewissen Grad zumindest. Wir passierten ein Schild mit einem LKW drauf, das vor dem weiteren Straßenverlauf warnen sollte. Jetzt war Bremsen angesagt. Downhill, Abfahrt, es ging steil runter.

»Ich hoffe, Reymond hat die Bremsflüssigkeit vor der Safari kontrolliert.«, sagte Ash lachend zu Alison.

»I hope so.« Das hopeopte ich auch. Die schmale Bergstraße, die mitten in den Canyon führte, war sehr steil und alles andere als breit gebaut. Sie war maximal für zwei Pkw ausgelegt. Langsam und im kleinsten Gang brachten wir Meter um Meter dieser engen Schotterstraße hinter uns. Auf Leas und Alisons Seite ging es mehrere Hundert Meter steil runter. Ein Fehler oder Verbremser und Swakopmund hätte sich für uns erledigt. Ich hielt mich an Radunkels Kopflehne fest, um nicht nach vorne zu kippen. Es war purer Nervenkitzel. Die Spannung war vergleichbar mit dem Moment, als wir in Etosha gebannt den Leoparden bei seiner Jagd beobachteten. Keiner sprach ein Wort. Jeder hielt sich krampfhaft an seinem Sitz fest. Das war echt nicht ohne gerade. Im Rückspiegel sah ich, dass sich auch auf Reymonds Stirn die ersten Schweißperlen sammelten. Mit ihm wollte ich jetzt nicht tauschen, schließlich war er für jeden verantwortlich. Ein Fehler konnte seinen Job kosten. Und halt Menschenleben. Langsam und bedacht fuhr er um jede Kurve. Wir hatten das steilste Stück zum Glück hinter uns gebracht. Dachten wir zumindest erleichtert, bis Reymond plötzlich mit voller Kraft in die Eisen trat. Mein Gurt schnürte sich in meinen Bauch, so stark sackte der Körper nach vorne. Die Räder rutschten die steinige Straße weiter runter. Scheiße, was passiert hier? Erst als Reymond die Handbremse zur Unterstützung anzog, kam der Bus endlich zum Stehen. Neugierig und mit einem mulmigen Gefühl schauten wir durch die Fenster. Auf der linken Fahrseite stand ein herrenloser Jeep mitten in der Kurve. Erst nach einigen Sekunden entdeckte ich durch die Windschutzscheibe eine Person, der das Auto gehören musste. Die Person hielt in der Hand eine riesengroße Kamera. Ich wollte mir gar nicht vorstellen, wie viele Tausende Rand die Linse kosten musste. Sie gehörte wahrscheinlich zum oberen Preissegment im Safari-Store. Wie ein Scharfschütze stand die Person regungslos am Abgrund und starrte durch die Kamera ins Tal. Irgendetwas musste da sein. Bis auf rote Felswände und loses Geröll am Hang konnte ich auf den ersten Blick nichts Spannendes erkennen. Lea kramte nach ihrem Fernglas in der Tasche. Auch Alison hatte ihres bereits wieder ausgepackt und starrte damit durchs Fenster, dessen Scheibe sie extra runtergekurbelt hatte.

»Da ist ein Elefant.«, sagte sie nach kurzer Zeit, ohne dabei das Fernglas zu senken.

»Ein Elefant? Wo?« Vorsichtig lehnte ich mich über die Stuhllehne von Ash, um eine bessere Sicht ins Tal zu haben. Jetzt entdeckte auch ich ihn. Ein Elefant, der friedlich unter einem allein gelassenen Baum stand und genüsslich Stöcke knackte.

»Ein großer Elefantenbulle.«, sagte Reymond durchs Fenster. »Ich sehe zwar nicht sein Genital, aber von der Größe und den Stoßzähnen her, ist es definitiv ein Männchen. Zumal die Weibchen mit ihren Kindern in Gruppen leben. Sieht schon toll aus, wie er durch den Canyon schreitet, oder?« Es sah toll aus. Eifrig schossen wir ein paar Fotos von diesem Giganten. Fasziniert begutachtete ich ihn eine Weile durch Leas Fernglas. Reymond erzählte uns, dass alleine seine Ohren jeweils um die zwanzig Kilo wiegen konnten. Auch der Rüssel war mit siebzig Kilo nicht gerade leicht und entsprach fast meinem kompletten Körpergewicht.

»Wie schwer kann so ein ausgewachsener Bulle werden?«, fragte eine der Zwillingsschwestern.

»Um die sechs Tonnen kann ein ausgewachsenes Männchen auf die Waage bringen. Ungefähr. Das Rekordgewicht liegt, wenn ich mich recht erinnere, bei sechseinhalb Tonnen. Unglaublich, oder?« Wir nickten. Zweiundneunzig Silas, bestätigte mir mein Taschenrechner. Wahnsinn... Wir verbrachten noch ein paar Minuten mit dem Koloss, ehe wir uns wieder anschnallten. Reymond löste die Handbremse, sodass wir langsam losrollten. Wir winkten dem Typen mit der Kamera noch zum Abschied zu, ehe wir hinter der nächsten Serpentine verschwanden. Ohne ihn und seine auffallende Ausrüstung wäre uns der Elefant wahrscheinlich gar nicht aufgefallen und durch die Lappen gegangen. Nach einigen Minuten und Kurven erreichten wir heil den Boden des Canyons. Wir folgten der Schotterstraße und fuhren immer weiter geradeaus. Vereinzelt kamen uns Reisebusse mit Touristen entgegen, einmal kreuzte über uns sogar ein Hubschrauber in der Luft.

»Probably Ranger oder Wissenschaftler.«, wie Reymond aus der Fahrerkabine vermutete. Die würden in dieser Gegend Tiere wie Elefanten oder Giraffen zählen und beobachten, um aus deren Wanderungen Rückschlüsse ziehen zu können, über welches Gebiet sich beispielsweise ihr Territorium erstreckt.

Wir ließen den Canyon hinter uns und fuhren immer weiter Richtung Swakopmund. Die Minuten vergingen und man merkte im Bus, dass es langsam wärmer wurde. Trotz des aufkommenden Fahrtstaubs waren mittlerweile alle Fenster im Bus geöffnet. Anders war es auch nicht auszuhalten. Der Fahrtwind peitschte die Gardinen hin und her und wirbelte unsere Haare durcheinander. Langsam bekam ich echt einen Eindruck davon, warum Namibia flächenmäßig als eines der geringstbesiedelten Länder der Welt gilt. Keine Menschenseele, kein Dorf, keine Zivilisation war zu sehen. Nichts. Ich dachte an zu Hause: In wenigen Wochen würde ich wieder in meinen Bankklamotten in der Filiale hinterm Schalter stehen, Menschen Geld vorzählen, Fragen zum Online-Banking beantworten und Geldmünzen aus dem Geldautomaten rauskratzen. Ich fragte mich echt, ob ich das nach dieser Reise noch machen konnte. Ich wollte draußen sein, in der Natur arbeiten und nicht in einem klimatisierten Büro meine Arbeitsstunden absitzen. Natürlich war ich einerseits dankbar für meine Bankausbildung. Sie war eine gute Basis, ich konnte Geld sparen, um mir das hier alles zu leisten. Aber wollte ich wirklich zurück? Maximal ein bis zwei Jahre würde ich mir das noch antun mit der Bank, dachte ich mir, während ich einen großen Hügel entdeckte, der auf einmal draußen auftauchte. Aber keine vierzig Jahre. So viel stand jetzt schon fest. Ich wollte leben und nicht nur meine Existenz in einem Büro absichern.

»Siles, kommst du?« Lea stand mit ihrem Handy im Gang und wartete auf mich.

»Ja, geh ruhig schon mal vor. Ich finde meinen rechten Schlappen irgendwie nicht.« In akrobatischer Pose lehnte ich mich von meinem Sitz zu Radunkels Platz runter, wo ich den linken schon gefunden hatte und auch den rechten vermutete. Mit beiden Schlappen an den Füßen kletterte ich über Ashs Sitzlehne in den Gang des Busses und folgte Lea nach draußen. Reymond hatte den Wagen links angehalten, direkt vor einem großen Berg. Mit seinen gut fünfzig Metern hatte er sich schon von Weitem vor uns aufgebaut und präsentiert. Seine Form war anders als die der anderen Hügel und Berge in der Gegend. Irgendwie fehl am Platz. Fasziniert stand ich vor dem Berg und knipste ein paar Bilder. Ein lautes Hupen ertönte und unterbrach mich in meiner professionellen Fotosession. Es war der zweite Wilddog-Safari-Bus mit der anderen Gruppe, der an uns vorbeirauschte und einige Meter entfernt zum Stehen kam. Langsam setzte der Bus zurück, bis er schließlich vor unserem Wagen seinen Parkplatz einnahm.

»Parkt uns nicht zu!«, rief Ash laut lachend seinem Kumpel Andi entgegen, mit dem er sich am ersten Tag schon gut verstanden hatte, als wir im Nationalpark von Okanjina zu den Cheetahs gefahren waren. »Parktickets bei mir erhältlich!«

»Siles, bist du dabei?«

»Wobei soll ich dabei sein?« Ich schaute nach Ashs Spruch lachend zu Johnny. Er stand neben mir und hatte bestimmt wieder irgendeine Idee im Kopf. Auch gestern ging die Idee mit dem Sonnenuntergang auf dem Bergplateau ja auf seine Kappe. Und ja, es ging mal wieder um Klettern…

»Ich hätte Bock, auf den Berg zu klettern. Sieht zwar ein bisschen steil aus, aber sollte machbar sein. Von da haben wir sicherlich einen super Ausblick über die Gegend hier. Wollte mal Reymond fragen, ob wir dürfen. Bist du dabei?«

»Du und deine Kletteraktionen.«

»Radunkel und Lea wären auch dabei.«

Misstrauisch schaute ich von Johnnys Schuhwerk zu meinem. Wie Radunkel und Lea trug er Wanderschuhe, die mit einer festen Sohle ausgestattet waren. Meine Schuhe hatten zwar auch eine Sohle, die aber weder stabil noch für Bergwanderungen gemacht war. Eher für Strandspaziergänge im weichen Sand. Ich überlegte, ob ich noch mal schnell zum Bus laufen sollte, jedoch fiel mir ein, dass meine Wanderschuhe im Koffer waren, der im Kofferraum unter allen anderen Taschen verstaut war.

»Bin dabei, weiß nur nicht, wie gut ich in meinen Schlappen klettern kann.«

»Ach, passt schon.«, sagte Johnny, ohne auf meine Schlappen zu gucken. Er schlenderte zu Reymond, der mit Ruben an der Motorhaube lehnte und eine Landkarte studierte. Ich folgte ihm.

»Ihr könnt es gerne versuchen.«, antwortete Reymond auf unsere Frage und schob mit ernster Miene hinterher. »Aber seid bitte vorsichtig. Der Aufstieg ist nicht ohne und die Felswand kann rutschig sein. Klettern auf eigene Gefahr…« Wir versprachen ihm, beim Klettern aufzupassen und rannten zum Fuß des Berges. Die ersten Meter waren relativ flach und kamen einer Rampe zum eigentlichen Berg gleich. Mit jedem Schritt wurde das Unterfangen mit dem Ziel „Gipfel erreichen" schwieriger, weil wir leider feststellten, dass die Wand, auf die wir zugingen, fast komplett senkrecht in den Himmel ragte. Irgendwann kamen wir nicht mehr weiter.

»Ich schau mir den Weg mal an der Seite an.«, sagte Johnny und kletterte von der Wand links weg. »Vielleicht kommen wir da hoch…« Ich fragte mich, welchen Weg er meinte. Ich sah da keinen. Nach wenigen

Sekunden war er verschwunden. Ich stützte meine Hände in den Hüften ab. War das hier schon wieder eine Aktion… Jeder normale Touri macht ein Bild vorm Berg und wir? Wir wollen natürlich eins auf dem Berg machen.

»Hier geht's eigentlich ganz gut.«, hörte ich Johnny nach gut einer Minute sagen, als er plötzlich gute zehn Meter über unseren Köpfen auftauchte. »Geht zwar auf der anderen Seite steil nach unten, ist aber definitiv machbar. Kein Geröll, wo man wegrutschen könnte.«

»Alda Johnny, pass auf!«, sagte Lea. Sie hielt sich mit Radunkel an der Felswand fest und warf sich dem Tal winkend in Pose. Sie hatte kurz vorm Loslaufen einem Mädchen aus der anderen Gruppe ihr Handy anvertraut mit der Bitte, gleich Fotos von uns zu schießen, wenn wir oben angekommen waren.

»Wir bleiben beide hier. Das ist für uns zu steil.«

»Siles, was ist mit dir? Kommst du noch weiter mit hoch oder bleibst du unten?« Ich war mir nicht sicher. Abwechselnd blickte ich zu ihm und zu meinen Füßen. Das bisherige Klettern und die schwüle Hitze hatten meine Füße in den Schlappen ganz schön zum Schwitzen gebracht, sodass ich bei jedem Schritt in meinen offen gestalteten Wanderschuhen das Gefühl hatte, bald wegzurutschen und umzuknicken. Ich war schon froh, dass ich es ohne Verletzung bis zu diesem Punkt geschafft hatte.

»Ich kann es versuchen, aber ich weiß nicht, wie hoch ich es schaffe. Wahrscheinlich nicht so weit wie du. Meine Füße schwitzen richtig.«

»Wo sind denn deine Wanderschuhe?« Johnny schüttelte lachend den Kopf. Er hatte mein Schuhwerk erst jetzt entdeckt. »Wahrscheinlich im Koffer, oder?«

»Ja, im Koffer…«, gab ich kleinlaut bei, während ich langsam einen Schritt vor den anderen setzte. »Wo bist du lang, Johnny?«

»Hier links einfach entlang der Felswand. Musst nur aufpassen. Geht ein bisschen runter an der Seite.« Ein bisschen runter? Johnny hatte gut reden. Links ging es im freien Fall gute zwanzig Meter den Steilhang runter. Ich musste schlucken. Ein Fehler oder ein erneuter Schweißausbruch am Fuß und ich würde wegrutschen. Vorsichtig tastete ich mich an der Felswand entlang. Schritt für Schritt, Meter für Meter, bis es auf einmal vor mir nur noch runterging. Ich blickte zu Johnny, der mir von oben einige Meter entgegenkam.

»Und jetzt?«

»Jetzt beginnt das Klettern, mein Freund.« Er lachte. Er zeigte mir einen steilen Weg, der rechts hochging und von seiner Schwierigkeit her nichts mit einem Wander- oder Kletterweg zu tun hatte. Ungläubig schaute ich ihn an. »Da bist du hoch? Dein Ernst?«

»War ganz easy.«, sagte er lässig.

Da komm ich doch nie wieder runter, dachte ich, nachdem ich vorsichtig einen Testschritt gewagt hatte. Professionelle Bergsteiger haben für solche Kletterwände Wanderschuhe und Karabinerhaken. Und ich? Ich hatte weder Karabinerhaken noch Wanderschuhe. In meinen Schlappen sah ich gelinde gesagt alles andere als professionell aus. Professionell für den Strand vielleicht.

»Johnny, ich sag es dir: Wenn ich mit meinen Schlappen weiterklettere, dann stürze ich safe ab.«

»Dann zieh die Schlappen doch aus.« Mmh… Vorsichtig zog ich einen Schlappen aus und berührte mit meiner Fußsohle das Gestein. Es war weniger heiß als erwartet, auch wenn die Sonne voll draufknallte. Ein Versuch war's wert. Und siehe da…

»Geht besser barfuß, oder?«, schmunzelte Johnny, als ich mich ihm Schritt für Schritt näherte.

»Krass, ja!« Barfuß fühlte ich mich doch um einiges sicherer, vor allem was den Halt anging. Schweiß sei Dank. Als ich bei ihm angekommen war, bekam ich zum ersten Mal einen Eindruck davon, wie unbeschreiblich schön die Sicht von hier oben war. Zum Glück war ich doch nicht unten bei Ash geblieben. Neugierig schaute ich mich um. Die beiden Safari-Wagen erinnerten an kleine Matchbox-Autos, die Menschen davor an Playmobilfiguren.

Zusammen kletterten Johnny und ich weiter, bis wir endlich den Gipfel erreichten. Statt eines Kreuzes begrüßten uns ein paar Büsche mit Dornen und ein kilometerweiter Blick in die Ferne.

»Hammer!«, sagten wir beide und klatschten einander ab. Die Aussicht war phänomenal. Es war Wahnsinn, wie hoch wir geklettert waren. Von unten sah der Berg bei Weitem nicht so hoch aus. Mit leicht zitternden Händen schoss ich ein Foto von Johnny.

»Soll ich auch eins von dir machen?«

»Ich bitte darum.«, antwortete ich und reichte ihm mein Handy. Ich ging ein paar Meter von Johnny weg, blieb kurz vor der Kante stehen, schloss meine Augen, riss meine beiden Hände nach oben und ließ einen lauten Schrei los:

»Roaaaar!« Man musste mein Schreien bis zum Bus gehört haben. Mir war es recht. Die ganze Welt sollte wissen, wie viel Energie und Freude ich gerade in meinem Körper spürte. Das Adrenalin pochte noch immer durch meine Venen und mein Herz klopfte wie wild.

»Roaaaaar!« Glücklich riss ich die Augen auf und schaute in die Ferne. »Wie die Löwen auf der Farm, oder?«

»Nicht ganz Siles, nicht ganz, haha.« Grinsend reichte mir Johnny mein Handy.

Die Antwort von Lea auf mein Löwengeschrei ließ natürlich nicht lange auf sich warten. Auf ihre Frage, wer da oben so bekloppt rumschreien würde, bekam sie von mir die Antwort, nicht so viele Fragen zu stellen, sondern lieber weiter zu klettern. Der Ausblick war ein gemeinsames Erinnerungsfoto zu viert auf jeden Fall wert. Nach ganz viel „Angstpipi" in der Hose, wie Lea später zugeben sollte, waren schließlich auch die Köpfe von ihr und Radunkel auf dem steilen Kletterweg zu sehen. Erleichtert, es geschafft zu haben, klatschten sie schließlich oben mit uns ab. Wir alle hatten den steilen Aufstieg gemeistert.

»Oh mein Gott, ist das vielleicht hoch. Wie sollen wir hier nur lebend wieder runterkommen?«, war das Erste, was Lea nach der schweißtreibenden Klettertour hoch zum Gipfel sagen konnte.

»Wer hat gesagt, dass wir hier lebend wieder runterkommen werden?«, begrüßte Johnny sie mit einem High-Five. Ich klatschte derweil mit Radunkel ab, die einem in ihrem schwarzen Kleid bei den hohen Temperaturen nur leidtun konnte.

»Und nun?«, kam die Frage aus ihrem hochroten Kopf raus.

»Fotos, würde ich sagen.«, sagte Lea. »Stellt euch mal da hinter dem Stein auf. Wir machen ein Bild mit Selbstauslöser. Johnny, positionier mal deine Kamera da hinten. Ich muss mir noch die Haare vernünftig machen.« Natürlich…

Nachdem das Shooting vorbei war und wir ein paar Fotos mit der weiten Landschaft im Hintergrund gemacht hatten, machten wir uns wieder an den Abstieg. Reymond hatte uns mit mehrfachem Winken und Hupen das Signal gegeben, wieder runterzuklettern. Die Zeit drängte. Langsam und mit aller Zeit der Welt kletterten wir nacheinander den steilen Weg runter. Erst Johnny als Lotse, dann Lea, dann ich und dann Radunkel. Der Abstieg stellte sich dabei als viel gefährlicher als der Aufstieg heraus. Immer wieder setzten sich kleine Kieselsteine in Bewegung und erschwerten das Klettern. Jetzt zahlte es sich aus, dass ich keine rutschige Sohle unter meinen Füßen hatte. Nach gut der Hälfte des Abstiegs warf ich meine Flip-Flops den Berg runter. Sie störten beim Festhalten, Abstützen und Abtasten. Nach ein paar schweißtreibenden Minuten waren wir alle heil beim Bus angekommen. Erschöpft, aber gut gelaunt und erleichtert, stiegen wir wieder in den Wagen, klatschten mit Ash ab und setzten uns wieder in die letzte Reihe.

»Ihr holt echt alles aus jeder Möglichkeit raus.«, zollte Ash uns Respekt. »Da lässt man euch einmal aus den Augen und schon steht ihr winkend auf einem Berg. Ich hätte mich das nicht getraut. Respekt!«

»Ich hatte auch ein bisschen Angstpippi, um ehrlich zu sein.«, sagte Lea lachend.

»Einmal meine ich sogar, einen Schrei gehört zu haben. Dachte schon, dass bei der hohen Stimme was passiert war.« Ash lachte. Ich musste schmunzeln. Das mit dem Löwengebrüll üben wir nochmal...

Tausend stinkende Robben

(Chapter Twenty-Eight)

Zwei Stunden und gute drei Podcasts später sahen wir zum ersten Mal das Wasser. Fasziniert von der Brandung schauten wir gebannt aus den Fenstern. Es war das erste Mal in meinem Leben, dass ich einen Ozean sah. Seine Weite, auch wenn ich nur einen Bruchteil bis zum Horizont sah, war unglaublich. Der Atlantik? Frei, rau und wild. Das Wetter? Ungestüm. Es war ungemütlich geworden an der Atlantikküste. Schon mehrere Kilometer zuvor hatten wir einen Wetterumschwung beobachten können. Am Himmel tauchten auf einmal dunkle Wolken auf, die sich immer kompakter zusammenschoben und dem blauen Himmel die Sicht auf uns nahmen. Auch der Wind, der in unregelmäßigen Böen gegen unseren Bus peitschte, wurde frischer und kühler, sodass einige im Bus ihre Pullis anzogen oder die Fenster zumachten. Reymond steuerte auf einen kleinen Parkplatz zu, auf dem ein kleines Haus stand. Auf einem Schild vor dem Gebäude stand in krakeliger Schrift „WCs" und „Souvenirs" geschrieben. Wir vermuteten, dass wir hier unser angekündigtes Picknick machen würden, und stiegen aus dem Wagen. Eine starke Windböe erfasste von der Meerseite meinen Körper und ich war froh, beim Aussteigen noch schnell meinen Pulli übergezogen zu haben. Es war bestimmt nur noch achtzehn Grad warm – ein starker Kontrast zu den heißen Temperaturen von vor zwei, drei Stunden. Nachdem einige das stille Örtchen des Souvenirladens aufgesucht hatten und sich der Israeli bereits nach den Picknick-Utensilien bei Ruben erkundigte – er und seine Frau schienen es nicht abwarten zu können, etwas Essbares zwischen die Kiemen zu bekommen - versammelte uns Reymond vor dem Wagen. Wir sollten entscheiden, wie es weitergehen sollte.

»So, ihr Lieben. Eigentlich ist das unser geplanter Picknick-Stop hier. Wir können jetzt hier Pause machen oder wir fahren noch ein Stück an der Atlantikküste lang und machen dann Picknick in der Nähe von einem Schiffswrack. Auf dem Weg kommen wir auch an der größten Robbenbrutkolonie in Cape Cross vorbei. Mehr als zweihunderttausend Robben umschließt die Kolonie. Es gibt dort einen Gehweg und man kommt sehr nah an die Tiere ran.«

»Klingt super!«, sagten Lea und ich gleichzeitig im Chor.

»Was denken die anderen? Ich brauche jetzt zeitnah eine Entscheidung...« Bis auf unsere Freunde aus Israel stimmten alle für „Fahren zu den Robbenbänken", sodass die Entscheidung ziemlich eindeutig ausfiel. Wir hatten noch nicht wirklich Hunger und wollten neben Giraffen und Elefanten am Morgen weitere Tiere sehen. Und wenn man bedenkt, was uns bei den Robbenbänken einige Minuten später geruchstechnisch erwarten sollte, war es definitiv auch die richtige Entscheidung, nicht mit vollem Magen nach dem Picknick zu den Robbenbänken zu fahren.

Schon auf dem Parkplatz lagen die ersten Robben kreuz und quer herum und dösten zwischen neugierigen Touristen, die mit ihren Fotogeräten auf Robbenjagd waren.

»Schaut mal links, da ist eine Robbe. Wie geil ist das denn?«, sagte ich aufgeregt, als ich eine einzelne Robbe entdeckte. »Haben wir vielleicht Glück mit Tier-Sightings heute.«

»Vielleicht schaust du mal nach rechts aus deinem Fenster raus.«, gab mir Lea zwinkernd den Tipp. »Da sind noch zwei, drei andere...«

»Wow!« Mit offenstehendem Mund und weit aufgerissenen Augen schaute ich aus dem Fenster den Abhang hinunter zum Wasser. »Sind das alles Robben?« Ungläubig schüttelte ich mit dem Kopf. Tausende, wenn nicht sogar Abertausende Robben, die sich an der Küste und im Wasser versammelt hatten. So viele Robben hatte ich noch nie auf einem Fleck gesehen. Da konnten die Robbenbänke in Borkum echt einpacken. Kreuz und quer lagen die Robben auf- und nebeneinander. Wohin man auch schaute, man sah nur Robben. Große, kleine, dicke und dünne. Reymond hatte mit der größten Robbenkolonie der Welt nicht zu viel versprochen. Wahnsinn, wie viele Tiere hier waren.

»Die größte Robbenkolonie der Welt, Ladies and Gentlemen.« Reymond beugte sich stolz in unsere Richtung. »Ich schlage vor, ihr habt neunzig Minuten Zeit zum Rumlaufen, ehe wir weiterfahren zum Picknick-Spot. Was haltet ihr davon?« Wir streckten ihm unseren Daumen entgegen. Nur der Israeli hielt sich mit seinem Daumen zurück. Er war wahrscheinlich immer noch sauer, weil wir ihn überstimmt hatten. Ich schaute von ihm zurück zu Reymond.

»Eins müsst ihr mir versprechen, Leute: Respektiert die Komfortzone von den Robben. Ihr habt in Etosha gesehen, wie schnell das gehen kann mit Wildtieren.« Ich dachte an das wütende Nashorn zurück. Damals waren wir ja noch heil davongekommen. Hoffentlich waren die Robben entspannter drauf, wenn man sich ihnen näherte.

»Und eins noch: Nehmt gerne einen Schal oder Pulli mit, den ihr euch vor die Nase halten könnt. Der Geruch da draußen ist am Anfang ein wenig gewöhnungsbedürftig.« Reymond lachte.

Wenn eine Robbe stinkt, dann ist das schon unangenehm. Wenn zwei Robben stinken, dann ist das noch unangenehmer. Und wenn zweihunderttausend Robben nebeneinanderliegen, fressen, schlafen, pupsen und kacken, dann kann man sich gut vorstellen, welch eine Welle von Gestank uns beim Aussteigen entgegenkam. Der Seewind meinte es nicht gut mit uns und blies uns den Duft der Robben direkt ins Gesicht. Da hatte man drei Schritte aus dem Bus getätigt und schon hatte man seinen ersten Würgereiz gehabt. Es roch nach, nach, nach, ach, ich wollte es gar nicht wissen. Ohne zu überlegen, zog ich reflexartig den Kragen von meinem Pullover vor den Mund. Es war ohne Mund- und Nasenschutz nicht auszuhalten. So einen widerlichen Geruch hatten meine sensiblen Nasenflügel noch nie in Empfang genommen. Den anderen erging es mit ihren Riechkolben nicht anders. Mit angewidertem Blick hielten sie sich ihre Jacken und Pullis vor die Nase in der Hoffnung, dem Gestank irgendwie Gegenwehr leisten zu können.

»Leute, ist das vielleicht widerlich! Johnny, wie kannst du das bitte aushalten?«

»Nach kurzer Zeit gewöhnt man sich daran.«, sagte Johnny schulterzuckend. Es stimmte. Auch wenn mein episodisches Gedächtnis wahrscheinlich nie mehr den Geruch vergessen sollte, die Nase gewöhnte sich mit der Zeit an die stinkende Umgebung. Nach einigen tiefen Atemzügen durch die Nase war der beißende, aggressive Geruch fast normal. Es war wie mit dem Eselfleisch auf der Farm. Oder wie mit der Luftqualität in meinem Zimmer zu Teenagerzeiten.

»Lasst uns mal zur Holzbrücke gehen.«, schlug Lea vor, ohne dabei ihre Handykamera von einem kleinen Robbenbaby und seiner Mama zu lassen. »Die hören sich ja an wie Schafe.« Lea quiekte vergnügt.

»Ein bisschen schon.«, gab ihr Radunkel Recht. Die meisten aus unserer Gruppe hatten bereits das aufschiebbare Holztor zur Brücke hinter sich gelassen. Es fungierte wie ein Gate, das nur von Menschenhand geöffnet und geschlossen werden konnte, was auch gut war, da die Robben wenige Meter davon entfernt lagen. Die sollten gar nicht erst auf dumme Ideen kommen und uns folgen. Witzigerweise lagen sie sogar zum Teil unter dem Holzsteg eng aneinander gebettet und meckerten laut, wenn ein Artgenosse ihnen den Platz streitig machte oder über sie robbte. Ein wahres Spektakel von Eifersucht und Neid, das uns präsentiert wurde. Jede Robbe war sich selbst die Nächste. Jede beanspruchte für sich und ihr Fell den schönsten Liegeplatz oder Liegestein. Hatte man den einmal gefunden oder sich mit lautem Brüllen vom Konkurrenten erkämpft, streckte man die dicke Plauze der Sonne entgegen und hob triumphierend die Schwanzflosse in die Luft, sodass es jede andere Robbe sehen konnte. Egos, wohin man auch schaute.

Neben den ganzen Egozentrikern sah man leider auch kleine Heuler, die das Spiel des Lebens bereits verlassen mussten, ehe es vollständig begonnen hatte. Ihre leblosen und ausgemergelten Körper lagen zwischen den ganzen anderen Robben, manche auch abseits der Gruppe. Wahrscheinlich kam der stinkende, verwesende Geruch daher. Oft machten sich Möwen und andere Vögel über sie her. Ein Anblick, der grausam war, aber die Kräfteverhältnisse und Abläufe hier an der atlantischen Küste eindrucksvoll verdeutlichte: Fressen und gefressen werden.

»Ich frage mich wirklich, wie die dicke Robbe da hochgekommen ist?« Ich drehte mich zu Lea, die gerade mit Filmen beschäftigt war.

»Hast du mit mir geredet?«

»Ne, mit mir. Ich meine die Robben da unterm Dach.« Ich zeigte mit dem Finger auf eine Ruine, die rechts vom Eingangstor des Holzsteges gebaut war und unter deren Dach mehrere Bänke und Tische standen. Auf einer Bank entbrannte gerade ein Streit zwischen zwei Robben, wer denn den Platz nun für sich beanspruchen durfte. Kaum vorstellbar, dass dieser robbendominierte Platz früher mal von Menschen für ein Picknick an der Atlantikküste genutzt wurde. Überall stapelten sich graue Körper mit Schnurrhaaren.

Wir entfernten uns von der Robbenruine und schlenderten den zwei Meter breiten Holzsteg entlang. Nicht selten beugten wir uns mit unserem Kopf und Oberkörper neugierig über die Reling, wenn sich eine Robbe direkt am Holzsteg sonnte oder ein kleiner Heuler darunter her robbte. Die Heuler hatten richtige Knopfaugen. Ich wollte am liebsten einen für meinen Bruder mitnehmen. Mein Blick fiel auf die Holzbretter, die alle zehn Zentimeter voneinander aufgestellt waren und die Reling stabilisierten. Einige Bretter waren von den Möwen vollgeschissen, sodass rumfliegende Fellbüschel der Robben ohne Probleme daran kleben bleiben konnten. Man musste echt aufpassen, wohin man fasste oder wo man sich mit seinem Pulli anlehnte. Einige Bretter des Zauns waren morsch und teilweise bereits abgebrochen. Das raue Wetter an der Küste hatte hier in den letzten Jahren und Jahrzehnten seine Spuren hinterlassen. Alle paar Meter bildeten sich größere Lücken im Bretterzaun. Ich hoffte inständig, dass da keine Robbe durchpasste. Die hatten ganz schön spitze Zähne und nicht gerade gesunde und strahlendweiße wie Jürgen Klopp in Liverpool. Den Besitzern schien ihr Kameralächeln aber egal zu sein. Für die Tiere musste es hier am Atlantik wirklich das reine Paradies sein. Durch den von der Antarktis kommende Benguelastrom ist das Wasser ja sehr kalt, aber, und das ist für die Robben noch viel interessanter, sehr nährstoffreich, was man an den Bäuchen voller Fisch auch ablesen konnte. Ich sah echt Bäuche über Bäuche. Wie im Urlaub auf Malle.

Während wir so über den Steg spazierten, fiel mir auf, dass neben den vielen Robben relativ viele deutschsprachige Touristen unterwegs waren. Alle paar Meter hörte man deutsche Sätze, wie „Günther, hier mach mal ein Foto.", „Och nein, wie süß ist der kleine Heuler denn? Guck mal die kleinen Schnurrhärchen." oder…

»Achtung Robbe!!!« Mein Nachbar Wolfgang hatte mir von seinem Namibia-Trip schon erzählt, dass man mehr und mehr Deutsche treffen würde, sobald man sich Swakopmund näherte. In einigen Restaurants sollte man sogar deutsche Hausmannskost bekommen können. So deutsch war Swakopmund.

»Achtung Robbe!!!« Das muss man sich mal geben. Da bist du in Afrika unterwegs und kannst Klöße, Haxe…

»Sileees, Robbe!«, ergänzte Lea mit aufregender, hysterischer Stimme die Liste. Ja, danke Lea! Klöße, Haxe, Robbe bestellen... Moment: Robbe? Ich schaute irritiert in Leas Richtung.

»Robbe?« Von einem Robbengericht hatte ich ja noch nie gehört. Die standen doch unter Naturschutz, oder nicht? Ich meine, es wird bestimmt Feinschmecker geben, die auf solche stinkenden Fleischproduzenten abfahren, aber...

»Achtung Leute, Robbe!«, hörte ich jemanden wenige Meter von mir entfernt jetzt auch schreien. Sie hörte sich an. wie die von Ash. »Weg da!« Ich schaute in die Richtung, aus der ich die Stimme wahrgenommen hatte und tatsächlich. Es war die von Ash. Er hatte es wohl auch endlich auf den Gehweg geschafft. Jener Ash aus unserer Gruppe kam gerade mit weit aufgerissenen Augen auf Lea und mich zugestürmt. Der hatte es aber eilig. Ach du Scheiße, schoss es mir durch den Kopf. Jetzt wusste ich auch, was Ash mit Robbe meinte. Kein Essensgericht, nein, nein! Vor Ash lief eine aufgebrachte Robbe her, die jetzt genau auf uns zusteuerte. Diese sah wie Ash dahinter alles andere als entspannt aus. Auch sie hatte weit aufgerissene Augen. Ich zählte eins und eins zusammen. Diese Robbe meinte wahrscheinlich auch Lea. Wie kam die denn jetzt bitte auf den Steg? Hä?

»Lea, Siles, weg da! Schnell!« Ash hatte richtig Mühe, das Tempo der Robbe mitzugehen. Mit ihrem Watschelgang hatte die doch eine ordentliche Pace drauf. Im Blick der Robbe machte sich eine leichte Panik mit einer guten Portion Aggression breit. Sie schnappte nach allen und jedem, dem sie auf dem Steg begegnete. Vor allem nach Hosenbeinen und Schuhen, die bei drei nicht rechtzeitig beiseite sprangen. Nicht gut, brachten meine Gehirnzellen die Rechnung der Gleichung "beißende Robbe auf Holzsteg vor Siles" zusammen. Gar nicht gut, schrien sie, während die Alarmglocken in meinem Kopf langsam ihren Dienst antraten.

»Lea, Siles, weg da!« hörte ich Ash erneut rufen. Gute Idee! Danke, Ash! Schnell kletterte ich auf die Holzlehne und balancierte erst mal mein Gewicht aus, um nicht gleich im hohen Bogen auf die Robbenliegewiese zu fallen und es dann wie im Comic-Heft mit gleich mehreren Mausefallen am Körper zu tun zu haben. Lea tat es mir gleich und sprang beiseite. Mit wilden Ruderbewegungen auf der schmalen, rutschigen, vollgeschissenen Reling beobachteten wir nun, wie die aufgebrachte Robbe an uns vorbeiflog und mitten in eine deutschsprachige Seniorengruppe reinrannte. Auch Alison, die Mutter der Zwillinge, und Johnny standen dort. Sie hatten die Robbe zu spät bemerkt. Nacheinander sah man, wie sich die aufgebrachte Robbe in einem Hosenbein nach dem anderen verbiss, gefolgt von einem lauten Aufschrei der Person, der das Hosenbein gehörte. Wie ein aufgebrachtes Schaf, das sich gegen das halbjährliche Scheren wehrt, schnappte die Robbe nach allem, was sich bewegte. Johnnys Hosenbein hatte sie jetzt als Nächstes ins Visier genommen. Mit einem Arm stützte sich Johnny artistisch am Zaun ab, während er mit seinem Flip-Flop versuchte, die Robbe irgendwie von seinem Bein fernzuhalten. Es klappte anfangs ganz gut, das Problem war nur, dass die Robbe die Taktik änderte und kurzerhand nach seinem grünen Flip-Flop schnappte, mit dem Johnny ihr die ganze Zeit vor den Schnurrhaaren rumfuchtelte. Lea und ich sprangen aus Gleichgewichtsgründen zurück auf den Steg, standen dort aber auch nur kurz, weil die Robbe die Flucht nach hinten ergriff. Erneut sprangen wir rechtzeitig zur Seite und kletterten auf die Reling, um uns und unsere Hosenbeine in Sicherheit zu bringen. Die Robbe raste an uns vorbei und nahm die Verfolgung von Ash auf, der jetzt nicht hinter-, sondern vor der Robbe wegrannte. Ein Schauspiel der besonderen Art. War hier vielleicht gerade was los. Die anderen Robben grunzten und feuerten ihren Kollegen vom Strand regelrecht an, wie dieser jetzt die Verfolgung von Ash aufnahm. Seine Artgenossen fragten sich sicher auch, wie ihr Mitbewohner bloß auf den Steg gekommen war. Ich schaute von Ash und der aufgebrachten Robbe auf meine rechte Hand. Der weiße Fleck roch ganz nach Möwenhintern, doch das war jetzt zweitrangig. Ich war voll auf Adrenalin, wie eigentlich jeder hier auf dem Steg. Robbe eingeschlossen. Die Menschen rannten auf dem Steg vor ihr weg und retteten sich hinter das Gatter. Einige rannten wie Ash zuvor hinter der Robbe her, um sie wieder durch die Gitterstäbe zurück in die Freiheit zu scheuchen. Doch die Robbe wollte nicht, oder, besser gesagt: Sie konnte nicht. Vor lauter Panik und Aufregung fand sie den Spalt nicht, durch den sie sich wahrscheinlich durchgezwängt haben musste, um auf den Steg zu gelangen. Nach mehreren Versuchen und wilden Richtungswechseln gaben Ash und die Männer auf.

»Das bringt nichts.«, schnaufte er. »Die ist total verwirrt. Die muss sich erstmal beruhigen. Am besten gehen wir zurück zum Wagen. Sie findet schon zurück ins Freie. Jetzt ist keiner mehr auf dem Steg. Wurdet ihr gebissen?« Wir hüpften über die Reling.

»Zum Glück nicht.«, antwortete Lea.

»Du, Siles?«

»Ich nicht, aber ich glaube, Alison und die Mutter der Zwillingsschwestern.«

»Echt?«

»Glaub, ja. Die standen bei der Gruppe am Zaun, in die die Robbe gerannt ist.«

»Shit! Was ist mit dir, Johnny?« Ash schaute zu Johnny, der mit der Hand an seinem Fuß zugange war. Er blutete.

»Ich hätte dem Mistvieh nicht meinen Schlappen entgegenstrecken sollen. Das hat am Flip-Flop vorbeigebissen.«

»An deiner Stelle würde ich die Wunde sofort desinfizieren.«, sagte Radunkel. »Vor allem säubern!«

»Würde ich auch machen.« Lea schaute sich Johnnys Fuß an. »Robben haben ja richtig viele Bakterien in der Schnute. Wer weiß, was an den Zähnen alles für Erreger sind.«

Johnnys Fuß sah wirklich nicht gut aus. Die Robbe hatte mit ihren spitzen langen Zähnen an drei Stellen zugebissen. Nicht wirklich große, dafür aber tiefe Wunden waren zu sehen. Wie kleine Einschusslöcher sahen sie aus. Unbewusst schaute ich von seinem Fuß auf meinen rechten Handballen. Die Wunde, die Bowen mit seinen Zähnen dort hinterlassen hatte, war vor lauter Bräune kaum noch zu sehen. Verglichen mit Johnnys Bisswunde Peanuts. Ich war recht froh, dass ich mich noch rechtzeitig auf die Reling retten konnte und so den spitzen Zähnen der Robbe entkam. Wenn mich schon der Biss eines Erdmännchens, das stolze zwei Kilo auf die Waage bringt, Schachmatt setzt, dann möchte ich gar nicht wissen, was der Biss einer zweihundert Kilo schweren Robbe mit mir und meinem Kreislauf veranstaltet. Da war mir der stinkende Möwenschiss an der Hand doch lieber.

Wir umkurvten mit großem Sicherheitsabstand mehrere Robben am Strand und gingen zurück zum Bus. Dort wurden bereits Alison und die Schweizerin von Ashs Kumpel aus der anderen Gruppe verarztet. Mit zwei Handschuhen bekleidet drückte er gerade mit einem Tuch Alisons Bisswunde zusammen, sodass sich das weiße Tuch rot färbte.

»Muss man das so machen?«, erkundigte sich eine der beiden Zwillingsschwestern bei ihm. Man merkte, dass sie sich richtig Sorgen um ihre Mutter machten, deren zerbissenes Bein als Nächstes an der Reihe war.

»Keine Sorge, ich weiß, was ich tue.«, beruhigte Andi sie. Er war die Ruhe in Person. »Ich bin Arzt von Beruf. Wichtig ist, dass wir die ganzen Bakterien erst mal aus der Wunde entfernen.« Wieder drückte er die Wunde zusammen, sodass Alison ihr Gesicht verzog. Man sah, dass sie Schmerzen hatte und immer noch unter Schock stand.

»Alles okay, Alison?« Arzt Andi schaute sie prüfend an. Sie nickte. Ihr Gesicht war kreidebleich.

»Ich tue jetzt gleich eine Creme auf die Wunde, die gegen Bakterien wirkt. Ich empfehle dir und den anderen auf jeden Fall, in Swakopmund direkt in ein Krankenhaus zu fahren und das mit dem Biss abzuklären. Sicher ist sicher.« Andi verteilte eine rot-orangene Paste auf den tiefen Bisswunden an Alisons Bein, sodass dieses danach in leuchtenden Farben schimmerte. Nach wenigen Minuten sahen Johnnys Fuß und das Bein der Schweizerin genauso aus.

»Danke, Andi!« Ash klopfte seinem glatzköpfigen Freund auf die Schulter, während dieser die Creme in seine Tasche steckte.

»Nicht dafür. Aber wie gesagt: Schaut, dass ihr so bald wie möglich ein Krankenhaus aufsucht. Mit Tollwut ist nicht zu spaßen. So, wir sehen uns später im Hotel. Macht es gut.« Er winkte in den Raum und ging mit seinem schwarzen Kopftuch auf der Glatze zurück zum Bus, wo seine Gruppe schon auf ihn wartete. Nein, wie ein Arzt sah Arzt-Andi mit seinem Outfit und der schwarzen Sonnenbrille nicht aus. Eher wie ein Musiker oder Hells-Angels-Mitglied. Wir winkten ihm und den anderen zu, als sie an uns vorbeifuhren und auf die Straße Richtung Swakopmund bogen. Wenige Minuten später taten wir es ihnen gleich.

Die Stimmung im Bus war so schlecht und von den Ereignissen bei den Robbenbänken getrübt wie nie zuvor. Es herrschte eine gespenstische Stille in den Sitzreihen. Keiner sprach ein Wort. Nur das Rollen der Räder auf der gut asphaltierten Straße und der Wind, der vom Atlantik seitlich gegen unseren Bus peitschte, waren zu hören. Soeben hatten wir das Schiffswrack passiert, an dem wir ursprünglich Picknick machen wollten. Reymond hatte uns vorm Weiterfahren extra gefragt, wie wir weiter verfahren sollten. Picknick am Schiffswrack oder

Durchfahren nach Swakopmund zum Krankenhaus? Das Ergebnis fiel ziemlich eindeutig aus. Bis auf die zwei Gegenstimmen des israelischen Paares stimmten alle für Weiterfahren zum Krankenhaus. Bloß keine Zeit verlieren, wie es Arzt-Andi empfohlen hatte. Es war ganz im Sinne von Alison und der verletzten Schweizerin. Meine Augen wanderten von den Wellen des rauen Atlantiks zurück in den Bus. Neben mir hatte Johnny seine Augen geschlossen, während Lea ihr Video- und Fotomaterial von den Robbenbänken begutachtete. Vorne in der Reihe unterhielten sich leise die beiden Zwillingsschwestern mit ihrer Mutter. Diese hatte trotz der Robbenattacke ihr Lächeln und ihre gute Laune nicht verloren. Anders dagegen Alison. Mit verschränkten Armen saß sie allein in ihrer Reihe auf ihrem Platz und blickte ins Leere. Das zerbissene Bein hatte sie über das andere geschlagen, sodass man auch aus der letzten Reihe die tiefen Bisswunden sehen konnte. Ihre Gesichtsfarbe hatte sie noch nicht vollständig wieder. Die ganze Situation schien sie ein wenig zu überfordern, vor allem aber die Tatsache, dass sie keine Tollwutimpfung hatte.

»Bist du okay?« Ash lehnte sich von seinem Platz zu ihr in den Gang. Sie lächelte kurz und nuschelte ein paar englische Wörter, die ich von meinem Platz aber akustisch nicht verstand. Von Alison schaute ich in die Reihe davor. Dort hatte der Israeli eine wilde Diskussion mit seiner Frau begonnen. Wild gestikulierend unterhielten sie sich, bis der Israeli schließlich genervt aufstand und sich in dem Gang zu uns drehte. Bitte, bitte, bitte …

»Ladies and Gentlemen, ich habe ein wichtiges Anliegen!« Neeeein, nicht jetzt. Timing war für ihn wohl auch nur eine Stadt in China. So halb begeistert schauten ihn alle im Bus an, gespannt, was er jetzt schon wieder auf dem Herzen hatte. Vorstellungsrunde, African Massage mit Happy End? Nein. Er hatte ein anderes Anliegen …

»Was haltet ihr von folgendem Vorschlag: Wir halten jetzt fürs Picknick an, essen kurz was und fahren dann weiter zum Krankenhaus. Alle glücklich damit?« Äh, what? Wir starrten ihn entgeistert an. Das Thema mit dem Picknick hatten alle eigentlich schon abgehakt. Wieso griff er das Thema jetzt wieder auf? Wir wollten doch so schnell wie möglich mit den Verletzten in Swakopmund ankommen. Hatte er das vergessen? Anscheinend…

»Ich denke, dass es besser ist, wenn wir erst etwas essen. Das ist besser für alle! Es ist ja schon fast Mittag.«

»Ähm, sorry Samu, aber das ist nicht besser für alle! Wir haben Verletzte, die ins Krankenhaus müssen.« Ash schüttelte wie Alison energisch mit dem Kopf.

»Ash, ich denke, es ist besser so.«, entgegnete ihm der Israeli lächelnd.

»Nein!«

»Lass mich dir erklären, Ash: Im Krankenhaus wartest du in der Regel ein bis zwei Stunden, bis du drankommst. Und dann ist schon drei Uhr. Viel zu spät für Mittagessen. Dann kriegen manche im Bus vielleicht noch Kreislaufprobleme wegen Unterzuckerung.« Alison kam aus dem Kopfschütteln gar nicht mehr raus. Ich wollte gar nicht wissen, was in diesem Moment alles in ihrem Kopf vorging. Sie war mit den Nerven am Ende und hatte mit dem Kreislauf zu kämpfen. Doch der Kreislauf war für Samu nicht wichtig. Der Israeli beachtete sie gar nicht.

»„Come on, guys! Ich gebe Reymond Bescheid, dass wir kurz für ein Picknick anhalten und danach zum Krankenhaus fahren wollen.«

»Nein, Samu!«, antwortete ihm Ash in ernstem Ton. »Wir haben verletzte Personen im Bus, die gerne zuerst ins Krankenhaus möchten. Das geht vor! Wir haben als Gruppe vorhin entschieden, dass wir zuerst zum Krankenhaus fahren möchten.«

»Aber…«

»Nichts aber! Die Entscheidung steht! Bitte respektiere das, Samu!« Alison nickte Ash zu.

»Aber meine Frau und ich sind hungrig und… Vertraut mir: Es ist besser so!« Der Israeli drehte sich zum kleinen Fenster um und steckte seinen Kopf zu Reymond und Ruben in die Fahrerkabine. Ich fasste es nicht. Er zog wirklich mit seinem Plan durch.

»Samu, lass das!« Doch der Israeli hörte Ash gar nicht mehr. Nach wenigen Sekunden Einreden auf Reymond nickte dieser und steuerte den Wagen in die nächstgelegene Parkbucht am Straßenrand. So schnell war der ursprüngliche Plan Geschichte. Der Israeli hatte sich durchgesetzt. Seinetwegen standen wir jetzt überrumpelt mitten im Nichts. Ein Schild deutete darauf hin, dass Swakopmund noch gut dreißig Kilometer entfernt war. Hätte er die dreißig Kilometer nicht noch aushalten können? Das Krankenhaus hätte doch vielleicht eine Cafeteria gehabt. Überfordert schauten wir uns fragend an. Aussteigen oder sitzen bleiben? Reymond und Ruben bauten bereits mit dem Israeli die Tische und Stühle auf und holten alle Lebensmittel aus dem Kofferraum. Er hatte sich mit seinem Anliegen durchgesetzt. Happy End und so… Wenn Reymond und Ruben nur wüssten.

»Möchtest du was essen, Alison?« Sie schüttelte nur wütend den Kopf. Fassungslos, dass der Israeli sich mit seinem Benehmen durchgesetzt hatte.

»Dann esse ich auch nichts!«, sagte Ash trotzig. »Wie sieht es mit euch Youngsters aus? Es sieht so aus, als ob gleich alles fertig zubereitet ist.«

»Also ich würde schon eine Kleinigkeit essen wollen.«, antwortete ich ihm. »Jetzt ist ja schon alles aufgebaut. Auch wenn ich die Aktion nicht gut finde.«

»Wir können uns ja beeilen mit dem Essen.«, schlug Radunkel vor.

»Wir beeilen uns, Alison. Versprochen!« Sie lächelte mir zu.

»Ich mach dir auch ein Sandwich für später fertig. Gerade wenn ihr in der Notaufnahme länger warten müsst.«

»Danke, Siles.«

»Sollen wir dir auch was mitbringen, Ash?«, fragte Johnny beim Aussteigen.

»Danke, mir ist der Appetit vergangen. Ich bleibe bei Alison. Habe auch noch eine Banane im Rucksack. Lasst es euch schmecken!« Schmecken lassen? Ash konnte gut reden. Es schmeckte lecker und frisch wie immer, doch irgendwie auch nicht. Die Gesamtsituation und die Umstände, wie das Picknick zustande gekommen war, hinterließ beim Kauen einen faden Truthahn-Schnabel-Beigeschmack.

Die Fahrt zum Krankenhaus verlief ohne weitere Zwischenfälle und Anliegen aus Nahost. Alison und Ash waren sauer auf den Israeli, der die ganze Aufregung nicht verstand und sich lachend und wohlgesättigt mit seiner Frau unterhielt. Noch immer war er in dem Glauben, alles richtig gemacht zu haben, sich der demokratischen Entscheidung der Gruppe zu widersetzen. Wenn er wüsste, dass neben allen Gästen mittlerweile auch Reymond auf ihn sauer war. Reymond hatte rausbekommen, dass die meisten aus der Gruppe zuerst Richtung Krankenhaus fahren wollten und der Israeli ihn falsch informiert hatte. Wie ein Tiger in Gefangenschaft tigerte er in der Picknickpause über den Parkplatz, wischte sich den Schweiß von der Stirn, während er minutenlang mit dem Krankenhaus telefonierte, um unseren Besuch und die Verletzten anzukündigen. So besorgt hatte ich ihn noch nie gesehen. Er war schließlich in der Verantwortung als Guide. Mit mehr als hundert Sachen pushte er jetzt den Bus die Landstraße entlang. Wahrscheinlich wollte er seinen Fehler wiedergutmachen, auch wenn wir ihm auf dem Parkplatz mehrmals versicherten, dass es nicht sein Verschulden war, warum wir unnötig Zeit zum Krankenhaus verlieren würden. Auch er war mit den Ereignissen bei den Robbenbänken heillos überfordert. Die Schweißperlen auf der Stirn kamen daher nicht von ungefähr.

Vorbei an bunten Fischerhäusern, die am Straßenrand auftauchten und sich bei fortschreitender Fahrt zu ganzen Wohnsiedlungen zusammenschlossen, näherten wir uns immer mehr dem Ortskern von Swakopmund. Wir passierten Zebrastreifen und Kreisverkehre, sahen Menschen, die quer über die Straße zur nächsten Boutique liefen und mit Einkaufstaschen über die Gehwege schlenderten. Große Autohäuser warben mit großen Bannern für ihre Luxusschlitten oder ihre nigelnagelneuen Geländewagen. Swakopmund war riesengroß und echt modern, und so war es auch kein Wunder, dass das Krankenhaus dem ersten Eindruck gerecht wurde. Reymond parkte in einer Straße vor einem weißen, cremefarbenen Gebäude, dessen Vorgarten wie ein Vorgarten in Malibu aussah. Gepflegter Rollrasen, Palmen, eine asphaltierte Auffahrt, die zum Eingang des Gebäudes führte. Nichts deutete auf ein Krankenhaus hin.

Hier möchte ich auch gerne mal behandelt werden, dachte ich mir, während ich das Schild „Emergency Center" an der Fassade las. Das flache Gebäude wirkte äußerst einladend und modern. Kein Vergleich zu einem deutschen Krankenhaus, das den Körpern von Patienten schon vorm Betreten Energie entzieht.

»Wie schön!«, grunzte Lea vergnügt, als sie das Krankenhaus zum ersten Mal sah. Sie hatte ein Faible für Häuser und Architektur und freute sich über jedes gelungene Gebäude, das sie entdeckte. Schon die bunten Fischerhäuser hatten es ihr neben der Landstraße angetan.

Reymond öffnete mit einem etwas weniger verzückten Blick die Tür. Er machte sich wirklich Sorgen, vor allem um Alison. Im Vergleich zu

Johnny und der Schweizerin sah sie alles andere als gesund aus.

»So, wir sind am Krankenhaus angekommen.«, sagte Reymond und deutete auf das cremefarbene Gebäude. »Die Klinik ist bekannt für ihre Notaufnahme und ihre guten Ärzte. Wer muss jetzt alles zur Notaufnahme? Bitte einmal die Hand heben, damit ich das sehen kann.« Bis auf Johnny hoben alle Verletzten ihren Arm.

»Mmh, ich dachte, wir hätten drei Personen mit Bissverletzungen...« Seine Augen wanderten durch die Reihen, bis sie bei Johnny ankamen.

»Ich brauche keinen Arzt!«

»Wirklich?«

»Es ist okay, wie es ist.«

»Bist du sicher?« Ash schaute ihm mit ernstem Blick an. Johnny zuckte mit den Schultern.

»Wenn es was Ernstes ist, dann erfahre ich das ja sowieso von den beiden anderen im Hotel. Dann kann man immer noch Maßnahmen ergreifen. So lange vertraue ich auf die Creme und meine Tollwutimpfung. Passt schon!« Johnny und seine Gelassenheit…

»Okay, musst du wissen.«

»So, also nur zwei, die hier bleiben…«

»Vier Reymond.«, unterbrach ihn eine der Schwestern.

»Meine Schwester und ich begleiten unsere Mutter und bleiben bei ihr. Und Ash bleibt, glaube ich, auch…« Ash nickte.

»Okay, dann folgender Plan: Ich bringe euch jetzt zur Notaufnahme. Die wissen, dass wir kommen, ich habe vorhin extra angerufen. Den Rest fahre ich danach ins Hotel. Manche von euch haben nachher ja noch Programm in Swakopmund und dann könnt ihr schon mal einchecken. Danach hole ich euch vom Krankenhaus ab.« Alison und die Schweizerinnen nickten. Sie kramten schnell ihre Ausweise aus den Taschen und liefen mit Reymond den gepflasterten Weg hinauf zum Eingang des Hospitals. Nach zwanzig Minuten Warten kam Reymond zurückgelaufen. Er pustete einmal laut durch.

»Was ein Tag.«

Dünenreiten in Swakopmund

(Chapter Twenty-Nine)

»Ring, Ring, Ring!« Ich wickelte mir in der Dusche schnell mein Handtuch um die Hüfte und sprintete zur Tür. »Ring, Ring, Ring!«

»Ja, ich komme ja schon.« Gehetzt und völlig ausgepumpt öffnete ich die Tür meines Hotelzimmers. Wahrscheinlich war es Johnny, der mich abholen wollte. Doch weit gefehlt. Im Hotelflur war niemand. Grübelnd streckte ich meinen Kopf in den Gang und schaute von links nach rechts. Wie konnte im Gang keiner sein? Es hatte doch gerade geklingelt, oder nicht? Kopfschüttelnd schloss ich die Tür. Anders als Lea, Radunkel und Ash hatten Johnny und ich ein Zimmer im anderen Gebäudekomplex des Hotels bekommen. Zimmer 36, irgendwo am Ende des Hofes im Erdgeschoss. Es war das erste Mal, dass jeder so etwas wie Privatsphäre besaß. Jeder von uns hatte ein Einzelzimmer bekommen, was uns sehr überraschte. Wir waren davon ausgegangen, dass man sich ein Zimmer mit dem Zeltnachbarn teilen würde. Im Vergleich zum vier Quadratmeter großen Zelt kamen die Zimmer einer Suite gleich. Es gab ein großes Bett mit einer weichen Matratze, ein geräumiges Badezimmer mit Dusche und einen Flachbildfernseher. Leas Suite war sogar mit einer Badewanne und einem Kühlschrank ausgestattet, was sie uns bei jeder Gelegenheit unter die Nase rieb. Ich fragte mich, warum sie das beste Zimmer bekam, in dem sogar Bademäntel hingen. Ich legte mich auf mein Bett und schnappte mir mein Handy. Irgendwie war es komisch, dass jetzt jeder so für sich war. Jeder hatte vor gut einer Stunde seine Zimmerschlüssel an der Rezeption überreicht bekommen und sich zurückgezogen, was nach den Ereignissen bei den Robbenbänken vielleicht auch gut war. Die letzten Tage hatten wir ja jede Minute zusammengehockt. Im Bus auf der Fahrt, abends am Lagerfeuer oder nachts, wenn man zum Schlafen ins Zweimannzelt krabbelte.

»Ring, Ring, Ring!« Wieder ertönte das Geräusch einer Klingel. Diesmal war ich schneller an der Tür, doch wie beim letzten Mal war der Hotelgang menschenleer. Hä? Ich kam mir langsam echt blöd vor. Die

Einsamkeit tat mir anscheinend nicht gut. Jetzt hörte ich schon Geräusche.

»Ring, Ring, Ring!« Schon wieder. Ich bildete mir nichts ein. Mit meinen Augen wanderte ich das Zimmer ab, bis ich schließlich ein Telefon direkt neben meinem Bett auf dem Nachtschränkchen entdeckte.

»Jäkel hier.«

»Hallo Mr. Jäkel! Hier ist die Rezeption.«

»Hallo Rezeption…« Ich klatschte mir mit der Hand gegen die Stirn. Hallo Rezeption - bin ich vielleicht deppert...

»Mr. Jäkel, ich wollte Ihnen nur Bescheid geben, dass Ihr Guide im Foyer auf Sie wartet.« Schon? Ich griff nach meinem Handy, das mitten auf dem Bett lag. Es war tatsächlich schon drei Uhr.

»Bin sofort da! Danke für den Anruf!« Hastig legte ich auf und sprintete ins Badezimmer. In Weltrekordzeit trocknete ich mir meine Haare ab und lief zu meinem Koffer. Von Ordnung konnte in dem da keine Rede mehr sein.

»Boah, ne, das T-Shirt kannste nicht anziehen. Das stinkt ja nach Robbe.« Mit leicht angewidertem Blick zog ich das Shirt wieder aus und schmiss es zurück in den Koffer. »Ja, das ist schon besser.« Schnell kramte ich aus meinem Koffer noch eine schwarze Sporthose und meine Wanderschuhe hervor, sodass mein Outfit für die Quad-Tour fertig war. Beim Rausgehen stopfte ich noch meinen Pulli in den Rucksack und sprintete aus der Tür.

»Siles, wo bleibst du denn?«, begrüßte mich Johnny in der Lobby. Er stand neben Radunkel und Lea, die beide auf ihre Handys starrten. Zum ersten Mal seit Tagen gab es WLAN, was natürlich sofort ausgenutzt werden musste. »Wir dachten schon, du kommst nicht mehr.«

»Als ob ich nicht beim Quadfahren in der Wüste dabei bin.«

»Leute, ich glaube, dahinten ist unser Guide.« Radunkel schaute zu einem Mann, der auf einer Couch in der Lobby saß und uns vier die ganze Zeit beobachtete. Er trug eine dicke Bomberjacke, die die gleiche Farbe wie mein Rucksack hatte und orange leuchtete. Auf der Jacke stand in roten Buchstaben „Desert Explorers" geschrieben.

»Ja, das könnte er sein…«, nickte Johnny. »Lasst uns mal rübergehen.« Wir schlenderten in seine Richtung und gaben uns zu erkennen. Jetzt schien er sich auch sicher zu sein. Er stand auf, nahm seine dunkle

Brille ab und winkte uns mit einer begrüßenden Geste zu.

»Quadtour?« Wir nickten.

»Nice! Ich bin Max und euer Guide beim Quadfahren. Freut mich.« Er reichte jedem von uns die Hand. Max war braungebrannt, trug Ohrringe und hatte die gleiche Frisur wie Reymond und Ruben. Wir gingen an der Rezeption vorbei nach draußen zu einem weißen Shuttle-Bus. Nach gut zehn Minuten Fahrt erreichten wir das Gelände von Desert Explorers. Max parkte den Wagen neben einem zweiten Shuttle-Bus und öffnete uns die Schiebetür, sodass wir aussteigen und raushüpfen konnten. Wir folgten ihm in ein Gebäude, das von außen wie eine Tuner-Garage, wie eine Kfz-Werkstatt aussah. Im Inneren roch es nach kaltem Benzin. Ich liebe diesen Geruch schon seit Kindertagen. Immer, wenn mein Vater mit mir tanken war, kurbelte ich heimlich von meinem Kindersitz das Fenster einen Spalt runter, damit ich mit meinem Riechkolben den duftenden Benzingeruch einatmen konnte. Auch jetzt machte ich es meinem früheren Ich gleich und nahm ein paar lange Atemzüge durch die Nase. Herrlich! Max führte uns durch die Garage zu einer Ladentheke, hinter der eine Frau vor einem Kühlschrank stand.

»Welcome by Desert Explorers.« Sie reichte jedem von uns ein Anmeldeformular mit einer Einverständniserklärung, die wir vor der Tour unterschreiben mussten. Wir füllten die Zettel mit unseren Kontaktdaten aus und bezahlten nacheinander mit unseren Kreditkarten am Kartenterminal. Knapp sechshundert namibische Dollar für zwei Stunden Fahrtzeit kostete der Spaß. Gute fünfunddreißig Euro. Max erschien hinter der Theke mit mehreren Sturmhauben und Helmen, wobei von Sturmhauben aus dem Motor- oder Kartsport keine Rede sein konnte. Die durchsichtigen Hauben erinnerten eher an den Kopfschmuck eines Küchenpraktikanten, der nur Teller waschen und stapeln durfte.

»Ey, Johnny, jetzt lach doch mal.«, sagte Lea lachend zu Johnny, der mit seinem Kopfschmuck alles andere als zufrieden war. Sie selbst versuchte gerade, ihre Haare unter der Plastikhaube unterzubringen, was ziemlich kompliziert und unbeholfen aussah. Da hatte es Johnny mit seiner kurzen Frisur doch deutlich leichter.

Nachdem wir alle Helme in unserer Größe gefunden und bekommen hatten, folgten wir Max ins Freie. Draußen standen bereits fünf rote

Quads für uns bereit, wobei eines für Max reserviert war. Hinter dem Sitz eines Quads waren mehrere Bretter an einer Box befestigt. Wir setzten uns auf die Quads und bekamen eine kurze Einweisung über mögliche Handbewegungen von Max während der Fahrt. Man musste sich echt Einiges an Theorie merken.

Neben den Zeichen für „Langsam fahren", „Schnell fahren", „Da nicht fahren" und anderen wurden wir noch darauf hingewiesen, dass man beide Hände möglichst immer am Lenker lassen sollte. Wir nickten unter unseren schweren Helmen. Jeder hatte verstanden. Die Mitarbeiter, die alle die gleiche Jacke wie Max trugen, starteten die Motoren. Wir sollten nacheinander losfahren und eine Kette hinter Max bilden. Erst Lea, dann Radunkel, dann ich und dann Johnny zum Abschluss. So die Theorie. In der Praxis sah es so, dass ich mich nach wenigen Metern hilfesuchend zu den Mitarbeitern umblickte, weil ich stehengeblieben war. Ich hatte mich zwar erst vorbildlich hinter Radunkel eingeordnet, bis der Motor nach fünf Metern laut dröhnend abkackte und ich nach dem sechsten Meter auf dem Hof zu stehen kam. Johnny konnte mich mit einem Schlenker nach rechts gerade noch so überholen, ohne in mein Heck zu krachen. Da saß ich nun wie ein Häufchen Elend auf meinem Quad und sah, wie die anderen vom Hof fuhren. Bevor es losging, war es für mich also schon wieder vorbei.

»Was ist passiert?« Ein Mitarbeiter war die fünf Meter im Vollsprint zu mir gelaufen.

»Keine Ahnung. Der Motor ist einfach ausgegangen…«

»Okay, wir versuchen es einfach nochmal.« Mit seinem Fuß trat er auf irgendeinen silbernen Hebel hinter meinem linken Fuß. Der Motor heulte auf und gab nach einem kurzen Dröhnen seinen Geist erneut auf. Er wollte auch nach einem weiteren Versuch einfach nicht mehr anspringen. Der Mitarbeiter winkte einem anderen Typen zu, der sich das Schauspiel von Weitem angeschaut hatte und mit einem neuen roten Quad angefahren kam.

»Langsam, verstanden? Behandel den Motor wie deine Freundin da vorne. Sanft und mit Gefühl.« Ich nickte und drehte sanft meine Hand nach vorne. Endlich klappte es. Die anderen hatten einige Meter entfernt auf mich gewartet und gaben ebenfalls Gas. In gestaffelter Kolonne und mit gut vier Metern Abstand zum Vordermann, konnte es endlich losgehen. Wir fuhren zuerst einen kleinen asphaltierten Berg parallel zur Hauptstraße hinunter, ehe wir Sand und die erste Düne erreichten. Dann die zweite, dritte, vierte, fünfte, bis schließlich nur noch Sand um uns rum war. Max deutete uns mit den Handzeichen an den jeweiligen Stellen daraufhin, schneller, langsamer oder vorsichtiger zu fahren, um nicht an einer steilen Düne berghoch stehen zu bleiben, mit dem Quad die Düne runter zu purzeln oder an der Dünenkante mit den Außenrädern wegzurutschen. Mit der Zeit gewöhnte man sich immer mehr an sein Quad, was sich direkt auch in der Geschwindigkeit bemerkbar machte. Kurven wurden von jedem mutiger und schneller angefahren, sodass man teilweise mit Driften begann. Die Räder drehten durch, der Sand wirbelte durch die Gegend, während man den Lenker in der Kurve zur Seite riss und einlenkte. Es machte wahnsinnig Spaß, das Quad vorm Ausbrechen gerade so unter Kontrolle zu bekommen. Vor allem Johnny ließ es in den Dünen ordentlich krachen. An einer Düne überholte er erst mich, dann Radunkel und dann noch meine Freundin Lea. Nachdem Radunkel und ich Go-Pro-Lea – sie hatte sich extra vor der Fahrt noch ihre Kamera auf den Helm geschnallt – überholt hatten, war die ursprüngliche Reihenfolge komplett durcheinandergewirbelt. Mit einigen Metern Abstand zum Rest der Kolonne fuhr Lea die Dünen auf und ab, ließ aber mit der Zeit kontinuierlich abreißen. Max, der sich nach jeder Düne zu uns umdrehte, war Leas Abstand zur Gruppe auch aufgefallen. Er drosselte bewusst ein wenig das Tempo, sodass sie wieder aufschließen konnte. Es ging bergauf und es ging bergab. Jede einzelne Düne hatte ihren eigenen Reiz und ihre eigenen Gesetze. Keine Düne war wie die andere oder wie die Düne davor. Jede musste man in einem anderen Winkel fahren. Uns wurde einiges an Fliehkräften abverlangt. Bergab beschleunigten die Quads auf gute siebzig Stundenkilometer.

Max bremste an einem Abhang und gab uns das Zeichen, dass wir langsam an die Kante der Düne ranfahren sollten. Mit guten fünf Stundenkilometern rollte er vor, ehe sich das Quad nach unten beugte und er binnen weniger Sekunden die Düne runtersauste. Johnny machte es ihm ohne Probleme nach und auch Radunkel zeigte ihr Fahrgeschick an dieser steilen Stelle. Jetzt war ich dran. Langsam tuckerte ich wie ein Traktor an den Rand der Düne. Meine schwitzigen, sandigen Hände umgriffen den Lenker ein bisschen fester. Mein Blick fiel von der Kante auf einmal fünfzig Meter hinab in die Tiefe. Dieser Abhang war von Weitem so nicht einsehbar gewesen. Ohne Max und seine Dünenkenntnisse wären wir wahrscheinlich allesamt nichts ahnend mit Vollspeed über die Kante gebrettert und hätten wie ein Skispringer Kontakt mit Raum und Zeit aufgenommen. Zum Glück war die Tour geführt. Bis auf die Landung hätte sich das Fliegen mit dem Quad bestimmt als schöne Erfahrung herausgestellt.

»Fünf, vier, drei…«, zählte ich in Gedanken runter, während ich langsam an die Kante rollte. »Zwei, eins, have fun!« Die Vorderräder merkten, dass es geradeaus nicht mehr weiterging. Mit ihnen verlagerte sich mein Körper samt Quad aus der horizontalen in die vertikale Position. Ehe ich mich versah, schoss ich wie eine Lawine ins Tal die Düne runter. Die Zahl auf dem Tachometer schellte binnen Sekunden von fünf auf siebzig Stundenkilometer. Sie kam beim Aktualisieren der Geschwindigkeit gar nicht mehr hinterher. Wow, dachte ich mir, während ich in der Kurve aus dem Augenwinkel beobachte, wie Go-Pro-Lea sich langsam an den Abgrund tastete. Das war echt nicht ohne.

»Oh sorry, guys!«, sagte Max und nahm seine schwarze Sonnenbrille ab, um den Bildschirm von Leas Handy besser sehen zu können. »Jetzt habe ich ein Video und kein Foto gemacht.«

»Was?«, fragte Lea von ihrem Quad.

»Er hat aus Versehen ein Video gemacht.«, antwortete Johnny Lea. »Du kannst deine Mundwinkel einen Moment entspannen.«

»Ich kann nicht mehr lange gegen die Sonnen anblinzeln.«, jammerte ich. Während alle eine Brille trugen, war ich natürlich der Einzige, der seine Brille nicht mitgenommen hatte.

»Wieso ziehst du auch keine Brille auf?«, fragte mich Radunkel und richtete dabei ihre Brille auf der Nase.

»Bei den Robben habe ich auch keine gebraucht.«

»Ach, sag bloß, haha. Da war es ja im Vergleich zu jetzt auch bedeckt.«

»Ready, guys?« Max drückte mehrmals auf den Auslöser, sodass eine ganze Fotoserie entstand. Die Location machte schon ordentlich was her. Dementsprechend sahen auch die Bilder aus. Wir vier Abenteurer nebeneinander auf unseren Quads, im Hintergrund die Atlantikküste und das Meer, auf dem sich die Sonne spiegelte.

»Na Lea, jetzt hast du doch dein Dünenbild bekommen direkt am Ozean. Zufrieden?« Ich nahm sie in den Arm.

»Jap!«, sagte sie und begutachtete akribisch die Fotos, die Max von uns gemacht hatte. Sie wollte echt jeden Moment auf der Reise für zu Hause festhalten. »Sieht so schön aus! Danke, Max!«

»Gerne!« Max lief zurück zu seinem Quad und löste vier Holzbretter aus der Verankerung am Koffer.

»Wofür holt er denn die Bretter da?«

»Wahrscheinlich fürs Dünensurfen...«, antwortete mir Johnny.

»Dünensurfen, ach ja.« Erst jetzt fiel mir ein, dass wir bei der Quad-Tour durch die Wüste auch die Gelegenheit bekommen sollten, eine Düne runterzusurfen. Hatte ich ganz vergessen. Max ging mit den Brettern zur Kante der Düne, auf der wir soeben noch das Fotoshooting gemacht hatten.

»Ready for surfing?«

»Ach du meine Güte, da falle ich ja direkt runter.«, sagte Radunkel mit offenem Mund. Sie sah wahrscheinlich schon, wie sie wild mit den Armen rudernd das Gleichgewicht verlor und kopfüber in den Sand plumpste. »Da breche ich mir doch direkt was.«

»We are ready, Max!« Johnny schmunzelte und konnte den Nervenkitzel anscheinend kaum abwarten. Max kniete sich mit dem Brett vor uns hin und schmierte die Unterseite des Brettes mit irgendeiner Creme ein.

»Wer möchte zuerst?« Max schaute gespannt in die Runde. Ich glaube, er hatte bewusst die steilste Düne in ganz Swakopmund für das Dünensurfen angesteuert.

»Siles, teste mal die Strecke für uns.«, sagte Johnny lachend.

»Wir filmen dich auch.«, quiekte Lea.

»Wieso ich?«

»Warum nicht?« Lea zwinkerte mir zu. Für einen kurzen Moment verlor ich mich wieder in ihren Augen. Jetzt konnte ich nicht kneifen. Nicht vor ihr.

»Läuft die Kamera?« Lea nickte und hielt ihr Handy lachend auf mich gerichtet. Durch ihre Kamera sah sie nun, wie ich mit meinen Fingern eine kreuzartige Bewegung vor meiner Brust machte, ähnlich wie es

Priester und Pastoren in der Kirche taten, mich kurz dehnte und dann zu Max lief. Dieser hatte das Brett an den Rand der Düne gelegt und erwartete mich schon.

»Bereit?«

»Das werden wir gleich sehen.« Ich lachte und legte mich mit dem Bauch flach aufs Brett und ehe mich versah, gab mir Max auch schon einen leichten Druck an den Schuhen mit, sodass ich kopfüber wie ein Skeleton-Fahrer die Düne runterschoss. Worauf hatte ich mich da schon wieder eingelassen? Ich wurde immer schneller und schneller. Sandkörner flogen mir ins Gesicht, sodass ich die Augen schließen musste und nichts mehr sehen konnte. Kein schönes Gefühl, wenn man kopfüber irgendwo runterbrettert. In der Talsohle bremste das Brett im tiefen Sand plötzlich abrupt ab, sodass ich einen Purzelbaum schlug. Glücklich und mit viel Sand in den Nasenlöchern streckte ich alle Beine und Arme von mir und schaute hoch zu den anderen. Oben brachte Max bereits das nächste Brett in Stellung und nach wenigen Sekunden schossen die spiegelnden Brillengläser samt einer lachenden Radunkel an mir und meinem Brett vorbei.

»Ahhh, wie geil!«, sagte sie und war dabei mächtig stolz, die Fahrt ohne Verletzung überstanden zu haben. »Was? Da bin ich runtergerutscht? Krass!« Ich klatschte mit ihr ab. Gemeinsam nahmen wir danach per La-Ola-Welle Lea in Empfang, ehe wir auch Johnny begrüßen durften. Johnny war es dann auch, der uns Adrenalinjunkies mit dem Hinweis wieder zurück auf den Boden der Tatsachen brachte, dass wir den ganzen Weg mit den Brettern wieder hochklettern durften. Der erste kräftezehrende Aufstieg sorgte dann auch dafür, dass sich mein Wunsch nach der ersten Fahrt, zehnmal die Düne runterzurutschen, schnell auf maximal zwei Fahrten reduzierte. Schritt für Schritt sank man mit seinen Schuhen jedes Mal in den tiefen Sand. Oben angekommen erwartete uns Max grinsend mit vier Wasserflaschen.

Jenes breite Grinsen hatten wir alle auch drauf, als wir eine Stunde später zurück aufs Gelände von Desert Explorers fuhren. Max hatte extra einen Dünenweg gewählt, der an der Atlantikküste entlangführte. So konnten uns die rauen Wellen des Atlantiks noch eine ganze Weile auf der Rückfahrt begleiten. Wir waren uns einig: Die zwei Stunden hatten sich mehr als gelohnt und wir waren glücklich, dass wir in einen

Lebensraum eintauchen durften, den wir sonst nur aus Filmen, Geschichten und Märchen kannten. Wir hatten sie erobert. Die Wüste mit ihrer unglaublichen Schönheit und Weite, ihren Sagen und Geheimnissen. Wir hatten sie explored, ihre Naturgesetze in den beiden Stunden schätzen gelernt und sie in unserem Herzen als besondere Erfahrung vereinnahmt. Oder auch, wenn man sich den ganzen Sand in Leas Schuhen anschaute, großzügig an ihrem Rohstoff bedient.

Hafenstadt Walvis Bay

(Chapter Thirty)

»Ring, Ring, Ring!« Blitzartig öffnete ich meine Augen. Das Klingelgeräusch hatte mich binnen Sekunden aus Tausendundeiner Nacht zurück in mein Hotelzimmer geholt. Kerzengerade saß ich in meinem Bett, das für eine Person viel zu groß war. Trotz meines wilden Schlafstils sah die rechte Bettdeckenhälfte noch wie am Vorabend aus. Glattgebügelt und faltenlos. Ich überlegte erst kurz, den Telefonhörer abzunehmen, bis mir einfiel, dass ich gestern Abend noch den Wecker meines Handys gestellt hatte. Der Wecker hörte sich auffallend ähnlich wie das Telefon auf dem Nachtschrank an. Mit müdem Blick suchte ich auf dem Nachttisch erfolglos nach meinem Handy. Es war in der Nacht runtergefallen. Ich fischte es vom Boden und drückte mehrmals den Snooze-Button. Es war halb acht und noch eine halbe Stunde Zeit. Johnny, Lea und ich wollten uns gegen acht Uhr zum Frühstück treffen. So bliebe noch genügend Zeit, bis unser Taxi nach Walvis Bay eintreffen würde. Johnny hatte das Taxi am Abend zuvor an der Rezeption gebucht – zur Überforderung des Mitarbeiters, der in seinen Nachtschichten bisher wahrscheinlich noch nie wirklich gearbeitet hatte. Wir mussten es leider selbst buchen, da ja der Kajaktourenanbieter keinen Shuttleservice von Swakopmund nach Walvis Bay anbot. Anders als Desert Explorers. Max hatte uns nach der Quad-Tour noch zum Hotel gebracht, das wir dann aber auch schon sofort nach wenigen Minuten in frischen Klamotten wieder verließen, um den Abend in einem schicken Restaurant bei gutem Essen ausklingen zu lassen. Radunkel hatten wir beim Abendessen leider nicht von der Kajaktour überzeugen können. Sie wollte lieber ausschlafen und dann nachmittags dabei sein.

Ich stand auf und ging erst mal unter die Dusche. Mein Körper war auch jetzt noch voller Sand. Frisch geduscht machte ich mich auf zum Essensraum. Dieser lag im anderen Gebäude. Dort saßen bereits einige aus unserer Gruppe beim Frühstück mit Ei, Müsli und Speck zusammen. Ich entdeckte Reymond und Ruben und klopfte beiden mit einem lauten „Moin" auf die Schultern. Ich schnappte mir einen Teller und ging zum Buffet. Nachdem ich mir ein paar Toast mit Rührei, Schinken und Tomatenscheiben belegt und einen Rooibostee aufgesetzt hatte, setzte ich mich zu Johnny an den Tisch. Er saß vor seinem Müsli und schlürfte genüsslich aus seiner Kaffeetasse.

»Moin, Moin!«, begrüßte er mich.

»Servus! Perfektes Wetter für eine Kajaktour, oder?« Johnny blickte aus dem Fenster. Ein grauer Wolkenteppich war am Himmel zu sehen. Regenwolken, die an einigen Stellen bedenklich dunkel und schwarz aussahen.

»Mal schauen, wie sich das Wetter noch entwickelt. Hab extra mal einen Pulli drübergezogen. Ist doch ganz schön frisch hier an der Küste.« Da sagte er was. Gestern Abend auf dem Weg zum Restaurant hatten wir am Meer schon gemerkt, dass unser Outfit sehr optimistisch war. Während Radunkel und Lea in langer Hose und mit Pullover ausgestattet neben uns herliefen, trugen Johnny und ich Klamotten bei windigen zwanzig Grad, die wir auf der Farm vor ein paar Wochen bei stickigen dreißig Grad getragen hatten. Ich hatte auf dem Rückweg zum Hotel noch nie in meinem Leben so gefroren, was durch Radunkel und Leas Kommentare „Wir haben es euch ja gesagt" nicht besser wurde.

»Laut Wetter-App um die achtzehn Grad heute in Walvis Bay. Überwiegend bewölkt und nur vereinzelt Sonne.« Johnny legte das Handy neben seine Müsli-Schüssel. „Klingt eindeutig nach Pulli.« Wir saßen eine Weile schweigend an unserem Tisch.

»Wo bleibt eigentlich Lea?«, fragte ich und schob mir das letzte Stück Toast in den Mund. Es war bereits Viertel vor neun und von ihr weit und breit kein Lebenszeichen zu sehen. »Wird ein bissl eng mit frühstücken, wenn du mich fragst.«

»Joa, könnte knapp werden.« Johnny zuckte mit den Schultern. Es wurde knapp. Fünf Minuten vor dem Eintreffen des Taxifahrers erschien Lea beim Buffet. Sie hatte echt die Ruhe weg. Seelenruhig und mit müdem Blick stocherte sie mit dem Löffel in ihrem Müsli herum. Sie schien in ihrer Luxussuite nicht gut geschlafen zu haben. Die Arme - wahrscheinlich brummte der Kühlschrank in der Nacht zu laut.

Die gut einstündige Fahrt nach Walvis Bay nutzte sie jedenfalls bei italienischer Musik – der Taxifahrer war Eros-Ramazotti-Fan –, um

Schlaf nachzuholen. Walvis Bay war das komplette Gegenteil von Swakopmund. Hafenstadt und Industriestandort zugleich. Viele Unternehmen hatten sich hier angesiedelt und ihre Fabrikhallen direkt ans Hafenwasser gebaut. Kräne verfrachteten im Hafen große Container auf Schiffe, sogar Kreuzfahrtschiffe legten hier an. Von Weitem sahen wir schon, wie uns das Aida-Mundgesicht vom Hafen aus anlächelte. Beim Anblick des Schiffes hatte Lea ihre Müdigkeit über Bord geworfen und plauderte munter aus dem Nähkästchen von ihren Kreuzfahrturlauben mit ihrer Familie nach Asien. Meine Tretbooterfahrungen auf dem Kemnader See, die ich darauf stolz einbrachte, fanden da kein Gehör, sodass ich schnell wieder die Klappe hielt.

»Sieben Etagen, Aufzüge und so viel Essen, dass einem schlecht wird. Das müsst ihr machen, ich kann es euch nur empfehlen.«, erzählte sie vergnügt und schwelgte dabei in Erinnerung zu Eros' nostalgischer Stimme im Hintergrund.

»Da ist, glaub ich, der Treffpunkt, oder?« Lea zeigte auf einen kleinen Shop am Hafenbecken. Er musste dem Anbieter der Kajaktouren gehören, zumindest deutete ein Schild darauf hin. Johnny kontrollierte noch mal die Adresse auf seinem Handy.

»Jap, da ist der Treffpunkt.«

Wir schlenderten langsam in die Richtung des Ladens. Alles wirkte hier noch ein wenig verschlafen. Die ersten Geschäfte und Cafés öffneten gerade ihre Pforten. Nur wenige Touristen hatten sich bei dem Wetter nach draußen verirrt. Ganz anders die Pelikane, die reihenweise im Wasser landeten und mit wilden Flügel- und Schnabelbewegungen auf sich aufmerksam machten.

»Wenn wir noch Zeit haben, dann kauf ich den kompletten Laden leer.«, sagte Lea euphorisch, während sie das Angebot des Souvenirladens scannte.

»Lass uns erst mal oben anmelden, bevor du hier alles leerkaufst.«, bremste Johnny sie in ihrem Souvenirkaufrausch.

»Und etwas kaufen würde ich sowieso erst nach der Tour. Sonst sieht dein Kajak noch wie ein Containerschiff aus.«

»Och, Männo!« Doch Leas Enttäuschung sollte nicht lange anhalten. Nachdem wir uns im Dachgeschoss bei Mitarbeitern des Kajakteams angemeldet und die Tour bezahlt hatten, stöberte sie munter durch den Souvenirladen, um schon mal das Angebot zu checken. Wir hatten noch Zeit, weil noch eine Gruppe Menschen von der Aida erwartet wurde und bislang noch nicht eingetroffen war.

»Was hast du denn da auf dem Kopf?« Johnny hatte die Wartezeit sinnvoll genutzt und sich im Hafen einen Kaffee to go gekauft. So bekam er nicht mit, wie Lea im Laden mehrere Hüte ausprobierte und sich schließlich für einen braunen Cowboyhut mit der Aufschrift „Namibia" entschied. Mit ihm erinnerte sie jetzt ein wenig an Eugene, der ein ähnliches Exemplar jeden Tag auf dem Kopf trug und darunter seine blonden Locken versteckte. Mit stolzem Blick schaute sie unter ihrer neusten Errungenschaft hervor.

»Geil, nh?« Wie Lucky Luke berührte sie cool mit dem Finger ihren Hut. »Den ziehe ich gleich beim Kajakfahren auf. Yeehaw!«

Die Robben staunten eine Stunde später nicht schlecht, als sie auf einmal einen Cowboy im roten Schwimmanzug zu Gesicht bekamen, der ihnen im Kajak entgegenschaukelte. Neugierig schwammen sie um Leas und mein quietschgelbes Kajak, steckten ihre schwarzen Knopfaugen aus dem Wasser und knabberten an unseren Rudern. Manche von ihnen sprangen sogar übermütig vor unserer Nussschale aus dem Wasser und machten in der Luft Schrauben. Sie hatten wie Lea im Bus wahrscheinlich einen Zuckerschock. Apropos Lea: Die Rollenverteilung in unserem Kajak kristalisierte sich mit jeder Welle immer mehr heraus. Naja, eigentlich stand sie schon fest, als klar wurde, wer mit ihr im Kajak sitzt. Während ich fürs Lenken und Rudern verantwortlich war, lag ihr Fokus beim Filmen, Beine ausstrecken und Kommandos erteilen. Es war also alles andere als ein romantischer Bootstrip für mich gerade. Das Wasser war eisig kalt und die Robben schienen einen großen Spaß daran zu haben, uns mit wilden Flossenbewegungen nass zu spritzen. Wir waren umzingelt von Robben, die sich unserem Kajak bis auf wenige Zentimeter näherten.

»Was machen wir eigentlich, wenn eine Robbe hier reinspringt?«, fragte ich, nachdem sich eines der Tiere einen halben Meter von uns entfernt aus dem Wasser in die Luft katapultierte.

»Das wird nicht passieren, Silees!«, antwortete mir Lea mit ernstem Ton.

»Hä, was?« Auch wenn wir nur einen halben Meter im Kajak auseinander saßen, konnte ich ihr Nuscheln bei dem Geplätscher der Wellen gegen das Kajak kaum verstehen.

»Das wird nicht passieren.«

»Okay, dann vertraue ich dir mal.«

»Hää?«

Ich beugte mich ein wenig von meinem Sitz nach vorne, sodass das Kajak wild zu wackeln begann. »Ich sagte, vertraue ich dir mal!«

»Silees! Hör auf und setz dich sofort hin!« In Leas Stimme machte sich ein Hauch von Panik breit. »Ich meine es ernst. Ich sehe uns schon hier reinplumpsen und dann schrei ich.«

»Aber Ash möchte dich doch gar nicht ins Wasser schubsen.« Ich musste lachen, was aber auch schon wieder falsch war. Die Wellen hatten uns von der Gruppe und den anderen Kajaks abgetrieben. Gute hundert Meter trennten uns von Johnny, der es sich in seinem Ein-Mann-Kajak bequem gemacht hatte und mit entspanntem Blick das Robbengewusel im Meer beobachtete.

»Komm, wir fahren mal zurück zu Johnny und den anderen.«

»Was?« Ich verstand kein Wort von ihr.

»Boah, Siles, hörst du schlecht?«

»Ich kann nichts dafür. Die Wellen und das Rauschen des Windes sind so laut. Aber wir können ja mal zurück zu den anderen fahren, oder?«

»Was?«

»Rudern…« Wir brauchten eine Weile, um die Wende zu schaffen. Während Lea eine Linkskurve mit ihrem Paddel versuchte, war mein Ziel eine Rechtskurve. Nach einer Minute Kraftanstrengung hatten wir uns kein bisschen von der Stelle bewegt. Wir schauten immer noch in die gleiche Richtung wie vorher. Erst als wir unsere Paddelschläge einander anpassten, klappte es mit der Wende und wir nahmen Kurs zu den anderen auf. Auf halber Strecke kam uns der Guide in seinem Kajak entgegen. Mit seinem Dreitagebart erkannten wir ihn schon von Weitem.

»Hey, wie kommt ihr zurecht?« Er grinste uns an.

»Gut!« Wir streckten beide die Daumen nach oben.

»Ihr habt noch zwanzig Minuten. Ich warte draußen am Bus auf euch mit Frühstück und heißem Tee. Klingt gut, oder?« Natürlich gingen unsere Daumen in den Himmel. Diesmal natürlich ein wenig euphorischer als davor. Neil legte das Ruder auf seinem Kajak ab und zückte einen Fotoapparat.

»Aber vorher möchte ich noch euer schönstes Lächeln sehen.« Wir zeigten Neils Kamera unser schönstes Lächeln und streckten dabei unsere Ruder triumphierend in den grauen, wolkenbedeckten Himmel, sodass einzelne Wassertropfen auf uns runtertröpfelten. Lea merkte zum Glück nicht, dass ich mein Ruder extra über ihren Cowboyhut hielt, um sie ein bisschen nass zu machen.

»Perfekt! I like it! Also, sehen uns in zwanzig Minuten wieder am Ufer.« Elegant drehte sich sein Kajak auf der Stelle. Bei ihm sah es so spielerisch, so leicht und einfach aus. Lea und ich erinnerten beim Wenden eher an einen Schwertransporter, der ein Platten hatte.

»Wollen wir noch mal an den Robbenbänken vorbeifahren? Dann kommt das mit der Zeit perfekt hin.«

»Was? Ich verstehe dich hier vorne kaum, Siles. Du musst lauter sprechen.«

»Was?«

»Lauter!«

»Lauter? Soll ich lauter sprechen?«

»Oh, Mann, Siles!« Lea schüttelte ihren Kopf und drehte sich zu mir um, sodass das Kajak gefährlich wackelte. »Ich möchte noch mal bei den Robbenbänken vorbeifahren. Ich brauch noch ein Video davon.« Ich nickte. Genau das wollte ich doch von ihr wissen. Gemeinsam steuerten wir nun als Crew die Robbenbänke an, deren Bewohner man über den ganzen Ozean hören musste. Nach gefühlt tausend Paddelschlägen, die wir mit gemeinsamen „Hau-ruck"-Rufen begleiteten, um besser im Takt zu bleiben, näherten wir uns dem Ufer, wo die Robben entweder faul im Sand lagen oder ihre Schnauze autoritär in den Wind hielten. Ihre Stimmen und ihr Gestöhne wurden immer lauter, je näher wir dem Ufer kamen. Die Jungtiere wippten aufgeregt mit dem Kopf auf und ab, ehe sich ihre Mütter und Väter mit ihren Speckrollen schützend vor sie schoben. Es war schon toll, wie wir ihnen nach gestern auf dem Steg jetzt auch dem Seeweg nahe kamen. Langsam schipperten wir an den neugierigen Knopfaugen vorbei Richtung Bus. Neil hatte den Wagen samt Anhänger gute zweihundert Meter von der

Kolonie geparkt und war jetzt damit beschäftigt, Johnnys grünes Kajak aus dem Wasser zu ziehen. Auch die deutschen Aida-Gäste tuckerten langsam in ihren Zwei-Mann-Booten zurück zum Strand. Begeistert von den letzten zwei Stunden auf dem Wasser manövrierten wir unser Kajak an den Strand und stiegen nacheinander aus dem Wasser. Johnny begrüßte uns mit Sandwich und einem Kaffee in der Hand.

»Und, wie war es?«, fragte er kauend, nachdem wir unser Kajak ein Stück aus dem Wasser gezogen hatten.

»Mega!«, quietschte Lea überglücklich. »Ich habe bestimmt hundert Videos gemacht. Die schicke ich dir nachher.«

»Bitte nicht alle! Ich komme jetzt schon mit dem Aussortieren nicht hinterher. Ein Video reicht vollkommen. Naa Siles, wie war es?«

»Bis auf eine leicht einseitige Rollenverteilung beim Rudern, sehr gut!« Lea stupste mir mit dem Ellbogen gegen die Rippen.

»Also, ich fand die Rollenverteilung fair! So, wo sind die Sandwiches? Die habe ich mir nach dem ganzen Fotografieren jetzt verdient!«

Sonnenaufgang in der Wüste

(Chapter Thirty-One)

Müde schaute ich in Radunkels Augen. Sie stand mit Zahnbürste und Kamm bewaffnet vor ihrem Zelt und beobachtete amüsiert, wie ich mit beiden Beinen voran und mit Zahnbürste im Mund umständlich aus dem Zelt kroch.

»Hast es?«, fragte sie leise und lächelte mich an. Ihre Haare standen wild zu Berge. Ich nickte lachend.

»Moin, Radunkel! Gut geschlafen?«

»Schrei doch nicht so! Es ist doch noch so früh.«, jammerte sie. »Wie kann man um diese Uhrzeit schon so gut gelaunt sein?« Radunkel war, glaube ich, noch nicht bereit für den Tag. Am liebsten wäre sie wahrscheinlich gar nicht aus dem warmen Schlafsack geschlüpft. Es war 5:20 Uhr. So früh war ich bisher nur für die AM-Tour aufgestanden. Doch es war keine AM-Tour. Reymond hatte einen besonderen Ausflug mit uns vor. Wir hatten gestern das letzte Camp unserer Reise erreicht, nachdem wir von Swakopmund mit reichlich Tierbegegnungen und neuen Erfahrungen im Handgepäck abgereist waren. Leas Wecker hatte sich pünktlich um Viertel nach fünf gemeldet und mit ohrenbetäubendem Lärm alle im Camp wach gemacht. Zumindest die, die zu diesem Zeitpunkt noch nicht wach waren. Immer mehr Köpfe schauten müde aus den Zelten. In den Duschräumen brannte schon Licht. Von Weitem erkannte ich die Umrisse von Johnnys und Ashs Köpfen.

»Komm, wir gehen.« Ich folgte Radunkel zum Waschhaus, das gute fünfzig Meter von unserem Zeltplatz entfernt lag.

»Wann wollte Reymond noch mal los?« Ich hatte die Abfahrtszeit schon wieder vergessen.

»Reymond hat, meine ich, zwanzig vor sechs gesagt. Damit wir zu den Ersten gehören. Was auch immer er damit meint.« Ich nickte ihr zu.

»So, bis gleich.« Radunkel bog mit ihrer Zahnbürste in die Frauenumkleide ab, während ich dem Herrenklo einen Besuch abstattete und wie ein Löwe mein Revier markierte.

Pünktlich um zwanzig vor sechs fuhren wir Richtung Camp-Tor, welches laut Reymond um sechs Uhr seine Pforten öffnen sollte. Hinter dem Tor sah man bereits die Umrisse der vielen Dünen und Berge, die sich majestätisch vor dem Horizont aufbauten und einem mit ihrer Größe einmal mehr verdeutlichten, wer hier in dieser Gegend das Sagen hatte: die Natur und nicht der Mensch.

Wie ein kleines ferngesteuertes Matchboxauto, das auf einem Spielplatz zwischen den ganzen Sandhügeln und Burgen umherkurvte, fuhren wir zwanzig Minuten später durch die abgelegene Wüstenlandschaft. Die Sonne sollte nicht mehr lange auf sich warten lassen. Am Horizont wurde es schon langsam heller, während die vielen Sterne allmählich verblassten und am Himmel verschwanden. Ihr Verschwinden war gleichzeitig das Signal für Reymond, einen Gang hochzuschalten. Die anderen Autos auf der Straße schienen es ebenfalls eilig zu haben. Sie scherten teilweise aus und überholten uns auf der rechten Spur, sodass wir nur noch den Staub ihrer Reifen und den Schein der Rücklichter zu sehen bekamen. Reymond folgte ihnen mit einigen Autolängen Abstand. Nach gut zwanzig Minuten Fahrt steuerte er den Wagen von der Straße auf einen schmalen Schotterweg. Der Schotterweg führte direkt zu einer riesigen Düne, vor der bereits mehrere Autos geparkt hatten. Die Düne wurde mit jedem Meter größer und steiler. An der Düne angekommen, parkte Reymond den Wagen direkt an einer Bank, die regelrecht zum Verweilen einlud. Unser Ziel war an diesem Morgen der Sonnenaufgang. Die Sonne sollte gegen sieben Uhr aufgehen, also in gut dreißig Minuten. Zeit genug, um noch einen Rooibostee aufzusetzen, sich dann ganz entspannt vor der Düne auf die Bank zu setzen und genüsslich an seinem duftenden Heißgetränk zu schlürfen. Ich sah mich auf der Bank schon richtig relaxen. Ich fing an zu grinsen. Reymonds Überraschung mit der Location und dem Sonnenaufgang war echt aufgegangen. Toller Abschluss so ein Frühstück zum Sonnenaufgang. Einfach schee, wie Marlene gesagt hätte. Ach, herrlich. Hätte Reymond doch gleich sagen können, der Schlawiner. Dann wäre ich doch mit viel mehr Elan aus dem Zelt gekrabbelt. Und Radunkel sicher auch. Jetzt stellte sich nur noch die Frage, warum wir zum Relaxen festes Schuhwerk mitnehmen sollten.

Mit jedem Schritt verfluchte ich meine schweren Wanderschuhe ein bisschen mehr. Sie waren schwer wie Blei. Angestrengt schaute ich von meinem Schuhwerk nach oben. Noch immer lag mehr als die Hälfte der Wanderstrecke vor uns. Diese Düne kannte echt kein Erbarmen. Mit jedem Schritt tauchte ich ein bisschen mehr in den rot-orangenen Sand ab. Das Anfangstempo hatte ich bereits nach den ersten Metern runtergedrosselt. Meine Überlebenstaktik: Bloß nicht überpowern. Vor allem nicht auf leeren Magen. Johnny dagegen zog das schnelle Schritttempo durch. Der war doch bekloppt. Seinem Fuß mit dem Robbentattoo musste es anscheinend wieder richtig gutgehen. Alle paar Meter überholte er irgendwelche Leute, die ebenfalls die verrückte Idee hatten, den Sonnenaufgang von einer zweihundert Meter hohen Düne zu beobachten. Eigentlich hätte ich es ja gleich wissen müssen, nachdem wir auf den menschenleeren Parkplatz gefahren waren. Ich hätte nur einmal die Düne hochgucken müssen, dann hätte ich die ganzen Autobesitzer sofort schon gesehen, wie sie die Düne hinaufwanderten. Von Weitem hatte ich die schwarzen Schatten für Äste und Büsche gehalten, aber als Reymond lachend meinte, die ersten Wanderer seien bereits unterwegs, erkannte ich, dass sich die Büsche und Äste die Düne hochbewegten. Von wegen Enjoying breakfast with sunrise at the dune. Von wegen gemütliches Sitzen auf der Bank mit Rooibostee in der Hand. Klettern war angesagt. Erst anstrengendes Dünenklettern, dann Sonnenaufgang, dann Frühstück mit Rooibostee. Für mich eindeutig die falsche Reihenfolge. Hinter mir hörte ich Radunkel und Lea wild schnaufen und japsen. Auch meine Atmung hörte sich mittlerweile nicht mehr allzu gesund an. Wie ein winselnder Hund, der nach einem intensiven Waldlauf mit seinem Herrchen wild rumfiept, schleppte ich mich Schritt für Schritt die Düne immer weiter hoch. Meine Kehle brannte, was auch kein Wunder war, schließlich war mein Hals vollkommen ausgetrocknet. Ich versuchte zu schlucken, doch es klappte nicht. Ich war im Überlebensmodus und hätte wahrscheinlich auch Blätter gegessen, um meinen Wasservorrat aufzufüllen. Wo war nur der blöde Speichel im Mund, wenn man ihn mal brauchte?

Mit meiner rechten Hand wischte ich mir den Schweiß von der Stirn. Mir lief die Suppe wie ein Wasserfall runter. Ich wollte mir den Pulli einfach vom Leib reißen und mit den Schuhen draufkloppen. Mein Kreislauf fuhr gerade Achterbahn. Ich war in Deutschland morgendliches Wandern auf einer Düne einfach nicht gewöhnt. Mein hektisches Schnaufen wurde lauter, während sich in meinen Oberschenkeln immer mehr Lactat sammelte. Waren meine Schenkel vielleicht gerade übersäuert. Damit sich mein Pulsschlag ein wenig entspannen konnte, blieb ich stehen und legte eine kleine Verschnaufpause ein. Nach einigen tiefen Atemzügen schaute ich mich in der Gegend um. Am Horizont sah man bereits die Stelle, wo gleich die Sonne aufgehen sollte. Der graue Himmel färbte sich dort immer mehr in einen warmen Orangeton. Mit dem Sonnenaufgang konnte es nicht mehr lange dauern. Vorsichtig machte ich einen Schritt nach rechts, um motivierte Dünenläufer vorbeizulassen, die den Gipfel vor Sonnenaufgang unbedingt noch erreichen wollten. Ich gehörte definitiv nicht zu ihnen. Sie trugen passende Wanderklamotten und sahen noch recht frisch im Gesicht aus. Ganz anders die beiden Hobbywanderer dahinter. Mit blassem Gesicht und rot angelaufenen Wangen blieben Radunkel und Lea keuchend vor mir stehen. Bis auf „ah, meine Beine." und „Ich kotz gleich.", brachten sie keinen vernünftigen Satz zustande. Zu fortgeschritten war der Sauerstoffmangel in ihrem Körper. Die gingen blau, ich sag es euch.

»Jetzt stellt euch mal bitte nicht so an, ja.«, sagte ich in bester Motivationstrainermanier. »So eine kleine Morgenwanderung hat noch keinem geschadet.« Ich lachte. So richtig authentisch klang das jetzt auch nicht.

Lea brauchte einen Moment, bis sie dazu imstande war, etwas Sinnvolles in meine Richtung sagen zu können. »Trägst du mich?«

»Ja, wahrscheinlich trag ich dich hier hoch.«

»Super!«

»Das war Sarkasmus. Ich bin mit meiner Kraft selbst am Ende. Du hast doch Energie beim Kajak-Trip sparen können. Lauf du mal schön weiter, du.«

»Aber wenn ich weiterlaufe, kotze ich. Mir ist vor Anstrengung richtig schlecht.« Sie lachte und hielt sich den Bauch.

»Frag doch Radunkel. Die hat noch Power.« Ich schaute zu Radunkel, die ihre Hände erschöpft an den Hüften abstützte. Sie zeigte mir nur einen Vogel.

»Ich kann dich ein paar Meter die Düne hochdrücken, aber nur wenn du mich danach auch schiebst.« Da Lea nur den einen Teil der Abmachung akzeptieren wollte, setzten wir drei unseren Weg hoch ohne Teamwork fort. Johnny, der gute zwanzig Meter voraus war, verlangsamte jetzt auch seine Schrittgeschwindigkeit. Ash und die Zwillingsschwestern, die zwischen uns lagen, hatten sich bereits in den Sand gesetzt und ihre Beine erschöpft ausgestreckt.

»Wollen wir noch weiter oder setzen wir uns auch hin?«, fragte mich Johnny, als ich Ash und die beiden Schwestern umkurvt hatte und zu ihm aufgeschlossen war. Erschöpft ließ ich mich in den Sand fallen.

»Das werte ich jetzt mal als Nein…« Er lachte und setzte sich neben mich an den Rand der Düne. Einige Sekunden danach taten es uns die beiden Mädchen gleich. Entkräftet wühlte ich in meinem Rucksack nach meiner Flasche. Ich hatte gut einen dreiviertel Liter Wasser dabei. Ich bekam vor Sauerstoffmangel fast gar nicht den Deckel auf. Noch nie hatte ich solch einen brennenden Durst.

»Keks?« Radunkel wedelte mit einer Kekspackung vor meinem Gesicht herum.

»Gerne! Ich brauche Zucker.«

»Deswegen habe ich sie auch provisorisch eingesteckt. Kannst ruhig zwei nehmen.« Ich bedankte mich bei ihr und nahm mir drei Kekse auf die Hand. Mein Magen knurrte bei den vielen verbrannten Kalorien schon richtig. Es war höchste Zeit für den ersten Snack. In meinem Rucksack fand ich sogar noch einen Apfel, den ich in Weltrekordzeit verzehrte. Mit der klebrigen Apfelkitsche in der Hand schaute ich mich um. Mein Puls hatte sich mittlerweile beruhigt und auch meine Schuhe fühlten sich nicht mehr so schwer an. Kein Wunder, hatte ich doch fast den ganzen Sand der Düne darin herumgetragen. Ich entdeckte das israelische Pärchen. Es saß zusammen am Fuße der Düne. Sie hatten alles richtig gemacht. Bis auf Reymond, Ruben und die Mutter der Zwillingsschwestern, die in der Zwischenzeit das Frühstück vorbereiten wollten, hatten sich alle an den Anstieg gewagt. Alle hatten meinen Respekt verdient. Auch wenn der Gipfel noch gute zweihundert Meter Luftlinie entfernt war, konnten wir mit unseren zurückgelegten Höhenmetern mehr als zufrieden sein. Wir saßen direkt neben dem Trampelweg und schauten von der Düne ins Tal, das sich vor uns kilometerweit erstreckte. Die Aussicht war phänomenal. Ich konnte die aufgehende Sonne kaum erwarten. Sie musste jeden Moment zum Vorschein kommen.

»Wie viel Uhr haben wir?«, fragte ich in die Runde.

»Kurz vor sieben.« Lea hatte ihr Handy für einen Zeitraffer schon in Stellung gebracht.

»Denkt ihr, wir können nachher die Düne runterrutschen?«

»Rutschen bei trockenem Sand eher schwierig.«, entgegnete mir Johnny. »Aber laufen vielleicht.«

»Du kannst ja deinen Rucksack als Popo-Rutscher nehmen.«, schlug Lea vor. Ihre Gesichtsfarbe, die vor wenigen Minuten noch an die rote Sonnencreme der Himbas erinnerte, hatte wieder normale Züge angenommen. Auch Radunkel sah allmählich wieder gesund aus.

»Radunkel, kann ich noch einen Keks haben?«

»Nicht jetzt, Siles! Schau …« Radunkel fing an zu strahlen.

»Die Sonne kommt …« Die Sonne hatte auf ihrem Weg zum Himmel den letzten Berg hinter sich gelassen und schaute hinter dem Gipfel hervor. Ihre warmen Sonnenstrahlen blinzelten uns ins Gesicht. Binnen Sekunden waren die ganzen Anstrengungen und schweren Schritte des Aufstiegs vergessen. Für diesen Moment hatte sich alles gelohnt. Der gelbe, warm scheinende Sonnenball wurde immer größer und größer. Wie durch Zauberhand erhellte sich binnen Sekunden der Himmel. Die Landschaft erwachte. Alles, was gerade noch im Schatten versteckt gelegen hatte, schien sich in diesem Moment zu öffnen. Der Tag erwachte, die Landschaft erwachte zum Leben. Sandkörner, die soeben noch leblos aufeinandergelegen hatten, fingen im Schein der Sonne auf einmal an zu glitzern und es wurde immer wärmer und wärmer. Die Energie, Power und Kraft der Sonne brachte die Wüste zum Leben, doch nicht nur das: Sie zauberte jedem von uns ein Lächeln ins Gesicht.

Ich merkte, wie meine Gesichtszüge weicher und leichter wurden. Da war kein Widerstand mehr. Ich schloss meine Augen und stellte mir vor, wie ich mit jedem Atemzug meinen Körper mit Energie und Licht auflud. Einatmen, ausatmen, einatmen und langsam ausatmen. Ich merkte, wie ich innerlich ruhiger wurde und sich mein Herz diesem kostbaren Moment öffnete. Auch der Wind, der uns zuvor noch frisch um unsere Nasen blies, schien sich durch die Sonne langsam zu beruhigen. Er wurde schwächer und friedvoller und hörte plötzlich auf zu pusten. Alles, was blieb, war dieser Moment. Stille, Frieden und Dankbarkeit. Einen ähnlichen Moment von Geborgenheit hatte ich vor ein paar Tagen schon einmal erlebt. Als wir auf dem Berg in der Wüste den

Sonnenuntergang genossen, nachdem wir bei den Himba waren. Ich fing vor Dankbarkeit an zu grinsen und öffnete sanft meine Augen. Mit meiner Hand berührte ich den Sand, der sich durch die Sonne erwärmt hatte und nicht mehr so kalt war wie noch vor einigen Minuten. Vorsichtig ließ ich die Körner durch die Finger rinnen. Sie fühlten sich so …

»Siles, muss das jetzt sein?«, … leicht an. Lea wischte sich mit begeistertem Blick die Sandkörner von ihrer Hose. Eine Windböe musste sie von meiner Hand direkt zu ihr getragen haben. Wie ein frisch ertappter Dieb riss ich unschuldig meine Arme in die Luft. Dummerweise wehte dadurch noch mehr Sand vom Boden in ihre Richtung.

»Sileees …«

»Sorry!« Nur mit Mühe konnte ich mein Lachen unterdrücken.

»Grab dich besser selber ein.«, lachte Johnny. »Sonst macht es Lea gleich, haha.« Doch Lea ließ Gnade walten und zog mir stattdessen nur kurz am Ohr. Mit ausgeleiertem Ohr schaute ich kurz darauf zu Ash und den beiden Zwillingsschwestern aus der Schweiz. Die Drei hatten sich wieder hingestellt und klopften gerade den Sand von ihren Hintern ab. Es herrschte Aufbruchstimmung. Vor allem bei Ash.

»Ash, was habt ihr vor?«

»Wir laufen schon mal vor.« Sein Gesichtsausdruck sah alles andere als entspannt aus. »Gibt gleich Frühstück und ich muss, ähm, egal. Kommt ihr gleich nach?«

Johnny streckte den Daumen hoch.

»Okay, bis gleich.«

»Bis gleich, Leute.«, sagte eine der Schwestern. Sie schwang sich ihren Rucksack auf den Rücken und hüpfte wie ein Känguru die Düne herunter. Ihre Schwester und Ash taten es ihr gleich und stürmten hinterher. Unten angekommen drehten sie sich um, winkten zu uns hoch und liefen Richtung Bus, wobei Ash abreißen ließ und sich erstmal in den Sand setzte.

»Das machen wir gleich auch, Leute.«, kommentierte Johnny lachend die Kängurulaufe auf der Düne. »Bleiben wir noch oder gehen wir?« Wir entschieden uns zu bleiben und genossen noch einige Minuten den herrlichen Ausblick. Der Himmel hatte mittlerweile den babyblauen Farbton vom Vortag angenommen. Wie schon gestern war nicht mal der Ansatz einer Wolke zu sehen. Blau, wohin man auch schaute. Die Farbe des Himmels bildete einen so herrlichen und beeindruckenden Kontrast zum kräftigen Orange der Dünen, dass man seinen Blick gar nicht abwenden wollte. Ein Farbenspiel der Natur, das die eigenen Augen vor Schönheit fast zum Weinen brachte. Noch nie hatte ich solch intensive Farben und Kontraste in meinem Leben wahrgenommen. Unglaublich. Und das am letzten Safari-Tag.

»Also, der Abstieg war jetzt deutlich entspannter gewesen.«, stellte Lea fest, als wir wieder unten angekommen waren. Sie hatte sich von Johnny und mir an den Füßen die Düne runterziehen lassen und war vor Glück die ganze Zeit nur am Quieken gewesen.

»Sieht auf dem Video auch sehr entspannt aus, wie du dich wie eine Königin durch die Gegend kutschieren lässt.«, bestätigte sie Radunkel, die mittlerweile auch unten angekommen war und wieder festen Boden unter ihren Füßen hatte. Gemeinsam gingen wir Richtung Bus. Zurück beim Bus angekommen, kam uns Ash grinsend mit einem vollen Teller Rührei entgegen.

»Beeilt euch, Youngsters! Ei ist gleich alle.« Die anderen saßen bereits im Halbkreis zusammen, schlürften aus ihren silbernen Tassen oder knabberten an ihren Sandwiches. Es roch nach heißem Tee, aufgesetztem Kaffee und frisch gebratenem Speck, sodass einem das Wasser nur so im Mund zusammenlief. Jetzt war der Speichel auf einmal wieder da. Mit vollen Tellern und Müslischüsseln setzten wir uns auf die freien Klappstühle und genossen kauend die strahlende Sonne, die glücklich im langsamen Tempo über die steilen Dünen wanderte. Die Pullis und Jacken hatten wir längst ausgezogen. Es war acht Uhr und angenehme fünfundzwanzig Grad warm.

»Was habt ihr eigentlich noch so lange auf der Düne gemacht?« Ash setzte sich zu uns, nachdem er sich seinen zweiten Morgenkaffee geholt hatte.

»Quatsch, was sonst?«, antwortete ich ihm lachend. »Ich verstehe die Frage nicht.«

»Stimmt, hätte ich mir ja denken können.« Er lachte und nahm einen großen Schluck aus seiner Tasse. Auch Ash hatte der Sonnenaufgang mehr als gefallen.

»Die Frage ist eher, was Du die ganze Zeit gemacht hast? Du hast ja noch ziemlich lange am Fuß der Düne gesessen, nachdem du erst wie ein Verrückter da runtergerannt bist.«

»Ich, ähm, joa …«, druckste er rum. »Ich, ich, ich habe da unten noch ein bisschen die Aussicht genossen.«

»Dann hättest du ja auch bei uns oben sitzen bleiben können. Oben war die Aussicht doch viel besser.«

»Schon, aber …« Ash wurde leicht rot und grinste verschmitzt. »Wie gesagt: Ich habe die Aussicht genossen.« Aussicht genossen? Ich schaute ihn mit hochgezogener Augenbraue an. Auch Johnny kaufte das Ash mit der Aussicht nicht ganz ab. Ash tat auf einmal mega geheimnisvoll. Wie Reymond am Morgen im Camp. Irgendwas wollte er uns doch verheimlichen.

»Warum wollt ihr das genau wissen?«

»Warum denn nicht?«, konterte ich gekonnt. Ash drehte sich mehrmals um und beugte sich danach zu uns nach vorne.

»Jetzt mal unter uns, Männern: Ihr habt da doch nichts gerochen, als ihr da langgelaufen seid, oder?« Johnny und ich fingen an zu lachen.

»Ash, haha. Big Business gehabt, oder was?«

»Pscht! Schrei doch noch lauter, Siles!« Ich musste schmunzeln. Ashs Nicken bestätigte Johnny und mir, dass er doch tatsächlich eine ganz bestimmte Sitzung am Fuß der Düne abhalten musste. Eine Sitzung mit Aussicht. Ich dachte an seinen verkrampften Blick hoch oben auf der Düne, bevor er mit den Zwillingsschwestern losgelaufen war. Jetzt machte alles Sinn! Der Junge musste in dem Moment dringend kacken.

»Man hat doch nichts gerochen, oder?« Ash lächelte nervös.

»Wir nicht, aber frag vielleicht mal Lea …« Ich hielt mir den Bauch vor Lachen.

»Warum Lea?« Ash guckte irritiert zu Lea, die sich mit Radunkel gerade um den Abwasch kümmerte. Sie hatte noch nicht bemerkt, dass wir gerade über sie sprachen. »Jetzt sag schon! Warum soll ich Lea fragen?«

»Weil, ja, weil Lea …« Ich prustete laut los vor Lachen und bekam kein vernünftiges Wort mehr raus.

»…weil wir Lea da lang gezogen haben.«

Wandern in der Sossusvlei

(Chapter Thirty-Two)

Big Daddy. Schon der Name hatte etwas Mystisches an sich. Etwas Gefährliches, etwas Gewaltiges. Ich hatte bis zu diesem Tage noch nie von ihm gehört. Vielleicht hätte ich im Vorfeld der Reise nach Afrika doch besser die Bücher über Sehenswürdigkeiten in Namibia lesen sollen. Vielleicht wollten mich meine Tante und meine Oma mit ihren Geschenken zu Weihnachten vor diesem Mythos warnen.

Big Daddy - die „Crazy Dune" der Namib-Wüste.

Eine der höchsten, mächtigsten Sanddünen der Welt. Mit einer Höhe von gut dreihundert Metern eines der Wahrzeichen und eine der Sehenswürdigkeiten in Namibia. Doch nicht nur das: Teil des Unesco-Weltnaturerbes „Namib-Sandmeer" und Hotspot für wanderwillige Safari-Touristen, die gerne Grenzen überschreiten, Milchsäure in Oberschenkeln spüren und es generell lieben, ihren Körper ans Limit zu pushen. Kurz Safari-Touristen, die Reymond bei dieser zehntägigen Safari durch Namibia nicht wirklich an Bord vorfinden konnte. Wir waren doch eher die Safari-Rooibostee-Pool-Touristen, die nicht im Training waren und lieber ausschlafen wollten. Diese Tatsache war für ihn jedoch kein Grund, die Crazy Dune bei dieser Reise durch Namibia nicht anzusteuern. Der Big Daddy lag mitten in der Namib-Wüste. Schon von Weitem konnte man seinen Gipfel erkennen. Wie eine Sonnenblume, die sich vorbei an anderen Blumen immer weiter der Sonne entgegenstreckt, um ja die besten Strahlen abzubekommen, baute sich der Daddy aus der Landschaft dem Himmel empor. Schon beim Gedanken an die nächste Kletterpartie bekam ich Krämpfe in den Waden. Wie die anderen konnte ich ein Klettern bei dieser Hitze kaum abwarten. Zu groß war der Respekt vor diesem Mythos, vor dieser verrückten Düne, die noch einmal doppelt so groß war wie die Düne, auf der wir den Sonnenaufgang genossen hatten.

»Nehmt genug Wasser mit!«, appellierte Reymond an uns, nachdem er den Wagen auf einem Parkplatz abgestellt hatte. Der Beginn des Aufstieges zum Big Daddy war noch weit entfernt, doch der Weg durch die Namib war zu schwer für unseren Bus. Wir mussten auf einen dünenerprobten Geländewagen umsatteln.

»Mindestens 1,5 Liter. Mindestens!« Auch Reymond schien Respekt vor der bevorstehenden Expedition und Wanderung zu haben. Kein Wunder, dass er uns so gut wie möglich vorbereiten wollte. Er kam aus seiner Sicherheitseinweisung gar nicht mehr heraus. Wie eine Mutter ihrem Kind, brachte er uns das A und O zum Leben bei.

»Sonnenmilch für die Haut, eine Kappe für den Kopf. Unterschätzt niemals die aggressive Kraft der Sonne. Vor allem nicht in der Wüste.« Damit sprach er vor allem Johnny und mich an. Wir hatten keine Kappen dabei und deswegen ja auch schon bei den Himba T-Shirts als Kopfschutz mitgenommen. Mit weiß eingecremter Haut und weißem T-Shirt auf dem Kopf stieg ich aus dem Wagen. Ich hätte mit meinem Kopfgewand auch als arabischer Kronprinz durchgehen können. Fehlte nur noch das Kamel als Gefährt. Perfekt ausgerüstet warteten wir auf Reymond, der gerade versuchte, ein Auto samt Fahrer zum Big Daddy zu organisieren. Wir nutzten die Zeit und huschten noch mal schnell zu einem nahgelegenen Dixi-Klo. Außer Ash nutzte jeder noch mal die Gelegenheit, unnötigen Ballast loszuwerden. Erst in gut drei Stunden sollten wir von der Big-Daddy-Besteigung zurück sein, und da wollten die meisten einem Malheur zuvorkommen. Nachdem alle wieder zurück waren, kletterten wir auf einen Geländewagen und drängten uns auf die Sitze. Sie waren weich gepolstert. Hallelujah! Mein Steißbein machte fast Luftsprünge im Wagen. Man sank förmlich mit seinem Hintern darin ein und fühlte sich wie ein König. Oder, wie bei meinem Kopfschmuck, wie ein saudischer Wüstenprinz.

Der Weg zum Fuße des Big Daddy führte vorbei an kleinen Dünen und ausgetrockneten Bäumen. Immer wieder musste unser Fahrer tiefen Spuren und Rillen ausweichen, um nicht mit den Reifen stecken zu bleiben. Doch nicht nur das. Immer wieder fuhren wir an winkenden Menschen vorbei, die den eingeschlagenen Weg zu spät verlassen hatten. Sie standen neben ihren festgefahrenen Autos im Sand und schauten verzweifelt auf die eingesunkenen Räder. Jetzt zahlte es sich aus, dass wir mit einem erfahrenen Fahrer unterwegs waren und nicht auf eigene Faust fuhren. Unser Fahrer kannte die Strecke aus dem Effeff. Neidisch starrten uns die Menschen in der Wüstenhitze an, wie wir entspannt an ihnen vorbeikamen.

Bei einem Auto entschied sich unser Fahrer dann doch anzuhalten. Mehrere Männer umkreisten einen weißen Toyota, der sich im tiefen Sand so festgefahren hatte, dass alle Vorder- und Hinterreifen zur Hälfte im Sand verschwunden waren. Neugierig beobachteten wir von unseren Sitzen das hektische Treiben, wie alle ums Auto liefen, die Felgen im Sand begutachteten und über mögliche Lösungen diskutierten. Eine Person kam uns dabei ziemlich bekannt vor. Er kam aus Israel und hieß Samu.

»Guckt mal, wer da gerade Anweisungen gibt. Haha, ich glaub es nicht.« Johnny schaute zum Israeli, der den anderen Männern gerade von seinem Bergungsplan berichtete. Er hatte sich vor dem festgefahrenen Geländewagen positioniert und versuchte unserem Fahrer, der sich hinters Lenkrad des Toyota geschwungen hatte, mit irgendwelchen Sätzen und Armbewegungen Anweisungen zu geben. Seinen Armbewegungen zufolge wusste der Israeli, glaub ich, selbst nicht, was er wollte.

»Ich kann nicht mehr. Jetzt versucht er, unserem sanderfahrenen Fahrer irgendwelche Tipps zu geben.« Doch dieser nahm unseren gestikulierenden Israeli vor der Motorhaube gar nicht wahr. Statt zu ihm zu schauen, schaute er durchs offene Seitenfenster nach hinten zu den Reifen. Vorsichtig trat er aufs Gaspedal. Der Auspuff qualmte wild, doch der Wagen rührte sich keinen Zentimeter. Bis auf durchdrehende Räder hatte sein Gas Geben nichts eingebracht. Unser Fahrer sah ein, dass es so keinen Sinn machte. Zusammen mit seinen Big-Daddy-Shuttle-Kollegen und unserem Freund aus Israel – Samu hatte sich zur erfahrenen Expertengruppe einfach dazugestellt – sprach er das weitere Vorgehen ab. Sie wollten es mit einem Seil versuchen. Sie spannten es unter die Motorhaube des festgefahrenen Wagens und banden es um die Anhängerkupplung eines anderen Geländejeeps. Und siehe da: Es klappte und funktionierte. Im Schneckentempo wurde der Toyota zur großen Erleichterung des nassgeschwitzten Besitzers aus dem tiefen Sand gezogen. Auch Samu war mit sich und seiner Leistung zufrieden. Er klatschte mit allen beteiligten Personen ab und ließ sich von ihnen feiern. Auch seine Frau war ganz aus dem Häuschen und drückte ihm vor Stolz einen dicken Schmatzer auf die Wange. Den hatte er sich auch wirklich verdient. Sarkasmus? Vielleicht...

Und wenn ich glaube, meine Beine sind zu schwer, dann geh ich noch mal tausend Schritte mehr!

Das Lied „Hoch" von Tim Bendzko schoss mir bei jedem Schritt durch den Kopf. Ich war mir hundertprozentig sicher, dass ihm diese Strophe auf keinen Fall bei einer Big-Daddy-Besteigung in den Sinn gekommen sein konnte. Meine Beine verfluchten jeden einzelnen Schritt auf dieser Düne und machten nicht den Eindruck, die nächsten tausend Schritte kaum erwarten zu können. Nur mühsam bewegten sie sich bei der Hitze von der Stelle. Nicht das erste Mal an diesem Tag, wie mich mein episodisches Gedächtnis erinnerte. Ich schaute hoch zum Gipfel. Dieser war bestimmt noch mehrere tausend Schritte entfernt. Reymond hatte uns für die Besteigung gute neunzig Minuten eingeräumt. Dann sollten wir zurück beim Treffpunkt sein. Genau dort, wo uns der Fahrer vorhin abgesetzt und uns unserem Schicksal überlassen hatte. Dumm nur, dass wir bereits dreißig Minuten am Klettern waren. Von der Distanz her waren wir dem Treffpunkt immer noch näher als dem Gipfel vom großen Vater. Ich fragte mich, warum wir nicht wie Ash und Reymond die kleine Runde gingen. Diese waren nach den ersten zweihundert Metern rechts abgebogen und auf einer angrenzenden, flacheren Düne weitergelaufen. Und wir? Wir Youngsters wollten natürlich zum Daddy. Schön Grenzen austesten. Aus der Komfortzone raus, rein ins Unbekannte. Grenzen austesten und verschieben hin oder her. Ich hatte keinen Bock mehr auf das ständige Einsinken im Sand. Nein, wir gehen auf jeden Fall die große Runde! - Langsam bereute ich unsere Entscheidung. Zumal klar war, dass wir irgendwann wegen der Zeit umdrehen mussten. Das Unterfangen Gipfelbesteigung war allein wegen der Zeit zum Scheitern verurteilt.

»Johnny, warte mal kurz! Lass uns mal eben auf Radunkel und Lea warten.« Johnny blieb stehen und nahm einen großen Schluck aus seiner Trinkflasche. Auch ich nutzte die Zeit, um einige Schlucke zu trinken und mir meinen improvisierten Hidschab zu richten. Das T-Shirt auf meinem Kopf war richtig nass geworden und klebte nur so im Nacken.

»Ich bin dafür, dass wir nicht mehr weitergehen.«, sagte Lea völlig außer Atem, als sie zu uns aufschloss.

»Und was machen wir dann?«

»Wir können doch stattdessen ins Tal des Todes laufen.« Sie deutete die Düne runter. »Es ist direkt unter uns.«

Mit Tal des Todes oder auch Deadvlei ist in der Sossusvlei die Salzpfanne gemeint. Sie grenzt direkt am Fuße des Big-Daddy. Reymond hatte erzählt, es käme nur alle paar Jahre vor, dass der Fluss Tsauchab Wasser führt und die trockene Salzpfanne zum Leben erweckt. Bäume, Büsche und Pflanzen sollen sich dann hier nur so tummeln und grün um die Wette blühen. Er selbst habe dieses Naturphänomen erst zweimal zu Gesicht bekommen. Auch dieses Jahr blieb der Regen wie in den vergangenen Jahren zuvor in der Namib-Wüste aus. Statt grünes Leben fand man nur alte, vertrocknete, morsche Bäume vor, die in der Salzpfanne traurig aus dem weißen Boden ragten.

»Totes Tal - klingt doch gut!« Wir beschlossen, von der Düne ins Tal zu laufen, um dem Tod einen Besuch abzustatten. Dies erschien uns besser als auf dem Weg zum Gipfel dem Tod entgegenzukommen.

Unten angekommen zog uns die Schönheit der Sossusvlei gleich in den Bann. Die Salzpfanne erstreckte sich über eine riesige Fläche. Mehrere Fußballfelder hätten hier bestimmt reingepasst. Umschlungen von den hohen Sanddünen ringsum hatte sie bestimmt einen Durchmesser von einem Kilometer. Nur mit viel Mühe und Fantasie konnte man sich vorstellen, dass hier mal ein Fluss langgeflossen sein musste. Im weißen Boden sah man zwar an einigen Stellen tiefe Brüche und Ritzen, doch der letzte Tropfen Wasser musste da vor Jahren zuletzt durchgesickert sein. Hier gab es echt kein Anzeichen von Leben. So trocken und leblos wirkte das alles hier. Auch wenn laut Reymond vor allem Reptilien, wie Schlangen oder Geckos, aber auch verschiedene Vögel und Antilopenarten hier leben würden. Ungläubig schaute ich an den steilen Dünenwänden hoch zum Himmel. Unglaublich, dass die Dünen vor etwa fünf Millionen Jahren entstanden. Ungläubig schüttelte ich mit dem Kopf. Fünf Millionen Jahre - Wahnsinn!

Zurück im Camp konnten wir es kaum erwarten, unsere verschwitzte Kleidung gegen Badesachen auszutauschen und in den kühlen Pool zu jumpen. Zum einen wegen der unerträglichen glühenden Hitze, vor allem aber, um den Körper vom ganzen Sand zu befreien. Zwei Dünenwanderungen hatten bei jedem viel Sand hinterlassen. Es gab quasi keine Körperstelle, die nicht von Sand betroffen war. Ich hatte zum Beispiel Sand im Gesicht, weil ich aus unerklärlichen Gründen am Big-Daddy die Idee hatte, mein verschwitztes Gesicht vor Erschöpfung im Sand abzulegen. Mit dem Ergebnis, dass ich nach dieser Aktion nicht weniger erschöpft war, sondern noch weniger Luft bekam, da meine Nasenlöcher voller Sand waren. Keine Ahnung, was mich da geritten hatte. Durch das Tauchen im Pool war meine Nase jetzt zum Glück wieder frei, woran vor allem Lea so ihren Anteil hatte. Sie nutzte im Pool jede Unaufmerksamkeit von mir aus, um wie ein Baboon alla Bobsi auf meine Schulter zu klettern und von da meinen Kopf ins Wasser zu tunken. Wie ein Krake zog sie mich mit ihren Armen unter Wasser und lachte triumphierend, wenn ich wieder aus dem Wasser auftauchte. Ich genoss die Zeit mit ihr im Wasser, zumal wir uns beim Planschen näher kamen. Auch jetzt hing sie wieder an meinem Rücken und ließ sich von mir durchs Wasser tragen. Bisher hatte sich leider noch keine Gelegenheit ergeben, wo ich mal mit ihr zu zweit alleine war. Zu gerne hätte ich hier gesagt, was ich fühlte und wie viel sie mir bedeutete. Doch auch jetzt kam ich nicht dazu, da sie meinen Kopf schon wieder unter Wasser drückte, um sich danach schnell vor mir an Land bei Radunkel auf der Liege in Sicherheit zu bringen.

Mit Kratzern am Rücken und auf der Brust genoss ich mit den anderen die Zeit am Pool. Nach den schweißtreibenden Strapazen am Vormittag faulenzten jetzt alle in der Sonne, lagen auf ihren Handtüchern und Liegen und gönnten sich das ein oder andere Erfrischungsgetränk. Heute wollte keiner mehr was machen. Just Relaxing. Keiner sehnte sich nach einem Abendprogramm oder irgendwelchen Klettertouren. Just chilling and relaxing. Die Stunden verstrichen. Die Sonne machte sich langsam wieder auf den Weg zum Horizont und sank mit jeder Minute tiefer und tiefer. Gemeinsam mit unseren Handtüchern gingen wir zurück zu unserem Zeltplatz. Dort erfuhren wir, dass Reymond mit uns vorm Abendessen einen letzten Ausflug machen wollte. Zu einem Canyon inklusive kostenlosem Klettern.

»Vielleicht sehen wir im Canyon auch Baboons...« Er zwinkerte uns durch seine Brille zu. »Bei der letzten zehntägigen Safari haben wir dort welche gesehen.«

Baboons? Och nö! Lea, Johnny und ich schauten uns erschrocken an. Nicht schon wieder diese verrückten Paviane. Ich dachte an die Teenager auf der Farm. Musste das sein? Auf der Farm waren sie ja an Menschen gewöhnt gewesen und trotzdem, Stichwort Amanda und Jessi, häufig ausgeflippt und auf uns losgegangen. Wie sollte das dann hier in der Wüste bloß werden, wenn wir auf wilde Paviane stoßen sollten. Musste die Safari mit so einem Programmpunkt enden? Mit wilden Pavianen und Tattoos zum Abschied.

»Der Canyon ist die kurze Fahrt definitiv wert.« Reymond grinste und öffnete uns die Bustür. »Und am Abend gibt es dann noch ein schönes Abendessen unter der Milchstraße.«

Dreißig Minuten später mussten wir Reymond recht geben. Auch wenn dieser, wie Reymond titulierte, „Grand Canyon" seinem berühmten Namensvetter aus Amerika bei Weitem unterlegen war, hatte sich der kurze Trip zu ihm gelohnt. Vom Rande des Kraters schaute man dreißig Meter in die Tiefe. Ein riesiger Spalt, der sich wie aus dem Nichts im Boden auftat. Ein kleiner, fast ausgetrockneter Fluss floss durch den Canyon mit mäßiger Strömung. An den Felswänden wucherte es von Bäumen und Büschen. Perfekte Klettermöglichkeiten für Paviane, dachte ich mir. So richtig wohl war mir bei dem Gedanken nicht. Der Canyon war geprägt von tiefen Höhlen, Spalten und Löchern, die zum Erkunden einluden. Langsam und vorsichtig setzten wir einen Schritt nach dem anderen in den Canyon und nach gut einer halben Stunde auch erleichtert wieder heraus.

Back im Camp werkelte Ruben schon zwischen den dampfenden Töpfen und der Feuerstelle hin und her. Ohne einen Baboon, traurigerweise, persönlich getroffen zu haben, waren wir von unserem Ausflug zum Canyon noch bei Tageslicht zurückgekehrt. Zusammen halfen wir Ruben dabei, alle Stühle rund ums Feuer zu stellen. Neben dem offenen Feuer lagen bereits auf einer Steinbank mehrere Maiskolben und Kartoffeln bereit. Reymond legte sie vorsichtig neben die Lammkoteletts auf das Gitter, das über dem Feuer befestigt war. Dazwischen positionierte er ein großes Kräuterbaguette, das Ruben mit viel Knoblauch eingerieben hatte. Allein vom Zuschauen lief einem schon das Wasser im Mund zusammen. Mehr als gesättigt saßen wir danach mit vollen Bäuchen auf unseren Campingstühlen. Ein Hauch von Abschied lag neben einem Hauch von Rooibos in der Luft.

»Möchte jemand von euch einen Rooibostee?«, fragte ich aufmerksam in die Runde. »Radunkel?« Sie nickte.

»Lea?« Sie nickte.

»Johnny?« Er nickte grinsend.

»Danke, ich will keinen. Ich dachte, ich nicke einfach mal mit.« Ha ha! Ich stand auf und ging an Reymond vorbei zum Tisch, an dem wir soeben noch Geschirr gespült hatten. Die silbernen Tassen standen direkt neben der Teebeuteldose. Zusammen mit den drei Tassen lief ich zum Feuer, verbrannte mich wie fast immer am dampfenden Wasserkocher und füllte die Tassen auf. Ich brachte sie den beiden Mädels und setzte mich mit meiner dampfenden Tasse zu ihnen. Gespannt schauten wir nach vorne zu Reymond. Reymond hatte vorm Essen angekündigt, dass er sich nach dem Abwasch gerne noch einmal mit uns zusammensetzen wollte. Schließlich war es unser letzter gemeinsamer Abend unter dem namibischen Sternenhimmel, der uns in den letzten Tagen am Abend stets besucht hatte. Wie ein Lehrer vor seinen neugierigen Schülern saß er vor unserem Halbkreis und lächelte uns an. Hinter ihm loderte und knisterte das Feuer, das zusammen mit einer Glühbirne am Bus ein warmes, gemütliches Licht spendete. Ein aufregender Tag neigte sich dem Ende zu. Die Dunkelheit war bereits vollständig über die Wüste hereingebrochen. Ich schaute abwechselnd vom Feuer zu Reymond und zurück. Der Wasserkocher zischte munter sein Lied, während der Wind leise durch die Baumkronen über unseren Köpfen wehte. Es wirkte, als hätten sich beide zum Singen verabredet.

Ach ja, so stellte ich mir einen Lagerfeuerabend vor. Mitten in der Wildnis, wo man schön am knisternden Feuer zusammensitzt, heißen Tee trinkt und sich Geschichten von gemeinsamen Erlebnissen erzählt. »Ich möchte einfach Danke sagen.«, ergriff Reymond das Wort. »Einfach danke!« Er lächelte und nahm einen großen Schluck aus seinem Kaffeebecher. Seine Stimme war voll von Dankbarkeit. Er stellte den Becher auf den Boden und legte seine Hände entspannt auf seinem großen Bauch ab. Binnen Sekunden hatte er uns mal wieder zum Lächeln gebracht. Wie so oft in den vergangenen zehn Tagen.

»Es ist so schön, euch alle lächeln zu sehen. Das gibt mir als Guide sehr viel. Ich weiß, es waren lange und vor allem heiße Stunden im Bus, die wir gemeinsam verbracht haben, aber...« Er hob triumphierend seinen Finger in die Luft. »Ihr habt Namibia erkundet, Leute! Namibia. Namibia mit all seinem Wildlife, mit all seinen Tieren. Bis auf den african buffalo habt ihr alle Big Five gesehen.« Stimmt, den haben wir nicht gesehen, dachte ich mir. Ich schaute zu Lea.

»Den sehen wir dann in Südafrika, Siles!« Ich lächelte ihr bestätigend zu. Den african buffalo wollte ich auf jeden Fall noch sehen, da er ja mit der unberechenbarste der BigFive ist. Eine Dokumentarfilmerin hatte ich mit Lea ja schon an meiner Seite für potenzielle Encounters mit dem Cape Büffel. Ich schaute zurück zu Reymond, der eine kleine Zusammenfassung der Reise gerade machte.

»Ihr könnt so stolz auf euch sein. Ihr habt so viel gesehen und erlebt. Ihr habt unter den Sternen in der Wüste geschlafen, seid mit dem Löwengebrüll in Etosha aufgewacht und habt dort so viele Tierbegegnungen gehabt. Ihr habt die höchsten Dünen der Namib erobert, einen Leoparden auf der Jagd beobachtet und selber eine Nashornattacke überlebt.« Gedanklich ging ich nochmal alle Erlebnisse im Kopf durch.

»Ihr habt bei den Himba viel über deren Kultur gelernt und sogar das ein oder andere Souvenir von dort mitgenommen.« Ich schaute erneut zu Lea, deren Wangen sich bei meinem Blick leicht röteten. Sie lächelte und raschelte triumphierend mit ihren Armbändern in meine Richtung.

»Ihr habt als Team funktioniert, euch gegenseitig beim Zeltauf- und abbau unterstützt und gemeinsame Momente kreiert, die euch für immer verbinden werden. Ihr wart für einander da, auch wenn es mal schwierig wurde. Wie zum Beispiel bei den Robbenbänken und danach im Krankenhaus. Der Geruch von den tausend Robben bleibt euch übrigens auch ewig in Erinnerung, haha. Ist im Safaripreis mit abgedeckt.« Reymond lachte und klatschte sich mit Ruben für seinen Running-Gag ab. Den musste er wahrscheinlich droppen.

Mein Blick fiel von ihnen zu Alison. Sie saß mit verschränkten Armen auf ihrem Platz und starrte an Reymond vorbei ins Feuer. Ihre Beine waren von Andis Creme noch immer orange gefärbt. Die Dünenwanderungen hatte sie beide Male abgebrochen.

»Ich kann nur für Ruben und mich sprechen, aber für uns war diese Safari sehr speziell und besonders. Ab morgen sind wir nicht mehr eure Guides, aber...« Er machte eine kleine Pause.

»Ab morgen sind wir eure Freunde, die euch ins Herz geschlossen haben.« Reymond schaute jedem von uns tief in die Augen. Seine Hand berührte sein Herz. Ruben nickte neben ihm, als wollte er das Gleiche sagen.

»Euer Lächeln ist das, was wir von dieser Safari mitnehmen.« Er klopfte sich mehrmals auf die Brust. Ich bekam Gänsehaut.

»Danke, Reymond!«, antwortete Ash stellvertretend für jeden in der Gruppe. Jeder war von Reymonds Worten gerade tief bewegt.

»Gerne, Ash! Morgen geht es für euch zurück nach Windhoek, wo vor fast zehn Tagen alles begann. Aber morgen ist morgen und heute ist heute. Wir wollen doch bei diesem traumhaften Sternenhimmel nicht an morgen denken, oder?« Unsere Blicke widmeten sich dem wolkenfreien Nachthimmel, der sich hoch über unseren Köpfen von der einen zur anderen Seite erstreckte. Hier in der Wüste herrschte keine Lichtverschmutzung von irgendwelchen Zivilisationen und Städten, sodass die Sterne heller denn je funkelten. Vor allem ein Stern fiel mir ins Auge, der wie ein roter Diamant strahlte.

»Was ist das für ein roter Stern, Reymond?«

»Das ist Beteigeuze, Siles. Ein roter Gigant, tausendmal größer als unsere Sonne und Schulter von Orion.« Orion-wer? Reymond deutete mit einem Laserpointer in den Himmel und zeigte uns das Sternbild des Orion. Er erzählte, dass Orion in der griechischen Mythologie

Sohn des Poseidon war und als übermütiger Jäger damit prahlte, jedes Tier töten zu können. Selbst vor Artemis, der Jagdgöttin. Letztendlich war es dann ein Skorpion, der Orion mit einem Stich in die Ferse tötete.

»Während Orion in the southern hemisphere zwischen November und Mai zu sehen ist, sieht man das Sternbild des Skorpion zwischen Mai und November, ergänzte Reymond. »Niemals gleichzeitig. Müsst ihr für the scorpion im Winter nochmal wiederkommen, hehe. Aber jetzt machen wir erstmal diese Safari fertig. Es ist Tradition, dass am letzten Abend einer gemeinsamen Reise Feedback gegeben wird. So, Ruben und ich, wir würden uns sehr über Feedback von jedem Einzelnen freuen. Was waren eure Highlights in den letzten Tagen? Was nehmt ihr von der Safari für euch mit? Was möchtet ihr der Gruppe noch mitteilen oder...«

»Reymond ...«

»Ja, Samu?« Wir schauten zum Israeli, der sich wie Phoenix aus der Asche unerwartet von seinem Platz erhob. Er machte ein paar Schritte in den Halbkreis, sodass jeder ihn sehen konnte. Nicht schon wieder, dachte ich mir.

»Ich möchte gerne ein paar Worte loswerden.« Mit ernster Miene schaute er zu Boden. Huch! So nervös und bedacht hatten wir ihn beim Sprechen ja noch nie gesehen. »Beziehungsweise Worte an eine ganz bestimmte Person wenden.« Samu machte eine kurze Pause. Gespannt schauten alle zu ihm. Wer war denn jetzt der Glückliche?

»Alison...« Alison zuckte auf ihrem Stuhl zusammen. Mit ihrem Namen hatte sie jetzt wohl nicht gerechnet. Ihre Beziehung mit dem Israeli war ja, gelinde gesagt, seit dem Robbenvorfall nicht die Allerbeste. Nicht eines Blickes hatte sie Samu seit dem Vorfall in Swakopmund gewürdigt. Ihre Pulsader schwoll in den letzten Tagen schon an, wenn sich der Israeli nur räusperte. Jener Israeli ging nun auf sie zu. Gespannt schaute ich zu ihm und Alisons Halsschlagader.

»Alison, ich möchte mich gerne bei dir und den anderen entschuldigen. Vor allem aber bei dir! Ich weiß mittlerweile, dass mein Verhalten gegenüber dir alles andere als respektvoll war. Ich habe deine Sorgen und deine Ängste nach dem Robbenbiss ignoriert und einen Fehler gemacht, als ich Reymond sagte, er solle doch bitte anhalten.« Samu schaute Alison direkt in die Augen.

»Ich habe deinen und den Wunsch der Gruppe ignoriert und mich wie ein Arsch verhalten. Ich möchte mich für mein Verhalten entschuldigen. Es war egoistisch und dumm von mir.« Alison lockerte ein wenig ihre verschränkte Körperhaltung. Keiner traute sich, etwas zu sagen.

»Ich bin als Mensch nicht perfekt und ich weiß, dass mein israelisches Temperament manchmal sehr anstrengend sein kann. Frag meine Frau...« Er lächelte verlegen. Oder Johnny, dachte ich mir.

»Ich habe einen Fehler gemacht und ich möchte mich bei dir entschuldigen. Ich meine es Ernst! Bitte verzeih mir, Alison.« Der Israeli lächelte Alison nervös an und legte seine Hand entschuldigend auf sein Herz. Alle schauten jetzt gespannt in die Richtung von Alison. Es war mucksmäuschenstill. Nur das Feuer knisterte und knackte, während es Funken in den Nachthimmel zu Orion entließ.

»Danke, Samu!« Alison lächelte. »Ich verzeih dir.«

Fast & Furious

(Chapter Thirty-Three)

Gedankenversunken drückte ich meine Stirn an die Scheibe des Busses und schaute aus dem Fenster. Gerade eben hatten wir den Brandberg hinter uns gelassen, der mit einer Höhe von zweieinhalb Kilometern der größte Berg Namibias ist. Dreißig Kilometer lang und dreiundzwanzig Kilometer breit, hatte Reymond durchs Mikrofon durchgegeben. Am letzten Tag funktionierte es endlich mal. Kein Kratzen oder Rauschen war durch die Lautsprecher zu hören. Wurde aber auch Zeit.

Es war beeindruckend, wie sich der Brandberg plötzlich aus der flachen Landschaft am Horizont erhob. Brandberg, der Name war Programm. Von Weitem sah es echt so aus, als ob der Berg brennen würde. Sein Gestein glühte im Schein der Sonne. Wir hatten Glück, dass die Sonne ihn von der richtigen Seite anschien. Doch nicht nur das: Zu unserem Glück war Reymond nicht zu einer spontanen Gipfelbesteigung Richtung Berg abgebogen. Er fuhr an der Kreuzung weiter geradeaus, an der er die Möglichkeit dazu hatte. Praktisch jeder atmete durch. Klettern war wirklich das Letzte, was wir heute machen wollten. Das Programm des Tages bestand zum überwiegenden Teil aus Busfahren. Mehrere Stunden Fahrzeit hatten wir mittlerweile schon auf der Uhr. Die meisten dösten im Bus zum Geruckel der Piste, andere lasen oder hörten Musik über ihre Kopfhörer. Alles wirkte so vertraut wie immer. So wie in den letzten Tagen. Es war schon irgendwie komisch, dass wir in dieser Konstellation nur noch wenige Stunden zusammenbleiben würden. Windhoek rückte mit jeder Minute näher und damit auch die Zeit des Abschiednehmens. Auch wenn wir alle so verschieden waren, auch wenn wir alle so unterschiedlich tickten und aus verschiedenen Kulturkreisen kamen, wir hatten etwas gemeinsam erleben dürfen: Eine unvergessliche Zeit in Namibia. Eine unvergessliche Safari mit tollen Momenten. A special time, wie es gestern jeder beim Lagerfeuer in seinem Feedback resümiert hatte.

Was hatten wir in dieser „special time" nicht alles erlebt. Die Wildtierbeobachtungen im Etosha-Park inklusive kostenlosem Adrenalinkick. Man denke nur an die Nashorn-Attacke auf unseren Bus und die Jagd des Leoparden, der vor unseren Augen einen Steinbock erfolgreich erbeutete. Die aufregende und ereignisreiche Zeit in Swakopmund, die trotz Robbenbissen am Anfang doch positiv in Erinnerung bleiben sollte. Die actionreiche Quad-Tour mit Max durch die Dünen der Wüste oder die Tour mit den Kajaks bei den Robbenbänken. Ein Wunder, dass Lea und ich mit unserem Kajak nicht gekentert waren. Bei unserer super Kommunikation und Abstimmung im Boot. Nicht zu vergessen das ganze Klettern in der Namib-Wüste, das uns nicht nur einmal an unsere körperlichen Grenzen gebracht hatte. Trotz der Anstrengungen und vielen Schweißperlen eine wahnsinnige Erfahrung. Oder beispielsweise die Abende am Lagerfeuer unterm Sternenhimmel und die vielen afrikanischen Massagen auf den Schotterpisten, die uns mit ihren Schlaglöchern stets treue Begleiter waren. Nicht zu vergessen, das Happy End mit der angenommenen Entschuldigung am gestrigen Abend. Ich schaute wieder aus dem Fenster nach draußen. Namibias größter Berg wurde im Seitenspiegel kleiner und kleiner.

Ich fragte mich in Gedanken, wie es wohl weitergehen würde in Kapstadt. Morgen ging ja schon der Flieger nach Südafrika. Die nächsten Tage waren alle schon verplant. Auch die nächste Safari stand bereits in den Startlöchern. Ich fragte mich, ob sie auch so gut werden sollte wie diese hier. Ich wollte unbedingt Flusspferde und Büffel sehen. Ich freute mich schon richtig auf die Zeit in Südafrika und Kapstadt. Radunkel hatte nur Positives über diese Stadt berichtet. Von unvergleichbaren Sonnenaufgängen mit Meerblick am Lions Head, von gutem Essen und kilometerlangen Stränden an der Küste, wo ein Strand schöner als der andere sein sollte. Ich hatte Bilder von Clifton Beach gesehen und konnte es gar nicht mehr abwarten, dort ins Wasser zu springen. Eines war mir durch die Reise jetzt schon bewusst geworden. Ich wollte mehr. Ich wollte mehr erfahren und sehen von der Welt. Von Afrika. Mehr erleben. Vom Boden, vom Wasser und aus der Luft. Einen Tandemflug vom Lions Head hatte ich ja schon auf Leas Empfehlung gebucht. Ich war mir ziemlich sicher, dass das nicht die einzige Unternehmung neben der Safari in der Kapstadt sein würde. Vor dem Aufstieg auf den Table Mountain hatte ich zwar schon Respekt, aber wir hatten in den letzten Tagen ja ein gutes Trainingsprogramm, um uns auf mögliche

Qualen und Anstrengungen vorzubereiten. Mir juckte es schon wieder in den Fingern. Eine neue Stadt, ein neues Land, neue Menschen und hoffentlich tolle Erfahrungen lagen am Kap der Guten Hoffnung vor uns. Und das Beste: Mit uns meinte ich nicht nur Lea und mich, sondern auch Johnny und Radunkel. Unsere aufregende Zeit zusammen sollte nachher nicht in Windhoek enden, sondern mit dem Flug im selben Flieger in Kapstadt noch weitergehen. Beim Gedanken an das bevorstehende Abenteuer in Kapstadt schmunzelte ich vor Freude. Glücklich schaute ich aus dem Fenster. Die ersten Schilder mit Windhoek tauchten abseits der Straße auf. Noch hundertfünfzig Kilometer. Die letzten Kilometer in Namibia mit afrikanischen Massagen und Schlaglöchern waren angebrochen. Ich nahm mir vor, jeden einzelnen Kilometer zu genießen und schloss dankbar meine Augen.

Müde öffnete ich meine Augen. Ich musste kurz eingenickt sein. Laut gähnend streckte ich erst mal meine Beine aus, sodass ich fast einen Krampf im Oberschenkel bekam. Es ist echt das geilste Gefühl auf der Welt, sich nach einem Nickerchen zu strecken und "Haaaa" rauszulassen. Das Licht im Flugzeug war noch gedämmt und die meisten Menschen schliefen noch. Ich drehte mich rechts zum Gang und schaute zu Lea. Vielleicht ging es ihr ja jetzt besser. Sie saß eine Reihe hinter mir und hatte dunkle Schatten unter den Augen. Noch immer sah sie ziemlich blass aus. Sie hatte bestimmt kein Auge zu bekommen. Ich bot ihr mit einem vorsichtigen Lächeln mein Schokobrötchen an, doch sie lehnte kopfschüttelnd ab. Kein Hunger - ihr war immer noch schlecht. Ich drehte mich wieder um und schaltete den Bordcomputer vor mir ein. Diesmal brauchte ich keine Hilfe. Eine große Weltkugel blinkte auf. Sie hatte große Ähnlichkeit mit der auf dem Hinflug nach Johannesburg. Das kleine Flugzeug bewegte sich dort gerade langsam Richtung Europa. Weit weg von Afrika und Kapstadt. Weit weg von Clifton Beach und Lions Head. Ich schaute auf die Flugdauer am unteren Bildschirmrand. Wien war noch gute zweieinhalb Stunden entfernt. Zweieinhalb Stunden rechnete ich mir im Kopf aus. Knapp acht hatten wir also schon geschafft. Meine rechte Pobacke fühlte ich mittlerweile schon gar nicht mehr. Ich beschloss, mir die Zeit bei einem Film zu vertreiben. Die erste Stewardess von Austrian Airlines lief mit einem Frühstückswagen durch die Gänge. Dann die nächste und nächste. Richtig österreichisch sahen sie mit ihren roten Röcken aus. Passend zur Flagge trugen sie weiße Blusen unter ihren Blazern. Auch der Dialekt durfte natürlich nicht fehlen. Schee sahen sie aus. Mit dem Finger wischte ich langsam durch die Mediathek, bis ich schließlich bei Fast & Furious stehen blieb. Ich rieb mir den restlichen Schlafsand aus den Augen und setzte meine Kopfhörer auf. Ich zog meine rote Decke bis zum Kinn und drückte auf „Film abspielen". Schon nach wenigen Sekunden flogen die ersten Autos und Fäuste durch die Luft, doch so richtig hörte ich gar nicht hin. Meine Gedanken waren woanders. Sehr weit woanders. Die Ereignisse der letzten beiden Tage schwebten mir noch immer durch den Kopf. Ein gefühlstechnisches Auf und Ab, das ich niemals so erwartet hatte. So richtig wusste ich noch nicht, ob es in dem Film, in dem ich gerade eine der Hauptrollen spielte, ein Happy End geben würde. Ich wusste es nicht und traute mich nicht so richtig, es vorherzusagen. Zu viel war passiert, zu sehr hatten sich in den vergangenen Stunden die Ereignisse überschlagen. Ob ich mir das Ende so gewünscht hatte? Radunkel und Johnny in Südafrika, Lea und ich auf dem Weg ins verseuchte Europa? Sicher nicht. Vor Stunden waren Lea und ich noch mit Johnny im kleinen Hubschrauber über die Skyline von Cape Town geflogen, und jetzt? Jetzt saßen Lea und ich mit fünfhundert anderen Passagieren in einem österreichischen Langstreckenvogel beisammen und ließen uns nacheinander trockene Semmel servieren. Tandemflug vom Lions Head am 18. März? Cancelled. Dabei hatte es bis vor Kurzem gar nicht danach ausgesehen …

Alles hatte damit angefangen, dass Reymond uns nacheinander in Windhoek abgesetzt hatte. Die Verabschiedung fiel herzlich aus, er nahm jeden von uns lange in den Arm und wünschte uns allen alles Gute. Den Israeli und seine Frau hatten wir am Hilton Hotel mit einem Winken zusammen mit den Schweizerinnen verabschiedet. Beim Aussteigen erinnerte er uns noch an sein Angebot, dass wir ihn auf jeden Fall in Israel besuchen sollten. Er habe viel Platz in seinem Haus und wir wären alle "very welcome".

„Very welcome" fühlten wir uns auch am Abend im Joe´s Beerhouse. Zusammen mit Ash hauten wir uns ordentlich mit Essen die Bäuche und Wampen so voll, dass wir beinah platzten. Nach dem Dessert stand dann vorm Restaurant Abschied-Nehmen an...

»Jetzt heißt es Abschied nehmen.«, sagte Ash, nachdem sein Taxi vorgefahren war. »Oder besser: Auf Wiedersehen.« Er grinste.

»Ash, hat mich gefreut, dich kennengelernt zu haben.« Johnny ging auf Ash zu und nahm ihn in den Arm.

»Ich wünsche euch noch viel Spaß.«, sagte Ash und drückte Lea an sich, die dabei eine Träne vergoss.

»Melde dich, wenn du in München landest, ja?« Ash nickte ihr zu.

»Radunkel, pass auf dich auf. Danke für die tollen Gespräche auf der Fahrt. Bist wirklich ein toller Mensch! Viel Erfolg im Studium.« Radunkel lächelte und nahm ihn lange in den Arm. Die beiden hatten sich in ihrer Sitzreihe super verstanden.

»Silees …« Ash schaute mich grinsend an. Ich breitete meine Arme wie ein Pfau aus. »Komm her, du verrückter Vogel, haha.«

»Ash, es war mir eine Ehre.«

»Mir erst.« Er zwinkerte mir zu. Wir fielen uns lachend in die Arme. »Bist ein cooler Typ, Siles.«

»Kann ich nur zurückgeben.« Ich klopfte ihm mehrmals auf den Rücken. »Mach es gut, mein Lieber.«

»Bis bald, Youngsters.« Ash stieg mit einem Bein ins Taxi und drehte sich noch mal zu uns um. »Wir treffen uns irgendwann in Deutschland! Bleibt mir gesund!« Das Taxi hupte, als es vom Bürgersteig auf die Straße fuhr und sich in den nächtlichen Verkehr einordnete. Nach wenigen Sekunden verschwand es mit Ash hinter einer Kreuzung. In dieser Zeit gesund bleiben - Ash brachte es auf den Punkt. Darum ging es.

Alles andere als gesund schaute der Flughafenmitarbeiter aus, der uns am nächsten Tag aus der Warteschlange am Airport Cape Town zog. Er schwitzte unter seiner Flughafenuniform so viel Wasser, dass man meinen konnte, er sei vor fünf Minuten zum fünften Mal nacheinander den Big Daddy hochgelaufen. Anstatt bei uns Fieber zu messen oder uns auf Virus-Symptome zu testen, hätte er vielleicht lieber bei sich einen Test machen sollen. Doch bis auf eine komischerweise temperaturmäßig unterkühlte Lea war bei uns allen die Temperatur normal, sodass wir weiter zu den Gepäckausgabebändern gehen durften. Dort trennten sich dann Radunkels und unsere Wege. Wir wollten uns in den nächsten Tagen noch mal in Kapstadt treffen und gemeinsam etwas unternehmen. Sie zog es für ein paar Tage zurück in die Unterkunft von ihrem Projekt, das sie vor der Safari in Südafrika besucht hatte. Während sie allein davonstiefelte, brachte uns ein Taxi von Uber vom Flughafen zu unserer Backpacker-Unterkunft. Von der hatte Lea ja so geschwärmt auf der Farm. Auf dem Weg dahin fiel mir auf, wie fortgeschritten Kapstadts Infrastruktur war. Wir fuhren über drei- bis manchmal vierspurige Highways vorbei an Hochhäusern und Hotels Richtung Hafen. Dort sahen wir auch zum ersten Mal die Skyline von Kapstadt. Table Mountain, Lions Head, das Stadion, das direkt am Atlantik gelegen war und in dem 2010 das Eröffnungsspiel der Fußball-WM stattgefunden hatte. Wahnsinn, dass die WM schon fast zehn Jahre her war. Eingecheckt in unseren Backpacker-Zimmern machten wir uns auf Richtung Stadtzentrum, das rund um den Hafen lag. Wir besuchten den großen Food-Market und bestaunten eine afrikanische Musikgruppe, die zu lauten Trommelgeräuschen sangen und im Rhythmus das Tanzbein schwangen. Sie strahlten eine Energie und Lebensfreude aus, die so ansteckend war, dass man direkt mitklatschen und mitwippen musste. Als es dann dunkel wurde, beschlossen wir, das große Riesenrad auf Tauglichkeit auszuprobieren. Gute zwanzig Minuten durften wir in unserer Gondel verbringen und die Sonne über dem Atlantik untergehen sehen. Noch nie hatte ich so einen schönen Sonnenuntergang auf einem Riesenrad gesehen. War auch der erste... Ein Sonnenuntergang mit all seinen intensiven und warmen Farben, von dem Radunkel so geschwärmt hatte. Schade, dass sie auf dem Riesenrad nicht dabei war, zumal sich die Straßenmusiker vom Food Market auch noch mit ihren Trommeln vorm Riesenrad positionierten und mit ihrer Vision von Waka Waka den Moment noch perfekter machten. Gebannt und dankbar verfolgten wir, wie die Sonne langsam immer weiter im Meer versank und den Himmel mit allen möglichen Farben beschenkte. It´s time for Africa.

Am nächsten Morgen war der Food Market noch geschlossen, als wir schon wieder auf den Beinen waren. Wir frühstückten in einem großen Einkaufszentrum und freuten uns auf den Helikopter-Flug, den wir noch in der Unterkunft gebucht hatten. Wegen Corona gab es da schon kein Frühstück mehr. Langsam dämmerte uns, dass die ganzen Meldungen von leergehamsterten und ausverkauften Supermärkten nicht ohne Folgen für unsere weitere Reise sein sollten. Doch als wir mit dem Helikopter abhoben und über die Skyline von Cape Town flogen, waren die Sorgen und die damit verbundene Ungewissheit so klein wie die Menschen, Autos und Häuser, die wir aus der Luft beobachten konnten. Wir flogen die Atlantikküste ab, vorbei an Lions Head und Table Mountain, machten Fotos von den weißen Stränden und den brechenden, schäumenden Wellen und genossen die Zeit in der Luft bei bestem Wetter. Auch ein Selfie mit dem deutschsprachigen Piloten sprang heraus, der für uns sogar eine Extrarunde über die prunkvolle Villa des südafrikanischen Präsidenten drehte. Als er dann noch zu einem Anwesen unter uns meinte, dies gehöre dem Gitarristen der Band Queen, war es um Queen-Groupie Lea in der Luft geschehen. Sie wäre fast aus dem Helikopter gehüpft und hätte sich höchstpersönlich ein Autogramm abgeholt.

Zurück mit festem Boden unter den Füßen machten wir uns auf zum Hard Rock Cafe, das direkt am Strand von Camps Bay gelegen war. Die ganze Gegend erinnerte ein wenig an Miami Beach und den amerikanischen Traum. An den Felsen gab es alle paar Meter Aufzüge, die direkt zu den darüber angesiedelten luxuriösen Apartments führten. Ein Gebäude sah luxuriöser und teurer als das andere aus. Mit staunenden Augen fuhren wir an den Millionen-Villen vorbei, bis wir schließlich das Hard Rock Cafe erreichten. Lea kaufte als Mitbringsel T-Shirts für ihre ganze Familie, wobei Johnny und ich mit unseren Körpermaßen Model für ihren Bruder und Vater stehen mussten. Mit Einkaufstüten und Milchshakes bewaffnet schlenderten wir danach zum Strand und stürzten uns in die eiskalten Fluten. Wir genossen die warmen Sonnenstrahlen und warteten auf Joschka, ja Joschka, der zu unserer großen Freude in Kapstadt zwischengelandet war. Bis zum Abflug nach Hamburg am Abend hatte er noch etwas Zeit auf der Uhr. Er erzählte uns, dass fast alle Volontäre die Farm in den letzten Tagen verlassen hatten, da der gesamte Flugverkehr in Namibia zum Schutz der einheimischen Bevölkerung eingestellt wurde. Bis auf fünf bis sechs Volontäre hatten alle für teures Geld ihren Aufenthalt abgebrochen und einen Rückflug in ihre Heimatländer gebucht. Die Meldungen vom Virus wurden immer verrückter und besorgniserregender. Doch nicht nur das: Auch die Anrufe unserer besorgten Eltern aus Deutschland wurden regelmäßiger und häufiger. Uns dämmerte langsam, was da auf uns zurollte. Wir hatten ein ungutes Gefühl, dass das Abenteuer Kapstadt womöglich kürzer ausfallen könnte als geplant. Ein Abbruch wurde mit jeder Minute immer wahrscheinlicher, auch wenn wir uns das nicht so richtig eingestehen wollten. Alles wirkte am Strand so perfekt und schön. Die Meldungen aus Europa passten einfach nicht zu der Gefühlswelle, auf der wir in Afrika seit sechs Wochen surften. So schön wie der Strand und das Wetter war dann auch die Sightseeingtour durch Kapstadt, die wir noch gemeinsam mit Joschka machten. Es war cool, ihn nach zwei Wochen unerwartet wiederzusehen, und er staunte, was wir alles seit dem Leaver Circle erlebt hatten. Mit einem Doppeldeckerbus cruisten wir eine Stunde durch die Stadt, besuchten die weltberühmte Straße in Südafrika mit den vielen bunten Häusern und kauften Laugenbrezel bei einem Bäcker. Ja, es gab Laugenbrezel für Lea, ehe Joschka von einem Uber-Fahrer wieder abgeholt und zum Flughafen gebracht wurde.

»Passt auf euch auf und überlegt euch das mit einem Rückflug, solange es noch geht. Es spitzt sich alles ziemlich zu gerade.« Wir nickten und winkten ihm zum Abschied zu.

Zurück im Hotel – wir hatten davor noch einen spannenden Rundgang durchs Two Oceans Aquarium gemacht, das direkt am Hafen an der Victoria & Alfred Waterfront lag – trafen Lea und ich eine folgenreiche Entscheidung. Es sollte für uns beide am selben Abend zurück nach Deutschland gehen. Keine zweite Safari, kein Tandemflug, keine neuen Abenteuer. Der Rückflug mit Zwischenstopp in Wien war gebucht und für Mitternacht angesetzt. Hals über Kopf flitzten wir in unser Zimmer und packten unsere Sachen, die wir noch nicht mal richtig ausgepackt hatten. Johnny wartete in der Zeit entspannt in der Lobby. Im Gegensatz zu uns hatte er keinen Rückflug gebucht. Er wollte die Situation in Südafrika vor Ort abwarten und eventuell noch zu den Victoriafällen weiterreisen. Allein. Ohne Lea. Ohne mich. Noch bevor das Kapitel Südafrika angefangen hatte, war es für uns schon wieder vorbei. Ehe wir uns versahen – wir hatten die Koffer noch gar nicht richtig fertig gepackt und uns von Johnny verabschiedet – da standen wir auch schon wie viele andere Reiserückkehrer in der Warteschlange vorm Check-in.

»Wo bleibt denn jetzt Radunkel?«, fragte ich Lea, die gerade mit ihrem Handy-WLAN am Kämpfen war.

»Ich weiß es nicht, Siles!« Sie klang alles andere als entspannt. Sie war gereizt und nicht gerade wenig.

»Mir ist gerade voll schlecht. Ich hätte den Wodka-Eistee nicht trinken sollen.« Ich erschrak. Lea sah auf einmal richtig blass um die Nase aus. Wie Alison nach dem Robbenbiss, nur schlimmer.

»Hey, Lea, was ist los?« Ich machte mir auf einmal richtig Sorgen um sie. Der Alkohol war ihr wirklich nicht bekommen. Sie trank ja, laut eigener Aussage, selten Alkohol. Eigentlich nie. Dennoch hatte sie vor lauter Durst den Wodka-E schnell runtergekippt, als wir mit Johnny am Billardtisch der Backpacker-Unterkunft auf die gemeinsame Zeit anstießen und auf unseren Shuttle zum Airport warteten. Das hätte sie besser nicht gemacht.

»Hast du denn außer dem Frühstück vorm Helikopter-Flug und dem Milchshake irgendetwas Richtiges gegessen heute?« Ich schaute sie besorgt an.

»Ja, beim Food Market.« Sie nickte. »Nachdem wir im Aquarium waren, habe ich noch zwei Kugeln Eis im Hörnchen gegessen. Ach ja: Und die Brezel, die du mir bei der Fahrt durch die Stadt gekauft hattest.«

»Dann solltest du vielleicht gleich erst mal was Vernünftiges essen.«, schlug ich ihr vor. Laut meiner Hochrechnung hatte ihr Magen heute nur Eis und Wodka-E zu Gesicht bekommen. Die Laugenbrezel riss es jetzt auch nicht mit Vitaminen raus. Eine ausreichende, ausgewogene Ernährung sah anders aus… Kein Wunder, dass ihr schlecht war.

»Wir checken am besten jetzt erstmal in Ruhe ein, suchen Radunkel und kaufen dir was zu essen.« Beim Check-in ging es leider nur langsam voran. Es dauerte und dauerte. Bei den Menschenmassen. Mehrere hatten die Idee mit dem spontanen Rückflug gehabt. Es gab erste Gerüchte, dass in zwei Tagen kein Flug mehr gehen sollte. Weder rein noch raus. Alles wurde dichtgemacht und gecancelt.

»Radunkel hat mir gerade geschrieben, dass irgendwas mit ihrer Buchung nicht geklappt hat. Sie kann nicht einchecken! Sie lassen sie nicht durch!«

„Nicht dein Ernst?« Jetzt wurde auch ich langsam unruhig. Was passierte hier nur gerade? »Bitte nicht. Ruf sie mal an. Nee, warte, dahinten ist sie. Radunkel, Radunkel…« Radunkel hatte uns in der Schlange gesehen und kam mit ihrem Gepäck auf uns zu. Sie war in heller Aufregung.

»Leute, ich weiß nicht, was da schief gelaufen ist. Ich werde wahrscheinlich erst Freitag fliegen können.« Sie wirkte abgekämpft und niedergeschlagen. Von ihrem Lächeln war keine Spur mehr. Es ging gerade echt alles drunter und drüber.

»Hast du denn eine Unterkunft?«

»Ich kann die zwei Tage zurück in die Unterkunft des Projektes. Da ist noch ein Zimmer frei. Ich muss jetzt los! Vielleicht kriege ich das noch geklärt und ich kann mit euch zurückfliegen.«

»Melde dich gleich, ja? Es wird alles gutgehen. Versprochen!« Ich lächelte ihr zu. Sie nickte und lief zur anderen Seite des Flughafengebäudes. Wir sollten in der Nacht ohne sie fliegen.

Ich schaute von Vin Diesel und The Rock zurück zu Lea. Sie war immer noch fix und fertig. Die Pizza vorm Boarding hatte nicht die gewünschte Wirkung erbracht. Die gesamte Situation musste ihr auf den Magen geschlagen sein. Nachdem wir Radunkel noch lange nachgeschaut hatten, hätte Lea fast das gleiche Schicksal ereilt. Gute dreißig Minuten hatten wir am Check-in-Terminal gestanden und auf den Mitarbeiter eingeredet. Es gab Probleme mit der Kreditkartenzahlung ihres Rückflugs, den Leas Eltern für sie einige Stunden zuvor für teures Geld gebucht hatten. Erst als der freundliche Mitarbeiter mit Airport Wien, der Kreditkartengesellschaft und Leas Mutter hin und her telefoniert hatte – Leas Eltern besaßen zum Glück noch eine zweite Kreditkarte – wurden wir vom Warten befreit und konnten unsere Gepäckstücke gegen zwei Flugtickets eintauschen. Uns fiel im wahrsten Sinne des Wortes ein Stein vom Herzen. Erschöpft, aber erleichtert gingen wir durch die Sicherheitskontrolle und warteten aufs Boarding. Dass sich der Rückflug um eineinhalb Stunden an diesem Abend noch verschob, passte dann irgendwie auch zur Gesamtsituation. Wenigstens konnten wir in Ruhe noch Souvenirs kaufen und etwas Essen gehen.

Eineinhalb Stunden, dachte ich mir und schaute auf die kleine Uhr, die unten rechts am Display eingeblendet war. Könnte knapp werden mit dem Anschlussflug nach Düsseldorf.

Wien war jetzt noch gut eine Stunde entfernt. Das Boarding für meinen Anschlussflug nach Düsseldorf leider auch. Ich starrte auf meine nackten Füße, die ich auf meinen Bade-Schlappen abgestellt hatte.

Dann musst du halt gleich den Sprint deines Lebens hinlegen, Siles. Joggingschuhe hast du ja an …

Danke Afrika!

(Chapter Thirty-Four)

Noch immer leicht am Hecheln, schaute ich aus dem kleinen Fenster nach draußen. Die Strahlen der Sonne kitzelten auf meiner braunen Haut und erinnerten mich an die zahlreichen Autostunden auf der Safari. Bis auf die Schlaglöcher im Boden und die Hitze war hier im Flugzeug vieles gleich. Ich saß am Fenster und dachte nach.

Mit viel Glück hatte ich den Fensterplatz noch bekommen. Nicht, weil das Flugzeug von Wien nach Düsseldorf bis auf den letzten Platz ausgebucht war. Nein! Es waren mit mir vielleicht noch zwanzig andere Passagiere auf dem Weg zurück nach Düsseldorf. Ich hatte freie Platzwahl und konnte mir die Reihe und den Sitz quasi aussuchen. Vielmehr meinte ich mit Glück, dass ich gerade so auf den letzten Drücker das Gate noch erreicht hatte.

Nach einem langen Sprint in Flip-Flops auf dem leeren, nicht enden wollenden Gang – jeder Schritt hörte sich dabei so an, als würde ich verbotenerweise mit Badeschlappen im Hallenbad rumrennen – kam ich gerade rechtzeitig bei der Gangway an. Das Flugzeug hatte extra auf mich gewartet, jedenfalls wurden direkt nach meinem Betreten die Türen von der Stewardess geschlossen. Ich hatte noch nicht mal Platz genommen, da wurde auch schon mit den Sicherheitsanweisungen begonnen.

Die Verabschiedung mit Lea war wegen meines Zeitdrucks sehr kurz ausgefallen. Leider... Ich hatte einiges an Zeit bei der Sicherheitskontrolle verloren, da ich wegen zwei voller Cola-Flaschen im Handgepäck, die ich wegen Leas Kreislaufproblemen extra in Kapstadt gekauft hatte, rausgewunken wurde. Ich hätte sie gerne länger umarmt und ihr persönlich für die schöne gemeinsame Zeit in Afrika gedankt. Ich hätte ihr gerne noch so viel mehr gesagt, vor allem, was sie für mich mittlerweile bedeutete und was ich in ihren Augen alles sah. Doch für meine Gefühle reichte die Zeit leider nicht aus. Sie war der Grund dafür, warum ich die Safari überhaupt gebucht hatte. Sie war der Hauptgrund. Ohne sie wäre ich wahrscheinlich nach den vier Wochen auf der Farm direkt nach Hause geflogen. Ich hatte ihr so viel zu verdanken. An Gefühlen und Momenten. Zu gerne hätte ich ihr in Kapstadt auf dem Lions Head gesagt, dass ich mich in sie verliebt hatte. Doch daraus wurde nichts. Jetzt saß ich mit meinen Schmetterlingen allein im Flugzeug Richtung Düsseldorf. Ihr Flug nach Frankfurt sollte erst in einer Stunde gehen. Ich atmete tief durch und dachte an all die schönen Momente mit ihr. Danke Lea! Bis hoffentlich bald…

Als gebürtiger Österreicher hatten mich die damaligen Familienurlaube in Tirol oder am Wörthersee immer in den Bann gezogen. Die vielen Berge, die Landstraßen, die mitten in die Landschaft gebauten kleinen Bauernhöfe und Almen. Diese Idylle und Schönheit der Natur. Auch jetzt drückte ich meine Nase wie in früheren Urlauben an der Scheibe platt, um besser raussehen zu können. Nur die Spitzen der einzelnen Berge waren weiß mit Schnee bedeckt. Sonst blühte alles schön grün. Es war Frühling in Österreich. Frühling in Europa. Ich entdeckte einen kleinen, reißenden Fluss, der von einem Berg Richtung Tal floss. Wie ein Pfad schlängelte sich das Wasser durch die Landschaft und mündete irgendwo in einem großen See. Wie schön die Natur nur sein kann, dachte ich mir. Doch nicht nur die Natur… Ich lächelte.

Ach ja, das Leben kann so schön und herrlich sein. Vor allem dann, wenn man aufwacht und „Ja" zum Leben sagt. Entscheidung treffen. Leben. Einatmen. Ausatmen. Bewusst sein. Es kann so einfach sein. Ich musste schmunzeln und lenkte meine Aufmerksamkeit auf meinen Atem, der mich in Afrika bei so vielen besonderen Momenten stets begleitet hatte. Er war immer da, auch wenn es mal schwierig war und ich, beispielsweise, in einer Pfütze saß. Ich atmete mehrmals tief ein und aus, ehe ich für einen kurzen Moment die Luft anhielt. Nach einigen Sekunden, die sich ewig anfühlten, atmete ich wieder tief ein und beobachtete dabei, wie sich meine Lungenflügel mit frischem Sauerstoff füllten. Ein herrliches Gefühl. Ich konzentrierte mich auf meine Brust und nahm meinen Herzschlag wahr. Ich war gerade maximal präsent im Hier und Jetzt. Maximal präsent, hoch oben in der Luft. Vor meinem inneren Auge ließ ich die letzten sechs Wochen nochmal Revue passieren. Bilder von Menschen und Tieren erreichten mich, doch nicht nur das. Da war noch etwas anderes. Mich erreichte noch etwas anderes. Wieder einmal… Etwas, was mit allen Bildern in Verbindung stand. Neugierig versuchte ich, das Etwas mit meinen Sinnen ausfindig zu machen. Da schon wieder… Es war ein Gefühl. Ein Gefühl tief in meiner Brust. Ein Gefühl tief in meinem Herzen. Da war es also wieder. Das gleiche Gefühl, das ich bei einzelnen Momenten in Afrika schon gespürt hatte. Ein Gefühl, das wertvoller war als alles andere. Ein Gefühl, das ich in den vergangenen Jahren nach allen Ereignissen und Schicksalsschlägen gesucht hatte. Ein Gefühl, nach dem ich mich so sehr gesehnt hatte. Es war das Gefühl von tiefem innerem Frieden. Ein Gefühl von Vertrauen und Verbundenheit. Ein Gefühl von tiefster Dankbarkeit und Liebe. Ich hatte es wiedergefunden. Ich hatte es in Afrika in mir gefunden. Hervorgerufen durch die Augenblicke und Momente, die ich in den vergangenen sechs Wochen erleben durfte. Ich dachte an den Moment zurück, an dem ich alleine in meinem Zimmer saß und überlegte, ob ich wirklich den Schritt nach Afrika wagen sollte. So viele Gedanken, Zweifel und Ängste wollten mich damals von der Reise abhalten. Doch ich hatte mich ihnen widersetzt. Ich hatte meine Selbstzweifel besiegt und mit meiner Entscheidung für Afrika so viel gewonnen. Neue Freunde, neue Erfahrungen und Geschichten voller Momente, geprägt von Liebe, Glück und Lebendigkeit. Ich hatte die Augen immer noch geschlossen und merkte, wie ich anfing zu schluchzen und dabei die ersten Tränen über meine Wangen kullerten. Lauter Fragen schossen mir durch den Kopf:

»Silas…«, sagte meine innere Stimme zu mir.

»Hattest du dir das nicht immer schon gewünscht? Hattest du dir das nicht immer schon gewünscht, glücklich zu sein?

Wolltest du nicht genau das? Wolltest du nicht insgeheim schon immer Geschichten erzählen können? Geschichten von Momenten, in denen du gelebt hast, in denen du glücklich warst, in denen du Lebensfreude gefühlt hast.« Ich wischte mir eine Träne aus dem Gesicht.

»Wolltest du, Siles, nicht schon immer solche Erfahrungen gemacht haben? Erfahrungen, von denen du ein Leben lang zehren kannst. Erfahrungen, die dich mit Licht und Liebe füllen und dir Lebensenergie geben, wenn du dich an sie zurückerinnerst? Erfahrungen, die dich zum Lachen bringen und dir jedes Mal ein neues Lächeln schenken?«

Ich musste lächeln.

»Wolltest du nicht genau das in deinem Leben haben? Erfahrungen, die dich lebendig und emotional reich machen, die darüber mitentscheiden, ob du deine Zeit auf Erden genutzt hast?

Wolltest du nicht genau das, Siles?«

Ich öffnete meine Augen und schaute aus dem Fenster. Vor Glück konnte ich die Tränen nicht mehr zurückhalten. Scheißegal, was die anderen im Flugzeug gerade über mich dachten. Ich wusste die Antwort auf all diese Fragen. Jene Antwort, die ich vielleicht unbewusst in Afrika finden wollte.

Die Abinote ist dreikommanull. Nein, die andere Antwort, Siles...

Ja!

Über die Autoren

Enrico wurde im Dezember 2019 auf einer Farm in Namibia geboren, während Silas Jäkel 1998 in Wuppertal, Heimat der berühmten Schwebebahn, das Licht der Welt erblickte. Nach abgeschlossener Bankausbildung entdeckte Enrico das Reisen und Schreiben für sich, während Silas schon nach kurzer Zeit seine Liebe für Zahnpasta, Kopfhörer und Fruchtsaftgetränke entwickelte. Oder, ne, ich verwechsel da was...

Naja, seine Liebe zu Afrika verschlug Silas, das ist sicher, immer wieder in den afrikanischen Busch. So absolvierte er 2024 in Südafrika und Botswana eine mehrmonatige, professionelle Ranger Grundausbildung zum Field Guide, die er nach über 300 Theorie- und Praxisstunden erfolgreich mit 93% abschloss. Ein Traum, der für ihn in Erfüllung ging...

Mit seiner Lebenseinstellung Be a Lion, Not a Gnu zeigt er, dass es sich immer wieder lohnt, seine eigene Komfortzone zu verlassen und sich daran zu erinnern, was für ein Potential in einem steckt.

Weitere Werke von Silas Jäkel

Warum Kühe in den Bergen glücklich sind

Was ist der Sinn des Lebens?

Wie geht man mit negativen Gedanken um?

Elf junge Erwachsene begeben sich in den Schweizer Alpen auf eine spirituelle Bergreise und lernen von ihrem Guide, wie sie ein glückliches und erfülltes Leben führen können.

Ein Reisebericht, der die Tür zu einem bewussteren Leben öffnet und den Leser dazu einlädt, die eigene Lebenseinstellung einmal zu überdenken. Muh!

10,00 EUR
ISBN: 9783758323157